KB101809

바로 써먹는

최강의 AI 혁명 투자

바로 써먹는
최강의 AI 혁명 투자

1판 1쇄 인쇄 2024년 5월 2일
1판 1쇄 발행 2024년 5월 30일

지은이 이형수
펴낸이 김미영

본부장 김익겸
편집 김도현
표지디자인 이유나[디자인 서랍]
내지디자인 이채영
제작 올인피앤비

펴낸곳 지베르니
출판등록 2021년 8월 2일
등록번호 제561-2021-000073호
팩스 0508-942-7607
이메일 giverny.1874@gmail.com

ⓒ 이형수, 2024

ISBN 979-11-975498-9-2 (04300) (전3권)

• 지베르니는 지베르니 출판그룹의 단행본 브랜드입니다.
• 책값은 뒤표지에 있습니다.
• 이 책 내용의 일부 또는 전부를 재사용하려면 반드시 지베르니 출판그룹의 동의를 얻어야 합니다.
• 잘못 만들어진 책은 구입하신 서점에서 바꿔 드립니다.

바로 써먹는

최강의 AI 혁명 투자

이형수 지음

지베르니

엔비디아가 아람코를 뛰어넘어 세계 3위의 시가총액 회사로 등극했다. 어떤 이들은 엔비디아의 시총이 그 제품을 주문해 사용하는 빅테크인 '애플'과 'MS'마저 뛰어넘을 수 있다는 이야기까지 들리고 있다. 2024년 우리는 어쩌면 AI 광풍의 한가운데에 있는 것인지도 모르겠다. 시간이 지나면 우리가 있는 현재의 위치가 어떠했는지 드러나게 될 것이다. 광풍인지 광기인지를 현재의 우리가 정확히 알 수는 없지만, 우리가 알 수 있는 바 하나는 그 방향의 명확성이다. 컴퓨터는 이제 과거 우리가 소설과 영화 속에서 보았던 장면을 현실의 그것으로 호출하고 있다. 그 과정이 가능해진 배경에는 어마어마해진 컴퓨팅 파워가 놓여져 있다. 반도체를 중심으로 한 기술 변화의 속도는 가히 '혁명적'이라 할 만큼 생경함을 우리에게 던져준다. 기술과 반도체를 공부하는 와중에 이미 과거의 것으로 변화되어 있는 기술 세계의 속도는 현기증을 일으키기 충분하다.

빛의 속도로 변화하는 기술 변화의 시대에, 'IT의 신' 이형수 대표는 우리에게 충실한 등대의 역할을, 앞서 나가는 선생의 역할을, 친절한 가이드의 역을 맡아 기술 변화의 속도에 현기증을 느끼고 있는 우리들에게 길을 안내해 준다. 이번 책《최강의 AI 혁명 투자》도 바로 그런 우리를 이끌어주는 탁월한 길잡이가 되어 주어 감사한 마음이다. 저자의 수고로 인해, 우리는 조금 손쉽게 기술 변화의 속도에 보조를 맞출 수 있게 되었다.

이번 책에서, 그는 한 발 더 진보한 흐름을 보여주고 있다. 우리는 이제 한국이란 지리적 한계를 넘어 그와 함께 세계의 기술 흐름의 맥락을 짚어볼 수 있게 되었고, 투자의 시계도보다 광범위하게 넓힐 수 있게 되었다. 기술의 흐름이 어떻게 와서 어디로 가고 있는지 궁금한 사람들에게는 친절한 안내서의 역할을, 기술주 투자를 고려하고 있는 투자자에게는 필독서로의 역할을 톡톡히 하고 있다. 투자자의 한 사람으로서, 우리의 수고를 덜어준 이형수 작가께 감사하다는 인사와 그리고 수고했다는 격려를 함께 보내고 싶다.

_ 곽상준 증시각도기TV

AI, 자율주행, 휴머노이드 로봇 등 미래 산업 모든 분야에서 반도체의 아성은 더욱 공고해질 것으로 전망된다. GPU, 쿠다, HBM, EUV 등 예전엔 전문가들만 알던 그 단어들을 대중들이 쉽게 알 수 있게 해준 이형수 대표가 이젠 미래 반도체 산업의 방향성을 엿볼 수 있는 책을 마련했다. 그 길이 궁금한 사람들에겐 이 책이 '보물지도'처럼 보이지 않을까 싶다.

_ 류종은 삼프로TV 기자

목표에 다다르려면 우리는 질문을 해야 합니다. "어디로 가야 합니까?" "무엇을 타고 가야 하나요?" 주식에 투자하는 사람들은 이렇게 질문을 합니다. "어떤 종목을 사야 하죠?" "언제 팔아야 합니까?" 하지만 주식을 하는 사람들에게 정말 중요한 질문이 있다면 이게 아닐까 싶습니다. "지금 놓치지 말아야 할 것은 무엇입니까?" 이 책은 AI 혁명이라는 말이 일상어처럼 된 지금, AI 관련 산업 흐름과 유망 기업들을 총정리해주면서 주식에 투자하는 사람들이 놓치지 말아야 할 AI 메가 트렌드에 대해 속속들이 짚어줍니다. 공부하는 투자자라면 놓치지 말아야 할 책입니다.

_ 이웅구 웅달책방 대표

증권가에서 메모리 사이클에 집중하고 있을 때 이형수 대표는 한발 앞서 AI 반도체 사이클을 예고했고 그대로 적중했다. 검증된 저자가 쓴 첫 'AI 투자 서적'이란 사실 하나만으로 이 책을 읽어야 할 이유는 충분하다. AI 투자 분야의 방대한 지식에 대한 갈증을 이 한 권으로 시원하게 해소할 수 있을 것이다.

_ 이래학 달란트투자 대표

AI 혁명 시대는 세상을 빠르게 변화시키며 우리에게 엄청난 기회를 주고 있다. 이 책에는 그 엄청난 기회를 어떻게 잡아야 하는지에 대한 해답이 담겨 있다. AI 물결에 올라타려는 투자자들에게 분명 좋은 나침반이 될 것이다.

__ 이수빈 부자티비 대표

30여 년 나의 투자 인생에서도 혁명이라고 부를 만한 투자 사이클은 몇 번 만나지 못했다. 1990년대 후반 인터넷 혁명, 2010년대 모바일 혁명…. 이번 AI 혁명은 과거 기술 혁명보다 훨씬 더 많은 변화를 가져올 것이다. 그리고 AI를 활용한 사람과 그렇지 못한 사람들의 격차를 엄청나게 벌릴 것이다. 단언컨대 이 책을 읽고 있는 당신은 운이 좋은 쪽일 것이다. 반드시 이 책을 읽어보길 권한다. 아는 것과 모르는 것은 다르다 노력하는 사람만 기회를 잡는다!

_ 오용준 전 트리니티자산 대표

혁명은 "기존의 질서가 근본적으로 바뀌는 것"을 의미한다. 프랑스 대혁명에서 루이 16세는 단두대의 이슬로 사라졌지만, 시민들은 새로운 권리를 얻게 되었던 것처럼 말이다. 마찬가지로 기존 질서를 이끌었던 기업들은 도태되거나 사라지고, 새로운 질서를 주도하는 기업들이 화려하게 등장한다. 그래서 혁명이란 단어는 누군가에게는 공포이지만, 다른 누군가에게는 엄청난 기회가 되기도 한다. 지금은 AI에 혁명이란 수식어가 붙어 있는 것이 너무나도 자연스러운 시대이다. AI는 이미 인류의 삶에 광범위한 영향력을 미치고 있기 때문이다. AI 혁명은 어디까지 진행되었을까? AI 혁명 이후, 기회를 잡기 위해서는 어떻게 대비해야 할까? 그 답을 알고 싶은 모든 투자자와 기업가들에게 'IT의 신', 이형수 대표의 신간 《최강의 AI 혁명 투자》은 최고의 선물이 될 것이다.

_ 이효석 HS아카데미 대표

바야흐로 AI 시대입니다. 모두가 AI를 얘기하고 모든 기업들이 AI를 적극적으로 도입하고 나섰습니다. 하지만 풍요 속의 빈곤이라고 할까요? AI에 대한 이야기가 넘쳐나지만 피상적입니다. 익숙하기에 잘 아는 것 같지만 막상 AI가 무엇인지 구체적으로 떠올리기는 쉽지 않습니다. 이럴 때 고맙게도 'IT의 신' 이형수 대표님께서 나서주셨습니다. 책을 읽으면 절로 AI 산업의 흐름과 주요 기업들을 머릿속에 넣게 됩니다. 많이 아는 것과 잘 풀어내는 것은 다른 능력인데 이를 동시에 잘하는 이는 많지 않죠. IT 분야에서 해박한 지식을 쉬운 글로 풀어주는 'IT의 신'과 함께 동시대를 살아간다는 게 참 행운인 것 같습니다.

__ 장우진 '전자공시생' 블로거, 전 KB증권 애널리스트

우리나라 투자 금융의 대중화에 큰 공을 세우고 있는 이형수 대표가 쓴 책을 먼저 읽게 되어 기쁘고 감사한 마음을 전하고 싶다. 다른 산업 공부에 집중하다 보니 AI 산업에 대해 소홀하던 차에 뜻하지 않게 한 권의 책으로 적절한 시기에 귀중한 공부를 하게 되어 더욱 감사한 마음이다.

AI 산업과 기업에 대한 방대한 내용이 파노라마처럼 전개되고 있어, 그동안 축적해 놓은 지식의 깊이와 문장력을 실감하게 된다. 좋은 영화 한 편 본 느낌이다.

2012년은 인류 발전에 있어 참으로 의미 있는 해다. 토론토 대학의 교수인 제프리 힌튼이 중심이 되어 사람의 신경망을 모방한 딥러닝 기술로 이미지 인지 분야에서 큰 진전을 이루어낸 해이며, 동시에 바이오 산업에서는 유전자 가위가 발명된 해이기도 하다. 미래를 이끌어갈 2개 산업의 기반 기술이 세상에 모습을 드러낸 해이니 기억할 만하다.

AI, 즉 인공지능은 사물의 특징을 사람이 일일이 알려주는 정

체된 학습 방식에서 사람과 같이 스스로 특징을 발견하는 딥러닝 표현 학습이 이루어지면서 일대 성장의 기반을 마련하게 된다. 그로부터 10년 후 컴퓨팅 능력으로 체력을 키운 오픈AI와 Chat-GPT라는 생성형 AI가 등장하면서 수차례 기대와 좌절을 맛본 인공지능이 드디어 우리의 삶 속으로 들어오게 된다.

새로운 산업의 발전 속에서 투자 기회를 잡기 위해서는 산업 발전의 구성 요소와 그 요소들의 성장 양상, 그리고 주도권을 누가 쥐고 있는가를 파악하는 것이 중요하다. 이 책은 자칫 어렵게 느껴질 수 있는 인공지능 산업의 발전과 경쟁 구도를 간결하면서도 명확한 문체로 기술하여 누구나 쉽게 이해할 수 있다.

인공지능이 성장하게 된 배경 지식을 시작으로 성장 요소인 모델, 컴퓨팅 파워, 그리고 데이터를 확보하려는 선두 빅테크들의 치열한 경쟁 상황을 AI용 반도체 개발 현황과 더불어 다이내믹하게 전개하고 있다. 텍스트 중심의 경쟁은 이미지와 소리, 영상 그리고 향후에는 미각과 촉각으로 이어져 멀티모달 AI로 발전하게 되고 궁극적으로는 로봇이나 자동차와 같은 디바이스에 장착되어 실생활과 어우러질 것이라고 미래의 모습을 그려준다.

스마트폰처럼 실생활에서 유용하게 쓰이게 될 온디바이스 AI 경쟁도 격화될 것으로 예상하고 있다. 누구나 써 보고 싶은 애플리케이션 AI 모델을 만들어 대박을 터뜨리는 기업이 나올 것이라는 대목에서는 귀가 솔깃해진다.

엔비디아나 MS같이 AI 시장을 주도하고 있는 거대 빅테크,

덩치는 작지만 성장 산업에서 기회를 엿보는 기업간 경쟁이 마치 전쟁을 방불케 한다. 범용 AI를 구현하려면 1000조개의 매개변수를 갖춘 컴퓨팅 파워가 필요한데, 현재 1조개 수준이라고 하니 향후 성장판이 열려 있음은 물론이고 역전의 기회도 존재한다.

현재는 뚜렷한 두각을 나타내고 있지 못하지만 삼성이나 LG전자가 TV와 같은 가전에서 OS를 확보하고 있어 향후 AI가 제품에 본격적으로 채용될 때 경쟁력이 될 수 있다는 내용은 그나마 다행이라는 생각마저 든다. 디바이스에 경쟁력을 갖고 있는 국내 기업들이 새롭게 성장할 수 있는 시기와 가능성에 대한 힌트를 제공하고 있다. 또한 향후에는 AI를 학습시킬 데이터의 중요성이 더욱 커질 수 있다는 예측도 곱씹어 볼 내용이다.

AI가 보는 세상은 우리 인간이 보는 세상과 전혀 다를 수 있다. 질문에 대한 대답이 인간과 같더라도 AI가 결론에 도달하는 방식은 완전히 같지 않기 때문이다. AI는 인간이 보지 못한 것, 혹은 보거나 들을 수 없는 것을 다른 방식으로 이해하며, 인간의 사고와 행동양식을 변화시켜 나갈 것이다. 지금과는 전혀 다른 세상이 오고 있음을 의미한다.

AI에 대한 막연한 두려움과 도태될 수 있다는 강박관념이 모든 기업과 투자자를 AI 세계로 빨아들이고 있다. 그러나 그 큰 흐름 속에서 핵심적인 기술의 발전과 경쟁 양상을 정확히 꿰뚫어야 마침내 투자수익을 거머쥘 수 있다.

이 책은 AI가 장기적으로 다양한 산업과 융합하면서 놀라운 변화를 가져오는 거대 트렌드라는 점과 누가 주인공이 될지를 각 장에서 조목조목 풀어서 이야기하고 있다. 미래에 펼쳐질 AI 모습에 대해 이해하고, 그 속에서 진주 같은 투자 아이디어를 얻고자 하는 투자자에게 귀중한 길라잡이가 되어 줄 것으로 확신한다.

_ 이해진 임플바이오리서치 대표

AI와 반도체 기술 확보는 생존 문제다

AI 혁명은 반도체 산업에 근본적인 변화를 요구하고 있다. PC와 인터넷 혁명에 이어 모바일 혁명을 거치면서 반도체는 범용에서 최적화 제품으로 진화하고 있다. 지난 모바일 혁명에서 최적화의 대상은 프로세서였다. PC 시대에 범용이던 CPU와 GPU는 모바일 혁명에 들어 애플리케이션 프로세서AP라는 최적화 설계칩ASIC으로 바뀌었다. 이때 가장 큰 수혜를 본 기업이 바로 파운드리 기업 TSMC다.

AI 혁명은 프로세서를 넘어 메모리까지 최적화 반도체를 요구하고 있다. 범용이던 메모리는 고대역폭 메모리HBM처럼 ASIC으로 전환되고 있다. LLWLow Latency Wide I/O, VFOVertical Fan Out 같은 ASIC 메모리도 HBM처럼 대중화될 날을 기다리고 있다.

반도체는 소품종 대량 생산에서 다품종 소량 생산 체제로 전환이 불가피하다. 빅테크 업체들의 서비스에 특화된 AI 반도체가 점점 더 많이 필요해졌다. 이는 반도체 개발과 생산 방식에 근본적인 변화를 가져오고 있다.

과거 '산업의 쌀'로 불렸던 반도체는 현재 '생존을 위한 총알이자 심장'으로 바뀌었다. 20세기 철강이 국가의 힘을 상징했던 것처럼, 현대 사회에서는 데이터센터와 그를 구성하는 반도체가 국가 기간산업의 심장으로 자리잡고 있다. 반도체 공급의 중단은 산업의 마비를 의미할 수 있으며, 이는 국가의 경제 및 안보에 직접적인 영향을 미친다. AI 혁명은 이런 흐름을 더욱 가속화시킨다.

1980년에 연간 출하되는 반도체 수가 320억 개에 불과했다. 2020년에는 1조 360만 개로 급증했으며, 2030년에는 2조에서 3조 개에 이를 것으로 전망된다. 앞으로는 AI와 반도체를 효과적으로 개발하고 생산할 수 있는 국가가 국제 사회에서 발언권도 가질 수 있다. AI와 반도체 산업의 확장은 단순한 기술적 진보를 넘어서, 글로벌 경제와 정치에 중대한 영향을 미치는 요소로 자리매김하고 있다.

미국 단일 패권 시대가 저물고 다극화 시대로 접어들었다. 중국과 러시아 등이 미국의 패권에 반기를 들면서 갈등은 세계 곳곳에서 고조되고 있다. 이런 흐름 속에 AI와 반도체 기술 발달은 더욱 가속화되고 있다. 전쟁은 비극이지만, 아이러니하게도 인류 문명의 진보를 가속하는 양면성을 지닌다. 20세기 두 차례 세계대전과 냉전을 겪은 인류는 이 같은 무기의 역설 덕을 톡톡히 봤다.

러시아-우크라이나 전쟁은 AI가 무기 체계로 본격 편입되는 시기를 가속화시켰다. 이 전쟁은 드론 전쟁이라고 불릴 정도로 첨단 무기의 경연장이 펼쳐지고 있다. 기존에는 정찰용으로 쓰이던 드론은 이제 통신, 타격, 보급 등 모든 영역에서 없어서는 안 될 전략 자산이다. 드론은 무인 무기체계지만 인간이 조종 등에 개입해야 한다. 스마트폰, 태블릿PC 등으로 컨트롤해야 하므로 난이도가 높다. 러시아군과 우크라이나군은 일선 부대에 드론 조작용 VR을 지급하고, 훈련 과정에 드론 과목을 편성했다. 포탄이 빗발치는 전장에서 병사들이 드론 조종을 능숙하게 하기는 상당히 어렵다.

AI가 이런 문제를 상당 부분 해결하고 있다. 2023년 3월 우크라이나 동부 아우디이우카에서 양측 무인 무기체계가 격돌했다. 인류 최초로 드론 VS 로봇 전투가 벌어졌다. 러시아는 이 전투에 궤도형 전투 지원 로봇을 배치했다. 궤도형 차체에 성인 남성 1명이 누울 수 있는 크기의 적재함이 있다. 부상병을 주로 싣도록 설계되었다. 주변에 있는 적 드론의 제어 신호를 재밍Jamming할 수 있는 전자전 키트도 부착되어 있다.

러시아군은 부상병을 태우러 가는 로봇에 탄약과 보급 물자를 실어 보내 효과를 톡톡히 봤다. 러시아군 로봇이 전장을 누비면서 활약하자 우크라이나군은 눈에 불을 켜고 로봇을 찾고 있다. 우크라이나군은 무인 드론을 활용해 러시아군 로봇을 파괴하고 있다. 이전에는 전투용 드론은 적의 기갑차량이나 건물, 진지를 공격하는 데 쓰였다. 인간이 탑승하지 않은 드론이나 로봇도 무인 무기의 공격 대상이 된 것이다.

우크라이나군은 AI가 접목된 전투용 드론을 활용하고 있다. 기존 드론은 인간이 조종하므로 재밍 같은 돌발 상황에 제대로 대응하지 못했다. AI 드론은 조종 신호가 끊겨도 자동으로 주변을 탐색해 적을 식별한다. 표적 공격 여부를 인간이 아닌 AI가 결정하는 셈이다.

AI 윤리 측면에서 이는 대단히 위험한 사례로 손꼽힌다. 인간을 살상하도록 AI 무기를 학습시키고, 전장에서 인명을 해칠 권한을 AI에 부여한 것이기 때문이다. AI에 대한 법적, 윤리적 금기를 우크라이나가 AI 드론으로 깨뜨린 것이다. 금기는 처음이 어렵지, 누군가 한 번 넘으면 두 번, 세 번은 쉽다. 한때 기관총과 산탄총은 악마의 무기라며 꺼리던 열강들은 1차 세계대전이 벌어지자 서슴없이 이 무기들을 도입했다. AI 살상 로봇의 도입은 시간문제인 셈이다.

스티븐 호킹 박사는 "AI가 인류를 멸망시킬 수 있다"며 AI 개발과 무기화에 대해 여러 차례 경고했다.

이런 상황에서 우리나라의 AI와 반도체 기술 확보는 선택이 아닌 필수 요소다. AI 기술을 두려워하기보다 적극적으로 활용하는 사회로 전환해야 한다. 이런 흐름에서 뒤처진다면 우리에게 밝은 미래는 없다. 우리의 일자리를 뺏는 것은 AI가 아니라 AI를 잘 쓰는 사람이라는 것을 알아야 한다.

과거 사진기가 개발되었을 때 화가들이 미술의 시대는 끝났다고 자조했다. 그러나 사진이 미술을 전혀 대체하지 못했다. 오히려 새로운 미술 트렌드를 여는 사람들이 더욱 발전시켰다. AI가 코딩과 프로그래밍을 해주는 시대가 열렸다. 그러나 기본적인 원리를 아는 사람이 아니면 활용하기 어렵다. 주입식 교육을 벗어나 AI가 전문가를 양성할 수 있는 시스템으로 전환하는 것도 매우 중요한 과제다.

한강의 기적으로 불렸던 한국 경제는 점점 동력을 상실하고 있다. 선진국을 벤치마킹하면서 따라가던 패스트 팔로워Fast Follower 전략은 마른 수건 쥐어짤 만큼 효율을 다했다. 이제는 정답이 없는 새로운 길을 찾아야 한다. 퍼스트 무버First Mover로 나아가지 않으면 대한민국은 언제든 선진국에서 밀려날 수 있다.

몇 년 전만 해도 대한민국이 G9에 들어갈 것이라는 장밋빛 전망 이어졌다. 그러나 최근에는 우리나라가 2050년 15위 밖으로 GDP 규모가 밀려날 것이란 암울한 전망이 잇따라 나오고 있다. 2023년에는 IMF 외환위기 이후 25년 만에 일본에 경제성장률 역전을 당했다. 저출산 고령화가 가장 큰 문제다. 2021년 기준 일본 고령인구 비중은 29%, 한국은 18%다. 그러나 일본은 정점을 통과했고, 한국은 가속화되고 있다는 게 더 큰 문제다. 우리나라 출산율은 0.8명, 일본은 1.3명이다.

2022년부터 일본은 명목지표 개선과 소비 판매가 우상향하고 있다. 점진적으로 디플레 탈피 시그널이 나타나고 있다. 일본 가계 자산 구성도 변화하고 있다. 예금만 하던 국민들이 점점 주식 비중 늘리고 있다. 미래를 긍정적으로 보는 일본 국민들이 늘어났다는 방증이다.

한국은 수출로 달러를 벌어들이는 속도가 점점 둔화되고 있고, 고령화 저출산 흐름 속 가계부채도 빠르게 늘고 있다. 기업의 미래에 투자하는 주식보다 부동산에 투자하는 게 항상 성공적이었다. 후진적인 시장 제도는 방치되고 있고, 부동산 불패 신화는 이어진다. 이대로는 안 된다.

지나치게 높은 중국 경제 의존도도 한국 경제의 약점이다. 미중 갈등이 고조되면서 우리 경제가 유탄을 맞는 사례가 늘고 있다. 가장 충격적인 것은 국가 대표 반도체 기업 삼성전자의 경쟁력이 크게 저하된 것이다. 삼성전자는 패스트 팔로워로서의 영광을 잊고 퍼스트 무버로 거듭나야 한다.

근본적인 개혁과 경제구조 개선 없으면 대한민국은 침몰하는 타이타닉과 다를 바 없다. AI 혁명에 적극 대응해 새로운 성장 동력을 확보하고 제도를 개혁해야 한다. 노동 가능 인구가 줄어든 상황에서 AI는 우리 경제의 생산성을 높여줄 구원 투수가 될 수 있다.

AI와 반도체를 기반으로 자율주행차, 수소 에너지, 바이오, 우주항공 등에 더 많은 연구개발을 투자해야 한다. 연구개발 투자는 기존 단기 성과 중심이 아닌 장기적인 안목에서 진행되어야 한다.

OECD 국가 중 연구개발 투자 성공률이 가장 높은 나라라는 타이틀은 자랑이 아니라 부끄러움의 대상이다. 될 만한 연구개발에만 투자했다는 이야기다. 이런 프로젝트에서 무슨 혁신이 나올 수 있을까. 연구개발 실패를 장려하고 무모한 도전을 응원하는 문화가 자리매김해야 한다. 벤처 기업 잘못했다가 평생 신용불량자가 되는 현실을 바꿔야 한다.

AI 혁명은 한계에 봉착한 우리 제조업이 새로 활력을 얻을 수 있는 기회가 될 수 있다. 얼마 남아 있는 기회의 시간을 우리 모두 지혜롭게 활용했으면 하는 바람으로 이 책을 쓴다.

차례

추천의 말   04

프롤로그   AI와 반도체 기술 확보는 생존 문제다   13

PART 1
최강의 AI 혁명 투자

01장 반도체 사이클은 어디쯤 와 있을까   34

AI 혁명과 2024년 이후 반도체 투자 전략   34

반도체 사이클은 어디쯤 와 있을까   40

엔비디아라고 쓰고 '갓비디아'라 읽는다   42

빅테크들의 AI 성능, 엔비디아 칩에 달렸다   44

향후 AI 반도체 수요는 얼마나 늘어날까   47

오픈AI 샘 알트만 해고 사태가 전화위복이 된 MS   49

MS와 애플의 시총 역전   50

AI 혁명 투자 체크 포인트 뉴욕 증시 98년, 시총 1위를 기록한 기업들   51

02장 M7 빅테크들의 AI 기술 전쟁   52

AI 혁명의 신호탄을 쏜 오픈AI의 Chat-GPT   60

Chat-GPT의 대항마, 구글 제미나이   64

누가 빅 브라더가 되느냐, 범용 AI 개발에 달렸다   67

대규모 언어 모델에서 대규모 멀티모달 모델로   70

생성형 AI, 빅테크들의 군비 경쟁 본격화   71

빅테크간 AI 합종연횡도 본격화   73

소라, 영상 생성 AI 혁명의 시작   74

온디바이스 AI의 열쇠, 소규모 언어 모델   77

AI로 어떤 서비스가 가능할까?   78

딥러닝과 트랜스포머는 어떻게 AI의 대세가 되었나   79

〔 AI 혁명 투자 체크 포인트 〕 트랜스포머 모델의 핵심 2가지 특징   83

AI 혁명은 OS를 내재화한 업체가 유리   84

점점 비싸지는 AI 훈련용 데이터, 웃고 있는 빅테크들   85

AI 혁명으로 콘텐츠 산업 지각변동   87

AI 혁명 스타트업의 생존 방법   89

AI 기술 진화가 주는 위기와 기회   90

머지않은 미래, AI가 경제성장률을 끌어올린다   92

반도체뿐 아니라 AI도 안보 자산   93

AI 밸류체인은 어떻게 구성되나   94

급성장하는 AI 서버 시장   96

서버 시장 중심축은 AI로   98

AI 시장 성장을 위한 인프라 구축에는 어떤 난제가?   99

03장 AI 혁명의 주인공 '엔비디아'   101

AI 혁명에서 단 하나도 놓치지 않을 거야   105

엔비디아는 커스텀 칩 시장도 노리고 있다   110

비싸도 벗어날 수 없는 엔비디아 AI 가속기의 비밀, 쿠다   112

예상을 넘어선 실적, 투자자들의 기대감 속도보다 빠르다   113

엔비디아 AI 가속기는 누가 가장 많이 샀을까?   115

AI 생태계 확장 가속하는 엔비디아   115

아신의 투자 노트   엔비디아 수혜로 급부상한 일본 '사무라이7'   118

아신의 투자 노트   AI 가속기 덕분에 급부상한 네덜란드 TOP 2 반도체 기업   124

04장 만년 2등 'AMD', AI 혁명 때는 다르다   128

엔비디아 쿠다의 벽을 넘어라   130

'Zen6 프로세서(CPU)' 코어 아키텍처 개발 스타트   132

AMD가 코어수 확대에 목숨거는 이유   133

05장 무어의 법칙 부활을 노리는 '인텔'   135

인텔의 전성기를 연 '앤디 그로브'   137

AI 가속기 시장 출사표 '가우디3'   138

새로운 공정 기술 잇따라 적용한 인텔의 AI 전략   139

최첨단 패키징 기술로 무어의 법칙 부활 노린다   141

칩스법 최대 수혜 인텔, 미 정부로부터 26조원 지원받아   143

자동차용 프로세서 진출 선언   144

아신의 투자 노트   빅테크의 대명사 매그니피센트7   146

아신의 투자 노트   미국 칩스법 & 인텔 투자 확대로 주목할 국내 기업   155

PART 2

격변의 AI 기술 전쟁, 슈퍼사이클 부른다

01장 Chat-GPT가 쏘아올린 AI 혁명 신호탄　　162

오픈AI, AI 반도체 새 판 짜기 돌입　　163

엔비디아 의존도 줄여라, 빅테크들의 자체 설계 칩 봇물　　165

AI 혁명 투자 체크 포인트　MS의 AI 반도체 독립?　　169

AI 추론 시장에서 기회를 찾는 기업들　　170

휴머노이드 로봇 ⋯ 새로운 온디바이스 AI 수요 창출　　173

AI 서비스 생태계 확장과 HBM 수요 증가　　175

02장 빅테크의 골드 러시와 함께 더 커지는 산업은?　　177

자체 설계 칩 러시는 청바지와 곡괭이를 부른다　　177

빠르게 성장 중인 반도체 IP 시장　　181

대한민국의 IP 시장 점유율 3%대 불과　　182

03장 반도체 설계 생태계의 정점 'ARM' 184

ARM의 골칫거리 'ARM차이나' 185

ARM의 유일한 대체재 'RISC-V' 187

반도체 설계 거장 짐 켈러, RISC-V에 꽂혔다 188

RISC-V 기술, 미중 반도체 격전지로 부상 189

AI 도입으로 더욱 진화하는 EDA 190

창의력과 AI와의 결합 'EDA AI' 191

첨단 패키징, EDA 중요성 증가 192

반도체 IP, ARM 아키텍처 PC/서버 진출 192

온디바이스 AI 개화 193

아신의 투자 노트 주목할 만한 IP 관련 기업 195

04장 파운드리 쓰고 TSMC라 읽는다 204

TSMC, AI 반도체 생산도 독점 206

AI 가속기 병목, TSMC의 CoWoS 공정 208

갈수록 중요성 커지는 파운드리 AVP 기술 210

05장 파운드리 시장의 치열한 기술 전쟁   214

TSMC의 기술력은 견고했다   215

엔비디아발 슈퍼 핫 런 재가동?   217

TSMC 6분기 연속 반도체 업계 매출 1위 달성   218

모바일 칩과 서버칩 선단 공정 로드맵 붙었다   218

삼성 파운드리의 반격   219

AI 칩에 사활 건다   221

네이버에 공급한 AI 가속기 '마하1'   222

선단 공정에서 가장 중요한 기술, EUV   223

경쟁은 AI 가속기 넘어 차량 반도체로   225

선단 공정의 새로운 접근 방식 BSPDN   226

아신의 투자 노트   파운드리 밸류체인에서 주목할 기업   227

아신의 투자 노트   EUV 선단 공정에서 주목할 기업   234

06장 손안의 미래 온디바이스 AI   239

부진에 빠진 PC 시장, 온디바이스 AI가 반전 계기될까   244

엑시노스2400, 1년 9개월만 귀환   245

2027년 스마트폰 10대 중 4대는 온디바이스 AI   247

온디바이스 AI 시장의 원년   247

AI 혁명 투자 체크 포인트   미디어텍   251

07장 로봇 vs 자율주행차, 승자는 누가 될 것인가   252

킬러 애플리케이션으로 진화 가능성 높은 '자율주행차 기술'   252

자율주행차 컴퓨팅 방식은 어떻게 진화하고 있나   254

차량 반도체와 AI 반도체   256

아신의 투자 노트   온디바이스 AI 생태계 확장 수혜주   259

08장 AI 혁명과 환상의 파트너 휴머노이드 로봇   262

엄청난 속도로 발전하는 AI 로봇 기술   262

빅테크들의 전쟁터가 된 휴머로이드 로봇   264

AI와 로보틱스의 결합 종착점   266

09장 온디바이스 AI 시대 비상을 꿈꾸는 '퀄컴'   268

이미지, 동영상 가속 처리에 강점을 가진 퀄컴   268

퀄컴 오라이온 CPU 기반 스냅드래곤 X 엘리트   269

온디바이스 AI 시장에서의 경쟁력 강화 전략   271

10장 AI 혁명에 뒤처진 위기의 '애플'　　272

애플이 차세대 프로세서 개발에 속도 내는 이유　　272

애플 AI 전략, 단기 sLLM 중장기 LLM 개발　　276

300억 매개변수로 AI 모델로 GPT-4와 제미나이에 도전장　　277

실리콘 차기 칩, 온디바이스 AI 성능 대폭 강화　　278

비전프로는 온디바이스 AI를 만날 때 강력해진다　　280

11장 모빌리티 혁명보다 AI 혁명을 먼저 맞이한 '테슬라'　282

AI 혁명의 주역에서 밀려난 일론 머스크　　282

무시못할 수준에 도달한 자율주행차 기술　　283

새로운 인공지능 연구회사 X.AI 설립　　285

머스크의 비전과 프로젝트에 관심 집중　　286

12장 AI 혁명의 주인공이 되고 싶은 '메타 플랫폼스'　288

메타의 미래가 걸린 생성형 AI를 접목한 킬러 애플리케이션　　288

생성형 AI 도입은 격차를 더욱 벌어지게 한다　　289

13장 온디바이스 AI로 성장하는 후공정 생태계　　291

국내 밸류체인의 직접적인 수혜 영역 '테스트 소켓'　　291

PART 3
메모리의 파운드리 시대를 이끄는 HBM

01장 반도체 사이클 선행지표, '삼성전자 & SK하이닉스'　300

　　CPU와 GPU 차이, AI 시대 달라지는 메모리 역할　302

　　AI 반도체의 종착점, 뉴로모픽 반도체　304

　　메모리 반도체 밸류는 달라질 수 있다　306

　　AI 반도체에 천문학적인 금액 배팅한 샘 알트만과 손정의　308

　　유례없이 혹독했던 2023년 반도체 업황　310

　　2024년 반도체 시장 6000억 달러로 성장　312

　　반도체 장비 시장 반등 기대　313

　　2025년 D램 시장 1000억 달러 넘는다　315

　　반도체 강국 대한민국의 현실　316

　　AI 가속기용 HBM 폭발적 성장　317

02장 HBM 시장을 잡아라　319

　　메모리 업체 1,2위간 구도를 뒤흔든 HBM　319

　　SK하이닉스의 HBM 초격차　322

　　AMD 잡은 삼성전자 HBM, 다음은 엔비디아?　324

아신의 투자 노트 HBM 밸류체인에서 주목할 기업 327

HBM 밸류체인에서 주목할 글로벌 기업 339

삼성전자, 국내 팹리스와 손잡고 AI 반도체 키운다 346

삼성전자, 인간형 반도체 만든다 348

HBM 선두 기업 SK하이닉스의 당면 과제 348

03장 넘버쓰리 마이크론테크놀로지의 약진 350

마이크론의 HBM 시장 점유율 확대 적극적 행보 350

미국 내 대규모 투자 계획 & 일본 EUV 투자 확대 351

혁신과 지속 가능한 성장의 중요성을 보여준 '마이크론' 352

04장 HBM 기술 진화에서 찾는 투자 아이디어 354

AI 반도체 사이클에서 남은 체크 포인트 354

차세대 3D D램 연구 본격화 356

HBM 두께 표준 완화, 기존 공급 업체에 유리 360

AI PC가 원하는 주문형 D램 362

삼성전자 차세대 D램에 4F 스퀘어 도입 363

아신의 투자 노트 D램 테크 마이그레이션 수혜주 365

PART 4

뒤집기 혁명을 꿈꾸는 데이터센터 & 글라스기판

01장 AI 반도체 시대는 신기술의 향연장   374

AI 반도체의 연결성은 점점 더 중요해진다   374

눈여겨봐야 할 새로운 기술, 새로운 시장   378

AI의 병목, 반도체에서 전기로?   381

02장 구름처럼 몰려오는 데이터센터   382

AI 혁명 이후 아마존의 흔들리는 입지   382

AI 서버 낙수효과로 악성 D램 재고 소화   384

AI 혁명 투자 체크포인트 기업향 AI 서버 수혜자 DELL   386

AI 데이터센터용 전기가 부족하다   386

전기 먹는 하마 AI, 데이터센터 냉각 솔루션이 해법   391

아신의 투자 노트 데이터센터 핵심 미국 기업   399

AI 혁명은 SMR을 필요로 한다   403

AI 혁명 투자 체크포인트 SMR 관련 미국주   405

AI 데이터센터 확장으로 변압기 수요 폭발   406

아신의 투자 노트 데이터센터 관련 주목할 기업   409

03장 고성능 칩의 게임체인저, 유리기판 시장의 부상   **415**

   새롭게 주목받고 있는 유리기판 시장   **415**

   유리기판 vs 실리콘 인터포저   **420**

   `아신의 투자 노트` 주목할 만한 수혜 기업   **423**

   유리기판 밸류체인   **426**

04장 AI는 막대한 통신 트래픽을 발생시킨다   **429**

   통신 업계는 AI 트래픽 수요 폭발에 대비해 준비 중   **429**

   인피니밴드와 이더넷   **432**

   `AI 혁명 투자 체크 포인트` 아리스타 네트웍스   **434**

   AI 혁명 보안 위협은 커진다   **435**

   에지 컴퓨팅과 양자 암호통신   **437**

   `아신의 투자 노트` 데이터센터 관련 주목할 기업   **439**

에필로그 AI 전쟁을 맞이한 우리에게 《징비록》이 주는 교훈   **444**

용어설명   **448**

PART 1

최강의
AI 혁명 투자

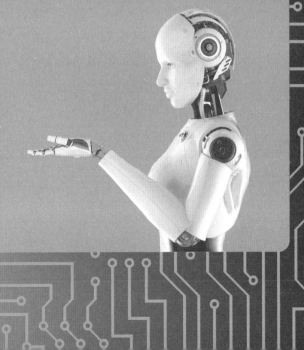

반도체 사이클은 어디쯤 와 있을까

AI 혁명과 2024년 이후 반도체 투자 전략

Chat-GPT가 촉발한 AI 혁명이 점점 더 빠른 속도로 진행되고 있다. 테크 전문가들조차 현기증을 느낄 정도로 AI 기술 발전 속도는 눈부시다. 많은 사람들이 AI에 대해 어렴풋이 인지하고는 있지만, 실제 자신의 삶과 고용뿐 아니라 현대 문명을 어떻게 바꿔 놓을지 명확하게 알지 못한다. 과거 인터넷과 스마트폰이 보급되면서 겪었던 변화의 폭보다 AI로 인한 변화가 훨씬 클 가능성이 높다.

코로나19 팬데믹은 우리의 일하는 방식에 근본적인 변화를 가져왔다. 재택 근무, 원격 근무가 확산되었고 디지털 협업 도구 사용이 증가했다. 기업들이 인력보다 시스템 투자에 무게 중심을 두면서 생산성 혁신이 시작되었다. 디지털에 크게 노출된 사무직뿐 아니라 단순 노동, 서비스업도 마찬가지였다. 저임금 일자리는 빠른 속도로 감소했다.

팬데믹이 촉발한 생산성 향상을 가속화한 것은 AIArtificial Intelligence다. 자연어를 다루는 대규모 언어 모델LLM, Large Language Model 덕분에 코딩 없이 AI를 사용할 수 있게 되었다. 활용 영역도 급속도로 확장되었다. 아이러니하게도 AI로 인해 IT 업계 구조조정이 대규모로 일어났다. 매킨지앤컴퍼니McKinsey & Company는 AI 영향으로 2030년 세계 GDP를 누적 16%, 연간 1.2% 더 높일 수 있다고 전망했다. 업무 자동화로 일자리가 감소하지만, 생산성 향상이 이를 상쇄한다는 분석이다.

AI는 국가, 기업 경쟁력과 직결된다. 고금리, 저성장의 돌파구로 AI

는 선택이 아닌 필수가 되었다. 코로나19 이후 세계 경제는 고금리와 저성장, 미중 갈등에 따른 글로벌 공급망 재편, 저출산 및 고령화라는 만성질환에 시달리고 있다. 과잉 유동성과 인플레이션 문제는 쉽게 해결되지 않고 있다. AI로 생산성을 향상할 수 있다면 문제 해결의 실마리를 찾을 수 있다.

반도체와 2차전지 중심으로 미국 내 제조업 리쇼어링Reshoring, 제조업의 본국 회귀이 본격화되고 있다. 이는 글로벌 경제 효율성 측면에서 상당한 부담이 되고 있다. 미국 내 제조업을 부활시키려면 자동화와 AI 로봇 도입은 필수다. 테슬라가 제조 혁명의 가능성을 보여주고 있다. 저출산과 고령화로 인한 인력 부족, 인건비 상승은 세계적인 현상이다. 생산, 서비스, 사무 분야에서 자동화로 생산성을 높이지 않으면 안 된다.

대규모 언어 모델LLM과 멀티모달Multi Modal, 복합 정보 처리 도입으로 AI 혁신은 더욱 가속화되고 있다. 웨어러블Wearable과 휴머노이드Humanoid, 물류 시스템, 키오스크Kiosk 등 무인 기술 하드웨어 가격도 꾸준히 하락하고 있다. 서비스 로봇 제작 단가가 부품 공급망 확대로 인해 빠른 속도로 하락하고 있다. 테슬라Tesla 옵티머스는 출고가 3000만원, 베어로보틱스Bearrobotics 최고급 서빙로봇은 2000만원 수준이다. 웬만한 선진국 저임금 노동자 연봉보다 낮은 수준이다. 자동화가 인건비도 줄여주지만 사람의 실수를 방지하는 사회적 비용이 절감되는 측면도 적지 않다. 보스턴컨설팅그룹Boston Consulting Group에 따르면 글로벌 휴머노이드 로봇 시장은 2022년 1조원에서 2030년 50조원으로 50배가량 성장할 것으로 전망된다.

인류의 역사는 언제나 새로운 흐름에 적응하는 소수와 뒤처진 다수로 나누어진다. 이에 따라 엄청난 속도로 부의 격차는 벌어질 수밖에 없다. 기업간 차이도 더욱 벌어진다. AI를 활용해 새로운 시대의 승리자가 되는 기업들이 탄생하고, 경쟁에서 밀려 역사의 뒤안길로 사라질 기업도 적지 않을 것이다.

과거에도 AI 붐이 잠깐 일었다가 식어버린 적이 있지만, 지금은 완전히 다른 양상이다. 당시에는 컴퓨팅 파워Computing Power와 데이터Data가 부족해 AI 발전의 발목을 잡았다. AI 알고리즘이 아무리 좋아도 컴퓨팅 파워와 데이터가 뒷받침되지 못하면 한계가 있기 때문이다.

모바일 혁명 이후 빅 데이터Big Data가 엄청 많아졌고, 반도체 기술 발달로 컴퓨팅 파워도 획기적으로 개선되었다. AI 혁명이 일어날 수 있는 환경이 완벽하게 조성된 셈이다. 초연결을 통해 생활 곳곳에 센서가 배치되었고, 이는 또 빅 데이터 생성으로 이어지는 선순환 고리를 만들었다. 지금은 웬만한 중소기업도 자영업자도 활동을 일일이 데이터로 저장하고 있다.

AI 혁명은 이제 완벽한 대세로 자리매김했다. 글로벌 시가총액 TOP 10 기업 중 8개가 빅테크Big Tech, 즉 AI 개발에 올인하고 있다. 나머지 2개는 석유 회사인 사우디 아람코Aramco와 워런 버핏의 버크셔해서웨이Berkshirehathaway다. 이미 빅테크 기업들은 AI 기술에서 승기를 잡기 위해 전력을 다하고 있다.

AI 혁명은 우리나라에 엄청난 기회가 된다. 샘 알트만Sam Altman 오픈AIOpenAI CEO, 마크 저커버그Mark Elliot Zuckerberg 메타Meta CEO, 반도체 설

계 전설 짐 켈러Jim Keller 텐스토렌트Tenstorrent CEO 등이 한국을 잇따라 방문했다. 구글은 AI 공개 행사에서 제1 외국어는 한국어와 일본어라고 명확하게 이야기했다. 그만큼 대한민국을 중요한 AI 파트너 국가로 보고 있는 것이다. 서비스를 보고 모델을 만들고, 모델을 보면서 반도체를 만드는 풀스택Full Stack AI를 구축할 수 있는 나라는 세계에서 미국, 중국, 대한민국밖에 없다. 또 초거대 AI 모델을 개발할 수 있는 나라는 미국, 중국, 한국, 이스라엘 네 곳뿐이다.

Chat-GPT의 등장으로 인해 AI 기술은 특이점을 넘었다. AI 혁명은 모바일 혁명과 인터넷 혁명 못지않은 빅 사이클을 예고하고 있다. AI 반도체, 파운드리, 메모리, 패키징 기술은 AI 기술 발전의 핵심 원동력이 될 것이다.

현재 AI 반도체 시장은 엔비디아NVIDIA가, 파운드리 시장은 TSMC가 주도하고 있다. 엔비디아 AI 반도체의 핵심 메모리인 HBM3는 SK하이닉스, TC열압착, Thermal Compression 본딩 기술은 한미반도체가 각각 독점하고 있다.

또한 하이브리드 본딩 기술은 네덜란드의 베시BESI와 미국의 AMAT-Applied Materials가 독점하고 있다. 이렇게 AI 반도체 밸류체인 내에 독점 업체가 많아 공급이 원활하지 않은 상황이다. 공급 부족은 주식 시장에서 가장 좋아하는 키워드다. 어드밴스드 패키징 기술Advanced Packaging Technology의 중요성은 점점 더 커지고 있다. 서버용 AI 반도체뿐만 아니라 온디바이스 AI용 반도체에도 2.5D/3D 패키징 기술이 적용되기 때문이다.

AI 혁명의 초기 단계에서는 컴퓨팅 파워에 모든 관심이 집중되지만, 장기적인 관점에서는 빅 데이터의 중요성이 경쟁을 판가름낼 가능성이 높다. 데이터 주도권을 보유한 빅테크들이 장기전에서 유리한 위치를 차지했다. 투자자들이 AI 혁명 사이클을 온전히 누리려면 미국 빅테크 투자 비중을 반드시 가져가야 하는 이유다.

투자 승률을 높이려면 기업들의 AI 기술뿐 아니라 데이터 확보 및 활용 전략에도 주목해야 한다. 2024년 상반기는 반도체 투자에 유리한 시기로 보이지만, 하반기에는 국내외 정치 이벤트 및 기타 변수들로 인한 불확실성이 커질 것으로 예상된다. 2024년 하반기보다 상반기가 수익 내기 좋은 시기인 것으로 판단한다.

뒤늦게 이 책을 읽고 좋은 시점이 지나가 버렸다고 실망할 필요는 없다. 2024년 하반기 반도체 주식 상황이 녹록지 않지만, 위기를 기회로 활용할 여지는 충분하다. 미리 공부해 둔다면 조정 때 기회로 활용할 수 있기 때문이다. AI 혁명은 빅 사이클이다. 장기간 이어질 사이클인 만큼 지금부터 준비한다면 기회는 충분하다. 2023년 3분기 메모리 반도체는 바닥을 찍고 4분기부터 빠른 속도로 반등하고 있다. 메모리 반도체와 AI 혁명의 중첩은 국내 주식 시장에 상당한 기회를 줄 것이다.

AI 시장의 확장은 클라우드에서 디바이스로 이동하면서 새로운 흐름으로 이어질 가능성이 높다. 메모리 반도체 시장의 변화를 주도하는 SK하이닉스와 삼성전자의 경쟁에서 유례없는 변화가 일어나고 있다. 특히 메모리 만년 2등 업체 SK하이닉스가 HBM 등 주문형 메모리를 무기로 1등 기업 삼성전자를 위협하고 있다. 일반 D램 시장에서도 두 회사 간 점유율 격차는 빠른 속도로 줄고 있다.

삼성전자는 HBM뿐 아니라 파운드리, 어드밴스드 패키징 기술에서도 어려움을 겪고 있다. 위기는 삼성전자에 혁신을 요구하고 있다. 이재용 회장의 리더십이 점점 중요해지는 시점이다.

반도체 사이클은 어디쯤 와 있을까

메모리 반도체는 3~4년 주기로 상승과 하락을 반복하는 대표 시클리컬Cyclical 산업이다. 통상 1년 6개월에서 2년은 상승 사이클, 1년에서 1년 6개월 정도 하락 사이클이 지속된다. 2023년 초에 한국 반도체 주가가 반등했음을 감안하면, 2024년 상반기는 상승 사이클 막바지에 접근하고 있을 수 있다.

사이클은 주가와 업황의 흐름에 큰 영향을 미친다. 일반적으로 주가는 메모리 업황을 약 9개월 앞서가는 경향이 있다. 이러한 선행 효과는 투자자들에게 중요한 정보로 활용된다. 세계 경제의 선행 지표는 대한민국 경제다. 대한민국 경제의 선행 지표가 바로 반도체다. 우리 주식시장이 세계 어떤 곳보다 먼저 빠지고, 먼저 반등하는 것도 이런 이유다.

그러나 AI 혁명과 지정학이라는 새로운 변수가 등장함에 따라 전통 반도체 사이클과는 다른 양상을 보일 가능성도 배제할 수 없다. 특히 AI 밸류체인 선두 업체들이 높은 주가 상승률을 보이고 있다. 엔비디아, 일본 디스코DISCO, 네덜란드 베시BESI, 국내 한미반도체 등이 대표적이다.

아이러니하게도 AI 반도체 밸류체인 기업들은 AI 기술이 필수적이다. AI 기술을 솔루션 개발에 통합하는 업체는 생산 효율성을 크게 높일 수 있기 때문이다. 선두 업체들이 양질의 데이터를 확보하고 있고, 제조 경험도 풍부한 편이다. 시놉시스Synopsis, 케이던스 디자인 시스템즈Cadence Design Systems 등 선두 반도체 설계 자동화 툴EDA 업체들은 자사 프로그램 개발에 이미 머신러닝을 도입했다. 반도체 장비 업체 램리서치Lam Research도 식각 장비 개발에 AI 기술을 도입해 효율성을 높였다. 과거에는 수십 명의 인력이 달라붙어서 6개월 진행해야 할 프로젝트들이 AI를 활용하면 3~4주 만에 해결되는 경우가 많다. 주식 시장에서 AI

관련 선두기업에 더 많은 멀티플을 주는 것도 이런 맥락에서다. AI 기술의 진보는 향후 반도체 산업에 더욱 많은 투자 기회를 줄 가능성이 높다.

엔비디아라고 쓰고 '갓비디아'라 읽는다

요즘 투자자들 사이에 재미처럼 회자되는 말이 있다. '엔비디아'라고 쓰고 갓비디아라 읽는다는 것이다. 최근 엔비디아 주가 상승률은 유례없는 속도를 보여줬다. 2022년 10월 100달러 초반 수준이던 주가가 이제 1000달러 돌파를 넘보고 있다. 책이 출간된 시점에는 이미 1000달러를 돌파했을지도 모르겠다. 불과 1년 4개월 만에 8배 이상 오르는 기염을 토했는데, 텐버거Ten bagger가 이제는 꿈이 아니라 현실에 가까워지고 있다.

외부 출연이나 강의, 강연 자리에서 가장 많이 받는 질문이 있다.

"지금 엔비디아 사도 돼요?"

이런 질문에는 내가 할 수 있는 대답이 없다. 투자의 판단은 본인의 영역이기 때문이다. '왜 내 계좌에는 엔비디아 1주 없을까'라고 한탄하는 투자자들이 많다. 그만큼 엔비디아의 주가 상승은 어마무시했고, 보유하지 못한 이들에 주는 박탈감도 컸다.

그러나 놀라운 사실이 있다. 주가 못지않게 엔비디아의 실적 성장도 두드러진다는 것이다. 2023년 4분기 엔비디아 매출은 221억 달러로 전년 대비 265% 성장했다. 분기 매출 221억 달러가 어떤 의미인지 잘 모를 수 있다. Chat-GPT 붐이 일기 전 엔비디아 분기 실적은 85억 달러 수준이면 엄청난 서프라이즈였다. 성장의 핵심은 AI용 데이터센터 매출이다. 데이터센터 매출은 184억 달러로 전년 대비 409% 성장했다. 오타가 아니다. 나스닥 스몰캡 기업도 아닌 미국 내 시총 3위 기업의 성장률 수준이다.

통상 엔비디아 실적 발표행사에서 투자자들이 으레 하던 질문이 있다.

"게이밍 매출 어때요?" "암호화폐 채굴 수요는 어때요?"

지금은 이렇게 질문한다.

"AI 서버 수요 어때요?"

이게 현재 제일 중요한 질문이다. 밸류에이션 측면에서 엔비디아의 주가는 어떤 수준일까? 향후 실적 기준으로 현재 엔비디아 PER은 30배

초반 수준이다. 원래 엔비디아 PER은 80배 내외 수준이었다. 실적 성장률로만 충분히 1000달러 돌파를 예상하는 투자자들이 적지 않다. 엔비디아는 어떻게 이런 성장률을 달성할 수 있게 된 걸까.

빅테크들의 AI 성능, 엔비디아 칩에 달렸다

AI 모델 개발에서 중요한 3가지 요소는 컴퓨팅 파워, 빅 데이터, 모델링Modeling이다. 엔비디아가 AI 혁명의 핵심 수혜 기업이 된 것은 갑자기 막대한 컴퓨팅 파워가 필요해졌기 때문이다. 트랜스포머Transformer라는 알고리즘이 주류로 자리잡은 영향이 컸다.

기존 딥러닝 기반 AI 연구에서는 2년마다 데이터 학습 수요가 8배 가량 증가했는데 트랜스포머 기반 AI 연구에서는 2년마다 100배~200배 수준으로 늘어났다. 컴퓨팅 파워 수요가 엄청나게 늘어났음에도 트랜스포머 알고리즘의 효율성 증가 속도는 글로벌 빅테크 업체들에게 거부할 수 없는 매력으로 작용했다.

22년 11월 오픈AI가 Chat-GPT를 공개한 이후 AI 기술 트렌드는 트랜스포머 중심으로 평정되었다. 구글, 메타 등 글로벌 빅테크들은 Chat-GPT를 따라잡기 위해 서버 컴퓨팅 파워를 키우는데 안간힘을 쓰고 있다. 당장 AI 컴퓨팅 파워를 늘리려면 자사 서버에 엔비디아 GPGPU를 최대한 많이 채택할 수밖에 없다. 엔비디아 AI 칩이 불티나게 팔리는 이유다. 데이터센터도 계속 지어야 한다. 2023년 엔비디아

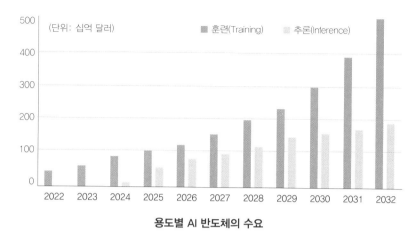

용도별 AI 반도체의 수요

*자료: OMDIA, 언론자료, KB증권

칩 수요 폭증 1차 사이클이 데이터 학습용에서 왔다면, 2024년 2차 상승세는 추론 수요가 이끌고 있다.

트랜스포머 알고리즘은 '규모의 법칙Scaling Law'과 '느닷없이 생기는 능력Emergent Abilities' 두 가지 특징을 갖고 있다. AI 혁명에서 위너가 되려는 빅테크들은 AI 서버 투자를 멈출 수 없다. 투자하는 만큼 AI 성능이 좋아지기 때문이다.

현재 트랜스포머 모델 기반 AI는 사실상 컴퓨팅 파워, 즉 매개변수(파라미터) 수에 달려있다고 해도 무방할 정도다. 컴퓨팅 파워 경쟁이 어느 정도 무르익을 즈음에는 빅 데이터의 중요성도 함께 부각될 것으로 관측된다.

Chat-GPT가 불러일으킨 AI 붐 때문에 엔비디아 칩 수요는 폭증했

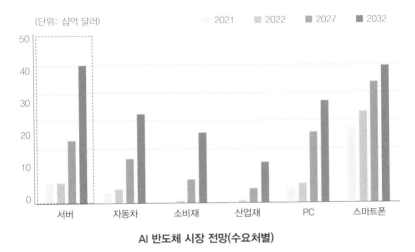

(단위: 십억 달러)　　　■ 2021　■ 2022　■ 2027　■ 2032

AI 반도체 시장 전망(수요처별)

*자료: Gartner, 언론자료, KB증권
*주: AI 반도체는 ASICs, Discrete & Integrated Application Processor 포함

다. 그러나 공급이 못 따라가니 가격은 계속 급등할 수밖에 없다. 2024년 3월 기준으로 엔비디아 주력 AI 반도체 H100을 주문하면 인도받는 데까지 40주 이상 걸린다. 원래 출고가가 3만 달러약 4,000만원 수준이지만 50~70% 프리미엄이 붙어 팔렸다. 2024년 2월부터 엔비디아 H100 리드 타임이 3~4개월 수준으로 줄었다. 후속 칩 H200과 차세대 블랙웰 아키텍처 기반 B200이 공개된 이후 H100 공급 부족 현상이 다소 완화되는 흐름이다.

엔비디아 GPGPU 공급부족의 병목현상은 TSMC 때문이다. TSMC는 엔비디아 H100 같은 AI 반도체를 2.5D CoWoSChip on Wafer on Substrate로 패키징한다. 원래 CoWoS 공정은 일부 프로그래머블 반도체FPGA, Field Programmable Gate Array 제조에 쓰였는데, 엔비디아 칩 수요가 폭발하면서 공급이 부족해졌다.

시장조사업체 트렌드포스에 따르면, TSMC는 2023년 초 월 1만5000장에 불과하던 CoWoS 캐파를 2024년 연말까지 월 4만장 규모로 확대할 계획이다. 그럼에도 불구하고 CoWoS 공급부족 현상은 2025년 상반기까지 이어질 것이라고 TSMC는 밝혔다.

CoWoS 캐파 부족을 해결해도 엔비디아 칩 공급부족 상황이 해결될 것이란 보장은 없다. HBM도 공급부족 가능성이 높아졌기 때문이다. 현재는 SK하이닉스가 독점 공급하는데, 삼성전자와 마이크론의 이원화 삼원화 속도가 생각보다 늦어졌다.

향후 AI 반도체 수요는 얼마나 늘어날까

오픈AI, MS, 구글, 메타, 아마존 등 빅테크들은 AI 시대 승자가 되길 원한다. 아니 조지 오웰의 《1984》에서 세상을 지배하는 '빅 브라더'가 되고 싶어하는 듯하다. 이를 위해서는 당장 엔비디아 칩을 자사 데이터 센터에 최대한 많이 갖다 놓는 게 중요하다. 가장 좋은 AI, 즉 AGI를 개발할 때까지 빅테크들의 반도체 구매는 멈추지 않을 것으로 보인다. 향후 AI 경쟁에서 AI 반도체의 중요성은 점점 더 증가할 것으로 보인다.

시장 조사업체 옴디아에 따르면 AI 반도체 시장은 2023년 400억 달러에서 2032년 6420억 달러로 성장할 전망이다.

오픈AI 샘 알트만이 7조 달러약 9300조원 자금을 모아 자체 반도체 설계,

제조 생산라인을 구축하겠다는 주장도 이런 맥락이다. 손정의 소프트뱅크 회장도 과거 비전펀드처럼 1000억 달러130조원를 확보해 AI 반도체 생산 시설을 확보할 계획이다. 경계현 삼성전자 사장은 AGI범용 AI를 구현하려면 적어도 최소 1000조개 매개변수를 갖춘 컴퓨팅 파워가 필요할 것이라고 전망했다.

오픈AI가 공개한 GPT 3.5 기반 Chat-GPT는 1,750억개 매개변수 구현을 위해 엔비디아 A100 1만개를 장착했고, 5조개의 데이터 문서를 학습했다. 총 소요 비용은 4조원 수준으로 추정된다. 앞으로 이 정도 규모 AI 모델을 개발하려면 훨씬 더 많은 자금이 필요할 것으로 보인다.

오픈AI가 유료로 공개한 GPT-4의 매개변수는 4000억~5000억개, 구글 제미나이는 1조~2조개 수준으로 추정된다. 1년 사이 파운데이션 AI 모델의 컴퓨팅 파워는 10배 가까이 증가했다. 경계현 사장이 이야기한 AGI가 출시되려면 현재 가장 강력한 컴퓨팅 파워를 자랑하는 제미나이보다 1000배 이상 규모를 키워야 한다.

젠슨 황Jensen Huang 엔비디아 CEO는 이르면 5년 내 AGI 상용화가 가능할 것으로 내다봤다. 현재 AI는 법률 시험 등 테스트는 통과할 수준이지만, 위장병학 등 전문 의료 테스트에서는 어려움을 겪고 있다. 더 강력한 컴퓨팅 파워와 AI 알고리즘 개선이 필요하다.

다만 모든 AI가 컴퓨팅 파워를 끝도 없이 키워야 하는 것은 아니다. 빅테크들의 AI 모델이 모든 스포트라이트를 받고 있지만, 규모가 작은 기업들은 최적화로 작은 AI 모델을 효율화하는 연구를 진행하고 있다. 메타 플랫폼스가 2023년 오픈 소스로 공개한 라마LLaMA가 이런 연구개발에 큰 도움이 되고 있다.

오픈AI 샘 알트만 해고 사태가 전화위복이 된 MS

2023년 샘 알트만 오픈AI CEO가 이사회로부터 갑작스레 해고 당한 사태는 전 세계 투자자들을 충격에 빠트렸다. 그동안 오픈AI는 AI의 공공성을 위해 보통 회사와 다른 독특한 거버넌스 구조를 가지고 있었는데, 이사회와 CEO인 알트만과 갈등이 해고 사태로 수면 위로 드러난 것이다. 알트만이 오픈AI에서 해고되고 MS로 가기로 한 소식이 전해지면서 MS 주가는 순식간에 52주 신고가를 뚫어버렸다.

MS 입장에서는 샘 알트만의 해고 사태가 전화위복이 되었다. MS는 오픈AI에 대해 140조원이 넘는 투자를 단행했지만, 이사회에서 제대로 된 영향력을 행사할 수 없었다. 하지만 오픈AI의 임직원 770명 중 700명 이상이 알트만의 해고 결정을 번복하지 않을 경우 MS로 이직하겠다고 발표하면서 이사회는 알트만 해고 결정을 번복할 수밖에 없었다.

이 사건 이후 MS는 사실상 오픈AI의 이사회를 상당 부분 장악해 버렸다. AI의 위험성을 경고하던 전문가들은 빅테크 업체들의 속도위반을 제어할 장치가 없어졌다고 우려하기도 했다.

결국 AI 혁명의 주도권은 빅테크 중심으로 재편되었고, 더욱더 막대한 자금과 인력이 생성형 AI 개발에 투입되었다. AI 기술 발전 속도가 엄청나게 빨라진 것은 당연한 수순이었다.

MS와 애플의 시총 역전

AI 혁명을 기회로 MS는 철옹성 같던 애플Apple의 시총 1위 기업 타이틀을 단숨에 뺏어버렸다. 애플의 시총 1위 상실은 무려 10년 만에 벌어진 일이었다. 모바일 혁명 주역이었던 애플이 AI 혁명 시대에 조연으로 밀려났다는 사실을 전 세계에 알리는 사건이었다. 엔비디아도 폭발적인 주가 상승세를 기반으로 아마존, 구글을 제치고 미국 내 시총 3위 기업으로 급부상했다. 2024년 3월 초에는 세계 최대 석유기업 아람코 시총을 넘어서기도 했다.

엔비디아 기업 가치도 2024년 들어 1조 달러 가까이 상승해 2조 달러를 넘었다. 이제는 애플의 자리를 위협하고 있다. 이제 시장의 관심은 엔비디아가 MS의 자리까지 위협할 수 있을지 여부에 집중되어 있다. MS는 오픈AI의 대주주일 뿐만 아니라, AI 상용화 측면에서도 선두 기업으로 평가받고 있다. 마이크로소프트 365 코파일럿 적용을 확대하며 구독 서비스를 강화하는 전략을 추진 중이다. 반도체 업체에서 AI 종합 플랫폼 업체로 변신하는 엔비디아를 MS가 어떻게 감당할지 관심이 쏠린다.

뉴욕 증시 98년, 시총 1위를 기록한 기업들

미국 뉴욕 증시에서 시가총액 분석이 시작된 것은 1926년부터다. 이후 98년 동안 단 한 번이라도 시총 1위를 기록한 기업은 98개에 불과하다. 에디슨이 설립한 GE뿐 아니라 GM, 엑슨모빌, 듀폰, 세계 최대 담배회사 알트리아, AT&T, 월마트, IBM, MS, 애플, 시스코, 알파벳, 아마존 등이 시총 1위라는 왕관을 차지한 기업들이다.

미국 시총 1위 기업은 당시 글로벌 산업 트렌드를 알 수 있는 중요한 지표다. 닷컴버블이 꺼진 2001년부터 미국 증시 대장주는 GE의 차지였다. 1990년대 말부터 2000년대 초까지 모든 대학 경영학과는 잭 웰치 GE CEO의 경영 방법을 바이블처럼 배웠다. 지금은 잭 웰치가 누구인지도 모르는 경영학도도 있지만 말이다.

2000년대 중반 유가가 배럴당 100달러 넘어서면서 엑슨모빌이 2006년부터 2011년까지 오랜 기간 동안 1등을 차지했다. 2001년 중국이 WTO 체제에 편입되면서 골디락스 경제를 열었고, 세계의 공장으로서 자리잡으면서 원자재를 블랙홀처럼 빨아들인 영향이 컸다.

원자재 시대의 주역이었던 엑슨모빌의 독주를 넘어선 기업은 모바일 혁명의 주역인 애플이었다. 2012년은 애플이 시총 1위 왕좌에 오르고, 삼성전자가 세계 시총 10위에 들어간 해다. 애플은 10년 이상 기간 동안 절대 왕좌를 유지했는데, 마이크로소프트가 간헐적으로 1위를 차지했다가 다시 애플에 자리를 내주기도 했다.

그러다 AI 혁명의 격변 속에서 마이크로소프트가 애플을 밀어내고 왕좌를 탈환했다. 애플은 이제 엔비디아의 추격까지 걱정해야 할 처지다.

M7 빅테크들의 치열한 AI 기술 전쟁

대규모 언어 모델LLM, Large Language Model AI 시장은 현재 MS와 구글 알 파벳이 양강 구도를 형성하고 있다. MS는 오픈AI와의 협력을 통해 고 성능 파운데이션 모델을 내재화하면서, 주로 API 비즈니스에 집중하고 있다. 애저Azure 클라우드 서비스를 통해 다양한 기업과 개발자들에게 GPT를 독점적으로 제공하며 시장을 선도하고 있다.

2022년 11월, 오픈AI가 Chat-GPT를 공개한 이후 구글은 발등에 불 이 떨어졌다. 독특한 벤처기업에 불과했던 오픈AI가 공개한 Chat-GPT 가 2억 명의 사용자를 모으는 데 그리 오랜 시간이 필요하지 않았다. AI 혁명은 운명처럼 그렇게 다가왔다.

Chat-GPT가 구글의 검색을 잠식할 것이란 전망은 점점 알파벳을 짓 눌렀다. 구글이 오픈소스로 공개한 트랜스포머 알고리즘이 오픈AI라는

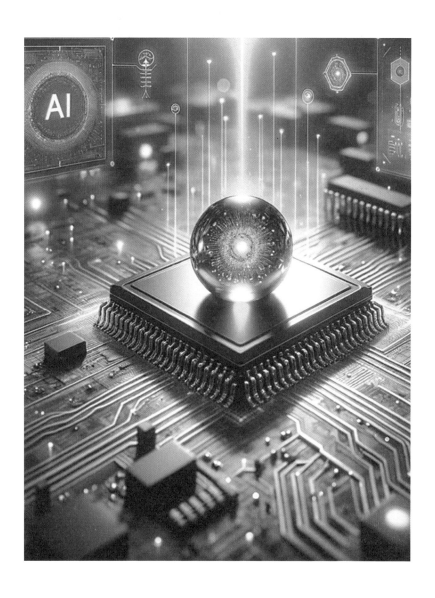

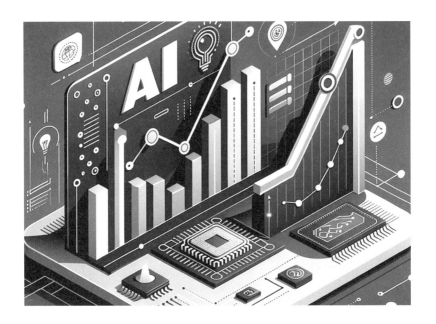

거대한 경쟁자를 탄생시킨 것은 역사의 아이러니다. AI 혁명은 이미 시작돼 버렸고, 구글은 검색 광고 매출에 취해 미래를 대비하지 못했다. 시간을 더 끌다가는 오픈AI와 MS 연합군에 AI 주도권을 내줄 수도 있는 상황이었다.

구글은 Chat-GPT 대항마 바드Bard를 곧바로 공개했다. 그러나 부랴부랴 급하게 만들다 보니 바드의 성능이 제대로 나오지 않았다. 구글은 엔지니어들을 재정비해 절치부심 끝에 2023년 하반기 제미나이라는 솔루션을 공개할 수 있었다. 제미나이는 바드와 달리 수준 높은 성능을 보였고, 1조~2조개 매개변수를 구현했다. GPT-4 대비 2배 이상 컴퓨팅 파워가 높은 수준이다. 구글 제미나이는 Chat-GPT보다 서비스가 늦었지만, 명확한 장점이 있다. 바로 긴 텍스트 생성이다. 또 이미지 생성이나 이해도 수준도 탁월했다. 구글은 생성형 AI 기술의 원천 이해도가 높고, 자체 개발 역량을 갖춘 기업이다. 구글이 보유한 광범위한 데이터와 기술력은 AI 시장에서 강력한 힘을 발휘하고 있다. 안드로이드 OS를 보유한 것도 무시할 수 없는 배경이다. 향후 개인 데이터를 기반으로 AI 에이전트 서비스가 본격화될 경우 구글의 경쟁력은 강력해질 수 있다.

오픈AI는 구글 제미나이에게 역습을 허락하지 않으려 하는 듯하다. 동영상 생성형 AI 서비스 '소라SORA'를 공개하면서 제미나이가 받을 스포트라이트를 상당 부분 가져가 버렸다. 두 회사간 기술 경쟁은 역습에 역습이 거듭되고 있다. 이제 생성형 AI 기술 경쟁은 텍스트, 이미지를 넘어 멀티모달로 진입했다. 사람의 오감처럼 AI가 듣고 보고 이미지와 동영상을 만들고, 촉감 등을 학습하고 생성하는 게 멀티모달리티Multi Modality다. 소라는 시각 분야에서 생성형 동영상 AI를 가장 수준 높게 구현한 서비스다. 프롬프트를 입력하면 AI가 동영상을 만들어준다. 제미나이도 특정 이미지나 동영상을 제시하고 내용을 물으면 AI가 꽤 준수한 답변을 해준다. 빅테크간 경쟁이 치열해지면서 AI 기술 발전 속도는 우리의 상상력을 넘어서고 있다. 전문가들이 5~7년 걸릴 것이라고 생각한 기술이 5개월 만에 나오는 일도 허다하다.

MS의 자본력과 기술이 오픈AI에 투입되면서 이런 흐름에는 가속도가 붙고 있다. 2023년 샘 알트만 CEO 해고 사태를 겪은 이후 오픈 AI 이사회는 AI 기술 발전 속도를 제어할 힘을 잃어버렸다. 자본과 효율적인 판단이 가미되면서 AI 발전 속도는 브레이크가 없어졌다.

AI 기술 경쟁은 아직 전초전

AI에 진심인 회사는 엔비디아 칩을 얼마나 구입했는지 여부를 보면 안다. 2023년 기준 엔비디아 H100 칩을 MS와 메타가 각각 15만개씩 샀다. 구글은 이들업체의 절반 수준 밖에 안 샀지만, TPU^{Tensor Processing} Units를 활용해 효율적인 컴퓨팅 파워를 구현했다. 모바일 혁명에서 조연에 불과했던 메타 플랫폼스의 움직임도 심상치 않다. AI 혁명에서는 반드시 주연이 되겠다는 야망이 느껴진다.

메타의 가장 큰 힘은 '라마_{LLaMA}'라는 오픈 소스다. Chat-GPT나 제미나이처럼 초거대 언어모델이라고 보기는 힘들다. 그러나 리눅스처럼 여러 곳에서 동시 개발되고 있다. 작은 모델을 여러 개 붙여 효율을 높이는 방식이 진행 중이다. 메타의 라마로 인해 생각지도 못한 AI 생태계가 만들어지고 있다.

구글은 LLM 제미나이 고도화에 집중하는 한편 2024년 초 오픈소스 AI 모델 젬마_{Gemma}를 공개하면서 수직계열화와 개방이란 투 트랙 전략으로 방향을 선회했다. 우리 뇌의 시냅스, 즉 매개변수는 100조개 수준이다. 현재 컴퓨팅 파워에서 가장 앞 선 제미나이가 1조~2조개 매개변수 수준에 불과하다. 생성형 AI가 사람의 뇌를 따라가기 위해서는 아직 컴퓨팅 파워 규모를 100배 가까이 더 키워야 한다.

빅테크들의 AI 기술 생태계는 크게 개방과 수직계열화라는 두 방향으로 진행되고 있다. 수직계열화 쪽에서는 네이버와 애플, 오픈AI가 비슷한 방향성을 보인다. 검색에서 네이버를 가두리 양식장이라고 부른다. 폐쇄적인 모델이어서 네이버 안에서 만든 콘텐츠는 밖으로 가져오기 힘들다. 애플도 폐쇄적인 모바일 생태계를 구축하고 있다. Chat-GPT의 GPTS도 애플이나 네이버와 비슷하다. 가두리 양식장처럼 GPT 안에서 놀고, 여기서 만든 콘텐츠를 밖으로 가져나갈 수 없게 만들었다.

개방형 쪽에서는 구글과 메타 플랫폼스가 비슷한 방향성이다. 메타는 구글 검색이나 안드로이드 OS처럼 개방형 전략을 구사하고 있다. 메타도 직접 열심히 만들면서 생태계에 참여한 파트너들도 열심히 개발해 보라고 독려한다. 라마 등을 무료 오픈 소스로 제공하면서 말이다.

사업화 측면에서 가장 주목할 기업은 MS다. MS의 힘은 엔터프라이즈에 있다. 워드, 엑셀, 파워포인트 등에 코파일럿 AI를 붙여서 효율을 높일 수 있다. 한국 등 일부 국가를 빼고 전 세계가 워드 파일로 문서를 생성하고 있다. 오른쪽 창에 GPT가 붙는 순간 새로운 세상이 열린다. 코파일럿 오피스 365 정식 버전이 조만간 출시된다. 예를 들어 정리된 워드 파일을 주고 'PPT 20장을 만들어줘' 하면 AI가 순식간에 수행한다. 기업뿐 아니라 일반인들도 쉽게 사용할 수 있다.

이를 위해 MS의 클라우드 서비스 애저는 든든한 토대를 제공한다. MS 애저가 강력해지면서 구글 클라우드뿐 아니라 아마존 AWS도 타격을 받았다. MS와 오픈AI 연합군은 선점 효과를 충분히 누리고 있다. 그러나 메타의 SNS, 애플 스마트폰처럼 잠금 효과가 약하다. 더 좋은 AI 서비스가 나왔을 때 옮기는 데 불편함이 적다는 이야기다. 즉 전환 비용 Switching Cost이 적다.

AI 경쟁이 아직 끝나지 않았다는 이야기가 나오는 이유다. 외부의 시선과 달리 오픈AI와 MS 사이에 삐걱거리는 상황이 감지되고 있다는 주장도 나온다. 오픈AI Chat-GPT와 MS 코파일럿 같은 기술로 구현됐지만, 아키텍처가 다르게 진행되고 있다. 즉 같은 프롬프트를 넣어도 답변이 다르게 나온다.

두 회사간 협력이 향후 어떻게 진행될지 지켜봐야 할 부분이다. MS가 오픈AI를 발판 삼아서 독자적인 코파일럿을 서비스할 준비를 잘해놓았다는 판단이다. 샘 알트만이 여러 나라를 돌아다니면서 새로운 협력을 모색하는 이유도 MS에 너무 의존하는 상황을 완화하려는 전략으로 풀이된다. 아마존은 커머스 방식을 활용해 AI 생태계를 구축하고 있다. 특이한 것은 AWS 내에서 아예 자체 AI 개발을 만들지 않겠다고 선언했다. 여러 업체들이 AWS로 와서 AI 모델을 만들라고 독려하기 위해서다. 고객들이 들어와서 AI 모델을 만들고, 여기서 판매까지 할 수 있도록 마켓 플레이스를 제공한다는 방침이다. 마치 고객과 경쟁하지 않겠다고 선언한 TSMC와 비슷한 전략이다.

AI가 기본 인프라화 되면서 이미 업계 내에서는 엄청난 변화가 일어나고 있다. 구글은 TPU를 5년 전 개발해 사용 중이다. 당시만 해도 엔비디아 칩의 몇 배 성능을 자랑했다. 다른 업체들이 구매하고 싶어도 구글은 외부 판매 요청을 대부분 거절했다. 그 사이 엔비디아 칩 성능이 빠른 속도로 개선되면서 구글 외 업체들 입장에서 TPU의 장점이 희석돼 버렸다.

온디바이스 AI를 주목하라

AI가 서버 클라우드에서 디바이스로 확장되는 온디바이스 AI는 세상에 엄청난 파급효과를 일으킬 것이다. 현재 AI는 뇌만 있는 상태다. AI가 로봇이나 자율주행차, 드론 같은 바디와 연결되는 것은 필연이다. 샘 알트만이 7조 달러 반도체 투자 담론을 꺼낸 것도 온디바이스 AI 시장을 염두에 둔 것으로 보인다. 오픈AI도 테슬라 옵티머스, 자율주행차처럼 디바이스를 만들고 싶어 할 것이다.

AI 로봇, AI 자율주행 등 모빌리티를 한 데 묶어 '인 바디드 AI'라고 부른다. 이 시장이 열리면 AI 반도체 수요는 지금과는 비교 안 될 정도로 증가한다. 테슬라 FSDFull Self-Driving 수준 자율주행차가 구현되려면 고성능의 칩이 필요하다. 자율 항법이 필요한 디바이스는 통상 칩이 2~3배 필요하다. 실제로 비행기는 동일한 칩이 3개 탑재되는데, 한 개 칩에 문제가 생기면 바로 대체해야 하기 때문이다.

애플은 반도체 기술이 뛰어나지만 AI 모델 및 서비스에서는 뒤처진 상황이다. 기본이 탄탄한 회사다. 에이전트 AI 시장이 펼쳐질 경우 애플의 경쟁력은 다시 부각될 수 있다. 애플은 항상 먼저 시장을 치고 들어가기보다 뒤늦게 들어와 완성도 높은 서비스로 해자를 구축해온 기업이다. 미국을 제외한 국가 기업이 대규모 언어 모델을 하기 어려운 가장 큰 이유는 자금이다. 물론 기술과 인력, 데이터 문제도 쉽지 않은 문제다.

초거대 AI 모델 하이퍼클로바X를 보유한 네이버도 엔비디아 칩을 연간 구매하는 수량은 수천개 수준에 불과하다. 엔비디아 고객 순위 톱 50위 안에도 못 들어간다. 그만큼 미국 빅테크와 자금 및 인력 면에서 차이가 난다. 미국 빅테크로 이직하는 네이버 AI 엔지니어 수도 점점 늘고 있다. 빅테크가 아닌 기업들은 MoEMixture of Experts처럼 적절한 규모 AI 모델을 연결하는 방식을 고민하고 있다. MoE는 클라우드와 연결돼 더욱 강력한 효율을 낼 것으로 보인다.

AI 혁명의 신호탄을 쏜 오픈AI의 Chat-GPT

2022년 10월 오픈AI와 Chat-GPT의 등장은 갑작스러웠다. IT 업계에 있는 사람들조차 오픈AI에 큰 관심이 없었다. 필자도 《바로 써먹는 최강의 반도체 투자》에서 오픈AI를 일론 머스크가 출자해 만든 비영리 재단 정도로만 기술했다.

그러나 누구도 주목하지 않았던 이 회사가 AI 혁명을 수년 혹은 수십 년 앞당긴 것은 분명하다. 오픈AI는 2015년 샘 알트만, 일론 머스크, 그렉 브록만 등이 의기 투합해 설립한 비영리 기업이었다. 2023년 MS로부터 100억 달러 투자를 유치하며 기업 가치가 300억 달러 수준을 인정받았다.

Chat-GPT는 기존 챗봇이 제공하던 서비스 수준을 훨씬 넘어섰다. MBA 시험, 의사 국가고시, 변호사 시험 등을 통과하면서 높은 성능과 정확성, 유용성을 자랑했다. AI 혁명의 시작을 알린 Chat-GPT는 공개 5일 만에 100만, 40일 만에 1,000만 가입자를 달성했다. 현재는 2억 명 넘는 사용자가 Chat-GPT 서비스를 사용하고 있다.

기존 플랫폼이 1,000만 사용자를 돌파하는 데 걸린 시간은 페이스북

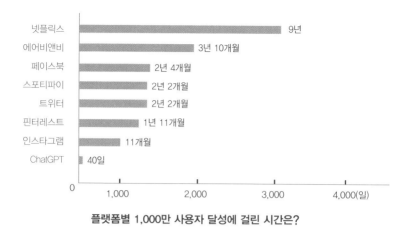

넷플릭스 9년
에어비앤비 3년 10개월
페이스북 2년 4개월
스포티파이 2년 2개월
트위터 2년 2개월
핀터레스트 1년 11개월
인스타그램 11개월
ChatGPT 40일

0   1,000   2,000   3,000   4,000(일)

플랫폼별 1,000만 사용자 달성에 걸린 시간은?

*자료: 언론 종합. 삼성증권

2년 4개월, 트위터엑스 2년 2개월, 인스타그램 11개월 등이다. Chat-GPT 확산 속도가 얼마나 빨랐는지 가늠할 수 있다.

2023년 가을 오픈AI는 더욱 강력한 GPT-4를 공개했다. 이전 버전은 2022년 1월까지 학습했지만, 새로운 버전은 2023년 4월까지 업데이트 했다. 이전 버전은 3000단어만을 사용하여 질문하는 게 한계였는데, 새로운 버전은 책 300쪽 용량까지 질문할 수 있다. 달리DALL-E를 통해 이미지 생성을 지원하고, 텍스트를 음성으로 변환해주기도 한다. 6개 버전의 음성으로 AI와 실시간 대화할 수 있다. 놀라운 것은 GPT 스토어를 통해 누구나 원하는 챗봇을 개발해 판매할 수 있도록 했다. 코딩을 몰라도 자연어를 통해 얼마든지 맞춤화된 GPT를 만들 수 있다. 저작권 보호 기능도 기존 버전보다 강화되었다.

Chat-GPT의 등장은 기술과 사용자 경험의 패러다임을 혁신적으로 변화시켰다. 자연어 처리 기능을 통해 사용자들은 복잡한 프로그래밍 지식 없이도 기계와 상호작용할 수 있게 되었다. 이게 기술 접근성을 대폭 높인 원인이다.

플러그인과 API를 통한 확장으로 Chat-GPT는 다양한 분야에서 사용자들에게 더욱 편리하고 다채로운 서비스를 제공하고 있다. 투자자들은 Chat-GPT가 단순한 챗봇을 넘어 다양한 애플리케이션과 서비스 허브가 될 것이란 확신을 갖게 되었다. 2023년 11월 오픈AI는 2억명이 Chat-GPT를 사용하고 있으며, 200만명 이상 엔지니어들이 GPT 개발자 생태계에 참여하고 있다고 공개했다. 포춘 500대 기업 중 460개 이상이 오픈AI와 파트너십을 맺고 있다.

Chat-GPT 등 대규모 언어 모델LLM, Large Language Models의 도입으로 카피라이팅, 소설, 웹툰, 일러스트 제작, 코드 작성 등 창의적인 작업에 혁

명적인 변화를 불러일으켰다. 콘텐츠 생성 비용을 극도로 낮춰 개인화된 콘텐츠를 무한히 생성할 수 있는 가능성을 열었다.

미국 부동산 중개 업계에서는 이미 LLM을 필수적으로 활용하고 있다. Chat-GPT를 사용해 매물과 시세를 몇 분 만에 정리하고, 매물 설명 작성 시간을 대폭 단축했다. 주택담보대출 상품 비교, 부동산 세금 계산 등에도 활용해 고객들이 더 나은 결정을 내릴 수 있도록 돕고 있다.

퀀트 투자자를 비롯해 소매, 전자상거래, 은행 및 금융, 보험, 여행 및 접객 업계, 의료 및 생명과학, 통신, 미디어 및 엔터테인먼트 분야 등에서도 생성형 AI의 활용이 확산되고 있다. AI 기술 발전은 다양한 산업에 걸쳐 혁신을 촉진하고, 비즈니스 모델의 변화를 가속화하고 있는 셈이다.

Chat-GPT가 기존 AI와 달랐던 것은 범용 AI즉 AGI의 가능성을 보여줬다는 점이다. 텍스트, 그림, 코딩, 음악 등 인간의 창의성 영역을 점점 대체하고 있다. 완벽하지는 않지만 꽤 수준 높은 대답을 내놓는다. 기존 AI가 단순 반복 노동을 줄이는 데 기여했다면, Chat-GPT 등 생성형 AI는 인간 고유 영역으로 여겨졌던 예술 및 창작 등으로 확장하고 있다. Chat-GPT 등장 이전까지 생성형 AI는 모델을 실행하기 어렵다고 여겨졌다. 클라우드 비용이 너무 비쌌고, 고급 인력도 많이 필요했기 때문이다.

그러나 샘 알트만은 기존 문제점들을 상당 부분 기술과 자금 유치로 돌파해 버렸다.

Chat-GPT의 대항마, 구글 제미나이

구글은 Chat-GPT 대항마 바드를 공개한 후 실망스러운 성적표를 받을 수밖에 없었다. 회사 내 위기감이 고조되는 가운데 2023년 가을 새로운 멀티모달 AI 제미나이를 공개했다. 다행히 바드와 달리 제미나이에 대한 평가는 괜찮았다.

기존 AI 모델이 텍스트 중심인데 반해 제미나이는 이미지, 동영상, 오디오 등 다양한 형태 데이터에 대한 이해 및 추론 기능을 갖췄다. 예를 들어 동영상을 보여주고 '무엇이 생각나느냐?'는 질문에 영화 매트릭스 장면이라고 답한다. 그림이 그려지는 과정을 보고 힌트를 찾아 대상을 추정하기도 한다.

무엇보다 정확도 측면에서도 GPT-4 대비 크게 개선되었다. 다만 구글은 제미나이에 대한 구체적인 학습 데이터와 방법론은 공개하지 않았다. GPT3.5 기반 Chat-GPT 공개 때만 해도 컴퓨팅 파워가 어떻게 구성되었고, 어떤 데이터 셋을 가지고 학습했다는 내용이 공개되었다. 그러나 최근 공개되는 AI 모델들은 개발 정보를 블랙박스처럼 숨기는 추세다.

제미나이는 최고 성능을 자랑하는 울트라, 일반 사용자가 쓰는 프로, 온디바이스 AI용 나노 등 세 버전으로 공개되었다. 제미나이 프로는 바드처럼 포털에서 서비스할 것으로 보인다. 구글은 제미나이 울트라를 사용한 '바드 어드밴스'를 출시했다. 멀티모달 기능은 울트라에서 우선 구현된다. 제미나이 나노는 온디바이스 AI용 프로그램으로 자사 스마트폰 '픽셀8' 프로에 적용된다. 삼성전자 갤럭시S24에도 채택되었다. 사진에 펜으로 동그라미를 그리면 검색해주는 '서클 투 서치' 기능이 제미나이 나노를 통해 구현되었다. 탑재된 녹음 앱에서 요약 기능, 왓츠앱을 통한 스마트 답장 등을 제공한다. 동영상 업로드 시 제미나이로 구동되는 구글 컴퓨터 사진 모델이 조명, 색상 등을 자동 보정해주기도 한다.

더 강력해진 제미나이 1.5버전

구글은 제미나이 초기 버전이 만족스럽지 못했는지 2024년 초 업그레이드 버전 '제미나이 1.5 프로'를 곧바로 공개했다. '제미나이 1.5 프로'는 토큰수가 GPT-4 대비 5배 많은 양을 입력할 수 있다. 1시간 영상, 11시간 오디오도 입력 가능하다. 또 코드 3만줄, 70만 단어에 해당하는 텍스트를 해석할 수 있다. 10시간이 넘는 녹취록에서 특정 그림을 그려서 찾아 달라고 하면 찾아주는 멀티모달도 구현한다. 예를 들면, 레미제라블 책 한 권 73만 토큰을 입력하고, 촛대 훔치는 그림 보여주고 어느 페이지에 있는지 찾아달라고 한다고 하자, 제미나이는 '1099페이지에 있는 내용'이라고 답변한다.

'제미나이 1.5 프로'는 MoE 기술 덕분에 컴퓨팅 파워 효율성을 대폭 높였다. MoE는 특정한 분야 전문 AI 모델을 여럿 갖다 놓고, 프롬프트를 보고 해당 AI에 할당하면서 계산 리소스를 최적화해주는 원리다. 쉽게 말하면 이전 제미나이가 아주 다재다능한 전문가AI로 키워 모든 답변을 담당하게 하는 것이라면, MoE는 질문에 따라 해당 분야 전문가AI에게 답변하도록 분산시키는 것이다. '제미나이 1.5 프로'는 이전보다

세계 생성형 AI 경쟁

	오픈AI OpenAI	메타 Meta	구글 Google
대규모 언어모델 (LLM)	GPT 시리즈 (2022년 12월 공개) 최근 출시 GPT-4는 이미지 인식 가능	라마 시리즈 (2023년 2월 공개) 관련 기술 전체 공개 상업적 사용 가능	제미나이 (2023년 12월 공개) 멀티모달 AI로 텍스트 · 이미지 · 음성 · 영상으로 상호작용
주요 서비스	대화형 AI 챗봇 **'챗GPT'** (친화적 상호작용으로 질문 이해, 필요로 하는 정보 제공)	자사 SNS에서 구동하는 대화형 AI챗봇 **'메타 AI'** (텍스트 입력으로 구동하는 AI비서)	구글에서 구동하는 대화형 AI 챗봇 **'바드'** (구글 엔진의 정보를 기반으로 최신 정보도 답변 가능)
기타	**마이크로소프트와 연합 전선 구축**	**IBM 등 50개 이상 기업과 AI 동맹 결성**	

*출처: 연합뉴스

효율적으로 답변 처리를 하는 배경은 여기에 있다.

프랑스 '미스트랄AI'라는 회사는 70억개 AI 모델 8개를 섞어서 답변하는 방식을 구현했는데, MoE 방식의 대표 적용 사례다. 실제로 작은 AI 모델 3개를 섞으니 챗GPT보다 성능이 낮다는 연구 결과도 있다. 제미나이에 소멸 위기 언어인 칼라망어 사전과 언어 교재를 입력하고, 400개 문장을 입력해서 바로 영어로 번역하는 데 성공했다. AI가 사전에 학습하지 않았는데 번역을 바로 성공한 것이다. 구글은 당장 12만 8000개 토큰만 입력하도록 '제미나이 1.5 프로'를 서비스할 계획이다. 100만개 이상 토큰 입력은 사용자에게 비용을 더 받을 것으로 보인다. AI 부하를 줄이고 사업화하기 위한 방안으로 풀이된다.

누가 빅 브라더가 되느냐, 범용 AI[AGI] 개발에 달렸다

글로벌 빅테크들이 지향하는 AI는 AGI다. AI 시대에 빅 브라더가 되기 위해서는 AGI 개발이 필수적이다. 엔비디아 칩을 대량으로 사들여 데이터센터에 투입하는 이유가 여기에 있다.

AI를 혁명이라고 부르는 이유는 인류 문명 발전에서 중요한 인프라인 전기와 통신에 비견되기 때문이다. AI는 전기와 통신에 이어 세 번째로 핵심 인프라가 될 가능성이 높다. 산업 혁명을 통해 전기가 주요 동력원으로 자리매김했고, 모바일 혁명을 거치면서 통신은 물과 공기처럼 없어서는 안 될 인프라가 되었다.

모바일 혁명 이전까지 MP3 플레이어, PMP 등에 데이터를 다운받으려면 케이블이 반드시 필요했다. 그러나 지금은 이어폰, 시계, 반지 등 대부분 디바이스와 통신이 연결된다. 모바일 혁명의 통신 기술의 발전을 거쳐 초연결 인프라가 만들어졌다. 이 통신망을 타고 AI가 서버에서 디바이스로 소환된다. 스마트폰과 PC뿐 아니라 집 안에 있는 냉장고, TV, 로봇 청소기 등으로 말이다. 10년~20년 뒤 미래 세계로 가서 한 사람을 현재로 데려오면 AI가 없어 불편해 쓰러질지도 모른다. 스마트폰이 없으면 견딜 수 없는 지금의 우리처럼 말이다.

아직 온디바이스 AI 생태계가 완전히 구축되지 않아 이러한 변화를 눈으로 직접 보거나 체감하기 어렵다. 그러나 AI는 단기적인 테마가 아닌 장기적인 변화의 시작점이다. 글로벌 선두 기업들은 AI가 미래라고 생각하며 모든 자원을 쏟아붓고 있다. 수만명의 인력을 감축해 AI 서버에 투자했다는 뉴스가 이제는 새롭지 않다.

AI 개발 속도도 중요한 이슈다. 지금은 AI 가속기가 문제지만, 장기 적으로는 빅 데이터가 문제로 부상할 수 있다. 이미 일부 대형 언론사들 은 LLM AI의 정보 수집을 원천 차단하고 있다. 지적 재산권 문제로 소 송도 잇따르고 있다. 허가받지 않고 AI가 자신들의 데이터를 수집할 경 우 독을 풀어 버리는 나이트 셰이드Night Shade 기술도 발전하고 있다. 이 데이터로 학습한 AI는 성능이 확 떨어진다. 애플은 뒤늦게 AI 개발에 뛰어들면서 막대한 데이터 사용료를 지불하고 있다. 이처럼 LLM 개발 비용은 시간이 지날수록 점점 커질 수밖에 없다. AI 혁명은 단순한 기 술 발전을 넘어, 인류의 생활 방식, 경제 구조, 심지어 사회 적 관계에까 지 근본적인 변화를 가져온다.

AI와 AGI는 뭐가 다른가

현재 우리가 사용하는 AI 용어는 협의의 개념이다. 강력한 기술이지 만, 매우 간단하고 직관적이다. 과거 데이터를 분석해 패턴을 찾고 미래 를 예측하는 방식으로 활용한다. 예를 들면 이메일에서 스팸을 걸러내 거나 사용자에게 최적의 교통 경로를 제안하는 등의 형태로 우리에게 편의를 제공한다.

그러나 이런 AI의 기능은 과거 데이터를 토대로 훈련되기 때문에 새 롭거나 과거와 다른 상황에 대응하는 능력은 제한적이다. 범용 인공지 능AGI, Artificial General Intelligence은 사람처럼 다양한 업무를 수행할 수 있는 고도화된 형태다. AGI는 이론적으로는 새로운 상황이나 문제에도 유연하게 대응할 수 있으며, 이전에 접하지 않은 새로운 정보를 스스로 학습할 수 있다. 빠른 속도로 AI 기술이 발달하면서 초맞춤화된 AI 비서, 즉 에이전트 AI가 3~5년 안에 등장할 것으로 보인다. 에이전트 AI는 AGI 개발의 핵심 단서가 될 것으로 관측된다.

AGI가 만들어지면 비구조적인 데이터를 분석할 수 있고, 제로에 가까운 한계 비용으로 고품질 콘텐츠를 생성할 수 있다. 온라인뿐 아니라 오프라인 세상에서도 강력한 힘을 발휘할 것으로 예상된다. AGI를 장악한 빅테크는 스마트폰 OS 업체처럼 안정적인 고마진을 누릴 수 있을 뿐 아니라 다양한 애플리케이션을 직접 제공하면서 부가가치를 확대할 것으로 보인다. 파운데이션 AI 모델 자체에서 이미지나 비디오를 생성하면서 콘텐츠 산업의 부가가치를 가져올 수 있다. 또 코딩을 대신해주면서 프로그래머의 부가가치도 가져온다. 그러나 경쟁에서 밀린 빅테

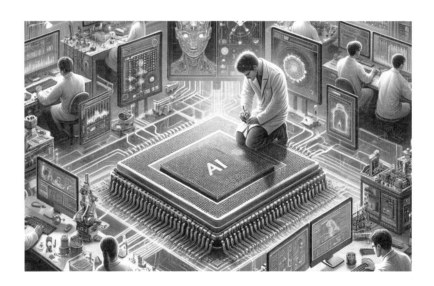

크는 비참해진다. 사용자 디지털 유입 채널이 없어지기 때문에 AI 치킨 게임에서 물러설 수 없다.

대규모 언어 모델LLM에서 대규모 멀티모달 모델LMM로

AI는 사람이 태어나 세상을 배우는 것과 비슷한 과정을 거친다. 현재 AI는 텍스트를 통해 인간의 언어를 이해하고 있는 상태다. 사람처럼 말의 맥락을 이해하지만, 사람의 오감을 느끼고 이해하지는 못한다. 이 때문에 멀티모달을 학습할 필요가 있다. 멀티모달은 시각, 청각, 촉각, 후각, 미각처럼 사람의 오감에 해당된다. 문제는 사람은 육체를 통해 오감을 배우지만, AI는 바디가 없다.

여기서 휴머노이드 로봇이라는 디바이스가 등장한다. AI가 휴머노이드 로봇에 탑재되는 순간 오감을 통해 막대한 데이터를 확보할 수 있다. 사람과 비슷한 신체구조를 채택한 것도 사람처럼 오감을 느끼기 위해서다. 테슬라가 휴머노이드 로봇 옵티머스를 2만 달러 수준에 각 가정으로 보급하려는 이유도 여기에 있다. 사람처럼 보고, 느끼기 위해서는 멀티모달 데이터가 필요하다. 사람의 지각 중 70%가 시각인데, AI는 이미지를 넘어 영상을 이해하는 수준으로 넘어가고 있다. 텍스트를 영상으로 바꿔주는 오픈AI의 '소라'는 멀티모달리티Multi Modality의 초기 서비스임에도 불구하고 많은 사람들을 흥분시켰다.

CES2024에서 공개된 래빗Rabbit의 R1은 음성으로 텍스트와 이미지를 생성하는 서비스와 단말기를 선보였다. AI가 미각을 이해할 경우 푸드 테크 산업에 엄청난 파급효과가 일어날 수 있다. 예를 들어 30년산 고급 양주의 분자 구조를 그대로 카피해 술을 조합하는 AI를 상상해 보라. 사람의 감정에 따라 향기를 제공하는 후각 생성형 AI는 어떨까. 우리 삶을 송두리째 바꿀 영향력을 가진다.

멀티모달을 학습해야 움직이는 법도 정확하게 배울 수 있다. 사람도 아기일 때 서기 위해 수만번 넘어진다. 기다가, 걷다가 나중에는 뛸 수 있다. 로봇 등 디바이스도 이를 배우기 위해 운동지능을 AI로 학습하게 된다. 테슬라가 도로에서 확보한 주행 데이터를 통해 최적의 자율주행차를 구현해 나가는 것도 일종의 지능이다. 이 모든 것을 이해하는 빅테크가 바로 빅 브라더 AI AGI가 될 수 있다.

생성형 AI, 빅테크들의 군비 경쟁 본격화

최근 아마존이 AI 스타트업 앤스로픽Anthropic에 27.5억 달러를 추가 투자하기로 했다. 30년 역사상 최대 규모 외부 투자다. 2023년 9월 12.5억 달러 투자한 데 이은 후속 조치다. 이로써 아마존이 앤스로픽에 총 투자한 금액은 40억 달러에 이른다. 2023년 구글도 20억 달러를 앤스로픽에 투자했다.

앤스로픽은 오픈AI 창립자 그룹이었던 다니엘라와 다리오 애머데이 남매에 의해 2021년 설립되었다. 최근 생성형 AI 모델 클로드3를 공개

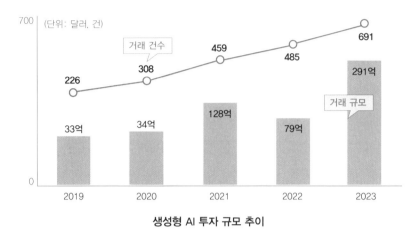

생성형 AI 투자 규모 추이

*자료: 피치북

하면서 학부 수준 지식과 대학원 수준 추론을 구현했다. 기초 수학같은 업계 벤치마크 테스트에서 GPT-4와 제미나이 울트라를 넘어섰다.

MS는 오픈AI에 130억 달러를 투자한 데 이어 미스트랄AIMistral AI에도 1500만 유로를 투자했다. 미스트랄AI는 생성형 AI 모델 개발 기업으로 구글과 메타 출신 엔지니어들이 2023년 4월 설립했다. 회사 설립 10개월 만에 5억 유로약 7000억원의 자금을 확보했다. 현재 기업 가치는 21억 달러 이상 평가받고 있다. MS의 AI 투자는 멈추지 않고 있다. 로봇 개발 업체 피겨AIFigure AI, AI 플랫폼 업체 휴메인Humane 등에도 투자했다.

최근 유명 스타트업 AI 기업 인플렉션AIInflection AI도 접수했다. MS는 공정거래 당국을 의식해 인수합병 대신 핵심 인력만 데려오는 방식을 취했다. 인플렉션AI 창업자 무스타파 술레이만을 MS AI 사업 책임자로 영입했다. 술레이만은 2010년 데미스 허사비스 등과 함께 딥마인드를 창립한 인물이다. 2014년 딥마인드가 구글에 5억 달러에 팔린 이후 회사에 남아 있다가 2022년 퇴사해 인플렉션AI를 창업했다. 인플렉션AI는 챗봇 파이Pi를 간판 제품으로 출시했다. 2023년 5월 AI행사에서 MS 창업자 빌 게이츠로부터 좋은 평가를 받기도 했다. 인플렉션AI 공동 창업자인 AI 과학자 카렌 시모니언을 포함해 상당수 인플렉션AI 구성원들도 MS로 이직하기로 했다. 피치북에 따르면 2023년 생성형 AI 관련 투자 규모는 291억 달러로 전년 79억 달러 대비 260% 증가했다. 주목할 만한 점은 투자금의 상당 부분이 벤처캐피탈vc이나 기관이 아닌 빅테크 기업에서 나왔다는 것이다.

빅테크간 AI 합종연횡도 본격화

MS와 오픈AI 연합에 이어 애플은 아이폰에 구글 제미나이 탑재를 추진하고 있다. 구글, 인텔, 퀄컴은 AI 개발을 위한 소프트웨어 재단 UXL을 구성했다. 네이버는 삼성전자, 인텔 등과 AI 반도체 공동 개발을 진행하면서 생태계 확장에 나섰다.

현대차는 2025년부터 삼성전자로부터 엑시노스 오토 V920을 공급받기로 했다. 글로벌 통신사들은 다양한 AI 서비스 제공자들과 GTAA-Global Telco AI Alliance를 만들었다. AI 반도체를 중심으로 한 하드웨어부터 소프트웨어까지 분야를 가리지 않고 AI 동맹 및 협력이 가속화되고 있다.

AI 생태계 주요 플레이어들은 플랫폼을 점점 확장하고 있다. 젠슨 황 엔비디아 CEO는 GTC2024에서 블랙웰을 엔비디아 차세대 칩이 아니라 플랫폼으로 정의했다. 스마트 팩토리, 신약 개발 시뮬레이션뿐 아니라 로봇을 구동할 수 있는 로봇 플랫폼 GROOT도 선보였다. 2006년 클라우드 시장에 진입해 1위를 유지하고 스토리지와 시스템을 외부로 확장 판매하면서 플랫폼을 완성한 AWS와 유사하다.

향후 AI 서비스는 자동차, 로봇, 바이오, 가전 등 다양한 플랫폼을 형성할 것으로 보인다. 엔비디아는 쿠다를 AI 플랫폼화해 모든 산업의 AI 서비스를 담아내려는 야심을 드러내고 있다.

소라, 영상 생성 AI 혁명의 시작

오픈AI가 공개한 영상 생성 AI 모델 '소라'는 우리의 상상을 뛰어넘는 파급력을 지닌다. 게임, 영화, SNS, 디지털 광고 등 콘텐츠 기반으로 성장했던 영역에 지각 변동이 불가피하다. 관전 포인트는 다른 빅테크들이 소라를 얼마나 빨리 따라잡을 수 있는지 여부다. 컴퓨팅 파워, 데이터, 자금 등이 뒷받침되지 않으면 진입하기 어려운 시장이기 때문이다. 일부 전문가들은 소라가 LLM과 AGI의 간극을 멋지게 메웠다고 평가한다. 신기술 개발 이후 대중 보급 전에 수요가 정체되는 현상을 의미하는 캐즘Chasm 가능성이 낮아진 만큼 AI 인프라 사이클 강도와 지속성도 높아졌다.

　기존 영상 생성 AI 모델은 조악한 영상 품질, 5초 이내 짧은 재생 시간, 카메라 및 모션 컨트롤의 어려움 등이 문제였다. 그러나 소라는 이런 약점들을 너무 멋지게 해결해 버렸다. 1분에 가까운 영상을 구현할 수 있다는 것은 AI 모델이 일관성, 연속성을 지닌다는 증거다. 외관 상으로 사람이 제작한 영상과 크게 차이가 없는 수준이다. 기대치는 이미 넘었고, 대중화는 시간문제다. 폭발적인 수요를 하드웨어 발전과 모델 최적화로 어떻게 받아낼 수 있는지가 관건이다.

　소라는 초기 하드웨어 구축에 상당한 비용이 필요할 것으로 보인다. 오픈AI는 소라를 점차 달리와 비슷한 수준까지 비용을 낮춘다는 전략이다. 오픈AI의 최적화 능력을 감안하면 충분히 가능하다는 평가다. 최근 GPT 3.5 터보의 파라미터_{매개변수} 크기가 70억개로 추정된다는 논문이 발표되었다. 파라미터 크기를 공개하지 않는 모델들이 늘면서 API 출력을 통해 역추산하는 시도가 잇따르고 있다. 이게 사실이라면 초기 공개된 Chat-GPT의 1750억개 파라미터 대비 25분의 1 수준에 불과하다. 소라도 이와 유사한 과정을 거칠 가능성이 높다. 영상 생성 AI의 수요 폭증은 의심할 필요가 없다. 문제는 텍스트, 이미지에 비해 높은 비용과 딥 페이크 등 오남용 리스크다. 2024년 11월 미국 대선을 앞두고 가짜 뉴스 등에 활용될 수 있어 더욱 민감할 수밖에 없다.

　소라로 인해 AI 인프라 수요는 크게 증가할 것이다. 일부 논문에 따르면 소라의 파라미터 수는 30억개로 추정된다. 생각보다 작은 모델로도 정교한 결과물을 낼 수 있다는 이야기다. 영상을 포함한 빅테크의

영상 생성 AI가 각 산업에 미치는 영향

AI 인프라

지구야 미안해! 대량의 컴퓨팅 파워가 필요
→ 커스텀 반도체, 디자인 하우스, HBM 관련 산업의 성장 예상

미디어·엔테테인먼트

콘텐츠 제작 업계에 지각 변동을 불러올 예정
→ 콘텐츠 제작 단계에서 유의미한 프로세스 혁신과 효율 향상

게임

게임 엔진 없이 만드는 게임 세상
→개발비 절감과 게임 시장 민주화

로봇

로봇은 AI의 물리적 발현
→ 로봇의 개발과 학습 효율 개선, 다가오는 휴머노이드

경쟁자들
(빅테크, 스타트업)

높아진 영상 AI의 눈높이
→ 속도전을 강요받는 빅테크와 생존을 위협받는 스타트업

*자료: 삼성증권

AGI, 멀티모달 경쟁 격화, 영상 기반 AI 서비스 수요 확대 측면에서 폭발적인 성장이 예상된다. 소라의 출현으로 킬러 앱은 이미 등장한 것이나 마찬가지다. 소라가 공개된 이후 엔비디아 등 AI 인프라 관련주들이 의미 있는 움직임을 보이고 있다.

온디바이스 AI의 열쇠, 소규모 언어 모델sLLM

빅테크들이 대규모 언어 모델에만 집중하는 것은 아니다. 온디바이스 AI를 장악하기 위해서는 소규모 언어 모델sLM 혹은 sLLM도 필요하다. LLM과 sLLM을 구분짓는 매개변수 기준점은 300억개다. 최근 발표된

sLLM 매개변수 수는 18억~70억개 수준이다. 학습량은 적지만 최적화 Fine-Tuning로 성능을 뽑아내는 방식이다. 삼성전자의 생성형 AI '가우스'와 구글 '제미나이 나노'가 대표적이다.

최적화로 성능을 높인 sLLM 기술로 주목받는 기업들이 나타나고 있다. 이미지 생성 AI 대표주자인 스태빌리티AI가 공개한 '스테이블LM 제퍼 3B'는 매개변수가 30억개에 불과하지만 700억개로 학습한 메타 '라마-2-70B-챗'을 능가한다. 구글 '제미나이 나노1'은 18억개, 나노2는 32.5억개 매개변수를 장착했다. 메타 '라마-7B'는 70억개 매개변수를 구현한다. 마이크로소프트 '파이-2'는 27억개, 세일즈포스AI 'XGen-7B'는 70억개, 중국 알리바바 'Qwen' 시리즈는 18억개, 70억개, 140억개 등 매개변수 라인업을 보유하고 있다. Chat-GPT 구동 비용은 일반 검색엔진의 200배 수준에 달한다. GPT-4는 더욱 많은 자원이 필요하다. 사용자가 늘면서 점점 속도는 느려지고 접속 장애도 빈번해지고 있다.

통신, 전력 인프라가 취약한 국가에서는 초거대 AI를 구축하는 데 어려움이 있다. 미국이 초거대 AI 주도권을 쥐고 있다는 이유로 자국 내 sLLM 개발 필요성을 이야기하는 국가도 점점 많아지고 있다.

AI로 어떤 서비스가 가능할까?

MS는 클라우드 생태계 확장, 소프트웨어 라인업 성능 강화, 검색 엔진 성능 강화라는 세 가지 주요 전략을 통해 생성형 AI 선두 주자로 자리매김하려 한다.

우선 클라우드 생태계 확장 전략은 GPT 기능을 애저 클라우드 API로 제공함으로써 생성형 AI 서비스를 만드는 애플리케이션 업체를 끌어들이는 것이다. 애플리케이션 업체들은 GPT에서 필요한 부분만 가져와 자사 AI 모델에 적용해 사용할 수 있다. 사용량에 따라 이용료를 지불하는 모델은 벤처 기업들에게 매력 포인트다.

두 번째 전략은 기존 소프트웨어 라인업의 성능을 강화하는 것이다. 워드, 파워포인트 등 MS의 주력 제품들에 Chat-GPT와 같은 AI 기술을 결합해 사용자 편의성을 높일 수 있다. 자동완성 기능 같은 업그레이드는 사용자 경험을 높일 수 있고, 편의성을 확대하면서 추가 요금에 대한 거부감을 낮출 수 있다.

세 번째 전략은 검색 엔진의 성능을 강화하는 것이다. MS의 검색 엔진 점유율은 현재 3% 수준에 불과하다. 구글이 93%로 압도적인 점유율을 차지하고 있다. MS는 최근 메타버스 관련 부서를 대규모로 구조조정하고 생성형 AI에 집중하고 있다. 검색 엔진 시장에서 경쟁력을 강화하기 위한 조치로 풀이된다.

생성형 AI는 기업 생산성 측면에서 3가지 부문을 중심으로 활발하게 진행될 것으로 보인다. 우선 코파일럿처럼 모든 부서 조직원이 사용 가능한 생성형 AI 서비스다. 그 다음 특정 부서 업무에 최적화된 생성형 AI가 있다. 마지막으로 프로그래머나 엔지니어 등 특정 직군을 돕기 위한 전문적 생성형 AI가 생길 것으로 예상된다. 생성형 AI는 개발자들이 의도하지 않은 새로운 서비스 출현 가능성도 제공한다.

어떤 사람이 자신의 어린 시절 일기장을 GPT에 학습시켰다. 이를 통해 AI가 자신의 어린 시절 자아가 돼 현재의 본인과 대화하는 프로그램을 만들었다. 이 프로그램은 정신과 의사들이 심리 상담에 AI를 활용하는 대표 사례다.

과거 블리자드의 스타크래프트 개발자들이 한국 프로 게이머들의 신기에 가까운 컨트롤을 보고 자신들이 만든 게임에서 이런 기능이 있는지 몰랐다고 놀란 것처럼 말이다. AI 기술 발전과 응용 확대는 사용자들에게 새로운 경험과 더 많은 가치를 제공할 것이다.

딥러닝과 트랜스포머는 어떻게 AI의 대세가 되었나

AI의 역사는 컴퓨터의 역사와 궤도를 같이 한다. 컴퓨터 구조를 고안한 폰 노이만John von Neumann과 AI의 아버지로 불리는 앨런 튜링Alan Turing은 절친한 사이였다. 폰 노이만이 오랫동안 많은 연구결과를 내놓은 것과 달리 앨런 튜링은 대중들에게 늦게 알려졌다. 그가 제2차 세계대전 당시 조국인 영국군으로 입대해 독일군의 암호체계 애니그마 Die Enigma를 해독한 인물이기 때문이었다. 하지만 영국군은 앨런 튜링을 철저하게 이용하고 은폐했다. 독사과를 깨물고 죽은 앨런 튜링의 죽음에도 많은 의혹이 남는다. 한 입 깨어문 사과 로고에 앨런 튜링의 이야기가 담겨 있다는 설도 있다. 애플은 최초의 PC 업체이기 때문이다.

앨런 튜링은 AI에 대한 개념을 정립했고, 중요한 연구결과물을 남겼다. 1947년 앨런 튜링 〈마인드〉라는 논문이 현대 AI의 시초로 불린다. AI가 사람과 얼마나 비슷한지 판별하는 튜링 테스트도 그의 작품이다. 애석하게도 지난 수십년 동안 AI는 암흑기를 거쳤다. 컴퓨터가 엄청난 속도로 발전하면서, 기업을 넘어 각 가정에 보급된 것과 대조적이었다.

AI 기술이 발전하지 못했던 것은 컴퓨팅 파워와 데이터가 부족했던 탓이다. 초창기 AI 연구자들은 직접 프로그래밍해서 개발했지만, 의미 있는 성과를 내는 데 실패했다. 초거대 AI 이전까지 AI가 사람의 말을 알아듣게 하기 위해서는 매우 정확하고 많은 입력이 필요했다. 초거대 AI는 마치 친구에게 이야기하듯 부정확하게 입력해도 찰떡같이 알아듣는다.

컴퓨터 기술이 발전하면서 AI 기술도 전기를 맞았다. 사람이 프로그래밍하는 방식 대신 고성능 컴퓨터가 데이터를 스스로 학습하는 머신러닝이 대세로 자리잡았다. 2010년대 이후 머신러닝 기술의 한 갈래인 딥러닝이 핵심으로 부상했다. 이전까지 딥러닝 기술은 AI 개발자들 사이에 마이너 기술이었는데, 사람의 신경망을 모방한 딥러닝 기술로 제프리 힌튼Geoffrey Everest Hinton 교수가 이미지 인지 분야에서 엄청난 결과물을 내면서 주류가 되었다.

딥러닝 AI 기술이 반도체 산업에 미친 영향은 매우 크다. AI 연구가 CPU 기반에서 GPU 기반으로 완벽하게 전환되었기 때문이다. 2016년 이세돌 9단과 대결한 AI 알파고가 딥러닝 기반으로 만들어졌다. 알파고는 사람들에게 엄청난 충격을 줬지만, 대중의 관심은 금방 식어버렸다.

바둑을 잘 두는 AI일뿐 우리 일상에 미치는 영향이 없었기 때문이다. 사람들의 뇌리에서 AI라는 키워드가 잊혀졌다.

그러나 AI 기술은 물밑에서 엄청난 속도로 발전하고 있었다. 2017년 구글이 논문으로 공개한 '트랜스포머' 알고리즘이 공개되면서 AI 기술은 새로운 레벨로 진화했다. 트랜스포머는 이전까지 가장 인기 있던 딥러닝 모델이었던 CNN합곱성. Convolutional Neural Network과 RNN순환 신경망. Recurrent Neural Network을 완벽하게 대체해 버렸다. 트랜스포머 이전에는 라벨링된 대규모 데이터 세트로 신경망을 훈련했다. 데이터 세트 구축에 많은 시간과 비용이 소요되었다. 사실 성능 자체도 만족스럽지 못했다. 트랜스포머는 요소 사이 패턴을 수학적으로 찾아내기 때문에 라벨링 과정이 필요 없고, 수조 개의 이미지, 페타바이트Patabyte 급의 텍스트 데이터를 빠른 병렬 프로세싱으로 학습할 수 있다. 셀프 어텐션Self Attention이라는 인간의 학습방법을 차용해 떨어져 있는 데이터 요소간 의미 관계에 따라 미묘하게 달라지는 부분까지 감지한다.

현재 대부분의 대규모 언어 모델LLM은 트랜스포머 모델 기반으로 빠르게 개발되고 있다. 트랜스포머 알고리즘을 기반으로 오픈AI는 GPT를 만들었다. GPT는 1, 2 버전까지는 큰 관심을 끌지 못했지만, 3 버전부터 엄청난 성능 개선을 보여줬다. 2022년 11월 GPT3.5 기반으로 만들어진 Chat-GPT가 공개되었고, 이는 AI 혁명 신호탄이 되었다.

트랜스포머는 현재 AI 대중화에 가장 큰 공헌을 한 기술인 셈이다. 이전까지 AI는 데이터를 순차적으로 분석했지만, 트랜스포머는 사람처럼 데이터의 맥락을 이해했다. 사람이 책을 읽고 문맥과 지식을 습득하는 것과 비슷하다. 대신 트랜스포머는 수천개의 문장을 한꺼번에 읽고 순식간에 맥락을 이해한다. AI는 사람과 달리 책 한 권을 순식간에 읽고 챕터 간 연결할 수 있다.

Chat-GPT가 주목받는 이유는 다양한 문제 해결 능력 등 압도적 성능 때문이다. 정보를 명료하고 간결한 문장으로 제시한다. 사람들이 이해하기 쉬운 개념을 설명하고, 사업 전략, 크리스마스 선물 아이디어도 이야기한다. 시를 쓰기도 하고 파이선 코드를 짜서 게임을 만들기도 한다. 단순한 대화가 아니라 주문대로 결과물을 생산하는 능력이 핵심이다.

오픈AI는 2023년 초 GPT-4를 공개했다. AI가 사회 전반에 활용되는 AGI 시대를 열 것이라는 기대감이 높아지고 있다. 더불어 글로벌 주식 시장에서 핵심 수혜 기업에 대한 관심이 높아지고 있다. 장기적으로 생성형 AI가 구글의 검색 서비스를 대체할 가능성도 제기된다. 다만 넘어야 할 허들도 높다. GPT의 컴퓨팅 비용 문제, 수익 창출 모델이 아직 부재한 실정이다. 또 복잡한 질문에 답변하고 코드를 작성하는 데 효율적이지만, 항상 올바른 답을 하는 것은 아니다. AI가 부정확한 답변을 사실처럼 늘어놓는 환각 현상Hallucination과 편견에 기반한 답변을 내놓는 문제는 여전히 쉽지 않은 문제다. 데이터 세트가 부족한 영역에서 이런 현상이 심해진다.

데이터가 사전에 학습한 내용에만 멈춰 있어 현재 이벤트, 소셜 미디어 게시물, 신제품 정보를 제공하지 못하는 것도 단점이다. 이 때문에 생성형 AI가 당장 모든 검색을 대체하기는 어려울 것으로 보인다.

트랜스포머 모델의 핵심 2가지 특징

트랜스포머 모델에 관해 이야기할 때, 우리가 알아야 할 두 가지 중요한 포인트가 있다. 하나는 '스케일링 법칙Scaling Law'이고, 다른 하나는 '창발성Emergent Abilities'이다.

스케일링 법칙이란 간단히 말해서, 트랜스포머 모델이 더 많은 데이터와 더 많은 계산 능력을 사용할수록 더 똑똑해진다는 것이다. 이 모델들은 마치 건물을 쌓는 블록처럼, 더 많은 '파라미터'매개변수, 모델이 학습할 수 있는 요소들를 가질수록 더 복잡한 문제를 해결할 수 있다.

창발성은 모델이 특정 규모에 도달했을 때, 갑자기 새로운 능력을 보이기 시작하는 현상이다. 예를 들어, 이전에는 할 수 없었던 언어 이해나 문제 해결 같은 복잡한 작업을 갑자기 수행하기 시작한다. 이건 마치 마법과 같다. 우리는 아직 이 창발성이 어떻게 발생하는지, 어느 시점에서 나타나는지 정확한 원리가 밝혀지지 못했다. 이런 현상 때문에 연구자들은 모델을 더 크고 복잡하게 만들어서 어떤 새로운 능력이 나타날지 탐구하고 있다.

뇌 과학자들이 인간의 지능을 연구하듯, 과학자들도 AI의 지능을 연구해야 한다.

AI 혁명은 OS를 내재화한 업체가 유리

모든 빅테크 기업들이 AI에 모든 역량을 집중하고 있는 것은 성장성 정체에 대한 두려움 때문이다. 두려움은 AI 혁신의 에너지가 되어 기술 발전 속도를 가속화하고 있다. 2024년 빅테크들의 AI 투자는 예상을 뛰어넘는 수준으로 나타나면서 쉽사리 식지 않는 열기를 보여줬다.

AI 혁명은 강력한 플랫폼을 보유한 미국 빅테크에 유리한 게임이다. 컴퓨팅 파워를 계속 높일 수 있는 자금과 인력이 풍부한 데다 글로벌 사용자들의 빅 데이터를 지금 이 순간에도 끌어모으고 있기 때문이다.

중국은 이런 경쟁 구도를 흔들기 위해 자체 운영체제os 확보에 나서고 있다. 컴퓨팅 파워 경쟁 이후를 내다보는 것이다. 중국 당국은 자국 기업들이 OS를 내재화해야 AI 데이터 주도권을 쥘 수 있다고 생각한다. 샤오미가 하이퍼 OS를 발표한 것도 이런 맥락이다. 화웨이는 미국 제재로 안드로이드 OS에서 비자발적으로 벗어나 자체 OS를 구축했다.

이미 세계 플랫폼 시장은 미국의 식민지나 마찬가지다. 그러나 대한민국은 독특한 국가다. 네이버, 카카오를 통해 자체 플랫폼을 구축하고 있고, 일본/동남아/남미 등에서도 강력한 서비스망을 구축하고 있다. 비영어권 빅 데이터도 충분히 확보한 편이다. 스마트폰, PC 등 핵심 내구 소비재는 미국 OS에 의존하고 있지만, TV 등에서는 독자성을 유지하고 있다. TV용 OS는 안드로이드가 40% 점유율을 차지하고 있다.

그러나 세계 1, 2등 TV 업체 삼성과 LG는 자체 OS를 사용 중이다. 미국 빅테크들의 플랫폼을 상대로 우리 제조업체들이 어떻게 대응해야 하는지 TV 시장에서 선례를 보여줬다. 2023년 삼성전자 VD사업부 광고 이익이 제품 판매 이익을 넘어섰다. 성공 원인은 자체 OS 확보에 있다. 삼성전자 타이젠이나 LG전자 웹OS는 아직 LLM 기반은 아니다. 그러나 AI 도입 시 큰 도움 될 것은 분명하다. 향후 로봇 사업에서도 자체 OS는 매우 중요해진다. 데이터 주도권 확보는 AI 시대에서 반드시 확보해야 할 경쟁력이다. 자동차 업체들이 주행 데이터 주도권 못 가져오는 문제다. LLM이 메타버스 기술 개선에도 큰 도움이 되고 있다. 애플이 '비전프로'에 AI 기술을 어떻게 접목할지도 관심 포인트다. LLM이 AR, VR과의 커뮤니케이션 방식을 월등하게 개선시킬 것으로 기대된다.

점점 비싸지는 AI 훈련용 데이터, 웃고 있는 빅테크들

2023년 말 《뉴욕타임즈》가 저작권법 위반 혐의로 오픈AI 대주주인 MS에 소송을 제기했다. 2023년 7월에는 여배우 사라 실버맨이 메타와 오픈AI가 AI 훈련을 위해 자신의 회고록을 무단 도용했다고 소송을 제기했다. 조나단 프랜젠, 존 그리샴 등 수천명의 소설가들이 오픈AI가 허가 없이 자신들의 창작물을 훈련 데이터 소스로 사용했다고 주장한다. 일부 프로그래머들은 AI 기반 코드 생성 도구인 코파일럿 관련 MS와 깃허브를 상대로 소송을 진행 중이다.

이미지를 생성해주는 달리3DALL-E3 등 생성형 AI는 더 큰 논란에 휩싸이고 있다. AI는 웹의 공개 사이트 및 데이터 세트에서 가져온 예술 작품과 일러스트레이션, 사진 등을 훈련시켜 2차 창작물을 만들고 있다. 오픈AI 등 빅테크들은 일반적인 관행이어서 문제가 없다는 입장이다. 그러나 예술가들은 이에 동의하지 않고 있다.

생성형 AI 개발 빅테크들은 언론사와 협력으로 이 같은 문제를 해결하고 있다. 오픈AI는 지난 3월 프랑스 대표 언론 《르몽드》와 스페인 최대 미디어 《프리사미디어》와 라이선스를 맺었다. 프랑스어와 스페인어 콘텐츠에 접근해 AI 모델 훈련에 활용할 수 있게 되었다. 2023년 7월에는 오픈AI와 독일 출판사 악셀스프링거도 동일한 계약을 맺었다. 이미지 제공 기업 중에는 셔터스톡이 오픈AI와 라이선스를 맺고 이미지, 비디오, 음악 등 데이터 소스를 제공하고 있다.

저작권 측면에서는 바람직하지만, 이런 방식은 AI 산업 발전에 해를 끼칠 수 있다. 훈련 가능한 데이터 양이 줄어들어 자유로운 연구가 어려워지기 때문이다. 특히 피해는 자금력이 부족한 벤처, 후발국가들이 보게 된다. 오픈AI, 구글 등 빅테크들이 라이선스 비용을 높게 책정해 버리면 후발 기업 및 국가들은 AI 모델을 확보할 기회 자체가 사라질 수 있다. 아이러니하게도 데이터 비용이 점점 높아질수록 AI 선점 효과를 누리고 있는 빅테크들에 유리한 경쟁 구도가 펼쳐질 가능성이 높다.

AI 혁명으로 콘텐츠 산업 지각변동

영화 〈아바타〉의 초당 제작 비용은 2억원 수준이다. 이때 아바타 영상 제작을 담당했던 엔지니어는 소라를 보고 이제 자신이 할 일이 없어 졌다고 자조했다. 콘텐츠 제작 인력들의 한숨 섞인 걱정은 절대 과장이 아니다. 소라같은 영상 생성 AI의 등장으로 게임, 영화 등 콘텐츠 산업 에 미치는 영향은 엄청날 것으로 예상된다.

우선 영상 제작에 대한 문턱이 크게 낮아진다. 유튜브, 틱톡, 트위치 등이 등장한 이후 전문 영역이었던 방송의 대중화가 이뤄졌다. 이제 영화, 드라마, 웹툰 등 콘텐츠 전반 영역으로 확장될 것으로 보인다. AI 영상 전용 플랫폼의 등장도 시간 문제다. 이는 기존의 플랫폼 강자보다 어정쩡한 포지션을 차지한 중소 플랫폼에 상당한 충격을 줄 것으로 보인다. 기존 유튜브, 틱톡 등 대형 플랫폼의 지위를 넘어서는 것은 쉽지 않을 것으로 관측된다.

하지만 중소형 플랫폼은 경쟁 심화 및 양극화로 피해가 불가피할 전망이다. 관건은 영상 생성 AI 모델에서 한 번에 출력되는 영상 길이다. 초기 숏폼을 시작으로 재생 시간이 길어지고, 품질이 개선될수록 다양한 영역으로 침투가 가시화될 것으로 보인다.

오픈AI는 할리우드 스튜디오, 미디어 회사, 연예 기획사 등과 미팅을 시작하면서 본격 프로모션에 돌입했다. 제작 단계에서 소요되는 시간과 비용 절감 효과가 상당할 것으로 보인다. 콘텐츠 제작 밸류체인은 기획 개발 → 프리 프로덕션 → 마케팅 유통 등으로 이어진다. AI가 활용되면 프리 프로덕션 및 프로덕션 단계에서 프로세스 혁신이 나타난다.

영상 제작 초기 단계에서 컨셉 티저, 스토리보드콘티 등을 제작한다. 스토리 보드는 영화, 드라마, 광고 등 촬영 전에 그림 등 이미지로 시각화한 촬영 대본을 말한다. 콘텐츠 촬영 전에는 상당한 준비 작업이 필요하다. 출연진의 의상, 헤어, 메이크업 스타일링은 물론 배우들 간 대사, 동선 등도 합을 맞춰야 한다. 카메라 앵글, 조명 등 촬영팀도 이에 따라 움직인다. 연출자가 기획한 의도대로 영상을 구현하기 위해 전 스태프들이 미리 합을 맞춰야 한다. 이를 위해 스토리보드로 전반 사항을 공유하는 것이다.

AI는 제작 속도를 획기적으로 높여준다. 연출자가 생각하는 촬영 장소 이미지, 배경, 세트 구성 등을 영상화로 스태프와 공유할 수 있다. 의도대로 화면을 구현하기 훨씬 쉬워진다. 짧게 등장하는 자연 경관, 도시 배경 등은 제작진이 돈과 시간을 들여 현지 로케이션 촬영을 하거나 비용을 지불하고 기존 촬영 영상을 구매했다. 향후에는 생성 AI로 대체할 수 있게 된다.

제작에 필요한 인력도 크게 줄일 수 있다. 향후 콘텐츠 차별화는 어떻게 가능할까? 콘텐츠를 기획하고, 스토리텔링을 만드는 작가, 연출자의 능력이 경쟁력이 될 전망이다. 숏폼 및 광고 제작에 소라 같은 영상 생성 AI 활용도가 높아진다. 참신한 아이디어, 기획만 있다면 누구든 크리에이터가 될 수 있는 시대가 도래한다. 광고는 짧은 시간 안에 브랜드 메시지를 던지기 위해 막대한 비용을 투입해 제작한다. 특별한 장소에서 로케이션 촬영을 하는 경우도 많았다.

앞으로는 단순 타깃팅을 넘어 개인의 취향에 최적화된 광고가 실시간으로 생성돼 노출될 것이다. 결국 상황은 빅테크에 유리하게 흘러가고 있다. VFX 업계도 큰 변화를 피할 수 없게 된다. AI로 인해 VFX 산업 진입 장벽은 상당히 낮아질 가능성이 높다. 제작비가 줄어들고, 개인이 제작하는 콘텐츠에도 특수효과가 충분히 활용될 수 있다. AI로 인해 게임과 영화의 구분도 점점 희미해질 가능성이 높다.

AI 혁명 스타트업의 생존 방법

빅테크 중심의 AI 혁명이 가속화되면서 스타트업 기업들의 위기감은 높아지고 있다. 스타트업 기업들은 특화된 모델에 집중하거나 컴파운드 AI를 구축해 차별화된 서비스를 제공하는 방향으로 생존을 모색하고 있다. 그러나 특정 영역에 집중하는 버티컬Vertica AI는 데이터 경쟁력을 감안하면 기존 산업 강자들 대비 유리한 상황은 아니다. 틈새 시장 공략은 가능하지만, 그만큼 시장 크기가 제한적일 가능성이 높다. 최근 파운데이션 AI 모델을 무기로 빅테크들의 버티컬 시장 진출이 가시화되고 있다. MS가 공개한 금융 특화 '코파일럿 포 파이낸스'가 대표적이다. 재무 관련 작업 자동화와 데이터 분석 기능이 제공된다. 엑셀 및 아웃룩과 연동돼 자연스러운 침투가 이뤄지고 있다. 또 다른 대안은 컴파운드Compound AI다. 각종 파운데이션 모델 API를 믹스해 활용성을 극대화하는 방법이다. 단순히 API를 호출하는 데 그치지 않고 정확도, 비용 컨트롤, UI/UX 개선, 보안 강화 등으로 완성도 높은 서비스를 제공하는 게 목표다. 퍼플렉시티Perplexity AI는 클로드3, GPT-4, 미스트랄 등을 사용해 답변을 생성하고 유연성을 높였다. 시스템 최적화로 빠른 속도와 출처 기반 답변으로 높은 신뢰성과 정확성을 자랑한다. 2022년 8월 서비스 개시 후 월 1000만명 사용자를 기록 중이다. 하지만 이마저도 빅테크들이 부처님 손바닥 보듯 스타트업 기업들의 동향을 주시하고 있을 가능성이 높다. 데이터를 쥐고 있는 빅테크들이 쉽게 카피해버릴 우려가 있다.

AI 기술 진화가 주는 위기와 기회

소라의 출현은 위기이자 기회다. 대부분 레거시Legacy 기업에 위기가 될 가능성이 높다. 기존 비즈니스 구조 판이 흔들리는 상황이 벌어지고, 대응을 위한 자원 소모는 마진 하락으로 연결된다. 산업간 경계가 사라진다는 것은 경쟁 강도 증가를 의미한다. 직관적인 지표는 주가다. 어도비, 유니티처럼 피해주로 낙인 찍힌 기업들은 주가 하락을 피할 수 없다. AI에서 둘째라면 서러운 기업 알파벳도 녹록지 않은 상황이다. AI 인프라라는 기대감이 커진 반면, 경쟁 격화가 우려되는 소프트웨어와 미디어 기업들은 디레이팅De-Rating, 주가수익비율이 낮아지는 현상을 피할 수 없었다. VFX, 광고 대행사, 게임 제작사, 게임 엔진 등이 대표 피해 관련주로 손꼽힌다. 소프트웨어는 피해주와 수혜주가 혼재돼 있다. 빅테크발 AI

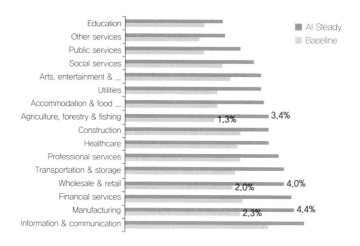

Education	
Other services	
Public services	
Social services	
Arts, entertainment & ...	
Utilities	
Accommodation & food ...	
Agriculture, forestry & fishing	1.3%　3.4%
Construction	
Healthcare	
Professional services	
Transportation & storage	
Wholesale & retail	2.0%　4.0%
Financial services	
Manufacturing	2.3%　4.4%
Information & communication	

■ AI Steady
■ Baseline

인공지능이 글로벌 산업생산에 미치는 영향 -2035년까지

*자료 : FrontierEconomics, SK증권

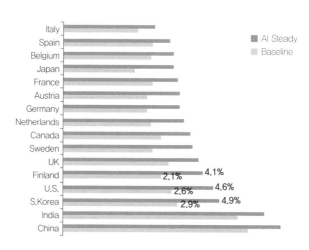

Italy	
Spain	
Belgium	
Japan	
France	
Austria	
Germany	
Netherlands	
Canada	
Sweden	
UK	
Finland	2.1%　4.1%
U.S.	2.6%　4.6%
S.Korea	2.9%　4.9%
India	
China	

■ AI Steady
■ Baseline

인공지능이 국가 GVA에 미치는 영향 -2035년까지

*자료 : Frontier Economics, SK증권
*주 : GVA-Gross Value Added

태풍을 이겨낼 수 있는지가 중요하다. AI 인프라 슈퍼사이클로 하드웨어와 클라우드 기업 수혜가 주목된다. 소라의 등장으로 더 많은 컴퓨팅 파워가 필요해진다. 비전 트랜스포머로 고품질 결과물을 만들기 위해서는 무엇보다 데이터의 양이 중요하다. 추론 시장 성장은 더욱 속도를 낼 것으로 보인다. 텍스트보다 영상 생성에 필요한 추론 수요는 더욱 폭발적일 것이다. 영상 생성 AI 서비스에 최적화된 반도체의 등장은 필연이다. TSMC, ASML, 시놉시스, 케이던스, ARM 등 업체들의 수혜폭도 점점 커질 가능성이 높다.

머지않은 미래, AI가 경제성장률을 끌어올린다

영국 컨설팅 업체 프론티어 이코노믹스Frontier Economics에 따르면, AI가 국가 경제 성장률과 산업 성장률을 끌어올리는 역할을 할 것으로 전망된다. 2035년 인공지능이 중국, 인도 등 제조업 국가 경제성장률에 기여하는 비중은 1.5% 포인트 내외로 전망된다. 반면 우리나라와 미국, 핀란드 등 선진국 경제에 미치는 영향은 2% 포인트 수준으로 관측된다. 산업 부문별로 보면 AI가 제조업 및 농임수산업 분야에 2.1% 포인트 성장을 기여할 것으로 전망된다. 도소매업 분야에서는 약 2% 산업 성장을 이끌 것으로 예상된다. 통상 노동집약적인 산업 분야에 AI 역할이 클 것으로 생각하지만, 그것보다는 부가가치를 창출할 시스템을 갖춘 국가나 기업이 더 큰 효과를 거둘 수 있다. 지정학적 갈등 심화와 자국 우선주의, 탈세계화 시대 속 공급망 재편은 AI 기술 경쟁을 더욱 가속화시킬 것으로 예상된다. AI 혁명은 우리나라에 위기이자 새로운 기회의 장이 될 수 있다는 것을 의미한다.

반도체뿐 아니라 AI도 안보 자산

AI는 반도체처럼 단순히 기술적 가치를 넘어 각국으로부터 안보 자산으로 인식되고 있다. 이런 흐름 속에서 네이버가 주목받고 있다. 네이버는 비영어권 데이터 및 이미지 데이터를 대량 보유하고 있어 AI 시장에서 나름의 영역을 개척할 가능성이 있다. 네이버는 미국 빅테크들을 제외하면 파운데이션 AI 모델을 보유하고 있는 몇 안 되는 기업 중 하나다. AI가 국가 안보 차원에서 중요해질수록 그 가치가 더욱 커질 수 있다. 데이터 주도권이 자국에 없고 주로 미국 빅테크 기업들에게 집중되어 있는 상황에서, 유럽 같이 자체적인 디지털 플랫폼을 보유하지 못한 국가들은 디지털 식민지화에 대한 우려를 가지고 있다. 프랑스가 네이버와 협력하여 유럽향 검색 엔진 개발을 진행한 것도 이런 맥락이다.

네이버는 SNS 라인을 통해 한국어, 일본어, 동남아 및 남미 등 다양한 언어 데이터를 확보하고 있다. 세계 1위 웹툰 플랫폼 업체인 만큼 전 세계에서 가장 높은 수준의 이미지 데이터를 확보하고 있다. 자체 AI 개발 능력이 없는 국가나 기업에게 매력적인 파트너로 부상하고 있다. 향후 자국 내 AI 개발을 위해 네이버와 협력을 모색하는 국가들이 점점 증가할 것으로 예상된다. 네이버에 대한 장밋빛 전망만 있는 것은 아니다. 글로벌 빅테크로 인력 유출이 빠른 속도로 일어나고 있는 점은 우려되는 부분이다. 반도체와 마찬가지로 인력을 지키는 게 국내 테크기업들의 핵심 과제가 되고 있다. AI 반도체 공급 부족 문제도 쉽지 않은 문제다. 네이버는 최근 AI 반도체 공급 부족으로 하이퍼클로바X의 API 제공에 차질을 빚었다. 엔비디아 H100 공급 부족으로 인해 하이퍼클로바X 학습과 추론에 필요한 컴퓨팅 파워도 충분하지 못한 상황이다.

AI 밸류체인은 어떻게 구성되나

2023년부터 엔비디아 AI 가속기 밸류체인 중심으로 수혜가 집중되다가 점차 반도체 설계 부문으로 낙수효과가 이어지고 있다. 파운드리의 수혜폭도 앞으로 더욱 커질 전망이다. 빅테크들이 AI 데이터 학습 및 추론 능력 확대를 위한 선제 투자를 단행하는 단계이기 때문이다. 빅테크들이 충분히 투자한 이후에는 일반 기업 데이터센터 수요가 대기하고 있다. 미국을 제외한 국가들을 중심으로 AI 가속기 대기 수요는 꽤 남아 있을 것으로 추정된다. 향후에는 가장 큰 이익을 창출할 분야는 마이크로소프트, 구글, 메타 등 AI 플랫폼 업체가 될 가능성이 높다. AI 기술 발전으로 파운데이션 모델, 애플리케이션 모델, 인프라클라우드, 반도체 등 세 가지 주요 영역에서 기회를 찾을 수 있다.

파운데이션 AI 모델

파운데이션 모델은 AI 서비스 구축을 위한 기본적인 원재료를 제공한다. 이 영역은 고도의 기술력을 요구하며, 대부분 빅테크 기업들이 주도하고 있다. 네이버 하이퍼클로바와 같이 비영어권 데이터세트를 대량 보유한 기업은 특정 시장에서 경쟁 우위를 확보할 수도 있다. 데이터셋의 소유 여부는 지역별, 권역별, 언어별로 시장이 세분화될 수 있음을 시사한다. 일부 AI 전문가들은 비영어권 데이터는 벡터로 전환돼 학습되기 때문에 크게 의미 없다는 분석도 내놓고 있다.

애플리케이션 AI 모델

다양한 스타트업과 기존 플랫폼이 경쟁하는 애플리케이션 영역에서는 파운데이션 모델을 API 형식으로 제공받아 사용자의 요구에 맞게 서비스를 변형하고 고도화하는 방식이 일반적이다. 이 분야에서는 소수의 대박 사례가 기대된다. 뤼튼테크놀로지와 같이 특정 언어는 GPT-3, 다른 언어는 하이퍼클로바 API를 활용하여 경쟁력을 강화한 사례도 있다. 애플리케이션 AI 영역은 벤처 투자자들의 주요 관심사 중 하나다.

인프라

인프라는 AI 산업 성장을 지원하는 기반 시설이다. 클라우드와 반도체가 주요 구성 요소다. 클라우드 API 개발과 운영은 천문학적인 투자가 필요하다. 이 과정에서 엔비디아, 마이크로소프트, 알파벳, 아마존

생성AI 모멘텀은 계속된다 – 생성AI 밸류체인 이미지

등 빅테크 업체들이 상당한 수혜를 보고 있다. 빅테크들은 산업 성장을 지원하는 핵심 인프라를 제공함으로써 안정적인 수익 창출 기회를 확보할 수 있다. 이처럼 파운데이션 모델, 애플리케이션, 인프라의 세 가지 영역은 각기 다른 방식으로 AI 기술의 발전과 디지털 트랜스포메이션을 지원하고 있다. 향후 기술 발전의 방향성과 산업 내 경쟁 구도에 중대한 영향을 미칠 것으로 예상된다.

급성장하는 AI 서버 시장

2023년 서버 시장은 2016년 이후 처음 역성장을 기록했다. 2024년에는 반등하고 있는데, AI 서버 물량 증가가 크게 기여하고 있다. 시장 조사업체 옴디아에 따르면 2024년 전체 AI 서버 시장은 전년 211만대 대비 45.1% 증가한 307만대로 전망된다. 전체 서버 시장은 전년 대비 8.3% 증가한 1258만대를 기록할 전망이다. 전체 서버에서 AI가 차지하는 비중은 2023년 15.7%에서 2024년 20.3%로 높아질 것으로 관측된다. 특히 북미 지역이 전체 시장의 41%를 차지하며 핵심 격전지로 자리매김할 것으로 보인다. 초기 시장은 주로 데이터 트레이닝용 서버 구축에 집중되어 있으나, 2024년부터는 다양한 추론 AI 애플리케이션 등장으로 무게 축이 옮겨가고 있다. AI 서버 중 데이터 학습용은 46만대로 전년 대비 35.8% 증가할 것으로 보인다. 엔비디아 칩 공급 부족으로 추론용 대비 성장 속도가 느린 편이다. 추론용 서버는 빠른 속도로 성장하고 있다. 추론용 서버는 2023년보다 46.8% 증가한 260만대로 예상된다. 향후 AI 서버 시장은 데이터학습보다 추론이 주도할 것으로 보인다. 한

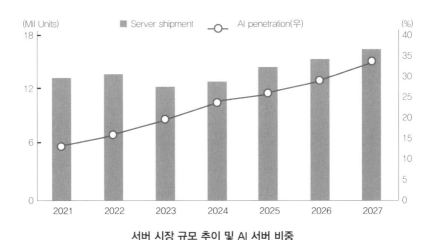

서버 시장 규모 추이 및 AI 서버 비중

*자료: OMDIA, IBK투자증권

편 2024년 데이터센터 캐펙스는 전년 대비 14.2% 증가한 3445억 달러를 기록할 전망이다.

서버 시장 중심축은 AI로

클라우드 업체들이 가용 자원을 AI용 슈퍼 컴퓨터에 집중하고 있다. 빅테크 업체 대부분이 인력 구조조정해 확보한 자금을 AI에 투자하고 있다. 시장조사업체 트렌드포스에 따르면 2024년 AI 서버 전체 수요에서 MS 20.2%, 구글 16.6%, AWS 16%, 메타 10.8% 등 업체들 비중이 60%를 넘어설 것으로 보인다.

AI 서버에 집중된 투자로 일반 Conventional 서버 시장이 직격탄을 맞았다. 지난 2016년~2018년 슈퍼 사이클 때 아마존, MS 등 클라우드 서비스 사업자 CSP들은 대규모 서버 투자를 단행했다. 통상 일반 서버 사용 기한은 3~4년 수준이다.

그러나 슈퍼사이클 때 구입한 서버는 정상 사용 기간인 4~5년을 훌쩍 넘겼다. 클라우드 업체들은 소프트웨어를 개선해 서버 사용 기간을 늘리는 방법을 택했지만, 한계 수준에 다다랐다는 분석도 많다. 클라우드 업체들은 엔비디아 GPU 기반 AI 서버에 투자하느라 일반 서버 투자는 신경 쓰지 못하고 있다. 다만 급한 불이 어느 정도 꺼지면 클라우드 사업자들이 AI용 슈퍼 컴퓨터 성능 개선뿐 아니라 일반 서버도 투자할 것으로 기대하고 있다. 2024년 일반 서버 수요 개선을 기대하는 이

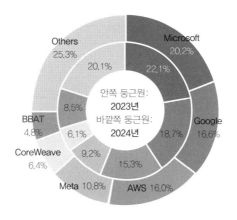

하이엔드 AI 서버를 위한 CSP 수요 분석, 2023~2024

*자료: TrendForce

유다.

그동안 AI 수혜에서 소외됐던 낸드 플래시도 조금씩 온기가 더해지고 있다. 클라우드 사업자들이 슈퍼 컴퓨터에 투자를 집중할 때는 데이터센터 SSD를 잘 안 바꾼다.

그러나 최근 소라 등 동영상 생성형 AI 서비스가 본격화되면서 서버용 SSD 가격이 치솟고 있다. 서버용 SSD 가격이 올라가면서 PC용 SSD뿐 아니라 하드디스크드라이브HDD 가격도 상승세에 올라탔다. 낸드 수요의 3대 축은 서버용 SSD, PC/노트북PC용 SSD, 스마트폰용 eMMC다.

서버용 SSD 가격 상승이 낸드 플래시 감산 마무리를 이끌어낼 수요로 자리매김할 수 있을지 주목된다.

AI 시장 성장을 위한 인프라 구축에는 어떤 난제가?

우선 AI 가속기가 문제다. 엔비디아 독점 구조가 이어지면서 AI 가속기 공급부족 상황이 이어지고 있다. 빅테크 기업들은 자체 설계 AI 가속기 개발에 나섰지만, 병목 현상이 쉽게 해결되기 어려운 구조다.

전기 부족도 쉽지 않은 문제다. AI 저변 확대는 데이터센터 시장 성장을 촉진한다. 데이터센터가 늘어나면 그만큼 전기 수요가 많아지는데, 이를 감당할 인프라가 준비되어 있지 않다. 서버에서 연산이 늘어날수록 전력 사용도 폭증한다. 서버랙 단위당 전력 밀도가 증가하면서 웬만한 가구당 전력 사용량에 육박하게 되었다. 데이터센터 에너지 효율이 중요해지면서 열관리 시스템 기술 고도화가 요구되는 상황이다.

통신망 업그레이드도 장기적으로 중요한 문제다. 초고속 유무선 인터넷을 불편함 없이 사용하는 우리나라는 크게 체감하지 못한다. 그러나 북미/유럽 국가들은 대부분 통신 인프라가 충분하지 못하다. AI 성장으로 더 많은 데이터를 빠르게 처리해야 한다. 기존 통신망 한계를 극복 해야 할 시점이 다가오고 있다.

마지막으로 AI와 접목되는 애플리케이션과 주변 환경 문제다. 로봇, 자율주행차 등 AI와 결합이 진행 중인 디바이스들은 법과 제도, 소비자 인식, 윤리적 문제 등으로 속도를 내기 어렵다. 하나하나 쉽지 않은 문제들이지만, 지금 준비하지 않으면 언제든 AI 산업 발전의 발목을 잡을 수 있다.

AI 혁명의 주인공 '엔비디아'

엔비디아는 그동안 2년에 한 번씩 신제품 GPGPU를 출시했다. 그러나 호퍼 아키텍처부터 1년 주기로 짧아졌다. 시장 수요는 폭발하는데 공급은 달리는 상황이 이어지고 있기 때문이다. 공급 부족 상황이 길어지면 AMD 등 경쟁사가 시장에 진입할 뿐 아니라 빅테크들의 자체 설계칩ASIC 시장도 커질 수밖에 없다. 엔비디아도 이런 상황을 신경 쓸 수밖에 없다.

2023년 H100이 출시된 데 이어 2024년 2분기 H200이 출시된다. H200은 H100 대비 2배 프로세서 성능이 뛰어나고, HBM3E 144GB를 채택했다. 기존 H100은 16GB HBM3 메모리 5개를 탑재해 총 80GB의 용량을 채택했다. 3분기에는 H200보다 2배 이상 성능이 개선된 블랙웰 아키텍처 기반 B200을 출시한다. 당초 TSMC 3나노 공정이 예상됐지만, H100과 같은 4나노 공정이 적용되었다. 대신 두 개의 칩 다이를 칩렛Chiplet으로 연결해 성능을 높였다. B200은 24GB HBM3E 메모리 8개를 탑재해 192GB의 용량을 자랑한다. 이는 AMD의 MI300X가 192GB HBM을 탑재한 것과 유사한 수준이다. AMD MI300X 가속기에 192GB HBM이 적용된 것이 영향을 미친 것으로 보인다. 2025년에는 후속 제품 X100의 공개도 계획되어 있다. 엔비디아는 제품 포트폴리오를 강화해 추론 시장 확대에도 공고히 할 계획이다.

엔비디아의 GPU 아키텍처는 유명한 과학자, 수학자, 천문학자의 이름을 따서 명명되어 왔다. 테슬라Tesla, 페르마Fermi, 케플러Kepler, 맥스웰Maxwell, 볼타Volta, 튜링Turing, 암페어Ampere, 호퍼Hopper 등이다. GTC2024

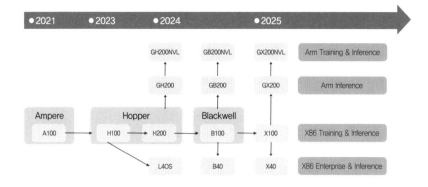

데이터센터 제품 출시 주기를 2년에서 1년으로 가속화

*자료: NVIDIA

행사에서 공개한 블랙웰Blackwell은 게임 이론과 통계학을 전공한 수학자이자 흑인으로는 최초로 미국국립과학원에 입회한 인물이다. 데이비드 헤롤드 블랙웰을 기리는 의미로 아키텍처 이름을 붙였다.

데이터센터 구축을 위해 많은 기업들이 엔비디아 GPU H100을 인텔 사파이어 래피즈와 결합해 DGX H100 AI 서버를 제작해왔다. 최근 발표된 GH200은 엔비디아가 직접 설계한 ARM 기반 그레이스 CPU와 H100 GPU를 NVLink로 연결했다. 칩 크기가 줄어들고 더 많은 메모리를 탑재할 수 있게 했다. NVLink를 사용함으로써 PCIe 5.0 사용 시보다 7배 높은 대역폭인 900GB/s를 구현할 수 있다. NVLink는 GPU간 통신을 지원하는 기술이다. 다수의 GPU를 서버 차원에서 연결해 최대 속도를 구현한다. 엔비디아가 AMD보다 가속기로 여러 개 추론을 한 번에 처리하는데 앞선 것은 네트워킹 기술 덕분이다. 2019년 멜라녹스 인수하면서 엔비디아 네트워킹 기술이 대폭 업그레이드되었다.

엔비디아 H100의 트랜지스터 수는 800억개, AMD MI300X는 1500 억개 수준이다. 트랜지스터 수에서 두 배 가까운 차이에도 불구하고 두 칩의 성능은 비슷한 수준이다. 엔비디아 트랜지스터 효율이 높은 것으로 분석된다.

엔비디아의 젠슨 황 CEO는 사파이어 래피즈 기반의 데이터센터를 구축하는 데 약 1억 달러가 소요된 반면, GH200을 사용하면 비용을 800만 달러로 대폭 절감할 수 있다고 주장했다. 또한 GH200을 사용할 경우 에너지 효율이 20배 증가한다고 강조했다. GH200은 HBM3E 144GB 용량을 채택하였다. 현재 H100에 쓰이는 HBM3는 GDDR6 대비 3배 이상 비싼 가격에 팔린다. HBM3E는 HBM3보다 더 비싼 가격에 팔릴 것으로 추정된다. SK하이닉스 D램 사업부 내에서 HBM 매출 비중은 이미 14%를 넘어섰으며, 3분기에는 20% 수준에 이를 것으로 예상된다.

CES2024에서 주인공은 AI와 로봇이었다. 사실상 엔비디아를 위한 판이 깔린 셈이다. 엔비디아의 디지털 트윈 '옴니버스' 플랫폼은 AI의 등장과 함께 더욱 주목을 받았다. 특히 아이작ISAAC이라는 시스템은 디지털 트윈 환경을 넘어 스마트 팩토리 구축과 엣지 컴퓨팅Edge Computing, AI 센서 활용에 이르기까지 엔비디아의 옴니버스 플랫폼과 연결해준다. 엔비디아의 소프트웨어 생태계는 단순한 디지털 트윈 환경에서 벗어나 로봇이 실제로 센서를 통해 주변 환경을 인지하고 반응하는 에지Edge단까지 확장되었다.

아마존의 애질리티 로보틱스Agility Robotics가 개발한 휴머노이드 로봇 디지트Digit 역시 엔비디아의 플랫폼을 활용하여 AI와 로봇 기술의 결합을 시도하고 있다. 이미 많은 회사들이 로봇에 AI를 결합하기 위해 엔비디아 생태계를 활용하고 있다. 엔비디아는 로봇 시뮬레이션 인프라 분야에서도 중요한 위치를 차지하게 될 것으로 보인다. 엔비디아가 과거 쿠다를 통해 AI 소프트웨어 개발자들을 생태계에 묶어둔 것처럼, 로봇 분야에서도 비슷한 영향력을 발휘할 것으로 예상된다.

AI 혁명에서 단 하나도 놓치지 않을 거야

GTCGPU Technology Conference2024에서 엔비디아가 공개한 B200은 '스펙은 좋은데 가격은 싸다'는 놀라움을 보여줬다. 물론 B200의 가격은 고객사들이 구매하는 물량에 따라 달라질 것으로 보인다. H100은 2만 5000달러에서 4만 달러 수준이었는데, B200은 3만~4만 달러 수준에 팔릴 것으로 보인다. 당초 시장은 B200의 가격을 5만~6만 달러 수준으로 추정했다. 엔비디아는 물량을 확대해 가격을 낮춘 것으로 추정된다. 엔비디아 공급망이 빠른 속도로 안정화되고 있다는 방증이다.

TSMC는 일본 내 어드밴스드 패키지 공장을 건설하고 있다. 삼성전자와 SK하이닉스는 각각 3배 수준의 HBM 생산능력을 진행 중이다. 인텔이 TSMC CoWoS 물량을 일부 담당하고 있고, OSAT 업체들이 WoS 공정을 분담해주고 있다. 삼성전자도 아이큐브 기술로 CoWoS 대체를

시도하고 있다. AI 가속기가 공급부족 국면에서 생산확대 국면으로 넘어가는 구간으로 볼 수 있다. 당분간 대기 수요와 가수요가 AI 가속기 펀더멘털 모멘텀을 가속화할 것으로 보인다.

생산 확대 후기 국면에 이르면 숫자는 잘 나오는데, 주가는 계속 빠지는 상황이 벌어진다. 2024년 생산능력을 3배~3.5배까지 확대해서 전망하고 있다. 2025년에는 3배 성장을 할 수 있을까? 이에 동의하려면 2년 동안 9배 성장해야 한다. 2023년보다 클라우드 빅4의 AI 서버 구매 비중이 낮아진다. 대신 기타 여러 업체들의 구매 비중이 높아진다. 엔비디아 칩 공급 부족이 풀리면서 이런 상황이 벌어진다.

엔비디아는 연결과 번들 판매를 강화했다. 트랜지스터당 전력 소모를 줄이고 성능을 높여온 게 무어의 법칙이다. 엔비디아는 반도체 칩 크기를 키우고 있다. 출력을 높이고 성능을 높이는 데 집중하고 있다. H100은 814제곱밀리미터에 800억개 트랜지스터를 집적했다. B200은 1600제곱밀리미터에 2080억개 트랜지스터를 집적했다. 다이 사이즈Die-Size가 두 배로 커졌다. 4나노 공정은 이전보다 개선된 공정이다. 다이 크기가 최대치인 800제곱밀리미터를 칩렛Chiplet으로 두 개 이어붙였다.

슈퍼칩 구성을 'CPU+GPU' 2개로 이어붙였다. 기존 'CPU+GPU'에서 더 진화 발전한 것이다. NVLink 900GB/s 속도를 구현했다. 3개의 반도체를 하나처럼 사용할 수 있다. 수십 개의 칩을 이어붙일 수 있는 NV Link 스위치도 공개했다. 수십 개의 칩을 하나처럼 유기적으로 활용하려면 컨트롤러 역할을 할 스위치가 필요하다. 기존 3.6TB/s에서 두 배 상승한 7.2TB/s 속도를 구현했다.

DGX GB200 NVL 72(36개의 CPU + 72개의 GPU)를 하나의 랙으로 구성하고 '1 Giant GPU'로 명명했다. 자이언트 GPU를 구매하면 LLM 추론 30배, LLM 훈련 4배, 에너지 효율 25배, 데이터처리 18배를 달성할 수 있다고 강조했다. 액체 냉각 방식이 기본 장착된다. 향후 랙을 넘어서 데이터센터까지 지어주는 비즈니스로 확장할 계획이다.

플랫폼 소프트웨어 생태계도 강화했다. 통상 AI는 학습하고 최적화 과정을 통해 추론을 하게 된다. LLM은 쿠다 엔진의 잠금효과를 통해 엔지니어 생태계를 장악했다. 학습을 독점하는 데 성공했다. 추론 시장에서는 엔비디아의 틈을 비집고 들어오는 상황이다. NIM(NVIDIA Inference Microservice)은 추론 영역에서 엔비디아가 서비스를 번들로 제공하겠다는 것이다. NIM을 쓰기 위해 추론용 반도체를 엔비디아 칩으로 채택할 수밖에 없다는 생각이다. GPU 1개당 연간 4500달러 비용을 받는다.

엔비디아 독점 깨지는 것은 시간 문제

젠슨 황은 엔비디아의 80~90% 독점 상황이 깨지는 것은 시간 문제라고 이야기했다. 클라우드 서비스 업체 내 엔비디아 칩 비중이 70%대까지 낮아졌다. 추론 시장 비중이 커지면서 엔비디아 독점력이 약해지고 있다. MS 애저Azure에서도 엔비디아 칩 비중은 80%대로 낮아졌다. 엔비디아는 이에 대응해 GPUaaS를 내놓았다.

클라우드 서비스 업체들의 부가가치가 엔비디아에 넘어가는 상황이다. 이를 타파하기 위해서는 커스텀 반도체 설계를 할 수밖에 없다. 샘 알트만이 개인적으로 진행 중인 펀드에도 AI 반도체 기업들이 많이 포함돼 있다. 인텔이 미국, 유럽 보조금 지원받아서 진행 중인 팹 투자가 100조원 수준이다. 중동 자금을 끌어오려는 실리콘밸리의 움직임도 활발하다. 글로벌 파운드리스Global Foundries도 중동 자금이 소유하고 있다. 구글은 자체 설계한 TPU v5 기반으로 자사 서비스를 돌리고 있다.

문제는 구글이 클라우드 서비스를 하고 있다는 것이다. 엔비디아 GPU를 사서 클라우드 서비스를 해줘야 한다. 구글에서 새로 만들어지는 클라우드에서 엔비디아 칩 비중은 89% 수준이다. 11%가 TPU 비중을 차지한다. AWS '인퍼런시아2Inferentia2' 비중은 15% 이상 수준이다. 이제는 AI 모델 개발보다는 추론용으로 갖다 쓰는 비중이 점점 높아지고 있다. 대부분 비용이 서비스 추론에 들어가는데, 이게 바로 원가라고 볼 수 있다. 인퍼런시아 등 커스텀 칩을 쓰면 쿠다 코드를 컴파일Compile 해서 다시 올려야 하는 번거로움이 있다.

그러나 엔비디아 칩 대비 비용이 25~50% 수준에 불과했다. TPS초당 토 큰 처리가 비용으로 계산된다. 1000TPS로 따지는데 AWS에서 인퍼런시아 칩을 쓰는 게 엔비디아 칩 대비 절반 이하 비용에 불과했다. 클라우드 업체들 중심으로 커스텀 칩 비중을 점점 높여갈 것으로 보인다.

MS는 AMD 비중을 점점 높이고 있다. MS는 리전서버들이 배치돼 있는 물리적 위치당 1만~5만대 서버를 운용한다. 총 150만~200만대 서버를 운용하고 있다. AWS는 인퍼런시아나 트레니움Trainium 같은 커스텀 칩을 외부에 팔 계획을 가지고 있다. 문제는 엔비디아가 이 상황을 지켜보고 있다는 점이다. 엔비디아가 칩을 공급해주지 않으면 크게 곤란해질 수 있다.

젠슨 황은 동남아 등 국가를 방문해 소버린 AISovereign AI를 구축해야 한다고 강조한다. 즉 국가별로 자체 인프라, 데이터센터, 네트워크를 사용해 AI를 구축하는 개념이다. 엔비디아 입장에서는 엄청난 시장을 새로 개척하는 것이다. 젠슨 황은 엔비디아의 독점이 깨지는 것은 시간문제라고 이야기했지만 AI 시장은 15배~20배 성장할 것이고, 이때 엔비디아 점유율은 60% 이상 차지하고 있을 것이라고 전망했다. 엔비디아는 커스텀 칩 시장도 노리고 있다

엔비디아는 커스텀 칩 시장도 노리고 있다

빅테크 중심의 커스텀 반도체 시장 성장이 엔비디아에 위협이 되는 것만은 아니다. 고객이 원하는 성능으로 원하는 가격에 만들어 줄 수 있다면 커스텀 반도체 제작 유인도 낮아질 수 있다. 엔비디아도 범용성이 우수하고 가장 성능 좋은 반도체를 만드는 데 집중하던 옛 방식을 버리고 개별 고객에 최적화된 제품을 만들기 위해 노력하고 있다. 커스텀 칩 사업을 위해 부서를 신설하고 인력 배치도 진행 중이다.

고객이 필요로 하는 것을 파악하기 위해 향후 다른 업종간 협업이 중요해질 수밖에 없다. 2023년 엔비디아 지분 투자로 주목받았던 AI 리커전 파마슈티컬스는 대표 협업 사례다. 리커전은 AI를 이용해 약물을 발굴하는 업체다. 이 업체의 기술이 발달할수록 엔비디아 미래 수요처 중 하나가 커지는 셈이다. 이 과정에서 리커전이 필요로 하는 기술이 무엇

인지 파악하기 위해 지분까지 투자해 협력을 강화하는 것이다.

쿠다를 기반으로 AI 시장 패권을 쥔 만큼 추론 및 커스텀 반도체 시대에도 경쟁력을 이어가기 위한 노력에 집중하고 있다. 인텔, 퀄컴, 삼성전자 같은 반도체 업체들도 오래전부터 기업형 벤처 캐피탈CVC를 운영해왔다. 단순 자본 차익 목적보다는 본업에서 경쟁력을 강화하려는 노력의 일환이다.

엔비디아, 맞춤형 AI 반도체 제작

엔비디아는 고객사 요청에 따라 맞춤형 AI 반도체 설계하는 신규 사업부를 구축했다. 에릭슨 등 글로벌 기업을 고객사로 유치하고, 제품 개발 협업하기로 했다. 에릭슨과 협업은 굉장히 구체화되었다. 양사는 GPU를 포함한 무선 네트워크 장비를 공동 설계할 계획이다.

빅테크들이 수요에 맞는 제품을 만들어 새로운 시장을 공략한다는 전략이다. 엔비디아는 이미 아마존, 메타, 마이크로소프트, 알파벳, 오픈AI와 맞춤형 칩 제작에 대해 논의하고 있다. 현재 기업용 맞춤형 AI 솔루션 개발을 담당하는 브로드컴, 마벨테크놀로지 등과 경쟁을 예고하고 있다.

젠슨 황은 자국 문화를 보호하고, 경제 잠재력을 활용하려면 모든 국가가 자체 인공지능 인프라 구축해야 한다고 강조한다. 엔비디아가 AI 컴퓨팅의 효율성 향상으로 AI에 대한 접근을 민주화하고 있다고 설명했다.

자동차, 항공 등 다른 신기술과 산업이 성공적으로 규제되고 있다.

AI에 대한 위험성과 두려움이 과도하다는 게 그의 주장이다. 새로운 기술에 대해 사람들에게 겁을 주고, 신비화해 사람들이 그들에게 의존하도록 하려는 의도를 꼬집었다. 그는 이런 게 명백한 실수라고 지적했다.

비싸도 벗어날 수 없는 엔비디아 AI 가속기의 비밀, 쿠다

AI 개발자들이 엔비디아 가속기를 벗어나기 가장 어려운 이유는 쿠다CUDA, Compute Unified Device Architecture라는 강력한 소프트웨어 프로그래밍 플랫폼 때문이다. 2006년에 100억 달러를 투자해 무료로 제공하기 시작한 쿠다는 GPU 기반의 소프트웨어 개발을 혁신적으로 가능하게 했다. 특히 AI 딥러닝 모델을 가장 빠르게 구동할 수 있는 환경을 자랑한다.

쿠다를 사용하면 개발자들이 GPU 코드를 따로 배울 필요 없다. 기존 프래그래밍 언어인 C, C++, 파이선 등을 GPU 코드로 변환해주기 때문이다. GPU 가속 컴퓨팅을 위한 툴과 라이브러리도 제공한다. 딥러닝, 병렬 컴퓨팅, 이미지, 비디오, 커뮤니케이션 등 다양한 분야에 활용 가능하다. 사물통신IoT 기기부터 자율주행, 슈퍼컴퓨터까지 적용할 수 있다.

현재 대부분의 AI 모델이 쿠다 기반으로 개발되고 있으며, 수많은 개발자들이 이 플랫폼 위에 연구개발 자료를 축적해 왔다. 쿠다를 상시적으로 이용하는 개발자수는 2020년 180만명에서 2023년 450만명으로 크게 증가했다. 생성형 AI 시대 들어 쿠다 생태계 내 개발자수는 더욱 빠르게 증가하고 있다. 딥러닝의 아버지 제프리 힌튼 교수는 "쿠다 없이는 딥러닝을 실행하는 것이 불가능하다"고 이야기할 정도로 쿠다는 AI 개발에 있어 필수적인 도구로 자리 잡았다.

2022년에만 2500만 건 이상의 다운로드가 이루어졌으며, AI 개발의 핵심 프레임워크인 텐서플로TensorFlow와 파이토치PyTorch가 쿠다에서만 작동한다는 점은 쿠다의 독점적 지위를 더욱 강화하고 있음을 보여주는 것이다. 이러한 상황에서 AMD와 인텔, ARM 등은 쿠다와 경쟁할 수 있는 소프트웨어 플랫폼을 개발하기 위한 노력을 지속하고 있다. AMD는 2023년 말에 MI300 시리즈와 함께 소프트웨어 플랫폼 'ROCm6'를 공개했다. 인텔과 ARM은 'OpenCL'과 같은 비엔비디아 칩에서도 구동 가능한 소프트웨어 확장을 추진하고 있다. 그러나 이러한 대안들은 여전히 코딩 난이도, 호환성, 범용성 면에서 쿠다에 미치지 못하는 한계를 가지고 있다.

예상을 넘어선 실적, 투자자들의 기대감 속도보다 빠르다

2024년 1분기 엔비디아는 매출 221억 달러, EPS주당순이익 5.16달러의 실적을 기록했다. 매출은 전년 대비 265%가 증가했고, 시장 컨센서스 대비 15.5억 달러 상회하는 수치를 기록했다. EPS도 컨센서스 대비 10% 넘어서는 실적을 기록했다. 실적을 견인한 것은 단연 'GPGPU', 즉 AI 가속기다.

데이터센터 매출은 184억 달러를 기록해 전년 대비 무려 409% 성장하는 기염을 토했다. AI 가속기 사이클 이전 엔비디아 분기 실적은 85억 달러 수준이면 엄청난 서프라이즈로 받아들여졌다. 이제 엔비디아 실적에서 게임 그래픽 카드 판매나 암호화폐 채굴 수요를 묻는 투자자들이 거의 없다. 오로지 서버용 AI 가속기 성장세가 궁금할 뿐이다.

대다수 사람들은 엔비디아 주가가 매우 비싸다고 인식한다. 지난 1년 6개월 사이 몇 배나 올랐기 때문이다. 그러나 주가 밸류에이션 측면에서 엔비디아는 오히려 싸졌다. 2024년 2월말 기준, 향후 실적 가이던스를 기반으로 PER^{주가수익배율}을 따져보면 30배 초반 수준이었다. 원래 엔비디아 주가는 PER 80배 수준에서 거래되었다. 실적 성장 속도가 너무 빨라 투자자들의 기대감 속도가 못 따라가는 셈이다.

엔비디아 PER이 35배 수준으로 인정받고 실적 개선이 1년 이상 지속된다면 주당 1000달러도 머지않았다고 생각한다. 무엇보다 엔비디아의 엄청난 실적은 TSMC 공급망 차질 가운데 일군 성과라는 것이다. TSMC의 첨단 후공정 CoWoS 공급 부족이 심각해 엔비디아 칩을 제대로 공급하지 못하고 있다. TSMC 첨단 후공정 캐파 ^{Capacity}가 늘어날수록 엔비디아 실적은 더욱 성장할 것으로 보인다.

엔비디아 AI 가속기는 누가 가장 많이 샀을까?

2023년 엔비디아 AI 가속기^{A100/H100}를 가장 많이 구매한 업체는 MS

와 메타로 나타났다. 메타와 MS가 각각 구매한 H100 프로세서는 15만 개로, 구글, 아마존, 오라클, 텐센트가 총 구매한 5만 개의 3배에 달한다. 현재 대부분의 엔비디아 칩은 하이퍼스케일Hyperscale 클라우드 서비스 업체로 향하고 있다. 서버 OEM 업체들은 충분한 공급을 받지 못하는 상황이다.

빅테크 업체들은 점점 더 자사 애플리케이션에 최적화된 서버를 구축하기 위해 보조 프로세서를 맞춤화하고 있다. 아마존은 AI 추론 전용 서버에 '인퍼런시아2' 보조 프로세서 16개를, 구글은 비디오 트랜스코딩 서버에 맞춤형 VCUVideo coding Unit 20개를 장착했다. 메타 역시 서버에 비디오 처리용 맞춤 프로세서 12개를 탑재하여, 특정 작업에 최적화된 성능을 제공하고 있다.

AI 생태계 확장 가속하는 엔비디아

AI 가속기 시장을 독점한 엔비디아는 엔지니어 생태계 쿠다를 무기로 디지털 트윈 시뮬레이션 옴니버스까지 강화하고 있다. 자체 CPU 그레이스를 확장하고 있으며, 클라우드 서비스뿐 아니라 온디바이스 AI 시장도 눈독 들이고 있다. 말 그대로 엔비디아의 광폭 행보에는 브레이크가 없다.

최근 엔비디아는 아마존, MS처럼 클라우드를 통해 파운데이션 AI 모델 API 제공하는 사업을 시작했다. 대표적인 모델로는 '니모NeMo' '바이오니모BioNeMo''피카소' 등이 있다. 니모는 LLM, 바이오니모는 신약 개발, 피카소는 이미지 생성에 활용된다. 반도체 하드웨어에서 소프트웨어, 플랫폼 기업으로 진화를 선언한 셈이다.

온디바이스 AI 기술이 부상하면서 PC 및 서버 시장의 핵심 파트너 MS와 인텔 사이에 균열이 발생하고 있다. 엔비디아는 이틈을 파고들고 있다. 최근 MS는 AI 처리 효율성을 위해 ARM 코어 기반 칩을 선호하는 경향을 보이고 있다. 인텔의 x86 아키텍처는 전성비전력 대비 성능 비율에서 약점을 보이기 때문이다. 엔비디아, 퀄컴뿐 아니라 AMD도 ARM 기반 CPU 설계에 참여하고 있다.

2025년 AI PC 시장이 본격화되는 것을 기회로 판매를 확대할 계획이다. 이러한 변화는 인텔에게 큰 위협으로 작용한다. 인텔의 PC칩 부문 매출은 전체 매출의 절반 이상을 차지하고 있기 때문이다. AI 반도체 업계의 경쟁 확대와 ARM 기반 칩의 선호도 상승은 인텔의 미래 전략에 중대한 도전이 될 것으로 보인다.

엔비디아는 서버용 AI 가속기에 만족하지 않고, 온디바이스 AI에도 야심 드러내고 있다. 최근 엔비디아는 소비자용 GPU인 RTX 30 이상 시리즈에서 구동 가능한 '챗 위드 RTX'를 공개했다. '챗 위드 RTX'는 온디바이스용 챗봇으로 윈도우 OS PC에서 생성형 AI 기능을 지원한다. 인터넷 검색이 아니라 PC 내 있는 데이터를 기반으로 검색해 답변한다.

일반 텍스트 파일txt, PDF, MS워드, xml 등 다양한 파일 형식을 지원한다. '챗 위드 RTX'를 시작으로 온디바이스 AI 생태계 조성에 적극 나서고 있는 셈이다. 쿠다로 하드웨어와 소프트웨어를 통합 제공해 엔지니어 생태계를 장악한 것처럼 RTX 하드웨어를 기반으로 소비자 생태계를 확장하려는 전략으로 풀이된다. ARM 아키텍처 기반으로 자체 설계한 CPU가 출시되면 온디바이스 AI 생태계 장악력은 더욱 강화될 것으로 보인다.

현재 온디바이스 AI 시장은 CPU 업체들이 GPU, NPU를 붙여 판매하고 있다. 엔비디아는 이를 타개하기 위해 게이밍 GPU를 활용해 견제하려는 심산이다. ARM 기반 CPU 내놓고, SoC도 구현할 것으로 보인다. 과거 스마트폰 시절 초창기 엔비디아는 모바일 AP 테그라^{Tegra} 시리즈를 출시한 바 있다. 이후 AP 사업을 접기는 했지만, SoC 설계 경험과 노하우는 남아 있을 것으로 보인다.

강력한 엔지니어 생태계 장악 전략도 가미되었다. '텐서RT-LLM' 기술로 AI 애플리케이션 제작을 지원하는 것이다. 엔비디아 솔루션을 활용하면 엔지니어들은 더 빠르게 LLM 기반 AI 모델 실행될 수 있게 된다. 엔비디아 신규 온디바이스 AI 칩셋은 더욱 많은 D램을 탑재할 것으로 보인다. 결국 수혜는 대한민국 메모리 기업으로도 이어진다.

엔비디아 수혜로 급부상한
일본 '사무라이7'

일본 증시를 주도하는 '사무라이7' 중 4개 기업이 AI 반도체 소부장 기업이다. 바로 디스코DISCO, TEL도쿄일렉트론, Tokyo Electron, 스크린홀딩스Screen Holdings, 어드반테스트Advantest다. '사무라이7'에는 포함되지 않았지만, 가파른 성장세를 이어가는 고쿠사이 일렉트릭KOKUSAI ELECTRIC과 레이저텍Lasertec도 주목할 만하다. 국내 투자자들의 일본 주식 투자가 쉽지는 않지만, AI 혁명 사이클에서 일본 반도체 소부장 기업들의 약진을 반드시 주목해야 한다.

⁂ DISCO

디스코는 반도체 분야에서 자르고, 깎고, 다듬는 분야에서 세계 1위 기술력을 보유한 기업이다. 어드밴스드 패키지 시장 성장으로 수혜를 보고 있다. 주가도 엔비디아처럼 신고가 행진을 기록 중이다. 일본 증시를 주도하는 '사무라이7' 중 한 자리를 차지하고 있다. '사무라이7' 중 반도체 기업은 디스코, TEL, 스크린홀딩스, 어드반테스트다. 웨이퍼 다이싱 장비 시장에서 70~80% 점유율을 차지하고 있다. 첨단 반도체 장비는 가공 난이도가 높아 이익률이 상당히 높은 편이다.

HBM 제조에는 TSV[TSV, Through-Silicon Via] 공정이 반드시 필요해 디스코의 하이엔드 장비 수요가 급증하고 있다. 실리콘 카바이드[SiC], 하이브리드 본딩, BSPDN 등 새로운 반도체 공정에서 그라인더[Grinder]와 다이서[Dicer] 기술 중요도가 높아지는 추세다. 디스코의 사업 부문별 매출은 정밀 가공 장비 64%[다이서 38%, 그라인더 22%], 정밀 가공 툴 22%, 부품 9%, 기타 5% 등 비중을 차지한다.

지역별로는 아시아 매출 비중이 70% 수준이다. 2023년 매출 기준 중국 31%, 대만 16%, 한국 10%, 싱가포르 10% 등 비중을 차지했다.

✳ TEL[도쿄일렉트론]

TEL은 일본 내 TOP 수준 반도체 전공정 장비 업체다. 일본 내 반도체 장비 1위, 세계 반도체 장비 시장에서 4위를 차지하고 있다. 일본 증시를 주도하는 '사무라이7' 중 한 자리를 차지하고 있다. 주력 제품은 포토레지스트[PR, Photoresist]를 웨이퍼 위에 도포하는 트랙장비, 노광이 끝난 웨이퍼를 식각하는 장비에서 독보적인 점유율을 차지하고 있다.

특히 전공정 장비 업체 중 가장 폭넓은 제품 라인업을 보유하고 있다. 최근 어드밴스드 패키징 시장 성장을 기회로 하이브리드 본딩 관련 장비도 준비 중이다. 삼성전자, 인텔, TSMC 등 글로벌 반도체 기업들이 TEL의 장비를 쓰고 있다. 중국 반도체 굴기의 수혜를 누리고 있는 대표 기업이기도 하다. 레거시 공정 장비를 중국 반도체 기업에 판매하고 있는데, 매 분기 신규 고객사가 20여 개에 이를 정도로 빠르게 확장 중이다. 2025년까지 중국 수요는 안정적일 것으로 판단된다. 지난 분기 중국 매출 비중은 절반 수준에 육박한다.

AI 서버 HBM향 D램 장비 부문도 2024년 하반기부터 본격적인 성장 궤도에 오를 것으로 관측된다.

✳️ 어드반테스트

어드반테스트는 이름 그대로 반도체 후공정 테스트 장비를 주로 공급하는 회사다. 일본 증시를 주도하는 사무라이7 중 하나다. 1954년 설립된 일본 계측기 기업 다케다 리켄 인더스트리Takeda Riken Industries가 모태다. 일본전자공업진흥협회JEIDA 요청으로 일본 최초 반도체 테스터를 개발했다. 1985년 반도체 테스터 1등 자리에 올랐고, 사명을 어드반테스트로 바꿨다.

메모리, 시스템반도체용 모듈 테스터와 핸들러, 보드 등 부품을 공급한다. 유지 보수 관련 서비스도 지원한다. 주력 제품은 시스템온칩SoC, 메모리 테스터다. 2.5D/3D 패키지 공정이 확대되면서 고성능 테스터 수요도 늘고 있다.

HBM 시장 성장으로 고부가 D램 테스터 비중이 점점 늘고 있다. SoC 테스터도 온디바이스 AI 흐름 덕분에 가파른 성장세다. 종합반도체IDM와 OSAT반도체 후공정, Outsourced Semiconductor Assembly and Test, 파운드리 업체와 주로 거래한다. 중국과 대만의 매출 비중은 70%를 훌쩍 넘는다. 후공정 테스트 장비 시장은 미국 테라다인과 과점 체제를 형성하고 있다. 두 회사 반도체 테스터 점유율을 합하면 90%를 넘는다.

최근 실적과 시가총액 측면에서 어드반테스트가 테라다인Teradyne을 압도하고 있다. AI 가속기 투자 확대에 적극 대응해 성장 궤도에 올라탔기 때문이다.

⁂ 스크린 홀딩스

스크린은 반도체 세정 장비 1위 기업으로 이 분야에 특화되어 있다. 일본 증시를 주도하는 사무라이7 중 하나다. 선단 공정의 진전과 어드밴스드 패키지 시장의 확장으로 파티클이나 오염을 제거하는 세정 장비 중요성도 커지고 있다. 세계 반도체 장비 시장에서 6~7위권에 자리잡고 있다. TSMC가

일본 내 생산라인을 꾸리고 있어 스크린의 수혜폭도 커지고
있다.

✳ 고쿠사이 일렉트릭

일본 반도체 전공정 장비 기업으로 반도체 증착 분야에서
세계 1위를 차지하고 있다. 한 번에 수십 장의 웨이퍼를 처
리하는 퍼니스Furnace 타입 확산과 산화막 장비가 주력 제품이
다. 특히 원자층증착ALD 장비는 세계 최고 수준이다.

고쿠사이 일렉트릭은 TEL과 함께 중국 반도체 굴기 수혜
기업으로 손꼽힌다. 현재 중국향 매출 비중은 40% 수준인데,
곧 50%를 넘어설 것으로 관측된다. 세계 반도체 장비 시장에
서 10위권 자리를 차지하고 있다.

히타치 하이테크놀로지에서 2017년 분할되어 설립되었다.
2021년 어플라이드 머티리얼즈가 35억 달러에 인수하려 했
지만, 독점 이슈로 무산되었다. 최근 고쿠사이 일렉트릭은 국
내 유진테크와 원자층증착ALD 관련 특허소송을 진행하고 있
다.

✳ 레이저텍

일본 레이저텍은 ASML EUV 밸류체인 핵심 장비 기업이
다. 현재 EUV 블랭크 마스크 검사 장비와 EUV 포토마스크

검사 장비를 독점 공급하고 있다. 1960년 요코하마에 설립된 이 회사는 오랜 기간 무명에 가까웠다. 반도체 시장에서 두각을 나타낸 건 2017년 EUV 블랭크 마스크^{반도체 회로가 새겨지기 전 원판} 검사 장비를 개발하면서부터다. 2019년에는 EUV 포토마스크 검사 장비를 개발해 EUV 장비를 독점한 ASML에 꼭 필요한 파트너가 되었다.

지역별로 최대 매출 지역은 한국, 대만이다. 즉 삼성전자와 TSMC와 주로 거래하고 있다는 이야기다. 최근 파운드리 시장에 적극 진출하고 있는 인텔과 거래 비중이 늘고 있다. 2024년 9대 EUV를 추가 주문한 SK하이닉스도 마찬가지다. 3나노를 넘어 2나노, 18A 선단 공정 시대로 진입할수록 레이저텍의 실적 성장은 더욱 두드러질 것으로 예상된다.

AI 가속기 덕분에 급부상한
네덜란드 TOP 2 반도체 기업

유럽은 차량 반도체 중심의 반도체 밸류체인을 형성하고 있다. 인피니언, NXP, ST마이크로 등 차량 반도체 기업들은 선단 공정과 다소 거리가 있는 기업이다. 그러나 네덜란드의 ASML과 BESI는 AI 가속기를 만드는 데 없어서는 안 될 핵심 공정을 쥐고 있는 기업들이다.

ASML은 노광 장비를 독점한 기업으로 워낙 유명했지만, 이번 어드밴스드 패키지 공정의 부상으로 하이브리드 본딩 장비를 선점한 BESI가 다크호스로 부상했다. AI 혁명으로 두 회사의 기술 중요도는 향후 더욱 커질 가능성이 높다.

⁑ BESI

베시BESI, BE Semiconductor Industries는 세계 후공정 시장의 30%를 장악한 기업이다. 사업별로 보면 본딩이 70~80% 비중을 차지하고, 패키징 및 플레이팅도금 등이 20% 초반 수준을 차지한다. 베시 장비의 75%는 어드밴스드 패키징에 사용될 만큼 기술력이 뛰어나다. 특히 독점적인 지위를 가지고 있는 하이브리드 본딩 장비로 주목받고 있다. 2.5D/3D 패키징 기반 칩렛Chiplet, 이종집적반도체Heterogeneous Integration 제조에는 베시와 디스코 장비가 반드시 필요하다.

베시는 네덜란드에 본사를 두고, 유로넥스트 암스테르담 증시에 상장되어 있다. ASML과 함께 네덜란드 아니 유럽 대표 반도체 장비 기업으로 자리매김했다. 이 회사 CTO는 1984년 ASML 전신인 ASM에서 노광기 개발에 참여한 인물이다. AMAT와 협업을 이끌어 내 하이브리드 본딩 장비 개발에 핵심적인 역할을 담당했다.

하이브리드 본딩 장비 주요 고객사는 TSMC와 인텔이다. 두 회사는 각각 50대 장비를 베시에 주문했다. 매출의 대부분은 아시아에서 발생한다. 중국 기업 외 TSMC, ASE, 앰코테크놀로지 등을 고객사로 두고 있다.

⁂ ASML

반도체 선단 공정의 핵심인 EUV극자외선 노광 장비를 독점하고 있는 기업이다. AMAT에 이어 세계 2위 반도체 장비 자리를 차지하고 있다. ASML은 1984년 필립스 내부 리소그래피 분과가 스핀오프되어 만들어진 회사다.

당시 일본 경쟁사들은 모든 것을 자체 제작하려고 애쓴 것과 달리 ASML은 시장에 존재하는 최고 부품을 구입하려 했다. 장비 개발은 집중하면서 다양한 첨단 부품을 종합해 시스템을 구축하는 능력이 강점이었다.

ASML이 직접 만드는 EUV 부품은 15% 수준에 불과하다. 협력사에 자금을 지원하거나 인수하는 방식으로 공급망을 구축했다. 네덜란드에서 만들지만 핵심은 독일 자이스ZEISS, 미국 사이머Cymer, 트럼프 등이 만든다. 1980~90년대 마이크론은 일본 회사보다 ASML을 선호했다. 당시 노광 장비를 공급하던 캐논과 니콘의 갑질이 심하기도 했고, 일본을 견제하는 마음도 있었기 때문이다. TSMC도 필립스와 돈독한 관계를 가지고 있어 ASML에 긍정적이었다. 2012년 인텔은 ASML에 40억 달러를 투자했다. 그동안 외부에 투자한 규모 중 가장 큰 금액이었다.

미국 사이머는 리소그래피용 광원 분야 핵심 기업이다. EUV 광원을 만드는 일은 상상을 초월할 정도로 어렵다. 진공에서 시속 321.8킬로미터로 날아다니는 직경 0.003mm 주석 방울을 레이저가 두 번 맞춘다. 첫 번째는 주석 방울을 달구고, 두 번째는 폭발시켜 태양 표면보다 몇 배 높은 섭씨 50만도의 플라즈마를 만들어낸다. 주석 방울을 폭발시키는 과정을 초당 5만 번 반복하면 반도체 제작에 필요한 EUV가 생성된다.

독일 자이스는 퍼킨엘머^{Perkin-Elmer}와 GCA가 리소그래피 업
계에서 군림하던 시절부터 렌즈를 제공했다. 파장이 13.5nm
인 EUV는 X선에 가깝다. 대부분 물질은 반사하지 않고 흡수
해 버린다. 자이스는 몰리브덴과 실리콘층을 번갈아 나노미
터 단위로 100개 층을 쌓은 거울을 만들어냈다.

ASML은 미중 패권 전쟁의 피해 기업으로 거론되기도 했
지만, 반대로 수혜 기업이 되었다. 미국의 대중국 DUV 수출
제재로 피해가 우려되었지만, AI 혁명이 본격화되면서 중국
충격을 상쇄했다. 제재 이후 중국이 레거시 공정 노광 장비
수입을 크게 늘리면서 ASML의 실적이 급증하는 기현상이
벌어졌다.

차세대 노광기 High NA EUV 매출이 본격화되는 2025년
실적 성장이 본격화될 전망이다. 2023년 12월 인텔에 첫 제
품을 공급했고, 2025년에는 TSMC, 삼성전자 등에 납품할 것
으로 보인다. 차세대 노광기는 2027~2028년 연 20대 생산을
목표로 하고 있다.

04장

만년 2등 'AMD', AI 혁명 때는 다르다

AMD는 1969년 설립된 로직 반도체 팹리스 업체다. 주로 CPU, GPU, 서버 및 임베디드 프로세서 등을 공급한다. 플레이스테이션, 엑스박스 등 콘솔 기기에 납품하는 세미 커스텀 솔루션Semi-Custom Solution 도 판매하고 있다. 2022년에는 자일링스를 인수해 FPGAField-Programmable Gate Array 사업도 추가했다.

AMD는 CPU가 주인공이던 시절 PC와 서버 시장에서 인텔에 밀려 만년 2등이었다. AI 혁명 덕분에 GPU가 주인공이 된 지금은 엔비디아의 뒤를 추격하고 있다. 프로게이머 출신 방송인 홍진호 씨 못지않게 AMD도 숫자 2와 친숙한 기업이다. 2000년대 이후 CPU 시장에서 인텔과의 경쟁에 밀려 점유율이 급격히 추락하기도 했다. 2014년 리사 수Lisa Tzwu-Fang Su가 CEO에 취임한 이후 게임 콘솔용 로직 반도체를 수주하고, 2017년 라이젠RYZEN 시리즈를 출시하면서 재기에 성공했다. 반도체 설계 거장 짐 켈러가 멀티코어Multi-core와 젠Zen 아키텍처라는 유산을 남긴 것도 큰 도움이 되었다.

현재 AMD는 인텔보다는 엔비디아 추격에 사활을 걸고 있다. 사실 AI 가속기 시장에서 AMD가 엔비디아에 이어 2등이라고 이야기하기에도 민망한 정도다. 두 회사간 시장 점유율 차이는 TSMC와 삼성 파운드리 사이보다 간격이 더 크다. 현재 주류인 AI 가속기 시장에서 엔비디아의 시장 점유율은 90~95% 수준이다. 2023년 말 AMD는 '인스팅트 MI300' 시리즈 'MI300X GPU'와 'MI300A CPU+GPU'를 공개하면서 AI 반도체 시장에서 주목받았다.

시장의 관심은 과연 AMD가 엔비디아와 격차를 얼마나 좁힐 수 있을지에 쏠렸다. MI300X는 이미 마이크로소프트, 오픈AI, 오라클, 델, 시스코 등 10개사에 의해 채택될 예정이다. AMD에 따르면 AI 반도체 시장은 2023년 450억 달러에서 2027년에는 4000억 달러로 약 9배 성장할 것으로 전망된다. 웬만한 시장조사 업체들의 전망치를 훨씬 상회하는 수치다. 그만큼 AI 반도체 시장 성장은 폭발적이고, AMD가 파고들어갈 틈은 충분하다는 판단이다.

MI300X는 HBM3 메모리를 8개 탑재해 총 192GB를 지원한다. MI300A는 128GB를 채택했다. HBM3 메모리는 SK하이닉스와 삼성전자가 전량 공급할 예정이다. 재미있는 점은 AMD가 MI300 시리즈에서 포인트를 준 부분 중 하나는 메모리 성능이다. MI300X의 메모리 대역폭은 5.3TB/s로 엔비디아 H100의 3.3TB/s를 크게 앞선다. 현재까지

MI300 시리즈의 수주는 25억에서 30억 달러에 달하는데 AMD의 생산 능력을 다 채웠다.

AMD가 MI300 시리즈로 내세우는 강점은 가성비다. 현재 주력인 엔비디아 H100은 3만~4만 달러 수준에 팔린다. MI300X는 1만~1.5만 달러에 판매될 것으로 추정된다. AMD는 최근 AI 가속기 매출 가이던스를 당초 20억 달러에서 35억 달러 이상으로 상향 조정했다. 주요 고객들이 데이터센터에 MI300 시리즈를 테스트해 본 뒤 주문량 늘리고 있기 때문이다. 엔비디아 AI 가속기가 계속 공급부족 상황인 게 기회로 작용했다. AMD는 파운드리 생산 캐파 확대에 안간힘을 쓰고 있다. TSMC CoWoS가 AI 가속기 생산 병목인 만큼 다른 파운드리 공급처도 확보하려는 움직임이다. 삼성 파운드리에도 기회가 될 것으로 기대된다. AMD는 AI 가속기 관련 소프트웨어 개발에도 고객들과 적극 협력 중이다.

엔비디아 쿠다의 벽을 넘어라

AMD는 전력, 속도, 가격 모든 측면에서 엔비디아 H100 대비 앞선다고 자신하지만, 쿠다 장벽을 넘기 힘들다는 것만은 인정하고 있다. 그러나 엔지니어들이 관성적으로 쿠다를 사용하고 있지만, 그 누구도 특정 생태계에 종속되고 싶어하지 않는다고 강조한다. 쿠다와 호환성을 맞춘 여러 생태계가 등장하고 있으며, AMD의 영향력은 더욱 강화될

수 있다고 이야기한다.

AMD는 ROCm이라는 개방형 프레임워크를 통해 AI 칩의 코드 개발을 지원하고 있다. 최근 공개한 여섯 번째 버전 'ROCm6' 소프트웨어 스택stack은 쿠다처럼 AI 모델을 훈련, 추론하는데 사용되는 라이브러리, 툴, 컴파일러 등을 탑재하고 있다. 'MI300X'와 'ROCm6'를 사용하면 'MI250X'와 'ROCm5' 대비 추론 속도가 8배 상승한다. 300X와 250X의 코어 개수 차이가 40% 수준임을 감안하면 소프트웨어 개선도 큰 편이다. 기존에는 빅테크 업체들이 쿠다 대체 생태계인 ROCm에 적극적이지 않았다. 그러나 엔비디아 칩 공급 부족 상황이 길어지면서 상황이 달라졌다. 현재 AMD 주도 생태계에 참여하는 빅테크 기업만 해도 10개가 넘는다.

AMD는 AI 모델, 알고리즘을 제공하는 프레임워크 기업들과 협업을 강화하고 있다. 프레임워크 기업들은 머신러닝 및 딥러닝 모델을 구축하고, 훈련하고 배포하기 위한 구조와 도구를 제공하는 포괄적 SW 플랫폼이다. 대표적으로 허깅 페이스HuggingFace, 파이토치, 텐서플로 등이 있다. AMD의 HIPHeterogeneous Compute Interface for Portability는 엔비디아의 쿠다 코드를 AMD 지원 HIP 코드로 변환하는 기술이다. 회사 주장에 따르면 변환된 코드의 95%가 성공적으로 작동한다고 한다.

'*Zen6 프로세서CPU*' 코어 아키텍처 개발 스타트

AMD는 최신 Zen6 프로세서CPU 코어 아키텍처 개발을 2023년 1분기에 시작했다. 개발 코드명 '모피어스Morpheus'인 Zen6 아키텍처는 TSMC 2나노 공정을 사용할 예정이며, 2026년에 출시할 계획이다. AMD는 애플과 인텔에 이어 TSMC 2나노 공정을 사용하는 중요한 고객 중 하나가 될 것으로 보인다. AMD의 이전 세대 아키텍처인 Zen4는 2022년 하반기 'Persephone'이라는 개발 코드명 하에 TSMC 5나노 및 4나노 공정을 사용했다. 현재 AMD는 '너바나Nirvana'라는 개발 코드명을 가진 Zen5 아키텍처를 개발 중이다. TSMC 3 나노 공정을 사용해 2024년 하반기 출시할 계획이다. AMD는 향후 프로세서 생산을 위해 단일 파운드리 전략 대신 TSMC와 삼성 파운드리에 제품별로 생산을 나누어 맡기는 방안을 적극 검토 중이다. 이는 생산 리스크를 분산하고, 글로벌 반도체 공급망의 다변화를 추구하는 전략이다. AMD의 반도체 공급 안정성 및 경쟁력 강화에 기여할 것으로 기대된다.

AMD가 코어수 확대에 목숨거는 이유

AMD는 자사의 프로세서 아키텍처 코드네임을 이탈리아의 도시 이름에서 따오는 것으로 유명하다. '제노아 Genoa'와 '베르가모Bergamo'는 AMD의 서버용 CPU 아키텍처에 사용된 이름인데, 각각 이탈리아 북부의 유명한 도시 이름에서 가져왔다. CPU 시장 전통의 강자 인텔은 강 이름을 사용하여 자사의 아키텍처 코드네임을 명명하는 전통을 가지고 있다. AMD와 인텔은 각자의 방식으로 아키텍처 코드네임을 지정함으로써 기술적 성과와 비전을 나타내고 있다. 이러한 명명법은 브랜드를 강화할 뿐 아니라 각 아키텍처의 특성과 의미를 보다 쉽게 전달하는 역할을 한다.

AMD는 서버 시장에서 인텔을 뛰어넘기 위해 코어수 확대에 집중하고 있다. 서버 소켓은 통상 2개인데, 제노아는 96개의 코어를 갖추고 있어 2소켓 기준으로 총 192개의 코어를 제공한다. 인텔 사파이어 래피즈 Sapphire Rapids가 2소켓 기준 120개의 코어를 제공하는 것과 비교하면 상당히 많은 숫자다. 4세대 Zen4C 아키텍처를 기반으로 하는 베르가모는 128코어 CPU로 2소켓 기준 총 256개의 코어를 제공한다.

클라우드 서비스 업체들이 사용하는 버추얼 CPUvCPU 중요성이 커지면서, 코어수가 많은 CPU는 유지관리에 효율적이다. 아마존과 마이크로소프트 같은 클라우드 서비스 업체는 vCPU 기준으로 고객에게 비용을 청구한다. AMD는 칩렛_{Chiplet} 기술을 활용해 CCD_{CPU Core Die}를 확장했다. 제노아의 Zen4 아키텍처는 12개의 CCD를 가지고 있다. 각 CCD에는 8개의 CPU 코어가 탑재되었다. 베르가모는 CCD를 16개로 증가시키고, 기존 L3 캐시 크기를 줄이면서 코어수를 늘렸다. 이를 통해 코어 크기가 35% 줄어들었다. 제노아X는 Zen4 아키텍처에서 코어를 최적화한 후 3D V-Cache 기술을 적용해 1.1GB의 SRAM을 캐시 메모리로 추가함으로써 CCD 크기를 줄이고 캐시 메모리를 확보했다.

2019년 메타가 AMD 서버 CPU를 적용하면서 AMD는 서버 시장 확장에 속도를 냈고, 메타는 베르가모 CPU를 대량 구매하기로 했다. ARM 코어 기반 프로세서가 클라우드 환경에서 효율적인 이유와도 맥을 같이 한다. ARM 코어는 vCPU 할당에 유리한 구조를 갖추고 있다. 인텔 역시 시에라 포레스트_{Sierra Forest}를 통해 저전력 코어와 코어수 확장에 집중하며, 서버 시장에서의 경쟁을 강화하고 있다. AMD의 이러한 전략은 클라우드 컴퓨팅과 데이터센터 시장에서 높은 성능과 효율성을 요구하는 현대의 요구 사항에 부응하기 위한 것으로, 서버 시장에서의 입지를 더욱 강화할 것으로 기대된다.

05장

무어의 법칙 부활을 노리는 '인텔'

인텔은 다양한 반도체를 설계하고 제조하는 미국 종합반도체 기업이다. 주력 제품은 CPU로 70~80% 시장 점유율을 차지하고 있다. CPU, FPGA, IPU, ASIC, 자율주행 칩 등 다양한 제품 포트폴리오를 보유하고 있다. 이 회사가 현재 가장 공을 들이고 있는 사업은 파운드리다. CPU 업체에서 파운드리 업체로 변신하는 과도기에 있다. 2025년 인텔 파운드리 사업이 본격화된다.

인텔 파운드리 사업에 대한 전망은 엇갈리고 있다. 그러나 미중 갈등으로 지정학적으로 공급망이 재편되면서 기회를 잡은 것은 분명하다. 미국은 아시아 중심의 반도체 제조 공급망을 자국으로 가져오려고 하고 있다. 특히 첨단 파운드리는 미국 입장에서 반드시 확보해야 할 기술이다. 미국 정부의 선택지는 인텔밖에 없다. 세계 반도체 시장의 절반을 차지한 만큼 미국이 첨단 파운드리 기술을 내재화할 경우 향후 반도체 산업에 적지 않은 영향이 예상된다.

인텔은 반도체 업체 중 PC 의존도가 높은 업체다. 매출 비중의 50%를 차지한다. 다음으로 일반 서버 비중이 높다. 일반 서버 업황이 회복될 경우 이익 전망이 추가 상향될 가능성도 있다. AI 반도체에서 엔비디아의 시장 지배력은 점점 강력해지고 있지만, 인텔에게도 기회는 있다. CPU 시장에서 경쟁력을 유지하고 있고, GPU, FPGA 등 다양한 로직 반도체 기술도 보유하고 있기 때문이다.

AI의 데이터 학습 구간에서는 방대한 데이터를 일괄 처리할 GPU가

강력한 힘을 내지만, 추론 시장으로 전환되면 단일 데이터를 빠르게 처리할 CPU도 중요해진다. AI 애플리케이션이 다양해지면 GPU 같은 단일 반도체보다 각 서비스에 최적화된 효율적인 반도체가 필요해진다. 인텔은 뒤늦게 GPU 개발에 나서면서 여러 특수 목적 반도체 업체들을 인수합병하고 있다. 인텔이 인수한 하바나랩스Habana Labs의 가우디는 특정 애플리케이션에서 GPU보다 더 높은 벤치마크를 기록하기도 했다.

인텔의 전성기를 연 '앤디 그로브'

인텔 CEO 중 창업자 고든 무어Gordon Moore 못지않게 유명한 인물이 있다. 바로 인텔의 제2 전성기를 연 CEO 앤디 그로브Andy Grove다. 그의 리더십 아래 인텔은 반도체 산업의 전설적인 기업으로 자리 잡았다. 최적의 제조 공정을 찾아내고 이를 전 세계 생산라인에 적용하는 '카피 앤 페이스트Copy & Paste' 전략이 앤디의 작품이다. 이 전략은 인텔을 반도체 시장에서 독보적인 위치로 이끌었다. 인텔 칩의 수율 개선뿐 아니라 안정성과 성능도 크게 높였다.

앤디 그로브의 중요한 업적 중 하나는 인텔이 발명한 D램을 포기하고 CPU로 전환한 것이다. 당시로서는 충격적인 결정이었다. PC 시장의 급성장으로 인텔을 세계 최대의 마이크로프로세서 업체로 자리잡는 데 결정적인 역할을 했다. 인텔 칩과 MS 윈도우의 조합은 PC 시장에서 강력한 표준으로 자리잡았다. 앤디가 EUV 리소그래피Extreme Ultraviolet Lithography. 극자외선 리소그래피 기술 개발에 인텔이 2억 달러를 투자하도록 한 것은 잘 알려지지 않은 사실이다. 그는 미세 공정 기술 발전을 위해 EUV 기술이 중요하다고 판단했다.

모든 결정이 완벽할 수는 없었다. 앤디의 결정이 아쉬운 부분도 있다. 1990년대 초 앤디는 인텔 칩에 RISC Reduced Instruction Set Computing 아키텍처를 적용할지 여부를 고민했다. RISC는 적은 에너지로 효율적인 계산을 가능하게 했지만, 그는 결국 PC 시장에 집중하기로 결정했다. 그때는 올바른 전략으로 보였으나, 장기적으로 보면 많은 기회를 놓친 아쉬운 판단이었다.

AI 가속기 시장 출사표 '가우디3'

2024년 인텔은 '가우디3'를 출시해 AI 가속기 시장에 출사표를 던졌다. 엔비디아와 AMD가 주로 클라우드 서비스 공급업체CSP를 주력으로 하는 것과 달리 인텔은 기업 데이터센터향 가속기를 겨냥했다. 클라우드 사업자들은 가격보다 성능 우선이다. 최상의 AI 모델 훈련과 추론 서비스 제공에 초점을 맞추기 때문이다. 반면 개별 기업들은 자사 중요 정보를 클라우드에 올리는 것을 꺼린다. 중요 데이터 유출 가능성 때문이다. 이에 따라 자사 데이터센터에 AI 역량을 확보하는 데 집중하고 있다. 인텔 가우디3는 성능은 다소 떨어져도 가격을 낮춰 공략 중이다. 2023년 4분기 기준 가우디3 수주 물량은 20억 달러 수준으로 추정된다.

새로운 공정 기술 잇따라 적용한 인텔의 AI 전략

인텔은 애플이 M1 및 M2 프로세서 뉴럴 엔진을 탑재한 것처럼 자사 14세대 메테오레이크 프로세서Meteor Lake Processor부터 VPUVision Processing Unit를 적용했다. AI PC 시장을 주도하기 위해서다. VPU는 AI 작업을 처리할 때 CPU에 비해 10배 이상의 성능을 발휘하면서 전력 소모는 5분의 1만 사용한다. 메테오레이크는 인텔이 EUV 공정을 처음 적용했을 뿐 아니라 멀티 다이, 즉 칩렛Chiplet 기술도 적용되었다. 일부 칩 다이는 자체 공정 외 TSMC 4나노 공정을 활용했다. 기존 모놀리식단일 칩 다이 구조 한계를 극복해 AI PC에서 추론 효율을 높이기 위한 조치로 풀이된다. 전작 대비 CPU 개선은 미미했지만, 전력 효율에 중점을 둔 설계로 전성비를 20% 개선했다. 애플 맥북과 경쟁을 의식한 것으로 풀이된다.

인텔은 EMIBEmbedded Multi-die Interconnect Bridge 기술로 실리콘 브릿지를 사용해 칩 간 연결을 구현한다. 수율 개선 문제가 향후 풀어야 할 숙제다. AMD의 3D V-Cache처럼 인텔도 포베로스 다이렉트Foveros Direct로 3D 패키징을 구현할 수 있다. 후속 15세대 애로우레이크Arrow Lake부터 포베로스 기술은 더욱 최적화된다.

인텔4(7나노) 공정 안정성도 충분히 입증될 것으로 보인다. 인텔은 14나노에서 인텔7 10나노로 전환 과정에서 어려움을 겪었지만, 최근 상당 부분 문제를 해결한 것으로 보인다. 인텔은 2024년 파워 비아BSPDN, BackSide Power Delivery Network, 후면 전력 공급 기술을 시험 적용하고, 20A2nm 공정에 본격 도입할 계획이다. 인텔은 2023년 4분기 ASML의 고성능 High NANumerical Aperture EUV 장비를 최초로 구입하는 데 성공했다. High NA EUV는 2나노 이하 선단공정에 필수적인 장비로 더 작은 패턴의 회로를 정밀하고 효율적으로 그린다. 2024년 ASML이 생산할 10대의 High NA EUV 장비 중 6대를 구입하기로 했다. 이 장비는 2025년 인텔 18A 등 공정에 사용된다.

7나노부터 도입된 EUV 공정 기술은 TSMC와 삼성전자가 주도하고 있다. 인텔은 EUV 장비 도입이 늦은 만큼 High NA EUV 기술에서 경쟁사보다 앞서 나간다는 전략이다. 인텔은 2023년 12월 기존 BSPDN 기술보다 진보한 후면 직접 접촉 기술BSCON, Backside Contact도 공개했다. BSCON은 기존 BSPDN을 개선한 기술이다. BSPDN은 별도의 배선이 필요해 공간 활용도가 떨어지는 단점이 있었다. BSCON은 트랜지스터에 직접 전력을 공급해 공간 효율성을 높이고 전력 효율성을 개선할 수 있다. 인텔은 이 기술을 2024년 양산 적용할 계획이다.

애로우레이크는 메모리 산업에 중요한 칩이다. 이 프로세서부터 DDR4 메모리 지원을 중단하기 때문이다. 인텔은 12세대 엘더 레이크Alder Lake부터 14세대 랩터레이크 리프레시Raptor Lake Refresh까지 DDR4와 DDR5를 동시 지원해왔다. 애로우레이크에서는 멀티 타일 구조를 고려해 DDR5로 통일했다. 프로세서를 구성하는 타일 조각 중 DDR4 IP를 제외함으로써 GPU나 CPU에 더 많은 면적을 할당할 수 있게 했다.

SSD PCIe5.0도 채택해 높은 속도와 성능을 제공한다. 인텔의 이 같은 정책 변화는 DDR5 교체 사이클에 더욱 강한 탄력을 줄 것으로 보인다. 인텔이 엔비디아, AMD에 이은 제3의 GPU 공급업체로 자리잡을 수 있을지도 관전 포인트다. 인텔은 GPU 시장 진출도 속도를 내고 있다. 1세대 아크 GPU '알케미스트Alchemist'는 TSMC 6나노 공정에서 제조되었고, 2세대 '배틀 메이지Battlemage'는 2024년 하반기 TSMC 4나노 공정에서 만들어진다. 3세대 '셀레스티얼Celestial'은 2026년 TSMC 3나노 공정에서 생산한다.

최첨단 패키징 기술로 무어의 법칙 부활 노린다

인텔 창업자 고든 무어는 '1년 6개월마다 트랜지스터 집적도가 2배로 증가한다'는 무어의 법칙을 이야기했다. 이후 무어의 법칙은 2년마다 2배 집적도 증가로 수정되었다. 그럼에도 인텔이 반도체 시장을 지배해온 법칙이 바로 이것이다.

그러나 선단 공정 기술 개발 난이도가 너무 높아지고, 비용도 치솟으면서 한계에 부딪혔다. 인텔은 어드밴스드 패키징 기술로 제2무어의 법칙 시대를 연다는 전략이다. 이를 위한 핵심 무기가 바로 포베로스Foveros라는 3D 적층 공정 기술이다. 인텔은 포베로스 옴니Foveros Omni, 포베로스 다이렉트Foveros Direct 두 가지 기술을 2023년 2분기부터 자사 칩에 적용하고 있다.

포베로스 옴니는 TSV와 구리 기둥을 활용해 전력 효율성 높인 기술이다. 포베로스 다이렉트는 실리콘을 구리로 연결해 전력 효율성 높였다. 차세대 기술 글래스 코어 기판Glass Core Substrate도 인텔의 향후 핵심 무기다. 기판 코어를 기존 유리섬유 및 플라스틱 대신 유리를 사용해 패키징 두께를 기존 4분의 1 수준으로 줄인다. 글래스 코어는 방열 성능이 뛰어나고, 열팽창도 안정적이다. 2.5D/3D 패키징 기술을 고도화하는 데 핵심 기술로 부상한 이유다.

인텔은 7나노 공정과 어드밴스드 패키징 기술로 ARM 코어 기반 3나노 칩과 비슷한 성능 낼 수 있다고 주장한다. 인텔은 2023년 첨단 패키징에 47.5억 달러6조원를 투자했다. 2022년에는 35억 달러약 4조원를 투자한 바 있다. 미국 뉴멕시코 후공정 공장에 35억 달러4.3조원를 투자해 증설에 착수했다. 말레이시아와 이탈리아에는 각 70억 달러약 8.6조, 80억 유로약 10.7조원 규모 패키징 공장을 건설 중이다. 인텔과 TSMC 패키징 설비 투자 합산 규모는 전 세계 60% 수준에 이를 정도로 후공정 분야에서 큰손으로 부상했다.

칩스법 최대 수혜 인텔, 미 정부로부터 26조원 지원받아

인텔이 조 바이든 행정부로부터 26조원이 넘는 지원을 확보했다. 보조금 85억 달러와 대출 110억 달러로 총 195억 달러약 26조원 규모다. 미국 내 반도체 생산을 늘리기 위해 인텔에 역대급 지원에 나섰다는 평가다. 미 정부는 군사용 반도체 생산을 위해 인텔에 30억~40억 달러약 4조~5조원를 지원할 계획이다. 애리조나주에 위치한 인텔 공장의 군사용 시설 전환에 사용된다.

칩스법CHIPS Act으로 편성된 390억 달러의 생산 보조금 중 일부가 지원되는 것이다. 월스트리트저널에 따르면 상무부, 국방부, 국가정보국DNI이 인텔과 협상 중이다. 이 프로젝트의 목표는 중국에 취약한 대만산 반도체에 대한 의존도를 줄이는 것이다. 반도체는 인공지능, 첩보 활동, 사이버 전쟁뿐 아니라 최첨단 전투기, 미사일 등의 무기 시스템에 필수적이다.

2024년 4월까지 칩스법 보조금 지급이 확정된 건 영국 방산업체 BAE시스템스와 미국 마이크로칩 테크놀로지, 글로벌파운드리스 세 곳뿐이다. 삼성전자는 60억 달러 보조금을 지급받을 것으로 보인다. 텍사스주 테일러 신규 공장 건립에 170억 달러를 투자하는데, 바이든 행정

부는 미국 내 추가 투자를 전제로 대규모 지원을 결정한 것으로 전해진
다.

삼성 파운드리에도 기회가 될 수 있다. 미국 관료들 사이에서는 너무
높은 TSMC 의존도를 불편해하는 기류가 있다. 대만이 TSMC를 '실리
콘 쉴드Silicon Shield'로 활용할 가능성도 있다. 미국이 인텔과 삼성 파운드
리로 첨단 공정을 다변화하려는 이유다.

자동차용 프로세서 진출 선언

인텔은 자동차용 프로세서 시장 진출에도 공을 들이고 있다. 현재 차
량용 반도체는 낡은 아키텍처에 의존하고 있다. 이 때문에 새로운 기능

을 적용하기 어렵고, 업데이트 과정에서 고장 나는 사건도 빈번했다. 내부 배선에 사용되는 구리 가격도 지속적으로 상승하는 문제가 있다. 인텔은 차량 내 인포테인먼트 시스템Infotainment System과 첨단 운전자 지원 시스템ADAS, Advanced Driver Assistance System을 구현하는 데 필요한 반도체를 하나로 통합하는 데 집중하고 있다. 다양한 운영 체제OS를 가상화 기술로 구동해 GPU 성능을 강화할 계획이다.

인텔은 전력 소모 감소 기술에 주목하고 있다. 과거 절전 표준 ACPI-Advanced Configuration and Power Interface를 PC 산업에 보급한 경험을 바탕으로 프로세서 사용 상황을 실시간으로 확인하고, 작업이 없을 때는 전력 소모를 줄이는 기술을 자동차 분야에 적용한다. 노트북 PC 초기 전력 문제를 극복한 것처럼 자동차 플랫폼에도 같은 배터리 용량으로 더 멀리 갈 수 있게 만들 계획이다. 인텔은 전력 소모 최적화 기술을 보유한 스타트업 '실리콘 모빌리티 SAS'를 인수했다. 미국자동차공학회SAE, 스텔란티스Stellantis 등과 협력해 자동차 전력 관리 표준을 만들기 위한 위원회도 구성했다. 차량 반도체는 모놀리식Monolithic에서 칩렛으로의 진화가 예상되며, UCIeUniversal Chiplet Interconnect Express 기술을 활용해 진동, 고온, 저온 등 다양한 상황에서의 검증을 위해 아이멕IMEC, Interuniversity Microelectronics Centre과 협력하고 있다.

빅테크의 대명사 매그니피센트7

AI 혁명은 어떤 측면에서는 잔인한 경쟁이다. 컴퓨팅 파워에 투자할 자금과 인력이 풍부한 빅테크가 유리할 수밖에 없다.

컴퓨팅 파워가 어느 정도 해소되면 빅 데이터의 중요성이 부각된다. 이럴 경우 빅테크들이 그들만의 리그를 형성할 가능성은 높아진다. AI 밸류체인에서도 선두 업체들이 유리할 수밖에 없는 게임이다. 이번 AI 사이클에서 M7을 비롯한 해외 주식 비중을 반드시 가져가야 하는 이유다.

✳ 마이크로소프트

MS는 소프트웨어와 하드웨어 관련 제품 및 서비스를 개발, 라이선스 판매하는 다국적 기술 기업이다. 클라우드 서비스 애저Azure, 윈도우 OS, MS오피스, 엑스박스 게임 콘솔 등을 보유하고 있다. 1975년 빌 게이츠와 폴 앨런이 설립했고, 현재는 사티아 나델라가 CEO를 맡고 있다.

MS는 AI 혁명의 주역 오픈AI에 대규모 투자를 단행하고 협업을 강화하면서 스포트라이트를 받고 있다. 글로벌 기업의 자본력과 스타트업의 기동성이 시너지 효과를 톡톡히 낸 셈이다. 생성형 AI 파운데이션 모델 경쟁이 치열해지고 있지만, 오픈AI의 GPT-4는 선두 자리를 굳건히 지키고 있다. 예상보다 빠르게 매출을 증가시키며 서비스 수익화 분야에서도 돋보이고 있다.

GPT를 성공적으로 접목하면서 MS의 애저Azure는 클라우드 시장에서 점유율을 확대하고 있다. AI 수요 성장으로 Azure 매출 성장세가 빠르게 올라오면서 1위 사업자 AWS를 위협하고 있다. AI 비서 'MS 365 코파일럿'을 출시하면서 수익도 강화하고 있다. 애플을 제치고 시가총액 1위 자리도 챙겼다.

MS는 데이터센터 관련 하드웨어, 소프트웨어, 앱까지 모두 갖춘 AI 선두 기업이다. 이미 사무실에서 사용하는 업무용 소프트웨어부터 기업 및 기관의 필수 서비스가 된 클라우드까지 폭넓게 제공한다.

2023년 11월 자체 AI 가속기 Maia100과 CPU Cobalt100을 공개했다. 액체 냉각을 랙시스템으로 공급하는 솔루션도 공개했다. 빌 게이츠 MS 창업자는 "AI 발전은 마이크로프로세서, PC, 인터넷, 휴대폰의 탄생만큼 근본적인 변화"라며 "AI

는 사람들이 일하고, 배우고, 여행하고, 건강 관리를 받고, 소통하는 방식을 변화시킬 것"이라고 강조했다.

그는 "모든 산업이 AI 중심으로 재편된다"며 "기업은 이를 얼마나 잘 활용하느냐에 따라 차별화될 것"이라고 덧붙였다.

✳️ 애플

아이폰을 비롯해 PC, 웨어러블 디바이스 등을 설계 판매하는 기업이다. 하드웨어 외 iOS 등 OS 중심으로 앱스토어, 애플페이, 애플뮤직 등 서비스 생태계를 구축했다. 스티브 잡스 사후 신제품을 출시할 때마다 혁신이 없다는 비난을 받지만, 항상 제품은 흥행하며 오랫동안 글로벌 시가총액 1위를 유지했다.

애플의 XR 디바이스 비전프로는 AI 시대를 여는 첫 제품이다. 눈동자 움직임과 손가락 움직임을 카메라로 파악한다. 사용자 의도가 있었는지 없었는지도 구분한다. 디스플레이는 누군가 다가오면 그 모습을 카메라로 비춰주고, 사용자 표정을 6인치 OLED로 보여준다. 어떤 상황에서 외부인을 등장시킬지 AI가 판단한다. 가상 공간을 통제하는 데도 AI가 적극 개입한다. 애플은 비전프로 발표에서 가상 공간 플랫폼 구축을 위해 유니티와 적극 협력하겠다고 발표했다. 이질감 없이 현실과 가상을 넘나들기 위해 가상 공간을 현실감 있게 보정해주고 언제 현실과 가상의 중첩이 필요한지 판단하는 AI 개입이 필수적이다.

팀 쿡 애플 CEO는 "우리는 수년간 생성 AI 등 광범위한 연구를 수행해왔다"며 "사람들의 삶을 풍요롭게 하는 데 도움이 되도록 이런 기술에 계속 투자하고 혁신하며, 책임감 있게 제품을 발전시킬 것"이라고 말했다.

✳ 알파벳

2015년 구글의 기업구조 개편으로 설립된 지주회사다. 인터넷 서비스를 제공하는 핵심 자회사 구글 외 AI 회사 딥마인드, 자율주행 회사 웨이모, 생명공학 회사 칼리코 버릴리 등을 거느리고 있다.

구글 공동 창업자인 래리 페이지와 세르게이 브린이 알파벳 CEO에서 물러난 이후 구글 CEO였던 순디 피차이가 알파벳 CEO를 겸직하고 있다. 알파벳은 머신러닝 프레임워크인 텐서플로우, 머신러닝 전용 하드웨어 TPU를 자체 개발하고 이를 결합해 클라우드로 운영할 수 있는 경쟁력을 보유한 회사다.

만년 3등인 구글 클라우드를 제미나이 AI 인프라 경쟁력 강화로 차별화할 수 있는 기회로 활용할 수 있다. 오랜 기간 축적된 풀스택 AI 인프라 경쟁력이 빛을 발하는 순간 위기는 기회로 바뀔 수 있다.

알파고를 탄생시킨 세계 최고의 AI 연구개발 집단인 딥마인드를 구글 브레인과 통합했다. GPT-4보다 뛰어난 모델 개발에 집중한 결과 제미나이가 탄생했다. 제미나이는 1조~2조 개 수준의 매개변수를 구현했고, 멀티모달을 지원한다. 생성형 AI 기술이 도입되면서 의미론적 검색, 멀티모달 검색 등이 가능해진다. 새로운 형태의 검색 쿼리가 증가하는 셈이다. 답변 수준이 높아지면서 클릭률도 상승한다. 기존 검색 엔진은 일반적인 답변을 하기 때문에 클릭률이 7~9%에 불과했다.

생성형 AI는 사용자 피드백으로 지속 업그레이드하고, 개인 정보를 축적해 개인화된 답변을 내놓을 수 있다. 즉 검색 효용성 높여 새로운 부가가치를 창출할 수 있다. 관건은 유용한 파운데이션 모델을 누가 먼저 개발하고 피드백을 기반으로 빠르게 업그레이드하는 것이다.

구글은 강력한 검색 알고리즘을 보유했고, 막대한 자금력과 기술력 및 인력도 갖췄다. 오픈AI를 빠른 속도로 추격할 수 있다. 세계 90% 이상 차지하는 인터넷 사용자 데이터도 확보했다. 다만 구글이 AI 검색 챗봇에서 승기를 잡지 못하면 헤게모니를 뺏길 수도 있다.

순디 피차이 알파벳 CEO는 "AI는 우리가 연구하는 가장 심오한 기술"이라며 "의사가 조기에 질병을 발견하고, 사람들이 자신의 언어로 정보에 접근하게 해주고, 기업 및 지역 사회가 잠재력을 발휘하도록 돕는다"고 말했다. 그는 "수십억 명의 삶을 크게 개선할 수 있는 새로운 기회"라며 "알파벳은 이미 6년 전 AI 중심으로 회사 방향을 바꾸었다"고 말했다.

✳️ 아마존

아마존은 1994년 제프 베조스가 설립한 온라인 서점에서 시작되었다. 온라인 서점 돌풍을 일으키며 이후 종합 e커머스 업체로 성장했다. 현재는 세계 최대 e커머스 기업으로 자리매 김했고, 세계 1위 클라우드 컴퓨팅 서비스 AWS를 보유하고 있다.

2020년 베조스에 이어 앤디 재시가 2대 CEO에 임명되었 다. AWS는 시장 진입 초기 자체 서버 구축 여력이 없는 중소, 벤처기업들이 대부분 고객이다. AI 도입 등 디지털 전환은 선 택이 아닌 필수인 상황이다. AWS도 AI 혁명을 기회로 혁신 에 속도를 내고 있다. 2023년까지만 해도 아마존은 생성형 AI 대응이 늦었다는 비판을 받았다. 그러나 아마존에 기회는 충분하다. 생성형 AI 도입으로 온라인 쇼핑 만족도 높일 수 있기 때문이다.

글로벌 e커머스 침투율은 2023년 기준 22%, 평균 구매 전 환율은 2~3% 수준에 불과하다. 생성형 AI 도입으로 온라인 쇼핑 효율성 개선할 수 있다. 아마존 경쟁력의 핵심은 방대한 고객 데이터다. 미국 내 e커머스 시장의 40%를 장악했다. 2위 월마트는 6% 비중에 불과해 큰 차이를 보이고 있다.

AI 클라우드 수요도 기대되는 부분이다. 독자 서버를 구축하기보다는 클라우드 사용하는 기업이 점점 증가하고 있다. 글로벌 1위 클라우드 사업자로서 AWS 실적 성장 기대감도 여전하다. 앤디 재시 아마존 CEO는 "우리는 자체 LLM을 개발해 왔으며, 이것이 고객 경험을 개선할 것"이라며 "생성형 AI는 큰 변혁"이라고 강조했다.

메타 플랫폼스

2004년 마크 저커버그 주도로 개발된 SNS 페이스북이 회사의 모태가 되었다. 현재는 인스타그램, 왓츠앱 등을 보유하고 있는 글로벌 최대 SNS 기업이다. 2021년 메타 플랫폼스로 사명을 변경하며 AR/VR 등 메타버스 생태계에서 신성장 동력을 찾고 있다.

메타 플랫폼스의 미래는 생성형 AI를 접목한 킬러 애플리케이션을 만들어낼 수 있는지 여부에 달려있다. 이용자수 40억명에 달하는 SNS 제국인 만큼 초기 서비스 확장력은 최고 수준이다. 다른 앱 개발사들과는 출발선 자체가 다르다.

메타 플랫폼스는 세계에서 손꼽히는 AI 연구시설과 인프라를 가지고 있지만, 클라우드 서비스를 하지 않는다. 대신 오픈소스와 경량화로 AI 혁명에서 기회를 찾고 있다. 최근 선보인 파운데이션 모델 라마Llama 시리즈가 대표적이다. 라마를 파인 튜닝해 앱을 개발하려는 수요가 폭발하고 있다. 라마를 통해 메타 플랫폼스는 라이벌들의 생태계 확장 견제, 라마 생태계 활성화로 기술 및 인력 확보 등에서 기회를 잡는다는 전략이다.

생성형 AI 도입으로 소셜 미디어 광고 시장이 성장하고 있다. 메타 플랫폼스의 지배력도 강화되는 추세다. 사용자들이 플랫폼에 오래 머물면서 맞춤형 광고를 시청할수록 매출이 확대된다. 생성형 AI는 콘텐츠 생산 비용을 획기적으로 낮추고 추천 엔진을 업그레이드해 광고 타깃팅을 강화할 수 있다. 핵심은 추천 엔진을 업그레이드할 수 있는 방대한 고객 데이터다. 메타 플랫폼스는 세계 40억 명 이상 월간 활성 사용자 확보, 압도적인 데이터 우위를 자랑한다.

2021년 애플의 앱 투명성 정책 이후 자체 플랫폼에서 확보할 수 있는 데이터 양에 따라 광고 효율성이 차이가 난다. 향후 생성형 AI 도입은 효율성에 대한 격차를 더욱 벌릴 것으로 보인다.

마크 저커버그 메타 플랫폼스 CEO는 "생성형 AI는 정말 놀라운 혁신이며 질적인 변화 가능성을 준다"며 "우리는 새로운 방식으로 수십억명 사람들에게 다양한 기능을 제공하는 중요하고 독특한 역할을 할 것"이라고 강조했다.

✳️ 테슬라

막대한 영상 데이터를 수집하고, 빠르게 가공/학습하는 역량을 갖춰야 완전 자율주행을 구현할 수 있다. 자동차 업체들도 소프트웨어 이해도를 높이는 것이 중요해졌다.

일론 머스크는 FSD 발전을 제약하는 것은 컴퓨팅 역량이라고 강조했다. 데이터 축적 속도에 맞춰 빠른 학습을 구현하기 위해 테슬라는 슈퍼컴퓨터 '도조'를 자체 개발했다. 도조는 테슬라가 자체 설계한 D1 칩을 기반으로 작동한다. 도조의 본격적인 도입은 FSD와 로보 택시 서비스에 그치지 않고, 소프트웨어 비즈니스 확장에 큰 역할을 할 것으로 보인다.

테슬라는 전력 생산, 저장, 충전, 사용, 자원 재활용에 이르는 거대 친환경 생태계 구축이란 마스터 플랜을 가지고 있다. 전기차 가격 경쟁이 치열해지면서 테슬라 마진율도 점진적으로 하락하고 있다. 돌파구는 AI 기반의 FSD 등 소프트웨어 경쟁력 강화다.

일론 머스크 테슬라 CEO는 "우리의 AI 개발은 새로운 시대로 접어드는 중"이라며 "메가 팩토리, 슈퍼 차저 서비스 등이 전체 수익성에 의미있는 기여를 시작했다"고 말했다.

미국 칩스법 & 인텔 투자 확대로 주목할 국내 기업

✲✲ 인텍플러스

머신 비전 기반 외관 검사 장비 개발 업체다. 미국 KLA, 일본 타카오카 등 해외 업체들이 선점한 시장에서 국산화로 성장해왔다. 1사업부 반도체 패키지 외관 검사, 2사업부 패키지 기판 및 범프 검사, 3사업부 2차전지/OLED 외관 검사 등으로 나눠진다.

10um미크론 미만 미세 범프 검사와 대면적 패키징 검사에 특화된 기술력을 바탕으로 2019년 인텔향 단독 공급 업체로 진입했다. 글로벌 IDM, OSAT 등으로 고객을 확장하고 있다. 어드밴스드 패키지 확대에 따른 확실한 수혜 업체로 손꼽힌다. 글로벌 TOP 10 OSAT 업체를 모두 고객으로 보유하고 있다.

인텔에는 단독으로 패키지 외관 검사 장비를 납품하고 있다. 2023년 말 국내 IDM향으로 2.5D 패키지 검사 장비를 단독 수주했다. 2024년 2분기 중 납품이 본격화된다. 대만 시스템반도체 고객향 FC-BGA 미세 범프 검사 장비, 국내 메모리향 GDDR 외관 검사 장비, 중화권 OSAT향 패키지 검사 장비 등에서 수주가 발생하고 있다.

중장기적으로 웨이퍼 범프 검사, 하이브리드 본딩용 검사 장비 등을 주요 고객과 공동 개발 중이다.

✲✲ 원익QnC

쿼츠석영 소재로 반도체 장비 소모성 파츠를 주로 공급하는 업체다. 주로 식각 공정과 확산 공정용 파츠를 생산한다. 확산 공정용 쿼츠는 애프터 마켓이며, 식각 공정용 쿼츠는 비포 마켓이 주력이다.

파츠 사업에서 비포 마켓과 애프터 마켓 비중은 각각 절반을 차지한다. 반도체 파츠 시장은 5조~6조원 수준 규모를 형성하고 있는데 70% 이상이 쿼츠 소재이며, 실리콘/실리콘카바이드sic/파인 세라믹 등이 나머지를 차지한다.

코미코가 담당하는 파츠 세정 시장에도 진출했다. 인수합병으로 쿼츠 원재료 회사들을 수직계열화했다. 미국 쿼츠 원재료 회사 모멘티브와 일본 쿼츠 도가니 회사 쿠어스텍을 인수했다.

고객사 가동률 하락으로 파츠 사업과 세정 사업이 부진했는데, 자회사 모멘티브 실적 성장으로 상쇄하고 있다. 자회사 모멘티브의 재료 가격 인상 효과가 이어지고 있다. 2023년 말 대만 공장을 완공해 2024년 2분기부터 TSMC에 파츠를 공급할 계획이다.

✲✲ 기가비스

반도체 기판 광학검사 장비AOI, 수리 장비AOR 등을 공급하는 기업이다. 주요 고객사는 FC-BG플립칩-볼 그리드 어레이 기판 업체 이비덴, 신코덴키, 유니마이크론, 난야, 삼성전기, 교세라, 대덕전자 등이다.

데이터센터, AI, 자율주행 반도체 수요 증가로 수혜를 누리고 있다. 최근 유리기판 시장이 성장하는 것도 기회 요인이다. 기가비스는 선폭 미세화, 기판 대형화 및 고다층화로 수율이 감소하고 있는 하이엔드 FC-BGA 검사 시장에서 80% 이상 점유율을 차지하고 있다.

반도체 RDL재배선층 패턴 검사기, 파워 인덕터 코일 검사기 등 신사업도 진행 중이다. 2023년 매출 기준 AOI 41%, AOR 28%, VRS 14%, FA자동화 10% 비중을 차지한다. 현재 유리기판에서 공식적으로 기술을 공개한 업체는 인텔뿐이다. 기가비스는 인텔에 장비를 공급하면서 협력 관계를 구축하고 있다. AOR 장비는 인텔 승인으로 다수 기판 업체에 공급하고 있다.

✲✲ 코미코

반도체, 디스플레이 공정 부품 세정 및 코팅 업체다. 메모리 고객사 감산 영향으로 2023년 다소 부진한 실적을 기록했다. 주요 고객사는 삼성전자, SK하이닉스, 인텔, TSMC 등이다. 인텔과 거래 비중이 높아지고 있어 미국 반도체 굴기의 수혜 기업으로 손꼽힌다. 인텔 물량 대응을 위한 미국 힐스보로 법인은 파워비아, 리본펫 등 신규 공정 적용으로 수혜가 기대된다.

세정/코팅 사업에서 D램 매출 비중은 50% 이상 수준이다. D램이 HBM 등 수혜로 조기 감산 기조여서 실적 개선 가능성이 높다. 반도체 공정이 미세화되면서 드라이 세정 수요가 확대되고 있다. 코팅 방식도 산화알루미늄 피막 코팅, 에어로졸 증착 코팅, PVD 등으로 다변화되는 추세다.

2024년 실적을 견인하는 것은 자회사 미코세라믹스다. 2023년 5월 미코로부터 미코세라믹스 지분을 인수해 100% 자회사로 편입했다. ALD 장비용 세라믹 히터 사업이 빠른 속도로 성장하고 있다. 세라믹 부품 특성상 비포 마켓이 주고객 이어서 단가 인하 압박이 덜한 편이다. 2024년 미코세라믹스 매출은 1300억~1400억원 예상되며, 영업이익률은 20% 수준을 넘어설 것으로 기대된다.

격변의 AI
기술 전쟁,
슈퍼사이클
부른다

01장

Chat-GPT가 쏘아올린
AI 혁명 신호탄

Chat-GPT가 엄청난 돌풍을 일으키면서 AI 혁명 신호탄을 쐈다. 대중들은 이 대단한 성공을 진두지휘한 오픈AI CEO 샘 알트만의 입에 주목했다. 샘이 그리는 AI의 미래는 어떨지 너무 궁금했기 때문이다.

그러나 미디어의 스포트라이트를 받으며 등장한 그는 전혀 생각지 못한 화두를 꺼냈다. 엔비디아 GPGPU가 눈물이 날 정도로 비싸서 비용을 통제하기 너무 어렵다는 토로였다. 사용자가 늘어날수록 오픈AI에 적자가 쌓이고 있다. AI 혁명을 연 주인공은 오픈AI가 맞지만, 정작 실속을 챙긴 것은 엔비디아다. AI 모델을 위해 엔비디아 칩을 사는 고객들은 너무 비싼 가격에 불만을 토로한다. 엔비디아 H100의 생산 비용은 3000달러 내외 수준으로 추정된다. TSMC 파운드리 비용은 칩당

900달러 수준으로 예상된다. 엔비디아는 H100을 4만 달러에 판매하면서 회사 매출총이익률이 70%를 넘어섰다.

오픈AI, AI 반도체 새 판 짜기 돌입

오픈AI가 자체 AI 반도체 생산시설 구축을 위해 새 판을 짜고 있다. 샘 알트만은 세계 주요국을 방문하면서 글로벌 투자자들과 협의 중이다. 당초 알려진 7조 달러 규모 펀딩은 다소 과장되어 있지만, 반도체를 내재화할 금액 정도는 충분히 마련할 가능성이 높다. 오픈AI 반도체 얼라이언스에는 아부다비 AI 기업 G42와 일본 소프트뱅크 그룹 등이 전략 투자자로 거론되고 있다.

우리나라 반도체 기업들도 중요한 파트너로 보고 있다. 2024년 초 샘

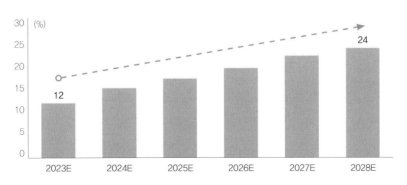

2028E 삼성 파운드리 점유율 24%, 5년 만에 +2배 증가

*자료: TrendForce, KB증권 추정

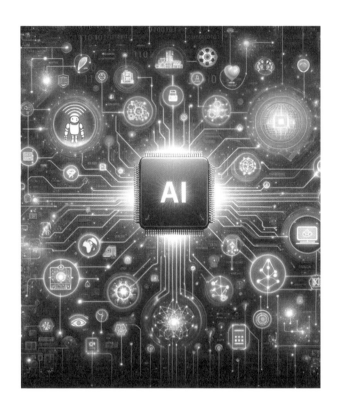

알트만은 7개월 만에 한국을 전격 재방문했다. GPT-4 터보 업그레이드, GPT-5 출시를 위해 SK하이닉스 및 삼성전자와 협력을 강화하기 위한 것으로 풀이된다. 오픈AI는 AI 가속기 단순 설계를 넘어 생산시설까지 구축하는 전략을 구사하고 있다. 파운드리 분야에서는 TSMC, 삼성전자, 인텔 등과 협력하고 메모리 분야에서는 SK하이닉스, 삼성전자와 협력을 강화할 것으로 예상된다. 디스코, 도쿄일렉트론TEL, Tokyo Electron, 어드반테스트Advantest 등 일본 소부장 업체들도 어드밴스드 패키징 공정을 위해 적극 협력할 것으로 보인다.

엔비디아 의존도 줄여라, 빅테크들의 자체 설계 칩 봇물

MS, 아마존, 알파벳 등 클라우드 업체들은 빠른 속도로 자체 설계 칩을 개발하고 있다. 빅테크들이 탈 엔비디아에 나서는 가장 큰 이유는 아이러니하게도 엔비디아 칩 공급부족이 너무 심각하기 때문이다. AI 가속기 수요는 폭발적으로 증가하고 있지만, 공급은 엔비디아 독점 구조여서 매우 부족한 상황이다. 생성형 AI 사용자가 빠르게 증가하면서 트래픽이 기하급수적으로 늘고 있다.

2024년 1월 기준 오픈AI의 Chat-GPT 트래픽은 월 20억회, 구글 제미나이는 월 4억회 수준이다. AI 서비스 사업자들이 늘어나는 수요를 감당하지 못해 사용자를 못 받는 사태도 벌어지고 있다. 2023년 11월 오픈AI는 유료 Chat-GPT 플러스 신규 가입을 한 달 동안 중지한 바 있다. 두 번째 이유는 비싼 엔비디아 GPGPU를 대체해 비용을 낮추기 위해서다. AI가 데이터 학습을 하는 동안에는 엔비디아 칩을 벗어날 수 없었지만, AI가 추론 서비스 쪽으로 무게 축을 옮기면서 상황이 달라졌다.

현재 엔비디아 GPGPU 판매량 중 40%가 추론용이다. AI 가속기 시장에서 추론 비중은 점점 더 올라갈 것으로 관측된다. AI 가속기 시장에서 엔비디아 GPU는 만능처럼 보인다. 그러나 엔비디아 칩은 범용이기 때문에 모든 분야 고객에 만족을 주기 어렵다. AI 추론 시장의 개화는 새로운 반도체 수요를 촉발시킨다. 훈련과 추론의 가장 큰 차이점은 빈도에 있다. 훈련은 1년에 한두 번에 그치는 반면 추론은 실시간으로 질문에 대한 연산을 실행한다. 즉 추론이 상시적이고 많은 연산을 하므로 비용 부담이 더 크다. AI 추론 시대가 본격화되면서 커스텀 반도체 ASIC의 폭발적 성장이 예고되는 이유다.

시장조사업체 가트너에 따르면 AI 커스텀 반도체 시장은 2023년에서 2027년까지 연평균 49% 성장할 것으로 예상되며 106억 달러에 이를 전망이다. 같은 기간 GPU 시장은 연평균 13% 성장할 것으로 예상된다. 향후 디자인 하우스, IP, EDA 툴 업체들이 수혜폭이 커질 수밖에 없다.

빅테크들은 우선 자사 서비스 워크로드에 최적화된 칩을 개발하고 있다. 커스텀 칩은 범용 워크로드를 처리하는 데는 효율적이지 못하다. 그러나 특정 워크로드에서는 높은 효율성과 적은 비용이라는 두 마리 토끼를 잡을 수 있다. MS는 2023년 행사에서 두 개의 커스텀 칩을 공개했다. AI 가속기 애저Azure 'Maia100', 범용 클라우드 워크로드 처리를 위한 ARM 코어 기반 'Cobalt100' CPU이다. 두 칩은 2024년 MS 데이터센터에 배치된다. Maia100은 코파일럿과 애저Azure GPT 서비스를 제공하는 데 적용한다.

아마존은 그래비톤4 CPU와 트레이니엄2Trainium 커스텀 칩을 발표했다. 그래비톤은 CPU 프로세서이며, 트레이니엄은 훈련, 인퍼런시아는 추론을 담당하는 가속기다. 트레이니엄2는 전작 대비 훈련 성능 4배, 2배 높은 에너지 효율을 구현했다. 2024년 내 배포할 것으로 알려졌다. 그래비톤4는 전작 대비 코어수 50%, 메모리 대역폭 75% 확대해 성능 30% 개선했다. x86 기반 서버보다 최대 40% 개선된 가성비를 제공한다. 인퍼런시아도 추론토큰당 비용을 최대 70% 낮췄다.

하이퍼스케일러 자체 칩 개발 현황

기업명	현황	제품 분류
MS	• 2021년 자체 칩 개발 계획 발표 후 서버용 CPU(Arm 기반) 개발 인력 외부에서 영입 확대 • 2023년 추론용 AI 반도체 '마이아100' 공개	서버용 CPU
구글	• 2016년부터 데이터센터에 자체 개발한 클라우드 AI 가속기 '텐서프로세서유닛(TPU)' 적용 • TSMC에 AI 반도체 '메이플' 시험 생산 위해 설계 권한 이향 '사이프레스'는 자체 연구팀 설계 진행 2023년 자체 개발 AI 칩 '픽셀8 시리즈' 공개	서버용 CPU AI 반도체 (ASIC)
AWS	• 2018년 Arm 기반의 자체 개발 서버용 CPU '그래비톤' 발표 • 2019년 자체 개발 AI 칩 'AWS인퍼런시아' 발표 후 2022년 두번째 모델 공개 • 2023년 자체 설계 칩 '그래비톤4, 트레이니움2' 공개	서버용 CPU AI 반도체 (ASIC)
알리바바	• 2021년 10월 자체 개발 서버용 CPU 이티엔 710 공개 (Arm 기반) • DDR5 메모리와 PCIE5.0 인터페이스 적용으로 전송 속도 개선 및 응용처 확대 계획 • 2023년 미국의 AI 반도체 수출 제재로 AI 칩 개발 가속도	서버용 CPU
화웨이	• 자체 개발 CPU 제품 쿤펑 920을 2019년 1월 공개 (Arm 기반) • 2023년 신형 스마트폰 '메이트 60 프로'에 SMIC 7나노 기반 '기린 9000S' 칩 탑재	서버용 CPU
오라클	• 2023년 암페어원 CPU 탑재한 OCI 컴퓨팅 베어메탈 인스턴스 출시	서버용 CPU
텐센트	• 2021년 자체 개발한 반도체 3종 공개 • AI 반도체 '즈샤오', 영상처리 칩 '창하이', 네트워크 칩 '수안링' • 中 AI 칩 스타트업 '엔플레임'에 3,000억원 규모 투자	서버용 CPU AI 반도체 (ASIC)
바이두	• 2018년 14나노 공정 기반 AI 칩 쿤룬 발표 • 2021년 7나노 공정 기반 2세대 쿤룬 발표. HPC/바이오/자율주행 등에 적용 • 2024년 쿤룬 3세대 칩 양산 계획	서버용 CPU AI 반도체 (ASIC)
바이트 댄스	• 2021년 클라우드에 활용할 AI 반도체와 Arm 기반 CPU 자체 개발 계획 발표 • 2022년 반도체 설계 개발 팀 신설	서버용 CPU AI 반도체 (ASIC)

*자료: 언론 종합, 신한투자증권

AI 반도체 종류별 특징

구분	특징
CPU	복잡한 명령 수행 전체 시스템 통제/관리. 유연성, 범용성이 강점. 낮은 연산 효율이 단점
GPU	대규모 병렬연산에 특화 수천개 코어 탑재. 연산 성능, 범용성이 강점. 높은 전력소모가 단점
FPGA	프로그래밍 통해 용도에 최적화 가능 활용 목적에 따라 높은 유연성 제공. 높은 가격이 단점
ASIC	용도에 맞게 제작된 주문형 반도체. 빠른 속도/높은 에너지 효율이 장점. 범용성 부재가 단접
NPU	뇌를 모방해 연산, 저장, 통신 기능 융합. 가장 진화된 형태이나 완벽한 구현까지 시간 필요

*자료 : 신한투자증권

구글은 생성형 AI 모델 제미나이 발표와 함께 AI 가속기 TPU^{Tensor} ^{Processing Unit} v5p를 공개했다. 전작 v4 대비 연산능력 2배 개선되었다. 자체 설계한 서버용 CPU 엑시온도 공개했다. 이 칩은 현세대 동급 x86 CPU보다 50% 향상된 성능과 60% 에너지 효율성 개선을 자랑한다. 브로드컴은 고객사들의 AI 설계 수요가 증가하고 있어 관련 매출이 2023년 30억 달러에서 2024년 100억 달러까지 확대될 것으로 전망된다. 대표 고객사는 구글 TPU이며, 메타 플랫폼스도 협력 중이다. 틱톡을 운영하는 중국 바이트댄스와도 AI 가속기 설계 협력을 진행할 가능성이 높다.

MS의 AI 반도체 독립?

MS는 데이터센터 반도체 라인업을 강화하기 위해 Maia100 AI 가속기와 Cobalt100 CPU, 네트워크 연산 전용 반도체 DPU^{Data Processing Unit}를 발표했다. 최근 데이터센터 반도체 구성은 CPU, GPU, AI 가속기, DPU의 복합 구조로 진화하고 있다. MS는 GPU를 제외한 모든 필수 구성 요소를 내재화함으로써 데이터센터의 효율성과 성능을 극대화하는 전략을 추구하고 있다. 발표된 모든 칩은 TSMC 5 나노 공정으로 제조되었다.

Maia100

Maia100 칩은 성능 면에서 엔비디아의 H100과 유사한 수준을 자랑하며, 다른 빅테크들이 자체 설계한 칩들을 압도한다고 한다. 특히 AI 반도체 간 통신을 위한 네트워크 성능이 중요한 측면에서 H100을 능가하는 것으로 평가된다.

그러나 HBM^{High Bandwidth Memory} 대역폭이 상대적으로 낮아 실제 성능은 AMD MI300X, 엔비디아 H100에 비해 다소 뒤처질 것으로 예상된다. 메모리 대역폭이 낮은 문제는 Chat-GPT 출시 이전에 이미 설계가 완료된 영향인 것으로 보인다. MS는 다음 버전 제품에서 HBM 기술 보강에 집중할 것으로 예상된다.

Cobalt100 CPU

Cobalt100 CPU는 ARM 코어 기반으로 설계되었다. 아마존이 자체 설계한 CPU 그래비톤과 경쟁 관계에 있다. Cobalt100은 내부 클

라우드 연산을 더 저렴하게 처리하는 데 집중하는 한편 외부 판매 가
능성도 열어놓고 있다. 반도체 자동화 설계EDA 툴 설계업체 시놉시스
와 케이던스가 중요한 역할을 할 것으로 관측된다.

DPUData Processing Uint

네트워크나 스토리지에 필요한 연산을 전문으로 처리하는 반도체
는 CPU의 부담을 경감시켜 줄 수 있다. 데이터센터 네트워크 트래픽
의 효율적인 관리, 데이터 저장 및 접근 속도의 최적화 등에도 중요한
역할을 한다. 이를 통해 시스템 전체의 성능 향상은 물론, 에너지 효
율성의 개선에도 기여할 수 있다. CPU 외 이런 전문 반도체를 활용
함으로써 고성능 컴퓨팅 환경에서 요구되는 다양한 연산 작업을 보다
효과적으로 처리할 수 있다.

AI 추론 시장에서 기회를 찾는 기업들

LLM 시장에서 빅테크들의 경쟁력은 압도적인 것처럼 보인다. 그러
나 추론의 비용, 속도 등에서 특정 애플리케이션에 강점을 가진 회사가
얼마든지 나올 수 있다. 바이오 및 생명과학, 영상 등 멀티모달 등에서
최적화에 성공하는 기업들이 주요 후보군이다. 애플리케이션, 산업 용
도뿐 아니라 국가별로 AI를 구축하려는 움직임도 빅테크 외 기업에 기
회가 될 수 있다. 인터넷 혁명, 모바일 혁명과 AI 혁명은 비슷해 보이면
서도 다른 지점이 여기에 있다. 인터넷이나 모바일은 B2C 시장이 주력

이고, 연결성을 높이는 데 중점을 뒀다. 국가 전략 차원에서도 보편적 접근성에 초점을 맞췄다.

그러나 AI는 국가 경쟁력, 군사 경쟁력 격차를 촉발시키는 안보의 대상이다. 국가 차원에서 AI 모델을 가지려는 욕망은 관련 기업들에 기회

가 될 수 있다. 미국 빅테크를 제외하면 세계적으로 협력 파트너는 별로 없다. 파운데이션 AI 모델을 갖춘 네이버 등 기업에 기회 요인이 될 가능성이 높다. 지금은 빅테크 중심의 AI 춘추전국 시대라고 할 수 있다. 그러나 시간이 지날수록 몇몇 기업 중심으로 재편되어 갈 것으로 관측된다. 인터넷 혁명, 모바일 혁명 때 그랬던 것처럼 말이다.

AI 훈련 시장은 막대한 자본 없이는 참전하기 어렵다. 초기에는 시장을 선점하기 위해 각자 모델을 만들어보자는 생각으로 여러 기업들이 참여한다. 그러나 AI 모델이 양산화되고 여러 서비스를 할 수 있는 여건이 만들어지면 굳이 직접 만들기보다는 클라우드 등에서 갖다 쓰는 게 효율적이다. 이때부터 기업들은 고객에 더 신경 쓰고 더 많은 자원을 집중하게 된다. AI 업체간 경쟁 및 협력 구도도 향후 복잡한 양상으로 전개될 가능성이 높다.

AI 반도체 회사 그록Grok은 인수합병을 통해 클라우드 시장에 진출했다. 그록 칩 기반의 클라우드 서비스를 하겠다는 것이다. 즉 GPUaaSGPU as a service 개념이다. 엔비디아도 바이오 니모처럼 이런 서비스를 하는데, 조심스럽게 진행하고 있다. 클라우드 업체들이 고객인데, 경쟁으로 갈등을 일으킬 수 있기 때문이다. 전장의 경계가 없어진 셈이다. 삼성전자와 네이버처럼 협업하는 사례도 많아질 것으로 예상된다.

휴머노이드 로봇 … 새로운 온디바이스 AI 수요 창출

AI 시장을 확대 현재 AI를 구현하는 플랫폼은 주로 PC와 모바일이다. 그러나 2025년부터 AI를 구현하는 플랫폼은 자동차, 로봇, 스마트 가전 등 비중이 점점 확대될 것으로 보인다. 이는 새로운 온디바이스 AI 수요를 창출할 것으로 전망된다. 현대차그룹을 포함한 글로벌 완성차 업체들은 2025년~2026년 사이 자체 AI 반도체를 본격 탑재할 것으로 예상된다.

휴머노이드 로봇에도 특화된 AI 반도체가 장착될 것으로 보인다. 시장조사업체 가트너에 따르면 AI 반도체가 적용된 자동차 및 로봇 시장은 2022년 100억 달러에서 2030년 1600억 달러로 16배 이상 성장할 것으로 전망된다.

구글, 인텔, 퀄컴, 삼성전자, ARM 등 업체들은 엔비디아 AI 개발 소프트웨어 쿠다 의존도를 벗어나기 위해 기술 컨소시엄인 UXL_{Unified Acceleration Foundation}을 구성해 '원 API_{One Application Programming Interface}'라는 오픈소스 프로젝트를 추진 중이다. 삼성전자는 네이버에 추론용 AI 가속기 '마하1'을 공급하고, 인텔은 자체 AI 가속기 가우디를 공격적으로 확

HBM 탑재하는 국내 AI반도체 팹리스 스타트업들

	퓨리오사AI	리벨리온	사피온	엔비디아
제품	레니게이드	리벨-쿼드	X430	H100(Pcle)
출시	2024년 2분기 (양산)	2024년 4분기 (개발목표)	2025년 말 (개발목표)	2022년 10월 (생산중)
HBM종류	HBM3	HBM3E	미정	HBM3
HBM공급	SK하이닉스	삼성전자	SK하이닉스	SK하이닉스
대역폭	1.5TB/s	4.8TB/s	―	2.07B/s

장시키고 있다. 자체 설계칩은 엔비디아의 쿠다를 넘어서는 게 무엇보다 중요하다.

AI 서비스 생태계 확장과 HBM 수요 증가

AI 서비스 생태계 확장과 AI 추론 시장의 개화는 HBM 수요 증가를 불러올 것으로 보인다. GPGPU든 ASIC이든 메모리 대역폭 확대는 필수다. 어드밴스드 패키징 시장 수혜폭도 더욱 커질 것으로 보인다. HBM4부터 로직 다이의 파운드리 공정이 도입된다. 파운드리 공정을 적용할 경우 메모리 컨트롤러 기능 강화 외 선단 공정에 사용되는 로직 기능 등을 추가 할 수도 있다. HBM4E부터 커스텀 기능은 더욱 강화된다. 고객 요구에 맞춰 로직 다이를 만들고, HBM 전체 성능도 맞춤화할 수 있다.

대역폭 확대를 위해 입출력단자I/O 수는 지속적으로 증가한다. 세대를 거듭할수록 칩 다이 크기는 커지고 HBM으로 인해 D램 생산능력이 잠식되는 효과는 더욱 가속화될 전망이다. HBM에 잠식되는 D램 캐파는 향후 투자를 촉발할 요인이 될 수 있다.

퓨리오사 AI는 2024년 5월 SK하이닉스 HBM3E를 탑재한 신형 AI 가속기 '레니게이드'를 발표한다. 국내 AI 반도체 중 HBM을 탑재한 첫 모델이다. 1.5TB/s 대역폭과 150W 소비 전력을 자랑한다. 엔비디아 H100, 구글 TPU v5 등 하이엔드 AI 가속기와 유사한 성능과 효율이다. 리벨리온은 연내 HBM을 탑재한 '리벨'을 개발 완료할 계획이다. 삼성전자 HBM3E를 탑재할 뿐 아니라 삼성 파운드리와 개발 전과정을 함께한다. 리벨-쿼드코어에는 4.8TB/s 대역폭을 달성할 계획이다. 사피온은 HBM을 탑재한 X430 AI 가속기를 개발 중이다. SK하이닉스의 HBM과 설계 기술이 적용될 것으로 보인다. X430은 2025년 선보일 계획이다.

02장

빅테크의 골드 러시와 함께
더 커지는 산업은?

자체 설계 칩 러시는 청바지와 곡괭이를 부른다

미국 서부 골드러시가 한창일 때 일부 사람들이 금맥을 찾아 큰돈을 벌었다. 그러나 정작 더 큰 부를 일군 것은 청바지와 곡괭이를 팔던 상인들이다. 빅테크들의 자체 설계 칩이 많아질수록 수혜를 보는 산업이 있다. 바로 설계자산IP, 디자인 하우스, EDAElectronic Design Automation 반도체 설계 자동화 툴 등이다. 일반인들은 팹리스 기업들이 설계도를 던져주면 파운드리가 도면대로 칩을 만들어주는 줄 안다. 그러나 그 사이에는 엄청난 생태계가 구축되어 있다.

우선 팹리스Fabless가 반도체 회로를 설계하려면 PDKProcess Design Kits와 특정 공정에 최적화된 기본 설계 요소인 라이브러리, 재사용 가능한 설계 블록 IP, EDA 툴 등이 필요하다. EDA는 ASIC 설계 과정을 자동화해 복잡한 칩을 빠르고 효율적으로 만들 수 있도록 지원하는 소프트웨어다. 설계 시간을 단축하고 오류 가능성을 줄이며, 전반적인 생산성을 높여준다.

1970년대에는 종이와 연필과 자로 회로를 그렸지만, 지금은 회로가 워낙 복잡해져서 EDA가 없으면 설계 자체를 할 수 없다. 미국이 중국 반도체를 견제하기 위해 ARM의 IP와 EDA 툴을 규제한 것도 이 때문이다.

TSMC와 삼성전자는 선단 공정 설계 능력과 IP를 보유한 기업과 협업해 ASIC 설계 및 생산을 지원하고 있다. TSMC는 2023년 주요 EDA 파트너들과 2nm 공정 최적화 작업을 진행 중이다. 삼성 파운드리는 3nm 이하 공정에서 GAA^{Gate-All-Around} 구조를 도입하고 설계에 활용할 수 있는 PDK^{Process Design Kits}를 제공하고 있다. 인텔은 파운드리 사업 강화를 위해 7nm 공정 개발, 외부 파운드리 활용 확대, 인텔 파운드리 서비스^{IFS} 구축 등을 제시했다. IP 얼라이언스 강화를 위해 국내외 IP 기업에 개발비도 지원하고 있다.

디자인 하우스는 팹리스와 파운드리 사이 중요한 연결고리 역할을 한다. 팹리스가 설계한 제품을 제조 공정에 구현하기 위해 최적화하고 설계 도면을 제조용 도면으로 변화하는 작업을 담당한다. 공정 미세화와 설계 복잡성 증가로 디자인 하우스의 역할이 확대되는 추세다. 신생 AI 팹리스 업체들은 대부분 회로 설계 엔지니어로 구성되어 후공정까

지 디자인 하우스에 의뢰하기도 한다. 디자인 하우스는 OSAT^{반도체 후공정}

외주업체, Outsourced Semiconductor Assembly and Test와 협력해 완제품 제조에 이르는 업무도 수행한다. 경험이 부족한 팹리스들은 디자인 하우스에 전공정부터 후공정 및 완제품에 이르는 턴키를 의뢰하기도 한다.

삼성전자는 DSP^{Design Solution Partner}와 VDP^{Virtual Design Partner}라는 두 가지 파트너십을 운영하고 있다. VDP는 삼성 파운드리 용역을 수행하는 외주 형태다. DSP는 단순 용역을 넘어 팹리스 업체들을 직접 유치하고 삼성 파운드리에 비즈니스 제안을 할 수 있는 더 넓은 범위를 수행한다. 현재 삼성전자에 소속된 DSP는 8개, VDP는 15개다. DSP 기업 중 주목할 만한 기업은 가온칩스, 오픈엣지테크놀로지, 에이디테크놀로지, 코아시아 등이다.

TSMC는 VCA Value Chain Alliance와 DCA Design Center Alliance로 협력 체제를 구축하고 있다. VCA는 삼성전자 DSP, DCA는 삼성전자 VDP와 비슷한 개념이다. VCA 기업 중 GUC와 알칩 Alchip은 나름 유명하다. GUC는 TSMC가 2003년 지분을 인수한 후 전략적으로 키운 기업이다. 전문 디자인 서비스 기업으로 고성능 ASIC 설계, IP 제공, 턴키 서비스를 포함한 종합 반도체 설계 및 제조 솔루션을 제공한다. 선단 공정 분야에서 강력한 경쟁력을 보유하고 있다. 알칩은 고성능 컴퓨팅, 네트워킹, 인공지능 등 분야에 활용되는 고성능 ASIC 개발에 집중하는 기업이다. AI와 HPC에 집중해 7nm 이하 매출 비중이 80%를 넘는다. 국내에서

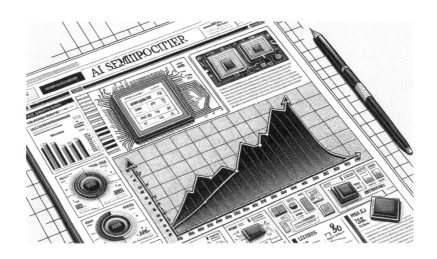

       PART 2 격변의 AI 기술 전쟁, 슈퍼사이클 부른다

TSMC VCA로 협력하는 기업은 에이직랜드가 있다. 에이디테크놀로지도 원래 TSMC 밸류체인에 있었지만, 지금은 삼성 파운드리와 주로 거래하고 있다.

빠르게 성장 중인 반도체 IP 시장

2022년 기준 반도체 IP 시장은 67억 달러 수준이다. 전체 반도체 시장 1% 내외 비중에 불과하다. 다만 팹리스나 종합 반도체 업체 인하우스 개발팀이 보유한 IP는 제외된 수치다. 2023년 반도체 IP 시장은 75억 달러로 추정되며, 2024년에는 87억 달러에 이를 것으로 관측된다. 2025년에는 10억 달러를 넘어설 가능성이 높다.

ARM은 50% 점유율을 차지하고 있는데, 시놉시스, 알파웨이브 등에 점유율 조금씩 뺏기고 있다. 그러나 CPU IP 시장에서 여전한 지배력을 갖추고 있다. AI 가속기 개발로 인터페이스 IP 수요는 점차 증가하고 있다. 시놉시스, 알파웨이브 등이 수혜가 기대된다. 인터페이스 IP는 디바이스간 혹은 칩간 데이터 및 전기 신호를 전달하는 기능을 수행한다. USB, MIPI, HDMI, PCIe, DDR 메모리 컨트롤러 등이 포함된다. 현재 반도체 IP 시장은 프로세서가 주도하고 있다. 최근 인터페이스 비중이 증가하는 추세다. 2017년 18%에서 2022년 24.9%로 증가했다.

대한민국의 IP 시장 점유율 3%대 불과

반도체 설계 IP 산업은 빠른 속도로 성장하는 유망 시장이다. 그러나 애석하게도 대한민국의 IP 시장 점유율은 3%대 수준에 불과하다. 메모리 반도체 제조 기술이 세계 최고 수준인 것과 대조적이다. 자체 설계 AI 반도체 시장이 급성장함에 따라 우리나라도 IP 등 설계 기술 확보가 시급한 상황이다. 한국산업연구원에 따르면 2022년 기준 시스템반도체 시장은 593조원으로 집계되었다. 미국이 323조원으로 54.5% 비중을 차지했다. 유럽 11.8%, 대만 10.3%, 일본 9.2%, 중국 6.5% 순으로 나타났다.

우리나라는 3.3% 점유율로 20조원 규모로 파악되었다. 2023년 매출 총액 151억 달러 중 삼성전자가 112억 달러로 74% 비중을 차지한다. 뒤이어 LX세미콘 17억 달러11.2%, SK하이닉스 8.9억 달러5.9% 순으로 나타났다. 삼성전자 IP 파트너사는 2022년 10월 기준 56개로 4000여개 IP

를 제공하고 있다. 2017년 SAFE 출범 이후 최근 3배 증가한 것은 고무적이다. 국내 IP 생태계가 안착하면서 긍정적인 소식도 들려오고 있다.

최근 삼성전자 DSP 에이디테크놀로지는 3나노 해외 서버향 반도체 설계 디자인을 수주했다. 3나노 GAA 공정 기반 2.5D 서버향 반도체 설계 프로젝트다. 삼성 파운드리에서 생산한다. 인터포저Interposer도 자체 설계해 고객에게 제공하기로 했다. 미국은 반도체 IP 시장에서 핵심인 CPU, AP, GPU, FPGA 등을 독점하고 있다. 유럽은 자동차 및 산업용 로봇 등 MCU, 광학 및 센서류 등에서 강점을 갖고 있다. 일본은 유럽과 비슷하게 자동차, 정밀기계 등 MCUMicro Controller Unit에서 경쟁력을 갖추고 있다. 대만은 스마트폰, 태블릿PC, PC 등 일부 소자군이 강점이다.

03장

반도체 설계 생태계의 정점 'ARM'

ARM은 글로벌 반도체 IP 1위, 모바일 AP 90% 이상 지배하고 있는 기업이다. 반도체 설계 생태계의 정점에 있다고 볼 수 있다. 원래 영국 기업이었지만, 소프트뱅크가 인수해 대주주가 되었다. 2023년 최대 규모 기업공개IPO로 미국 증시에 상장되었다. 당시 기업가치가 지나치게 높다는 지적도 있었지만, 상장 6개월 만에 주가가 3배 이상 상승하기도 했다. 2024년 2월에는 인텔의 시총을 넘보기도 했다. 시장이 ARM에 대해 높은 기업 가치를 주는 것은 AI 가속기 설계 수요가 크게 늘어날 뿐 아니라 기존 서버, 모바일, PC용 칩이 ARM 기반으로 바뀌고 있기 때문이다.

ARM의 IP는 모바일/에지 환경에서 PC/데이터센터로 빠르게 확장 중이다. 온디바이스 AI 시장 성장은 ARM IP 수요를 더욱 가속화시킬 것으로 보인다. 반도체 전성비전력 대비 성능를 높이려면 기존 x86보다는 ARM 아키텍처 기반으로 설계하는 게 유리하다. 애플, 아마존, MS 등 빅테크들은 자체 설계칩에 ARM IP를 활용하고 있다. ARM의 리스크 요인은 스마트폰 업황 부진과 RISC-V 등 대체 신기술의 부상이다. ARM차이나 리스크도 무시할 수 없는 변수다. ARM차이나는 현재 매출의 25%를 차지한다. 자체 이사회에서 직접 경영과 대표권, 관리 감독 권한도 없다. 지불 연체 이력 있고 지배구조도 불분명한 상황이다.

ARM의 골칫거리 'ARM차이나'

손정의 소프트뱅크 회장은 ARM을 인수한 후 곧바로 상장폐지했다. 중국 반도체 굴기로 화웨이 등 공룡 기업이 탄생했고, ARM차이나 매

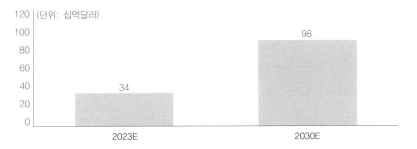

2030년 AI 반도체 시장, 7년 만에 + 3배 성장

*자료: Gartner, KB증권

출도 고공 행진을 기록했다. ARM 전체 매출 중 중국 비중이 25%까지 확대되었다. ARM은 중국 증시 상장을 위해 ARM차이나 지분 52.67%를 6억3720만 파운드에 매각했는데, 이게 악수였다. 여러 이유로 ARM차이나는 상장에 실패했고, 지분은 47.33%밖에 남지 않았다. 울며 겨자 먹기로 ARM차이나는 자회사에서 조인트 벤처로 전환되었다. 헐값으로 지분만 중국 쪽에 털린 셈이다.

ARM차이나는 RISC 기반 마이크로프로세서와 그래픽 지적재산 마케팅, 연구, 개발을 담당한다. 다른 글로벌 법인이 마케팅만 담당하던 것과 달랐다. 현재 ARM의 대만, 중국, 인도 법인만 마이크로프로세서 연구개발을 담당하고 있다. 미중 반도체 전쟁 이후 ARM차이나는 통제 불능 상태에 빠졌다.

ARM차이나 CEO인 앨런 우가 ARM의 기술을 중국으로 빼돌리려 한다는 의혹이 제기되었다. ARM은 CEO를 해고했지만, 그는 물러나지 않고 버텼다. 지분의 절반 이상을 보유한 중국의 지지가 있었기에 가능했다. 소프트뱅크는 결국 ARM이 보유한 중국 법인 지분을 펀드로 옮겼다. 이에 따라 ARM차이나는 자회사가 아니라 ARM의 고객으로 신분이 바뀌었다. 문제는 ARM차이나가 라이선스나 로열티를 제때 지불하지 않는 일이 생기고 있다는 점이다.

ARM차이나가 기술을 빼돌린 후 ARM과 거래 중단을 선언할 가능성도 있다. ARM차이나가 고객에서 순식간에 무서운 경쟁사로 둔갑할 가능성이 상존하는 셈이다. ARM차이나는 중국으로 경영권이 넘어간 후 AI, CPU, 보안, 멀티미디어 처리 등 4대 핵심 연구에 박차를 가하고 있다. 새로운 경영진은 신제품 개발을 독려 중이다.

ARM의 유일한 대체재 'RISC-V'

ARM의 유일한 대체제인 RISC-V는 2010년 개발된 CPU용 명령어 집합 구조ISA로 일종의 설계도 아키텍처다. RISC-V의 특징은 오픈소스라는 점이다. 개발자들이 자유롭게 하드웨어 및 소프트웨어를 개발할 수 있다. RISC-V 기술이 중요해짐에 따라 빅테크들도 관련 기술 확보 및 생태계 확장에 팔을 걷어붙이고 있다. 빅테크들의 속내는 ARM 코어 기술에 대한 과도한 의존을 우려하고 있다. 대안이 필요한 상황이다.

2023년 5월 구글, 인텔, 미디어텍, 엔비디아, 퀄컴, 이매지네이션, 사이파이브 등 업체들은 RISC-V 소프트웨어 에코시스템RISE을 설립했다. 삼성전자도 이사회 멤버로 참여했다. 10월에는 퀄컴과 구글이 RISC-V 협력을 발표했다. 구글 스마트워치용 운영체제 '웨어 OS'에 호환되는 RISC-V 기반 웨어러블 솔루션을 퀄컴이 상용화하기로 했다. 2023년 말 퀄컴, 인피니어, NXP, 노르딕세미컨덕터Nordic Semiconductor, 보쉬 등 5개 기업은 뮌헨에 RISC-V 아키텍처 기반 칩 개발을 위한 합작사 퀸터리스Quintauris를 공식 설립했다. 이 회사는 초기 차량용 반도체 개발에 주력하고, 향후 모바일 및 IoT 반도체로 확장할 계획이다. 시놉시스는 얼마 전 RISC-V 기반 칩 검증 및 시뮬레이션을 위한 소프트웨어 기업 임페라스를 인수했다. 퀄컴은 RISC-V 개발 기업 사이파이브에 1.75억 달러를 투자했다.

반도체 설계 거장 짐 켈러, RISC-V에 꽂혔다

RISC-V 기술이 주목받는 또 다른 이유는 짐 켈러라는 인물이다. 켈러 손을 거친 칩들은 애플 아이폰 두뇌칩 A바이오닉 AP, 테슬라 자율주행칩 FSDFull Self-Driving, AMD Zen 아키텍처 및 멀티코어, 인텔 멀티타일 Chiplet CPU 등이 있다. 현재 컴퓨터 프로세서에 쓰이는 멀티코어는 그의 머리에서 나왔다. 반도체 업계에 획을 그을 만한 칩들의 교집합이 짐 켈러라는 사람이라는 게 우연은 아닐 것이다.

짐 켈러는 애플, AMD, 테슬라, 인텔 등을 거친 후 2016년 캐나다에 AI 반도체 회사 텐스토렌트를 설립해 CEO를 맡고 있다. 최근 그는 한국 기업들과 긴밀한 협력 체제를 구축하고 있다. 2023년 텐스토렌트는 1억 달러 규모 투자 유치를 발표했는데, 현대차가 3000만 달러, 기아가 2000만 달러를 출자했다. 삼성도 삼성카탈리스트펀드scf를 통해 지분을 확보한 것으로 알려졌다. 현대차, 기아의 차세대 자율주행차 두뇌 칩을 텐스토렌트에서 설계하고 있다.

LG전자는 스마트TV에 RISC-V 기반으로 설계된 텐스토렌트 AI 칩을 적용하기로 했다. 양사는 칩렛 분야 협력도 하기로 했다. LG전자는 비디오 코덱 기술에 강점을 가진 만큼 텐스토렌트와의 협력에 많은 기대를 걸고 있다. 스마트TV뿐 아니라 콘텐츠 유통 데이터센터에 영상 처리 기술 활용할 계획이다.

삼성 파운드리는 미국 테일러 팹에서 텐스토렌트의 차세대 AI 반도체를 4나노SF4X 공정으로 위탁 생산하기로 했다. RISC-V 기반으로 설계된 이 칩은 칩렛 등 AVP 기술이 적용된다. 텐스토렌트 칩은 밀리와트에서 메가와트까지 전력 공급 가능하게 설계되었다. 소형기기부터 데이터센터까지 다양한 응용처에 적용될 것으로 보인다. RISC-V 기반 칩 생산 및 적용 경험은 국내 반도체 업계에 중요한 자산이 될 수 있다.

짐 켈러와 협업으로 RISC-V 관련 IP 자산을 확보할 수 있다. 짐 켈러는 최근 방한해 "대한민국 기업들의 의사결정 속도는 무시무시할 정도로 빠르고, 파괴적인 혁신을 받아들일 자세가 충분히 되어 있다"며 "텐스토렌트의 AI 반도체를 적용할 수 있는 반도체, 디스플레이, 스마트폰, 가전, 자동차 등 다양한 응용 산업을 보유하고 있다"고 말했다.

RISC-V 기술, 미중 반도체 격전지로 부상

마이클 맥카울Michael McCaul 미 하원 외교위원장은 중국이 칩 설계에 필요한 미국 IP를 회피하기 위해 RISC-V 활용하고 있다고 주장한다. RISC-V는 스마트폰 칩부터 인공지능용 고급 프로세서에 이르기까지 설계 아키텍처로 활용되고 있다. ARM 아키텍처가 라이선스 비용을 받는 것과 달리 RISC-V는 무료 배포된다. 교육 등 공공 이익을 위해 만들어졌기 때문이다. UC버클리 컴퓨터 공학과 연구진들이 2010년 프로젝트로 시작했다. 이후 전 세계 연구진이 자발적으로 개발을 돕고 있다. 중국이 미국 기업간 개방적 협력 문화를 악용하고, 자국 반도체를 발전 시키고 있다. 미국 반도체 기술 주도권을 잠식하고, 중국 군사 현대화에 도움이 되고 있다. 미국의 수출 규제법을 약화시키는 중국 기술 이전 전 략을 지지해서는 안 된다고 경고했다.

AI 도입으로 더욱 진화하는 EDA

AI 혁명 이후 EDA 업체들은 가파른 성장세를 기록 중이다. 2023년 기준 IP와 EDA 시장은 181억 달러(약 24조원) 규모로 추정된다. AI 기 능이 적용된 제품 포트폴리오 확장으로 고성장세를 기록 중이다. 재미 있는 사실은 EDA 툴 개발에도 AI 기술이 대거 접목되고 있다는 것이 다. 기존 물리적 설계뿐 아니라 반도체 회로 설계도 검증하고, 테스트에 도 AI를 적용하고 있다.

반도체 디자이너의 고유 영역으로 여겨지던 논리적 설계에도 생성형 AI 기술을 적용한다. 이는 EDA 가격 인상과 매출 증대로 이어지고 있 다. EDA 업계 2위 기업 케이던스는 AI 매출이 전년 대비 3배 증가했다. AI 혁명 이전에는 칩 하나 만들 때 5년 걸리던 게 요즘은 6개월에서 12 개월 만에 완료된다. AI를 활용하면서 EDA 툴 효율성도 엄청나게 개선 되었다.

반도체 IP, ARM 아키텍처 PC/서버 진출

구분	설명
CISC (Complex Instruction Set Computer)	• 연산을 처리하는 복잡한 명령어를 수백 개 이상 탑재하고 있는 방식 • RISC 대비 고용량, 복잡한 데이터 처리에 적합 • 대표적으로 Intel X86 아키텍처가 있음 • PC나 데이터센터 CPU에 대용량 변수 연산을 필요로 하는 아키텍처
RISC (Reduced Instruction Set Computer)	• CPU 명령어 개수를 줄이고 해석시간을 줄여 개별 명령어 실행 속도를 빠르게 하는 방식 • ARM 아키텍처가 대표적인 RISC 방식 • CISC 대비 데이터 처리 속도가 빠르고 전력 및 열 효율성 보유 • 스마트폰에 주로 사용되고 현재 스마트폰 AP 칩셋 99% 이상이 RISC 방식
RISC-V (Reduced Instruction Set Computer Five)	• 오픈소스 기반의 RISC 방식 • ARM 비슷한 성능으로 칩 면적 30~50% 축소, 소비전력 60% 절감하는 높은 효율과 경제성을 보여 기대감 큼 • 생태계가 충분히 성숙하지 않았고, 여전히 구현에 시간이 많이 걸림

*자료: 업계 자료, NH투자증권 리서치본부

창의력과 AI와의 결합 'EDA AI'

지난 2~3년간 EDA에서 AI가 적용되는 분야는 백엔드 디자인 부문의 플레이스 & 라우트Place-and-Route에 제한되었다. 수많은 시행착오 끝에 최적의 반도체 소자 배치를 결정하는 과정으로 많은 시간과 인력이 투입된다. 2024년 EDA 내 AI가 새로 적용될 분야는 설계 검증Verification, 테스트, 논리적 설계Logical Design 등이다. 그동안 논리적 설계는 높은 창의력이 필요해 설계 디자이너의 고유 영역으로 여겨졌다.

그러나 생성형 AI의 학습, 추론 능력이 대폭 향상되면서 AI를 적용할 수 있게 되었다. 이제 AI 도움 없이 반도체 설계를 하기에는 너무 많은 시간과 노력이 필요하다. 경쟁사 대비 더 빠르고 경쟁력 있는 제품을 출시하려면 AI EDA가 필수다. EDA 내 AI 침투율은 2020년 6%에서 2025년 47%로 증가 전망할 전망이다. 통상 EDA 계약 기간은 3년이다. 2023년~2024년 주요 고객 갱신 예정되어 있다. AI 기능 적용으로 가격 인상 효과를 기대할 수 있다.

첨단 패키징, EDA 중요성 증가

기존 무어의 법칙 한계를 넘기 위해 3D 패키징과 칩렛 기술이 확장되고 있다. 기존 칩 레벨에서 시스템패키지 레벨까지 EDA가 필요해지고 있다. 현재 시스템 레벨 EDA에서 앞서 나가는 회사는 케이던스다. 시놉시스는 엔시스 인수로 돌파구를 마련했다.350억 달러에 인수 엔시스는 패키징 EDA 분야에서 케이던스와 경쟁하고 있다. 반도체/하이테크 산업 외 자동차, 항공기, 기계 등 다양한 전방 산업 적용하는 엔지니어링 SW를 보유하고 있다.

반도체 IP, ARM 아키텍처 PC/서버 진출

2020년 이후 ARM의 RISC 기반 CPU 사용처가 모바일에서 PC/데이터센터로 확장 중이다. RISC는 저전력 성능은 뛰어나지만, CISC 대비 성능이 떨어진다는 게 정설이었다. 그러나 최근에는 RISC가 전력 및 열 효율성 등 장점은 유지하고, CISC와 유사한 성능을 구현할 정도로 발전했다.

2024년 RISC 기반 노트북PC 침투율은 18% 수준으로 전망된다. 2023년 기준 RISC 데이터센터 침투율은 10% 수준으로 추정된다. 최근 엔비디아는 그레이스라는 ARM 아키텍처 기반 서버 CPU를 공개했다. 인텔, AMD 등 기존 CPU 업체와 경쟁을 예고하고 있다. 향후 10년간 ARM 아키텍처 기반 서버 시장은 연평균 13%의 고성장세가 전망된다.

온디바이스 AI 개화

온디바이스 AI 구현에 필요한 NPU와 고용량 메모리, 연결을 담당하는 파이, 메모리 컨트롤러 등 인터페이스 IP가 주목받고 있다. PC, 모바일 제품에 AI 기능이 대거 채택되기 때문이다. 인텔은 2025년까지 AI PC 시장이 1억대 이상으로 성장할 것으로 전망한다. 시장 조사업체 카운터포인트는 AI 스마트폰이 2023년 4700만대에서 2027년 5억2200만대까지 증가할 것으로 전망했다.

인텔은 메테오레이크 SoC 타일에 NPU IP를 처음 적용했다. NPU IP 글로벌 경쟁력 보유한 기업은 중국 베리실리콘, 영국 이매지네이션, 칩스앤미디어 등 3곳뿐이다. 메테오레이크는 칩렛 구조를 채택했다.

CPU는 인텔4나노, GPU는 TSMC 5나노 공정, SoC 타일은 TSMC 6나노 공정으로 만들어졌다. 칩렛은 이형의 타일을 연결하는 만큼 표준화된 연결 프로토콜이 중요하다. 인텔, 엔비디아, 삼성전자 등 주요 반도체 업체들은 중국을 배제한 UCIe 컨소시엄을 만들었다.

주목할 만한 IP 관련 기업

✳✳ 시놉시스

반도체 설계에 필요한 EDA 툴을 판매하는 소프트웨어 기업이다. AI 반도체 개발을 위한 설계자동화 툴EDA 및 IP 수요 증가로 수혜폭이 커지고 있다. 상위 3개 업체가 75%를 차지하고 있는데, 시놉시스 점유율은 32%로 오랜 기간 1위 자리를 수성하고 있다. AI 기능이 EDA에 추가되면서 판매 가

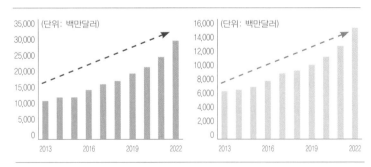

상위 8개 팹리스 업체들의 연구개발비 추이   전 세계 EDA 시장 규모 추이

*자료: Electronic System Design Alliance

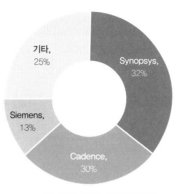

전 세계 EDA 시장 점유율

*자료: TrendForce

격이 올라가고 있다. AI를 더하면서 20% 이상 인상한 가격에 재계약한 사례도 있다. 레이아웃 배열 최적화 DSO.ai, 설계 결함 평가TSO.ai, RTL 검증 및 테스트VSO.ai 등에서 포트폴리오를 꾸준히 확장하고 있다. AI 반도체 고객인 AMD, MS 등으로부터 좋은 평가를 받고 있다. 2023년 11월 MS의 코파일럿을 장착했다. 앤시스Ansys 인수로 HBM, 3D IC, Chiplet 등 첨단 패키징 부문 경쟁력을 강화했다.

✲ 케이던스 디자인 시스템

케이던스 디자인 시스템은 시놉시스처럼 반도체 설계에 필요한 EDA 툴을 판매하는 소프트웨어 기업이다. 전자시스템, 반도체, 디바이스를 디자인 및 개발할 때 필요한 솔루션을 제공한다.

빅테크들의 자체 설계 칩 확산으로 반도체 설계 및 검증 툴 수요가 증가하고 있다. 신규 사업으로 자동차, 항공기 등 엔지니어링 설계에 사용되는 시뮬레이션 SW도 판매하고 있다. 반도체 IP도 제공하고 있는데, AI 수요 확대로 가파른 성장세를 기록 중이다.

2023년 4분기 케이던스의 IP 매출은 전년 대비 36% 증가했다. 2023년 램버스로부터 PHY IP 사업부를 인수해 HBM, 메모리 컨트롤러 IP 매출도 성장이 기대된다. 엔비디아 A100 개발에 케이던스의 솔루션이 사용되었다. ARM과 ASIC 개발 협력을 진행하는 등 AI 칩 개발 시 시스템 레벨 SW 강자로 자리매김하고 있다. 2024년 2월 CFD 슈퍼컴퓨팅 플랫폼 M1을 출시하면서 시스템 디자인/분석 경쟁력을 강화했다.

✳️ 램버스

램버스는 프로세서와 메모리간 병목 현상을 풀어주는 제품을 개발, 제작하는 기업이다. 즉 반도체 성능을 개선하는 제품을 제공한다. DDR, GDDR 등 메모리 인터페이스 솔루션은 고성능 메모리 시스템 성능과 안정성을 높이는 데 쓰인다. 반도체 칩 디자인과 보안 솔루션도 제공한다. 디지털 저작권 보호, 디바이스 보안, 반도체 칩 보안 등 솔루션을 고객에 제공한다. 기술 라이선싱 사업도 램버스의 성장의 한 축이다. 자체 개발한 기술을 다른 반도체 기업에 라이선싱 형태로 제공한다. 램버스가 DDR5, HBM3 등 기술 전환 수혜 IP 업체로 거론되는 이유다.

램버스는 2017년 DDR5와 HBM3 표준을 공개한 바 있다. 2020년에는 CXL 2.0 사양을 발표했다. CXL Compute Express Link 은 AI, ML 등 고집적 워크로드 연산을 보조하기 위한 오픈형 메모리 인터커넥트 표준이다. 호스트 프로세서와 CXL 디바이스간 저지연 고대역폭 메모리 접근 환경을 제공한다. PCIe 5.0 인터페이스 기반 모든 시스템에서 고속 포트로 기능을 적용할 수 있다. CXL 컨소시엄에는 삼성, 델, IBM, HP, 인텔, 화웨이, 구글 등 130개 업체들 참여했다. PCIe 뒤를 이을 차세대 인터커넥트 기술로 평가된다.

✳ 브로드컴

AI 시대 든든한 설계 파트너로 손꼽히는 기업이다. 네트워킹, 브로드밴드, 스토리지, 무선 통신 등 다양한 사업을 하고 있다. AI 서버처럼 대량의 데이터를 처리할 때는 프로세서도 중요하지만, 빠른 데이터 이동도 중요하다. 브로드컴은 커스텀 반도체ASIC의 강자로 손꼽힌다. 각 기업들이 원하는 가장 효율적인 AI 반도체 솔루션을 제공한다. 다양한 반도체를 설

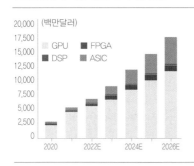

AI 프로세서 시장 규모 추이 및 전망

(백만달러)

GPU / FPGA / DSP / ASIC

*자료: 가트너

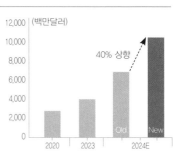

브로드컴: AI 관련 매출 추이

(백만달러)

40% 상향

Old / New

*참고: 회계 연도(10월 결산) 기준
*자료: 브로드컴

계 판매한 레퍼런스를 확보하고 있는데, 구글 TPU가 대표적이다.

2024년 배당액을 14% 상향하는 등 매해 배당을 확대하는 점도 브로드컴의 장점이다. 보통 잉여 현금 흐름프리 캐시 플로의 50% 이상을 다음 해 배당으로 지급한다. 최근 690억 달러에 VMWare 인수하는 대형딜 완료로 주주 환원 정책이 재개될 것으로 기대된다.

✱✱ 칩스앤미디어

칩스앤미디어는 2003년 설립된 비디오 시스템반도체 IP 개발 기업이다. 반도체 칩에서 영상 처리를 담당하는 비디오 IP가 주력 제품이다. IP 공급 시점에 발생하는 라이선스 매출과 고객사가 이를 활용해 만든 반도체를 판매할 때 받는 로열티 매출, 유지보수에 해당하는 용역 매출로 구분된다. 주요 고객사는 세계 차량반도체 2위 기업 NXP, 국내 차량 반도체 팹리스 텔레칩스 등이 있다. 모빌아이, 메타, 구글 등에도 IP를 공급하고 있다. AI 데이터센터 GPU, AI SoC향 라이선스 매출이 증가하고 있다. 칩스앤미디어는 온디바이스 AI 시장을 기회로 NPU IP를 출시해 고객 확보에 집중하고 있다. AR/VR, 드론, 자율주행차, 휴머노이드 로봇 등에 쓰이는 AI 반도체는 멀티미디어 기능을 추가해야 한다. 칩스앤미디어 IP 사용처는 향후 더욱 확대될 것으로 보인다.

☆ 가온칩스

가온칩스는 팹리스와 파운드리 사이 가교 역할을 하는 반도체 디자인 업체다. 2012년 설립된 이 회사는 2022년 코스닥 시장에 상장했다. 시스템반도체 디자인뿐 아니라 IP 컨설팅, 테스트로 사업 영역을 확장하고 있다. 삼성 파운드리 핵심 협력사인 가온칩스는 주요 경영진이 삼성 파운드리 사업부 출신이다. 현재 매출은 차량 반도체 50%, AI 칩 20~30% 비중을 차지한다. 삼성 파운드리 생태계 내 15곳 이상 팹리스를 확보했다. 삼성 파운드리 사업 경쟁력이 개선될 경우 수혜 폭이 클 것으로 기대된다. 2022년 일본 자회사를 설립했고,

2024년은 유럽과 미국 진출도 준비하고 있다.

✲ 오픈엣지테크놀로지

오픈엣지테크놀로지는 반도체 IP 전문기업이다. 주로 팹리스, 디자인 하우스 등에 IP를 공급한다. HBM3, DDR5, LPD-DR5 등 최신 메모리 표준은 모두 지원하고 있다. 삼성전자, 인텔 등 글로벌 반도체 기업들을 고객사로 보유하고 있다. 에지EDGE 환경에서 AI 기술 최적화를 구현하기 위해 로직 칩 메모리 시스템 IP, 에지용 NPU 시스템 IP 등 총 20여 개 IP를 보유하고 있다. 주요 제품은 DDR 메모리 컨트롤러, DDR PHY, 온 칩 인터커넥트 등이다. 자율주행차, IP 카메라 등에 활용되고 있다.

2023년 기준 IP 라이선스 매출 85%, 유지보수 15% 비중을 차지하고 있다. 최근 AI 기술로 인해 SoC 설계 복잡성이 심화되고 공정 미세화로 개발 비용이 급증하고 있다. 이에 따라 검증된 IP 블록이 중요해지고 있다. 오픈엣지테크놀로지는 창립 1년 만에 삼성 파운드리 IP 파트너SAFE로 등록되었다. 글로벌 기업 30여 개를 고객사로 확보하고 있다. SSF 5nm LPDDR5X/5 PHY IP를 제공하면서 글로벌 기업들과 기술력을 나란히 했다는 평가다. 2024년은 LPDDR6 개발에 착수했다.

✲ 에이디테크놀로지

에이디테크놀로지도 가온칩스처럼 팹리스와 파운드리 사이 다리 역할을 해주는 반도체 디자인 업체다. 삼성 파운드리 디자인 파트너로 코아시아, 세미파이브비상장 등이 있다. 에이디테크놀로지는 지난 2020년 TSMC 디자인 파트너에서 벗어나 삼성 파운드리 협력사로 편입된 독특한 이력을 가지고 있다. TSMC 매출이 빠지면서 2022년까지 실적 하락세를 보였지만, 2023년 초부터 실적 반등을 기록하고 있다. 디자인 하우스 재무상태표에서 의미 있는 지표는 계약 자산과 계약 부채다. 계약 자산은 상품을 제공하고 향후 받을 수 있는 일종의 매출 채권이다. 계약 부채는 상품을 제공하기 전 고객에게 받은 선수금이다. 에이디테크놀로지의 계약 자산과 계약 부채의 합은 2023년 말 기준 344억원을 기록했다. 전년 대비 287% 증가한 수치다. 반도체 설계 대부분은 팹리스가 담당하지만, 일부 중요도가 낮은 부분은 디자인 하우스가 설계하기도 한다. ARM과 시놉시스 IP를 매입해 주로 사용한다.

✲ 에이직랜드

에이직랜드는 2016년 설립된 디자인 하우스 기업이다. 2023년 11월 코스닥 시장에 상장했다. 국내 유일 TSMC 디자인하우스 협력사라는 독특한 타이틀을 가지고 있다. TSMC

파운드리 공정을 이용하려는 팹리스들에게 칩 설계부터 웨이퍼 양산까지 턴키 솔루션을 제공하고 있다. 에이직랜드는 자체 설계ASIC AI 가속기 분야에서 상당한 성장세를 보여주고 있다. 2023년 AI 관련 매출은 353억원으로 전년 대비 234.1% 증가한 수치를 기록했다. 2024년 하반기에는 국내 팹리스 고객의 7나노 공정 서버향 제품이 양산되면서 매출 성장 기대감이 높다. 현재 미국 시장에서는 TSMC VCA 중 GUC대만, Alchip대만, Alphawave미국 등이 주로 활동하고 있다. 에이직랜드는 GUC, Alchip와 경쟁 관계이면서도 협력하는 관계다. 2025년에는 국내 메모리 컨트롤러향 대규모 프로젝트를 맡을 가능성이 있다.

04장

파운드리 쓰고 TSMC라 읽는다

파운드리의 개념을 처음 생각한 사람은 인텔 창업자 고든 무어_{Gordon} Moore였다. 그러나 이 사업이 수익을 낼 것이라고 생각지 못했고, 관심을 닫아 버렸다. 인텔은 파운드리 사업보다 PC용 프로세서에 집중하는 게 효율적이라고 판단했다. 1980년대 실력 있는 반도체 벤처들이 실리콘밸리를 중심으로 대거 창업했는데 칩을 만들어줄 팹이 항상 부족했다. 당시만 해도 종합반도체 기업들이 유휴 팹을 외부에 오픈해 일부 생산을 담당해줬다. 문제는 남는 팹이 없을 경우 팹리스 업체들은 칩을 만들 수 없었다.

떠오르는 파운드리 시장에서 과실을 거둔 사람이 TSMC 창업자 모리스 창이었다. TI 부사장에서 퇴직한 그는 대만 정부의 자금을 지원받아 1987년 파운드리 전문 기업 TSMC를 창업했다. 팹리스 기업들이

TSMC로 몰려들었고 안정적인 성장세를 구가해왔다. 스티브 잡스가 들고나온 아이폰이 모바일 혁명을 본격화시켰다. TSMC에 일생일대의 기회가 찾아온 셈이다.

TSMC가 아시아 1위 시총 기업으로 자리매김하는 데는 모바일 혁명이 절대적으로 영향을 미쳤다. PC 시절만 해도 CPU, GPU 등 프로세서는 범용 제품이었다. 그러나 애플, 퀄컴 같은 업체들은 스마트폰 두뇌 칩인 AP애플리케이션 프로세서를 설계해 최적화된 스마트폰 시스템을 만들고 싶었다. AP 파운드리 수주가 몰려들었고, TSMC는 폭발적인 성장세에 올라탔다.

삼성전자는 초기 아이폰 AP 파운드리를 독점으로 담당했지만, 최대 고객인 애플을 놓치고 말았다. 삼성전자가 애플의 경쟁 제품인 자체 스마트폰과 독자 AP 엑시노스를 만들게 된 게 큰 영향을 미쳤다. 그러나 TSMC와 기술 경쟁에서 밀린 게 결정적이었다. 삼성 파운드리가 TSMC를 기술로 압도했다면, 애플이 파운드리를 전량 옮기는 모험을 할 수 없었을 것이다. 삼성전자는 모바일 혁명 시기 스마트폰 사업은 크게 키웠지만, 반도체 사업은 의미 있게 성장하지 못했다. Chat-GPT가 촉발시킨 AI 혁명에서도 TSMC의 존재감은 압도적이다.

TSMC, AI 반도체 생산도 독점

세계 AI 가속기 90% 이상을 장악한 엔비디아는 TSMC에 전량 생산을 맡긴다. 타도 엔비디아를 외치는 AMD도 마찬가지다. 파운드리 시

장 진출을 선언한 인텔조차 선단 공정이 필요한 CPU 생산은 여전히 TSMC에 의존한다. 누가 AI 반도체 시장의 승자가 되든 TSMC의 AI 반도체 생산 점유율은 100%를 향해 나가고 있다. 2023년 반도체 불황에도 TSMC의 실적 방어는 두드러졌다. 2023년 매출은 전년 대비 하락폭이 4.5%에 불과했다. 3나노 선단 공정이 큰 역할을 했다. 2023년 4분기 매출의 15%를 3나노 공정이 담당했다. 전 분기 3나노 공정을 처음 오픈한 이후 한 분기 만에 6% 포인트 증가한 것이다. TSMC 3나노 공정 단가는 웨이퍼당 2만 달러로 7나노 공정 1만 달러 대비 2배 비싼데도 불구하고 말이다. 2023년 3나노 파운드리 서비스를 제공받은 회사는 애플뿐이다.

그러나 2024년은 엔비디아, AMD, 퀄컴 등 AI 반도체 고객들이 줄을 서 있다. 애플은 2023년 3나노 공정을 도입하면서 2022년보다 23% 이상 파운드리 비용을 더 지불했다. 2023년 TSMC 매출의 25%를 애플이 담당했고, 엔비디아가 11% 수준까지 올라왔다. 미디어텍, 퀄컴, 브로드컴, 소니, AMD 등이 TOP 10 고객사에 이름을 올렸다. 삼성 파운드리 등 경쟁사들이 TSMC와 공정 기술 격차를 좁히지 못하면서, TSMC는 지금부터 3나노 공정 특수를 준비하고 있다. 삼성 파운드리는 2023년 GAA 트랜지스터 기술을 도입하면서 TSMC보다 먼저 3나노 공정을 시도하는 승부수를 던졌다. 그러나 아직까지 의미 있는 고객 유치에 성공하지 못했다.

AI 가속기 병목, TSMC의 CoWoS 공정

엔비디아 GPGPU 공급이 부족한 것은 TSMC가 수요만큼 못 만들어내기 때문이다. 그동안 파운드리 병목은 주로 3나노, 4나노 선단 공정에서 주로 발생했다. 그러나 이번에는 AI 혁명으로 인해 AVP^{Advanced Packaging}이 병목이 되었다. 향후 반도체 전반에서 AVP 기술의 중요성은 더욱 커질 것으로 예상된다.

시장조사업체 트렌드포스에 따르면 TSMC CoWoS 캐파는 2023년 4분기 월 15K^{1만5000장}에서 2024년 연말 월 35K~40K^{3만5000장~4만장}로 확대될 것으로 전망된다. 생산능력을 빠르게 올리고 있지만, 2025년 상반기까지 수요보다 공급이 못 따라가는 상황이라는 게 TSMC의 공식 설명이다.

선단 공정 상황도 별반 다르지 않다. 현재 TSMC는 3나노 공정은 경쟁사들을 압도하고 있고, 2나노에서는 공정 격차 더욱 벌릴 계획이다. AI 반도체 팹리스 업체들이 TSMC 파운드리를 선호하는 현상도 더욱 강해지고 있다.

인텔이 연말 선보일 18A^{1.8나노} 공정이 혁신적일 경우 구도 달라질 수 있다. TSMC의 3D 패키징 SoIC 캐파도 급격히 늘고 있다. 2023년 말 월 2K에서 2024년 말 월 6K로 3배 확대될 것으로 예상된다. 2025년에는 월 14K~15K로 확대된다.

공급 업체들이 공격적으로 AI 가속기향 2.5D/3D 고급 패키징 투자에 나서고 있지만, 폭증하는 수요를 못 따라가는 상황이다. CoWoS 병목 완화의 또 다른 요인으로는 TSMC의 캐파 증설, 인텔, 삼성전자 등 경쟁자들의 진입을 꼽을 수 있다. 앰코테크놀로지, SPIL 등 OSAT 업체들은 CoWoS 공정 중 WoS^Wafer on Substrate만 담당하고 있다. CoW 공정은 TSMC가 인하우스로 처리하고 있다. 삼성전자는 2024년 2분기 아이큐브4, 3분기 아이큐브8 양산을 준비 중이다. 인텔은 2분기부터 엔비디아에 월 5K 수준을 공급하고 있다. 실리콘 인터포저를 생산하는 대만 UMC도 캐파를 빠르게 확대하고 있다. 2023년 말 기준 월 3000장이던 생산능력을 2024년 연말까지 월 9000장으로 3배 확대한다.

2024년부터 TSMC보다 HBM 병목을 걱정하는 전망이 두드러지고 있다. SK하이닉스가 H100용 HBM3를 독점 공급하는 가운데 삼성전자와 마이크론의 공급 다변화 2024년 TSMC가 출하할 HBM을 탑재한 AI

가속기는 690만개로 예상된다. HBM 공급량은 SK하이닉스 7억3400만 GB, 삼성전자 6억7000만 GB, 마이크론 7500만 GB로 계획하고 있다. SK하이닉스 HBM 생산 수율은 70% 내외 수준에 불과하다. 삼성전자와 마이크론은 이보다 훨씬 낮은 수율로 추정된다. AI 가속기당 탑재되는 HBM의 용량은 점점 증가하고 있다. 엔비디아 주력 칩 H100에는 80GB HBM3가 탑재되었다. 차기 주력칩 H200에는 141GB HBM3E, B200에는 192GB HBM3E가 적용된다. 삼성전자와 마이크론이 HBM 물량을 충분히 담당해주지 못한다면 공급부족 상황은 불가피할 것으로 관측된다.

HBM 공정 장비로 SK하이닉스향 주성엔지니어링, 디아이티를 주목할 만하다. 1a/1b EUV 적용 확대로 동진쎄미켐, 에스앤에스텍 등 소재부품 기업도 관심받을 것으로 보인다.

갈수록 중요성 커지는 파운드리 AVP 기술

예전에는 많은 기능을 하나의 칩 다이, 즉 SoC에 모으려 했다. 그러나 지금은 AI 등 기능 구현을 위해 칩 다이가 너무 커져야 하는 상황이 벌어졌다. 코어를 분리하면서 칩렛Chiplet 혹은 멀티 타일이라는 구조가 확산되고 있다. 칩렛은 칩 다이간 통신 속도, 타이밍 등을 맞추는 게 매우 중요하다.

다른 파운드리에서 각각 생산한 칩을 하나로 묶는 것은 굉장히 어려운 기술이다. 통신 등 프로토콜을 일일이 다 맞춰야 한다. 칩렛 공정이 확산되는 가장 큰 이유는 비용 때문이다. 경제성 측면에서 칩 다이를 작게 만드는 게 웨이퍼 전체 수율에서 유리하다. 현재 인텔, TSMC가 칩렛 구조로 프로세서를 생산하고 있다.

AMD 첨단 칩에 적용된 3D V-캐시Chache는 예전에 SoC 안에 있던 캐시 메모리를 외부로 빼서 키운 것이다. 캐시 메모리를 수평으로 옆에 두는 것보다 수직으로 배치하고 하이브리드 본딩으로 연결하는 게 훨씬 속도가 빠르다. 다만 SoC보다는 멀티 타일이 속도가 느려지는 것은 불가피하다. 설계 단계에서 굉장히 중요하다. 별도 파운드리에서 칩을 만들어 연결할 수 있도록 UCIe 규격이 나왔다.

EDA 툴 업체들의 지원이 중요하다. 미국 중심의 UCIe 표준이 만들

HBM 검사/계측 장비 국산화 수혜 예상 기업

기업명	주요 내용
인텍플러스	• 국내 고객사향 최신 GDDR 검사 장비 퀄 테스트 진행 중. 추후 HBM 검사 장비로 확대 전망.
고영	• HBM 언더필 검사 장비 준비 중에 있음.
펨트론	• Sawing 전후 검사 장비 개발 진행 중(8800wi) • 추후 Warpage, 패키지 검사 장비 영역 확대 예정.
오로스 테크놀로지	• TSV 오버레이 검사 장비 공급(WI300) • HBM Warpage(휨현상) 검사 장비 공급(WaPIS-30)

*자료 : 이베스트투자증권 리서치센터

어지면서 중국 업체들은 배제되었다. OSAT 1, 2등 업체 ASE와 앰코 정도는 칩렛 공정을 충분히 감당할 수 있다는 평가다. 예전에는 화학기계적연마CMP 공정을 전공정 업체들만 보유하고 있었지만, 지금은 선두 OSAT 업체들도 갖추고 있다. 하이브리드 본딩도 마찬가지다.

AI는 메모리와 프로세서의 인터페이스가 매우 중요하다. 공정에서 이를 맞추기 위한 다이렉트 본딩 기술도 점점 어려워지고 있다. 후공정 장비 정밀도 기준도 점점 높아지고 있다. AVP 시장 성장으로 소재 국산화도 주목받고 있다. 패키징에서 중요한 소재인 마이크로 범프 및 솔더볼은 원래 일본 센쥬가 핵심 역할을 담당했다.

최근 덕산하이메탈이나 엠케이에서 국산화가 많이 진행되었다. 저온에서 잘 녹는 솔더볼 기술이 중요해지고 있다. 하이브리드 본딩은 산화막 층과 구리 메탈 본딩을 동시에 진행한다고 해서 이름이 붙었다. 이를 위해서는 표면처리 등 준비 과정이 많이 필요하다. AMAT가 주로 공급하는 CMP 장비가 많이 필요해진다. 플라즈마 트리트먼트를 통해 표면이 잘 붙도록 액티베이션을 미리 해놓아야 본딩이 잘 된다.

본딩이 제대로 되었는지 검사할 때는 엑스레이 방식이 주로 쓰인다. 불량을 걸러 내지 못하면 공정이 진행될수록 손실이 커지므로 검사, 테스트, 계측 기술이 점점 중요해진다. 차세대 하이브리드 본딩 장비는 한미반도체, 한화정밀기계가 개발하고 있다. 해외에서는 SUSS마이크로텍이 하이브리드 본더를 출시했다. 하이브리드 본딩 독점 업체 베시가 기존 정밀 오차를 0.2um에서 0.1um로 스펙을 상향했다. 향후 기술 난이도는 더욱 높아질 것으로 관측된다.

언더필 공정은 나중 신뢰성을 담보할 만큼 중요하다. 볼과 볼 사이 간격이 좁아져서 공간이 없어지고 있다. 와류로 인해 보이드가 생길 수 있는데 이게 불량으로 이어진다. 칩 다이 사이즈가 커지면 언더필 공정 난이도가 굉장히 높아진다. 열을 가해서 머티리얼의 점도를 내리는 기술이 활용된다. 소재는 나믹스가 제일 잘한다. 프텍이 디스펜서 등을 주로 담당하고 있다.

서멀 인터페이스 머티리얼Thermal Interface Material은 점점 중요해진다. 방열 소재 개발은 매우 중요하다. 에폭시, 실리콘, 메탈 계열에 따라 소재 특성이 다르다. HPC에는 방열 성능이 점점 중요해지고 있다. 헨켈, 3M 등 글로벌 업체들이 주요 소재를 담당하고 있다. 컴프레션 몰딩도 중요해지는데, 일본의 야마다, 도하, 유럽 베시 등도 잘한다. 스미토모, 레조낙 등 일본 업체들이 재료를 담당한다.

05장

파운드리 시장의 치열한 기술 경쟁

2023년 애플 AP 'A17 프로'가 최초로 TSMC 3나노N3 공정으로 처음 만들어졌다. 2024년부터 미디어텍, 퀄컴, 삼성전자 등도 3나노 공정을 본격 채택한다. 모바일 AP는 스마트폰 BOMBill Of Material, 자재 명세서의 20%를 차지하는 핵심 부품이다. TSMC 3나노 웨이퍼 가격은 2만 달러로 7나노 1만 달러 대비 2배 수준이다.

A17 프로는 190억개 트랜지스터를 장착했다. A16 바이오닉 160억개 대비 18.75% 증가했다. CPU는 기존 6개로 동일하지만, GPU는 5개에서 6개로 증가했다. 성능은 전작 대비 20%가량 향상되었다. A16바이오닉 대비 싱글 코어 16%, 멀티코어 13% 개선되었다. 당초 30% 수준 성능 개선에는 못미쳤다. A16는 전작 대비 25% 전성비가 개선되었다. 모바일 D램은 8GB를 채택했다.

미디어텍 디멘시티는 2024년 하반기 3나노 공정을 채택한다. 퀄컴은 2023년 10월 스냅드래곤 서밋 행사에서 4나노 공정 스냅드래곤8 3세대를 발표했다. 2024년 행사에는 3나노 공정 기반 4세대 칩을 공개할 것으로 보인다.

3세대는 TSMC 4나노 공정, 2025년 출시 모델은 삼성 파운드리 수주 가능성도 있다. 삼성전자 갤럭시S24에 적용될 엑시노스2400은 4나노 공정, 2025년 출시될 2500에는 3나노 공정 적용한다. 삼성 파운드리는 2023년 6월 3나노 GAA 공정 1세대 SF3E 양산에 돌입했다. 최근 2세대 SF3를 개발 완료했다. 퀄컴 스냅드래곤8 4세대, 엑시노스2500 적용 전망이다. 4나노 수율은 75~80% 수준, 3나노 수율은 60%로 추정된다.

TSMC의 기술력은 견고했다

파운드리 업계는 3나노 공정을 놓고 치열한 기술 경쟁을 벌이고 있다. 2023년 하반기 삼성 파운드리는 3나노 GAA 양산이라는 승부수를 던졌다. 3나노 공정까지 기존 핀펫FinFET 구조를 유지한 TSMC보다 3나노 공정에 먼저 돌입하고, 트랜지스터 구조까지 GAA로 바꿔 퀀텀 점프를 노리는 전략이었다. 2023년 TSMC 3나노 공정에서 생산한 애플 A17 프로에 발열 문제가 발생하자 삼성 파운드리에 대한 기대감이 높아졌다. 2022년 삼성 파운드리에서 생산하던 퀄컴 스냅드래곤8 G1이 낮은 수율 탓에 TSMC로 파운드리를 옮긴 바 있기 때문이다. 삼성은 반대의 상황이 벌어지길 내심 기대했다. 그러나 TSMC는 보란듯이 3나노 공정을 안정화시켰고, 애플 외 추가 고객 확보에서 성공적인 모습을 보여줬다. 삼성 파운드리가 3나노 GAA 고객 확보에 지지부진한 것과 대조적이다.

TSMC는 3나노 공정 경쟁력을 압도하면서 특수를 준비하고 있다. TSMC 3나노 웨이퍼 생산량은 2023년 기준 월 60K 수준이다. 2024년 말까지 월 100K까지 확대할 계획이다. 그동안 TSMC는 3나노 물량 대부분을 아이폰15 프로 시리즈와 신형 맥용 M3에 할당되었다. 애플 외 엔비디아, 퀄컴, 미디어텍, 인텔, 브로드컴 등 6대 고객사와 3나노 칩 계약을 마친 것으로 파악된다. TSMC는 2024년 3나노 수율을 80% 이상까지 높인다는 목표다. 3나노 매출 비중은 2023년 6%에서 2024년 15%로 증가 전망된다.

TSMC는 예상을 깨고 2나노와 1.4나노 공정에 High NA EUV 장비를 쓰지 않을 것이라고 밝혔다. 2029년 생산 예정인 1나노 공정까지 도

입하지 않겠다고 덧붙였다. TSMC는 7나노에서 EUV를 도입하지 않고 삼성전자는 공격적으로 도입했다. 좋은 장비가 만능은 아니라는 이야기다. TSMC는 최근 공식 행사에서 증설보다 테크마이그레이션에 집중하겠다고 했다. 2나노부터 GAA 공정을 도입한다. 트랜지스터 구조 바꾸는 상황에 익숙지 않은 장비 도입은 리스크를 가중시킬 수 있다.

엔비디아발 슈퍼 핫 런 재가동?

슈퍼 핫 런은 TSMC가 선단 공정이 극단적으로 부족할 경우를 대비해 버퍼로 운영하는 생산능력이다. 팹리스들은 공급 부족이 심할 경우 웃돈을 주고 이 팹을 이용한다. 예를 들면 차량 반도체 공급 부족이 한 창이던 2021년에 슈퍼 핫 런이 빈번했다. 최근에는 엔비디아 AI용 GPGPU 공급부족 때문에 슈퍼 핫 런이 발생했다. TSMC는 최대 10% 정도만 슈퍼 핫 런 라인을 운영한다. 너무 많아지면 다른 공정에 지연이 생기기 때문이다. 차량 반도체는 슈퍼 핫 런이 제공되더라도 다른 칩 생산에 영향을 주지 않았다. 레거시 공정을 사용했기 때문이다. 그러나 선단 공정에서 슈퍼 핫 런이 발생하면 다른 칩 생산에 영향을 미칠 수 있다. TSMC가 슈퍼 핫 런으로 지나치게 폭리를 취하면 팹리스들이 삼성 파운드리, 인텔 등으로 멀티 파운드리를 추진하는 계기가 될 수도 있다.

TSMC 6분기 연속 반도체 업계 매출 1위 달성

TSMC는 2023년 4분기 196억 달러 매출을 기록하면서 6분기 연속 반도체 업계 매출 1위 행진을 이어갔다. 3나노 선단 공정 매출 확대가 큰 역할을 했다. 3나노 공정 매출 비중은 2023년 4분기 기준 15%로 확대되었다. 전 분기 6%에서 9% 포인트나 증가한 수치다.

2024년 TSMC 영업 상황도 파란불이 켜졌다. ARM 아키텍처 기반 서버 CPU가 확대되고 있기 때문이다. AWS는 자체 설계한 그래비톤4를 서버에 본격 탑재된다. MS도 ARM 기반 128코어 코발트100 탑재 가능성이 높다. 구글도 2025년 2개의 ARM 기반 CPU 사이프레스, 메이플을 출시한다.

엔비디아는 그레이스 CPU 탑재한 GH200을 CSP와 통신사업자에 공급한다. CSP들은 ARM CPU를 자체 설계해 통신, 네트워크, 스토리지, 보안 등 지원하는 마벨, 브로드컴과 커스텀 칩 협력을 진행 중이다. 대만 AIchip, GUC 등 디자인 하우스와 협력해 TSMC에 주로 파운드리를 맡긴다. ARM과 TSMC의 수혜폭이 점점 커지는 이유다.

모바일 칩과 서버칩 선단 공정 로드맵 붙었다

그동안 모바일 AP가 CPU나 GPU 같은 프로세서보다 2년 정도 앞서 선단 공정을 적용했다. 예를 들면 2~3년 전 애플 AP에 5나노 공정이 적용될 때 인텔 CPU는 겨우 10나노 공정을 적용하고 있었다. 그러나 GPGPU 등 AI 서버 수요가 급증하면서 모바일 AP와 GPU 선단 공정은 거의 비슷한 수준까지 왔다. 현재 엔비디아 H100은 TSMC 4나노 공정으로 만든다.

아이폰15 프로/프로맥스에는 3나노 공정을 적용한 A17 프로 AP를 채택했다. 그러나 퀄컴, 미디어텍 등 AP 업체들은 여전히 4나노 공정을 적용하고 있으며, 2024년 3나노로 전환한다. 파운드리 업계는 당초 4나노는 3나노로 가기 위한 브릿지 공정으로 생각했다. 그런데 3나노 공정 기술 난이도가 생각보다 높게 나타나면서, 4나노 공정이 점점 중요한 시장으로 부상했다.

삼성 파운드리에 3나노 의뢰 고객은 별로 없지만, 4나노 고객은 꾸준하게 증가하고 있다. 구글 최신 스마트폰 픽셀8 시리즈에 탑재되는 텐서 G3 프로세서도 삼성 파운드리 4나노 공정에서 만들어진다.

삼성 파운드리의 반격

삼성 파운드리는 4나노의 낮은 수율 문제로 퀄컴 스냅드래곤 물량을 TMSC에 뺏긴 이후 공정 안정화에 사활을 걸고 있다. 삼성 파운드리 4나노 공정 수율은 70~80% 수준까지 올라왔다. 3나노 GAA 수율도 60% 수준까지 올라온 것으로 파악된다. 하지만 3나노 GAA에서 양산하고 있는 칩은 중국산 비트코인 채굴칩이다. 설계가 단순해 모바일 AP 생산에 비해 훨씬 쉽다. 애플 AP를 생산하는 TSMC 3나노 공정 수율과 비교하기엔 무리가 있다.

퀄컴은 2025년 스냅드래곤8 4세대 칩부터 멀티 파운드리를 고려하고 있다. 삼성 파운드리 3나노 GAA 성능을 체크하면서 시기를 저울질하고 있는 것으로 알려졌다. 4나노 수주 흐름은 나쁘지 않은 편이다. 삼성 파운드리가 TSMC 대비 동일 공정에서 20~30% 비용이 저렴하기 때문이다.

삼성 파운드리는 2023년 4나노 HPC 첫 고객을 확보하는 데 성공했다. 테일러 팹이 완공되면 미국 AI 반도체 기업 그록의 칩을 양산하기로 했다. 물량은 60만 개 수준으로 삼성전자 SF4X 공정으로 생산된다. 삼성 파운드리 기존 4나노 라인업은 LPE, LPP, LPP+ 세 종류가 있다. SFX는 HPC 전용라인이다. 또 삼성 파운드리는 미국 테일러 팹에서 텐스토렌트 차세대 AI반도체를 4나노SF4X 공정으로 위탁 생산하기로 했다. RISC-V 기반으로 설계된 이 칩은 칩렛 등 AVP 기술이 적용되었다.

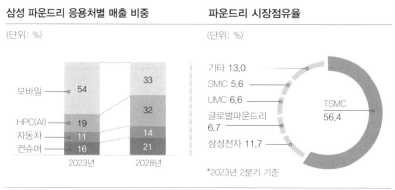

삼성 파운드리 응용처별 매출 비중
(단위: %)

모바일 54 / 33
HPC(AI) 19 / 32
자동차 11 / 14
컨슈머 16 / 21
2023년 / 2028년

*자료: 삼성전자

파운드리 시장점유율
(단위: %)

기타 13.0
SMIC 5.6
UMC 6.6
글로벌파운드리 6.7
삼성전자 11.7
TSMC 56.4

*2023년 2분기 기준

*자료: 트렌드포스

최근 삼성 파운드리가 공을 들이는 고객은 AMD다. AMD는 Zen 5C 아키텍처 기반으로 코드명 '프로메테우스'를 진행 중이다. 이 칩은 고성능 코어는 TSMC 3나노 공정에서 만들고, 저전력 코어는 삼성 파운드리 4나노 공정에서 만든다. 칩렛 공정으로 비용을 낮추고, 생산 유연성은 높이고, 지정학적 리스크는 분산하는 일석삼조 효과를 노리고 있다.

AI 칩에 사활 건다

삼성 파운드리는 2028년까지 AI 매출 비중을 50% 수준으로 끌어올릴 계획이다. 모바일 비중은 30% 초반 수준으로 낮추고, HPC 비중을 32%, 자율주행차 칩 14%로 높일 방침이다. 2023년 기준 모바일 비중은 54%, HPC 19%, 자율주행차 칩 11% 등이다.

삼성 파운드리는 3나노에서 TSMC와 비등한 기술을 확보하고 2나노에서 골든 크로스 구현할 계획이다. 2026년에는 2나노, 2027년에는 1.4나노 공정을 오픈할 준비를 하고 있다. 2나노 공정은 삼성 파운드리에 반전의 계기가 될 가능성이 높다.

삼성 파운드리는 일본 1위 AI 프리퍼드네트웍스PFN로부터 2나노 AI 가속기를 수주했다. PFN은 AI 탑재 로봇, 바이오, 자율주행, 양자컴퓨팅 등으로 다변화 중인 기업이다. 2014년 도쿄대 AI 벤처로 창립해 AI 딥러닝 1위 기업에 오르기도 했다. 도요타, NTT, 히타치, 화낙 등으로부터 투자 유치하는 것도 성공했다. 2016년 미국 슈퍼마이크로와 협업해 슈퍼컴퓨터를 개발한 경험이 있다. 주요 고객은 엔비디아, MS, 인텔, 도요타, 히타치, 화학 등이다. 가장 중요한 팹리스 고객은 퀄컴이다. 퀄컴은 삼성 파운드리에 2나노 AP 개발 의뢰를 한 것으로 추정된다. 양산까지 절차는 남았지만, 성능과 수율에서 안정성 확인되면 최종 수주로 이어질 것이란 기대감이 있다. 시제품 개발은 통상 6개월에서 1년이란 시간이 필요하다. 삼성 파운드리와 TSMC 중 최종 파운드리 업체 선정은 2024년 내 결론날 것으로 보인다.

네이버에 공급한 AI 가속기 '마하1'

삼성전자는 자체 설계한 AI 가속기 '마하1'을 연말 선보이고, 2025년 네이버에 20만 개를 1조원 규모로 공급한다. 삼성 파운드리에 상당히 중요한 제품이다. 이 칩은 추론 과정에 적합한 AI 가속기다. 기존 AI 가속기는 GPU와 메모리 사이 정보를 교환할 때 병목현상이 문제가 되었다. 이 때문에 전송 속도가 늦어질 뿐 아니라 전력 효율성도 떨어졌다. 마하1은 메모리와 GPU 사이 병목을 기존 대비 8분의 1 수준으로 줄여준다. 비싼 HBM 없이도 저전력 메모리를 활용할 수 있는 경량화된 AI 가속기다.

2024년부터 글로벌 AI 시장은 학습에서 추론으로 빠르게 무게 축을 옮겨갈 것으로 보인다. 휴머노이드 AI 로봇을 비롯해 신약 개발, 효과적으로 기지국 투자를 위한 통신 산업, 상품 선별과 효과적인 고객 서비스를 위한 금융 산업, 생산성 개선과 비용 절감을 위한 유통 및 제조업 등 개별 산업에 최적화된 AI 구현이 필요해지고 있다. AI 학습 과정에서는 GPU 사용이 중요하지만, 추론에서는 산업별, 업체별 맞춤화된 AI 칩이 더 효과적이다. NPU를 주문형 D램과 결합해 추론용 데이터센터를 구축할 수 있다. 시장조사업체 옴디아에 따르면 2030년 추론용 AI 반도체 시장은 1430억 달러로 2023년 60억 달러 대비 24배 성장할 것으로 보인다.

선단 공정에서 가장 중요한 기술, EUV

삼성전자 EUV 장비 도입 대수는 2021년 10대 초반, 2022년 10대 중반, 2023년 20대 이상으로 매년 증가하고 있다. 장비 대당 가격은 2500억인데, 부대설비까지 포함하면 대당 3000억~5000억에 이르는 초고가 제품이다. 반도체 장비 투자 상당 부분이 EUV에 사용된다. EUV 장비는 다루기 어렵고 예상치 못한 문제가 빈번해 수율, 효율성을 잡는데 엔지니어들이 애를 먹는다. 성공하면 선단 공정에서 승기를 잡을 수 있지만, 실패하면 회사 전체 경쟁력을 갉아먹을 수 있다.

삼성전자는 16나노$_{1z}$ D램부터 EUV 공정을 선제적으로 도입했다. 그러나 공정 안정화가 늦어지면서 전체 D램 수율, 원가 측면에서 발목을 잡은 것 아닌가 하는 우려도 있다. 14나노$_{1a}$ D램 선단 공정에서 SK하이닉스, 마이크론에 추월당한 것도 EUV 도입 실패 때문이라는 비판도 있

무어의 법칙 둔화

다. EUV 장비 감가 상각액이 굉장히 큰 규모이기 때문에 원가 경쟁력 훼손이 뒤따른다. 파운드리 사업도 EUV를 도입한 7나노부터 트랜지스터당 비용은 오히려 상승하는 추세다.

28나노 공정이 여전히 인기 있는 것도 게이트 당 비용이 가장 낮기 때문이다. 과거 선단 공정 진전에는 원가, 성능, 전력 소모량 등에서 개선이 따랐다. 그러나 지금은 원가 이점은 사라지고, 성능과 전력 개선만 있다. 선단 공정이 진화할 때마다 디자인 비용도 급증한다. 2023년 TSMC가 5나노 공정에 쓰이는 EUV 일부 장비를 3나노로 전용한 것도 비용 부담 때문이다.

그동안 TSMC는 새로운 노드에 진입할 때마다 EUV 장비를 대량 발주해왔다. 그런데 3나노 때는 그렇게 하지 않았다. 3나노 최선단 공정 수요는 빠르게 늘고 있고, 5나노는 상대적으로 여유가 있다. 그러나 장기적으로 EUV 장비의 선제적 도입이 경쟁력 확보에 큰 도움이 된다는 주장도 적지 않다. ASML은 시장 일각에서 우려에도 불구하고 EUV 장비 수요가 굉장히 강력하다고 강조했다. 그동안 TSMC와 삼성전자가 주요 수요처였지만, SK하이닉스와 인텔이 EUV 고객군으로 합류했다. 인텔은 차세대 장비 High NA EUV 초도 물량을 입도선매했다. ASML 은 EUV 장비 생산 확대에 박차를 가하고 있다. 네덜란드 본사 외곽에 '플랜 자위트Plan Zuid'를 만들고, 전초 기지 역할을 맡겼다. 2026년까지 EUV 연간 90대, 2028년까지 하이 NA EUV 20대를 생산한다는 목표다.

경쟁은 AI 가속기 넘어 차량 반도체로

TSMC는 3나노 첨단 공정을 차량 반도체에 오픈할 계획이다. NXP, ST마이크로 등 차량 반도체 업체들의 파운드리 요청이 잇따르고 있기 때문이다. 삼성전자는 2025년 4나노, 2026년 2나노 공정을 차량 반도체에 적용할 계획이다. LPDDR5X, GDDR7 등 차량용 반도체에 최적화된 메모리도 제공해 2025년 차량 메모리 1등 기업 된다는 목표다. 그동안 TSMC와 삼성 파운드리는 선단 공정 팹을 스마트폰, 가전 등에 우선적으로 할당하고 여유가 있을 경우 차량용 칩을 생산해줬다.

그러나 향후 차량용 반도체 시장이 빠르게 성장할 가능성이 점쳐지면서 두 파운드리 업체 모두 대응을 강화하고 있다. 혼다도 TSMC와 차량 반도체 조달 협력 맺었다. 생성형 AI는 자율주행차가 도로 상황에 맞는 의사결정을 내리고, 시뮬레이션을 구현하도록 한다. 사용자에게 맞춤형 인포테인먼트도 제공한다. 자율주행차와 생성형 AI 기술의 결합은 엄청난 변화를 가져올 것으로 보인다. 자율주행차 개발 비용이 지금은 굉장히 높은 편인데, 생성형 AI 기술을 활용하면 비용을 획기적으로 낮출 수 있다.

선단 공정의 새로운 접근 방식 BSPDNBack Side Power Delivery Network

BSPDN은 2019년 IMECInteruniversity Microelectronics Center에서 처음 제시한 개념이다. 전력 배선을 웨이퍼 후면에 배치해 전력 및 신호 라인의 병목현상과 셀 활용률 개선하는 설계 구조다. 삼성전자는 이 기술로 FSPDNFront Side Power Delivery Network 대비 14.8% 면적을 축소하는 데 성공했다. 배선 길이도 9.2% 줄였다. 기존 FSPDN은 가장 아래에 트랜지스터를 두고 전력 배선을 가장 위에, 그다음 신호를 전달하는 배선을 둔다. 공정 미세화에 따라 신호, 전력 배선을 분리할 필요가 커졌다. 신호와 전력 배선이 한데 얽히며 점점 복잡해지고 더 높은 전압을 공급해야 하는 문제가 있기 때문이다.

BSPDN은 칩 다이 아래 쪽에 전력 공급 배선을 배치한 웨이퍼 후면 전력 전달 기술이다. 웨이퍼를 얇게 가공해야 하고, TSVThrough Silicon Via 기술도 필요하다. 향후 CMPChemical Mechanical Polishing 기술, 신호 라인과 전력 라인 연결을 위한 TSV 기술력 확보가 중요해질 것으로 관측된다. 현재 BSPDN 개발 중인 회사는 삼성전자, TSMC, 인텔 등이 손꼽힌다. 인텔은 파워비아로 명명해 2nm부터 적용할 계획이다.

파운드리 밸류체인에서 주목할 기업

✳️ HPSP

HPSP는 세계 최초로 고압 수소 어닐링Annealing 장비를 상용화한 기업이다. 하이케이 메탈 게이트HKMG 공정에서 하이케이High-K로 인한 웨이퍼 표면 계면 결함을 전기적으로 비활성화시키는 공정이다. 이를 통해 트랜지스터 구동 전류 및 집적회로 성능이 15% 개선된다.

HPSP는 100% 수소 고농도 고압, 450도 이하 저온을 구현했다. 기존 수소 어닐링 장비는 600도 이상 고온이고, 수소 5% 미만의 저농도 탓에 16나노 이상 공정에만 제한적으로 쓰였다. HPSP는 3나노 이하 선단 공정에도 쓸 수 있다.

2019년 세계 1등 파운드리 기업 TSMC에 고압 수소 어닐링 장비를 공급하기 시작했고, 50%가 넘는 영업이익을 거두고 있다. 반도체 선폭이 점점 좁아지면서 쇼트 채널 효과 Short Channel Effect로 누설 전류가 발생하는 문제가 생긴다. 이를 해결하기 위한 방안 중 하나가 HKMG 공정이다. 하이케이 소재 유전율은 SiO2유전율 3.9 대비 5배 높아지는 추세다. 선단 공정이 확대될수록 고압 수소 어닐링 장비 수요가 확대될 수밖에 없는 이유다. 그동안 고압 수소 어닐링 장비는 파운드리 공정에서 주로 썼는데, 10나노 초반대 D램 공정, 300단대 낸드 플래시 공정에도 필수 장비로 자리매김할 것으로 보인다. 향후에는 산화막 장비뿐 아니라 어드밴스드 패키지 핵심 기술인 하이브리드 본딩 공정에도 진출할 계획이다. 신공장 건설로 생산능력 확대를 진행하고 있어 매출 성장에 대한 기대감도 높아지고 있다.

✵ GST

GST는 반도체 공정 중 발생하는 유해 가스 등을 정화하는 스크러버, 장비 온도가 너무 올라가지 않게 식혀주는 칠러Chiller를 주력 사업으로 하는 회사다. 스크러버는 기술 방식에 따라 번 타입, 플라즈마 타입, 히터 타입, 촉매 타입 등으로 분류된다. 탄소 중립 정책이 강화되면서 LNG를 쓰는 번 타입보다 플라즈마, 히터, 촉매 타입 수요가 많아지고 있다. 스크러버를 도입하는 공정도 기존 식각, 증착 외 후공정에도 확대되는 추세다.

GST는 삼성전자보다 해외 매출 비중이 높은 기업이다. 중화권 고객사에 주로 장비를 납품했지만, 원자층증착장비

ALD 공정 확대를 기회로 삼성전자 내 점유율을 높이고 있다. 2023년 기준 삼성전자 내 스크러버 점유율은 10% 수준에 불과했는데, 2024년은 크게 늘릴 것으로 예상된다. 마이크론, TSMC, 인텔 등 글로벌 기업과 신규 거래 가능성도 높은 상황이다. 칠러도 현재 냉동기 방식을 주로 쓰는데, 3M 등 공급사들이 쿨런트냉각액, Coolant 생산을 중단하면서 전기식 비중이 높아지고 있다. GST는 전기식 칠러 시장에서 나름 기술력을 보유하고 있다. 최근 데이터센터 차세대 액체 냉각 기술의 한 종류인 액침 냉각이 주목받고 있는데, GST도 관련 기술을 보유하고 있다.

✳ 두산테스나

시스템반도체 웨이퍼 테스트EDS, 패키지 테스트 서비스를 하는 기업이다. 웨이퍼 테스트가 전체 매출의 90% 비중을 넘을 정도로 중요하다. 메모리는 범용 반도체여서 제품별 검사 기능이 비슷하지만, 시스템반도체는 가해지는 자극부터 출력까지 제각각이다. 심지어 같은 시스템반도체라도 타깃 시장에 따라 달라질 수 있다. 예를 들면 아이폰 카메라용 이미지 센서CIS의 경우 중국에 납품되는 제품은 빨간색 출력을 높여 테스트한다. 그만큼 테스트 전문성과 노하우가 중요한 사업이다. 삼성전자 매출 비중이 90%를 넘을 정도로 의존도가 높은 편이다. CIS와 AP$_{SoC}$가 주력 제품이다. 삼성전자 AP 엑시노스가 2023년 갤럭시S23에 들어가지 못하면서 두산테스나도 타격을 입었다. CIS도 1억, 2억 화소 스마트폰 카메라 제품이 늘면서 매출에 탄력이 붙었다. 그러나 엑시노스2400이 갤럭시S24에 채택되면서 2023년 4분기부터 테스트 물량이 증가했다. 신성장 동력인 차량 반도체 고도화로 테스트 물량이 점차 늘고 있다. 2023년 회사 매출의 20%까지 비중이 확대되었다. 2024년은 비중이 더욱 높아질 것으로 기대된다. 삼성 파운드리가 미국 엔비디아, 암바렐라 등 차량 반도체 수주에 성공하면서 두산테스나가 수혜를 받고 있다. 경쟁 기업으로 엘비세미콘, 네패스아크 등이 있다.

✲✲ 이오테크닉스

반도체 레이저 장비를 주로 공급하는 업체다. 반도체 패키지에 상표를 새기는 마커 장비 분야에서 세계 1위를 차지하고 있다. 후공정 레이저 장비를 기반으로 전공정까지 안착했다. 레이저 어닐링 장비가 전공정 시장 진출 대표 사례다.

어닐링은 웨이퍼 열처리를 하는 공정이다. 실리콘에 불순물을 주입하면 실리콘 배열이 틀어지는 문제가 생긴다. 이때 1000도 가까이 되는 레이저로 가열하고 식혀주면 정위치에서 벗어난 원자가 제자리를 찾는다. HBM용 D램 선단 공정이 1a에서 1b로삼성전자 기준 전환될 경우 갭 필링용 어닐링 장비 수요가 증가할 것으로 기대된다.

최근에는 레이저 커팅 장비가 주목받고 있다. HBM 등 어드밴스드 패키지가 확산되면서 웨이퍼 두께는 점점 얇아지는 추세다. 16단 HBM의 경우 D램 낱장 두께가 30um까지 얇아진다. 기존 블레이드 커팅 방식으로는 한계가 있는데, 이오테크닉스의 스텔스 다이싱과 그루빙, 풀 커팅 장비가 적용될 수 있다. 새로 부상하는 글라스 코어 기판 시장도 이오테크닉스 레이저 장비에 기회다. TGVThrough Glass Via 장비를 공급할 수 있을 뿐 아니라 레이저 소스 내재 화도 기대되는 부분이다. 현재 기판 가공에 쓰이는 레이저 드릴도 꾸준한 성장세를 기록 중이다.

⁂ 솔브레인

반도체 공정에 쓰이는 케미컬 소재를 주로 공급하는 업체다. 낸드 플래시에 쓰이는 인산계 에천트식각액가 주력 사업이다. 증착 소재로 쓰이는 프리커서전구체, CMP 슬러리 등도 공급하고 있다.

낸드 플래시 업황 회복이 솔브레인 실적에 중요한 요소다. 최근 CMP 슬러리를 공급하면서 HBM 시장 공략에도 속도를 내고 있다. HBM 공정 중 TSV로 구멍을 뚫고 구리를 채우는데, 이때 불필요한 구리층을 깔끔하게 걷어내는데 CMP 슬러리가 쓰인다.

실리카 계열 CMP 슬러리인데, 이 시장은 미국 캐봇, 일본 히타치 등이 장악한 시장이다. 솔브레인은 HBM에 최적화된 CMP 슬러리로 틈새시장을 파고들었다. 디엔에프를 인수해 하이케이High-K 프리커서 사업도 진행 중이다. HBM 등 D램 선단 공정으로 인해 하프늄Hf 하이케이 소재 수요가 늘고 있다. 장기적으로는 삼성 파운드리 3나노 GAA 공정 확대로 수혜가 기대된다. 현재 GAA 트랜지스터 식각에 쓰이는 초산계 에천트를 솔브레인이 독점 공급하고 있다. 향후 3D D램용 소재도 솔브레인이 공급할 가능성이 높다.

디스플레이 사업은 TFT박막트랜지스터 LCD 소재와 유리를 얇게 가공하는 신 글라스 사업을 진행 중이다. 디스플레이 사업은 점차 축소하고 있는 상황이다. 2차전지 전해액 사업을 신성장 동력으로 삼아 키우고 있다.

✳️ 티씨케이

낸드 플래시 식각 공정에 주로 쓰이는 장비 소모품 SiCSilicon Carbide-Ring, 그라파이트Graphite를 주로 생산하는 기업이다. 반도체 장비 파츠는 장비사에 공급하는 비포 마켓과 삼성전자 등 소자 업체에 납품하는 애프터 마켓이 있다. 통상 비포 마켓의 마진율이 애프터 마켓에 비해 높은 편이다. 비포 마켓 파츠 업체로는 티씨케이, 하나머티리얼즈 등이 있다. 애프터 마켓 업체로는 케이엔제이, 월덱스 등이 손꼽힌다. 원익 QnC는 비포 마켓과 애프터 마켓 사업 모두 진행 중이다.

티씨케이 고객사 매출 비중은 램리서치 35%, AMAT 35%, 도쿄일렉트론TEL 15%를 차지한다. 원래 이 시장을 독점했지만, 경쟁사들이 이원화에 성공하면서 한동안 주가가 부진했다. 낸드 플래시 업황까지 악화되면서 부정적인 상황은 가중되었다.

최근 서버용 SSD를 중심으로 낸드 플래시 수요가 개선되면서 티씨케이에 대한 관심이 높아지고 있다. 메모리 업체들의 낸드 플래시 가동률이 점점 올라오면서 티씨케이 실적도 점점 회복될 것으로 기대된다.

신규 사업으로 탄탈륨 카바이드Tantalum Carbide 코팅 서셉터Susceptor, 웨이퍼 지지대와 포커스 링을 양산할 계획이다. 2023년 생산 시설을 갖추었고, 2024년 3배 생산능력을 확대할 계획이다. 전력반도체용 SiC 단결정 웨이퍼, 2차전지 음극재 등을 개발 중이다.

EUV 선단 공정에서 주목할 기업

✱✱ 동진쎄미켐

반도체 노광 공정에 쓰이는 감광액PR을 주로 생산하는 업체다. 1989년 국내 최초, 세계 네 번째로 PR 개발에 성공했다. 현재 국내 유일 EUV PR 공급업체다. 원래 발포제 사업을 시작하다 반도체 디스플레이 전자재료 시장에 진출했다. 반도체 소재 부문이 전체 매출의 절반가량을 차지한다. 반도체 소재 사업은 PR뿐 아니라 신나, CMP 슬러리, 반사방지막, 하드마스크, 프리커서 등 소재를 공급하고 있다. 3D 낸드 플래시용 불화크립톤KrF PR 시장에서 세계 1위 자리를 차지하고 있다. 불화아르곤ArF, 불화아르곤 이머전ArFi, 극자외선EUV PR 등 최선단 공정까지 진출했다. 2023년 하반기 이후 주요 고객사 가동률이 점점 올라오면서 매출 성장세가 지속되고 있다.

미국 칩스법 수혜도 기대된다. 동진쎄미켐은 미국 내 반도체 소재 공장을 짓고 있는데, 바이든 행정부로부터 상당한 지원금을 확보할 것으로 예상된다. 고순도 황산을 생산해 TSMC 애리조나 팹에 공급하고, 신나를 생산해 삼성 파운드리 테일러 팹에 납품할 계획이다. 구리 CMP 슬러리는 매출 비중이 5% 이내에 불과할 정도로 미미하지만, HBM TSV^Through Silicon Via 공정 확대로 향후 성장성이 주목된다. 하이브리드 본딩이 적용될 경우 성장폭은 더욱 커질 것으로 기대된다. 2차전지용 CNT^탄소나노섬유 도전재를 유럽 노스볼트^Northvolt에 주로 공급하고 있다. 상반기 노스볼트의 수율 악화로 매출 타격이 있었지만, 하반기 성장세가 주목된다. 시장 기대치보다 항상 높은 실적을 내놓고 있지만, 시장과 소통하지 않는 회사 IR 정책 탓에 주가 흐름은 항상 아쉬운 편이다.

✳ 에스앤에스텍

반도체, 디스플레이 노광 공정에 쓰이는 포토마스크의 원판인 블랭크 마스크를 주로 공급하는 업체다. 블랭크 마스크는 석영 기판에 금속 박막과 레지스트 막을 입혀 만든다. 노광, 에칭, 레지스트 제거 과정을 거쳐 회로를 새긴 포토마스크가 만들어진다. 삼성전자, 삼성디스플레이, SK하이닉스, SMIC, 슈퍼마스크 등과 거래하고 있다. 회사 매출에서 반도체가 40%, 디스플레이가 60% 비중을 차지한다.

현재 캐시 카우 사업은 중국향 블랭크 마스크다. 에스앤에스텍이 향후 성장 동력으로 삼는 분야는 EUV 마스크를 보호하는 펠리클과 EUV 블랭크 마스크다. EUV 마스크는 일본 호야가 80%, 아사히가 20%가량 선점하고 있다. 장당 10억에 이를 정도로 비싼 만큼 오래 쓰기 위해 파티클 Particle로부터 보호하는 펠리클 Pellicle이 필요하다. 펠리클은 얇게 만들어야 광 투과율이 높고, EUV 광원 손실이 적다. 문제는 너무 얇게 만들 경우 EUV 장비 내에서 폭발할 수 있다. 두께와 내구성의 최적점을 찾아야 하는 게 펠리클 개발 업체들의 숙제다. 에스앤에스텍은 EUV 펠리클 개발을 완료하고 양산을 준비 중이다. 차세대 High NA EUV 시장에 대응하기 위해 CNT 기반으로 600W급 펠리클 개발도 진행 중이다.

✲✲ 에프에스티

반도체 디스플레이용 펠리클, 칠러 제조 업체다. 2023년 3분기 누적 기준 펠리클 44.7%, 칠러 장비 52.5% 비중을 기록했다. 2023년 330억원을 투자해 펠리클 생산을 위한 신규 설비투자를 단행했다. 2024년 초에는 190억원을 투자해 EUV 전용 펠리클 공장 착공에 돌입했다. EUV 펠리클을 연내 고객사에 시제품을 공급하고 2025년 양산에 돌입한다는 목표다. 양산 제품은 투과율 95%, 600W급 High NA EUV에서도 적용 가능하다.

EUV 펠리클 장당 가격은 2000만~3000만원 수준이다. 기존 ArF 펠리클 대비 50배 이상 비싼 가격이다. 하반기 신공장이 완료되면 펠리클 생산능력은 연 30만장에서 45만장으로 늘어난다. 2024년 4분기 본격적인 실적 성장이 기대되는 이유다. 펠리클 사업은 반도체 ArF 61%, 디스플레이 30% 비중을 차지한다. 글로벌 펠리클 생산 업체는 일본 신에츠, 미쯔이, 아사히 등이 있다. 칠러 장비는 반도체, 디스플레이 공정에서 챔버Chamber 내 온도와 웨이퍼 주변 온도를 일정하게 유지해준다. 칠러 장비 경쟁사는 유니셈, GST 등이 있다. 이솔, 오로스테크놀로지 등 6개 자회사를 보유하고 있다.

✳️ 파크시스템스

파크시스템스는 반도체 공정과 연구소에 쓰이는 원자현미경을 주로 공급하는 업체다. 원자 현미경은 메모리와 시스템 반도체 등 대부분 웨이퍼 공정 결함을 측정하는 데 쓰인다. 모든 제품을 검사하기보다는 샘플 검사에 특화되어 있다. 원자현미경 시장에서 파크시스템스는 미국 브루커에 이어 2위를 차지하고 있다.

지난 2022년 독일 첨단 계측장비 업체 아큐리온을 인수해 기술력을 강화했다. 주력 제품인 원자 현미경은 산업용과 연구용으로 쓰인다. 파크시스템스 실적에서 산업용 매출이 연구용보다 2배 이상 큰 편이다. 원자 현미경 적용처가 기존 전공정에서 어드밴스드 패키지 등 후공정으로 확장되는 흐름이다. HBM 선단 공정 D램에 쓰이는 원자 현미경 수요도 증가하고 있다. 레거시 공정에서는 중국향 수요 흐름이 좋은 편이다.

2023년 중국 매출 비중은 40%가 넘었다. 매출 기준으로 중국에 이어 유럽, 국내, 미국 순이다. 파크시스템스는 신성장 동력으로 EUV 마스크 리페어 장비 사업을 키우고 있다. 2023년 4분기부터 ASML EUV 신규 수주가 크게 증가했다. 장비 설치가 완료되는 2분기 이후부터 EUV 마스크 리페어 판매가 늘어날 것으로 기대된다.

06장

손안의 미래 온디바이스 AI

온디바이스 AI는 서버 클라우드에서 연산을 처리하지 않고 개인 디바이스에서 직접 처리하는 방식이다. 사용자 데이터 관련 개인정보를 보호할 수 있고, 통신이 연결되지 않아도 AI 처리가 가능하다. 온디바이스 AI는 스마트폰, 컴퓨터, 자율주행차 등 기기 자체에 탑재되어 새로운 가치를 창출할 것으로 기대된다. 기술이 고도화될 경우 사용자 개개인에 맞춰 디바이스가 최적화될 수 있다. 맞춤형으로 필요 정보만 분석하고, 명령을 내리기에 전력 및 발열 관리 효율성을 높일 여지가 많다.

온디바이스 AI 시장은 2024년~2025년 시작되고, 2026년~2027년 본격화될 전망이다. 자체 설계 반도체ASIC 고도화로 PC, 스마트폰 등 기기에 온디바이스 AI 기능이 채택되고 있다. 소형 언어 모델sLLM을 효율적으로 처리할 수 있는 NPU 개발도 활발하게 진행되고 있다. 온디바이스 AI 시장 성장을 위해서는 고성능 저전력 반도체 설계 기술이 반드시 필요하다.

퀄컴은 100억개 매개변수를 지원하는 스냅드래곤8 G3를 내놨다. 100억개 미만 매개변수를 가진 삼성 가우스, 구글 제미나이 나노, LLa-

MA2 등 sLLM이 충분히 작동한다. 퀄컴은 몇 년 전부터 온디바이스 AI 생태계 확장을 주장해왔다. 주요 제조사와 통신사들은 앞다퉈 자사 플래그십 AI 기기에 퀄컴 최첨단 스냅드래곤을 채택하고 있다. 퀄컴은 온디바이스 AI와 클라우드 AI를 혼합해 사용하는 하이브리드 AI를 적용하고 있다. 클라우드 연산 비중을 줄이고 에지 디바이스에서 AI 연산을 분배하고 조율해 성능과 효율성을 동시에 달성하는 게 목표다.

애플은 아이폰에서 온디바이스 AI 기능을 구현하기 위해 2024년 가을 출시할 아이폰16 시리즈용 APA프로 18에 NPU 기능을 크게 확대할 계획이다. 이를 위해 TSMC에 3나노 웨이퍼 주문량을 당초보다 50% 늘렸다. 애플의 온디바이스 AI 강화 전략은 어느 정도 예상된 행보다. 2023년 10월 이미지를 활용한 멀티모달 모델 페렛Ferret을 공개한 바 있다. 이 모델을 오픈소스로 제공해 글로벌 개발자들이 참여할 수 있도록 했다. 페렛은 70억개, 130억개 매개변수 두 개로 제공된다. 8대의 A100 GPU를 사용해 130억개 모델은 5일, 70억개 모델은 2.5일 학습했다. 주요 특징은 이미지 내 시각 정보를 분석하는 공간 인식이다. 애플은 이 모델을 아이폰16 시리즈에 적용할 계획이다. 애플은 6월 WWDC에서 새로운 iOS 기능과 생성형 AI 기반 기능을 공개할 것으로 보인다. 애플이 보유한 LLM Ajax와 AI 비서 시리의 연동에 대한 관심도 높아지고 있다. 방대한 양의 데이터를 처리하는 데는 서버 클라우드가 필요하고, 작은 규모 모델을 처리하는 데는 모바일 디바이스가 담당한다.

시장조사업체 가트너는 2024년 PC 출하량은 2023년보다 3.5% 증가한 2.5억대로 전망했다. 이중 AI PC는 전년 대비 12% 증가한 22%를 차지할 것으로 보인다. MS는 윈도우10 지원을 2025년 10월 종료한다. 기업용 PC 교체 수요 증가로 AI PC 도입이 더욱 가속화될 것으로 예상된다. 코파일럿 출시로 AI PC를 위한 최소 요구사항으로 40TOPS 연산능력과 16GB D램을 제시했다. MS는 이 기준을 충족하는 칩으로 퀄컴 스냅드래곤 X 엘리트45TOPS를 소개했다.

인텔은 2023년 공개한 메테오레이크Meteor Lake부터 온디바이스 AI 기능을 강조하고 있다. 차기 모델인 루나레이크Luna Lake와 애로우레이크Arrow Lake부터 온디바이스 AI 기능이 본격 화될 것으로 예상된다. 인텔 메테오레이크 AI 프로세서는 CPU, GPU, NPU를 모두 합쳐도 34TOPS에 불과하다. AMD 피닉스 계열은 최대 38TOPS까지 가능하다.

삼성전자는 스마트폰 업체 중 가장 먼저 온디바이스 AI 기능 적용에 나섰다. 2024년 초 세계 최초로 온디바이스 AI 기능이 탑재된 스마트폰 갤럭시S24를 출시했다. 다만 갤럭시S24 신규 기능들이 진짜 온디바이스 AI라고 보기엔 아쉬운 부분이 있다. 온디바이스 AI는 통신이 끊겨도 기기 자체에서 작동해야 한다. 첫 모델인 만큼 온디바이스 AI로서 갤럭시S24의 한계도 뚜렷했다.

AI는 사용자별 맞춤형 서비스가 가능한 여러 기능이 탑재되어야 한다. 현재 공개된 온디바이스 AI는 개인화된 서비스라기보다는 일부 단순 보완 기능 정도를 수행하는 데 그쳤다. AI는 스스로 학습하고 연산해야 한다. 궁극적으로 사용자에 맞춤형 서비스와 기능을 지원해야 하는데 아직 그런 제품은 출시되지 못했다.

부품 성능도 기존 제품 대비 달라지지 않았다. 갤럭시S24 울트라는 신규 AP가 채택되고 발열 관리를 위한 부품이 전작 대비 2배 커진 것을 제외하면 변화 포인트가 없다. 전작과 D램 채택량이 같고, 기판/수동소자/모듈 부품도 변화가 미미하다. 향후 제대로 된 온디바이스 AI를 구현하려면 하드웨어 구성과 비용 문제를 해결해야 한다. 저전력 부품이 필요하고, AI에 따른 발열 문제를 넘어야 한다. 100억개 이상 매개변수를 처리할 프로세서는 발열 문제가 커질 수밖에 없다. 스마트폰의 경우 내부 부품들은 0~35도 사이에 정상 작동한다. 이 이상으로 온도가 올라가면 동작에 문제가 생긴다. 설계 구조 변경과 더불어 발열 부품/소재를 확대 채택할 필요가 있다.

서멀 패드Thermal Pad, 인조 그라파이트Artificial Graphite 시트 등 방열 소재뿐 아니라 히트 파이프Heat Pipe, 베이퍼 챔버Vapor Chamber, 수동 부품, 쿨러 등이 고도화되어야 한다. 이는 관련 부품 및 소재 가격 상승으로 이어진다. 하드웨어 업체들이 적극적인 투자를 해야 하는데, 킬러 콘텐츠가 부족한 상황에서 성숙 산업에 접어든 디바이스에 선제적 투자를 집행하기에는 위험이 크다. AI와 결합된 기기는 개인정보 문제를 부각할 우려도 있다. 개인행동 파악, 특성 분석을 위해 사용자 목소리, 홍채, 위치나 일정 등 민감한 정보들을 수집하고 저장하고 분석한다. 문제는 이런 개인 신체 정보가 유출되어 악용될 경우 복구하기 어려울 수 있다. 벌써 딥페이크같은 AI 악용 사례가 등장하고 있다. 이런 문제들은 소비자에게 거부감으로 작용할 가능성이 있다.

부진에 빠진 PC 시장, 온디바이스 AI가 반전 계기될까

AI PC 시장 침투율은 2026년 60%를 넘어설 것으로 전망된다. 2020년~2021년 2년간 글로벌 PC 시장은 코로나19 언택트 수요에 힘입어 유례없는 호황을 누렸다. 그러나 그 이후 2년 연속 -15% 역성장 행진이 이어졌다. 2023년 PC 출하량은 전년 대비 14% 감소한 2.5억대를 기록했다. 코로나19 이전 3년 평균 수준인 2.6억대를 밑돌았다. 스마트폰과 마찬가지로 온디바이스 AI가 PC 수요 모멘텀이 될 것으로 기대되고 있다. NPU나 AI 가속기를 탑재한 AI PC 침투율은 2024년 34%에서 2026년 63%까지 빠르게 확대될 전망이다. 인텔 메테오레이크, AMD 라이젠8000 시리즈, 퀄컴 스냅드래곤 X 엘리트 등 AI PC에 특화된 칩들이 잇따라 출시되고 있다. 2023년 MS는 문서 요약 및 작성, 엑셀이나 ppt

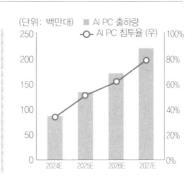

글로벌 PC 출하량 추이

(단위: 백만대) ■ 글로벌 PC 출하량 ─○─ YoY (우)

AI PC 출하량 및 침투율 추이

(단위: 백만대) ■ AI PC 출하량 ─○─ AI PC 침투율 (우)

*자료: Counterpoint, 키움증권 리서치센터   *자료: Counterpoint, 키움증권 리서치센터

등을 만들어주는 생성형 AI 서비스 '코파일럿'을 시작했다. AI PC 침투율을 가속화할 하드웨어와 소프트웨어가 확산되고 있는 셈이다.

　세트 업체들의 AI PC 신모델 출시도 잇따르고 있다. 삼성전자는 AI 랩톱을 2023년 12월 중순 공개했다. 인텔 차세대 프로세서 '코어 울트라메테오레이크'를 탑재했다. 인텔 프로세서 중 처음으로 SoC에 NPU 담아 네트워크 연결 없이 복수의 인공지능 연산 처리를 할 수 있다. 삼성전자는 갤럭시북4 시리즈에 자체 생성형 AI 모델 '삼성 가우스' 온디바이스 AI를 적용했다. LG전자와 HP도 AI 랩톱을 선보였다. 애플은 M3 탑재한 신형 맥북 프로를 국내에 출시했다. 칩 업체간 온디바이스 AI 기술 경쟁은 세트 업체간 경쟁으로 이어질 것으로 관측된다.

엑시노스2400, 1년 9개월만 귀환

　온디비아스 AI 시장의 부상으로 삼성전자의 자체 설계 AP 엑시노스에 관심이 쏠렸다. 2022년 갤럭시S22 GOS 사태에 휩쓸린 엑시노스가 2023년 갤럭시S23 시리즈에서 퇴출되었기 때문이다. 결국 문제점을 극복한 엑시노스는 1년 9개월 만에 돌아왔다. 신형 엑시노스 2400는 삼성 파운드리 4나노 핀펫 공정으로 만들어져 갤럭시S24에 탑재되었다. 엑시노스2400은 한국 및 유럽향 갤럭시S24와 플러스에 장착된다. 최고급 라인 갤럭시S24 울트라에는 스냅드래곤8 3세대가 전량 채택되었다.

　삼성 파운드리 4나노 공정 수율은 75% 수준으로 TSMC와 거의 비슷

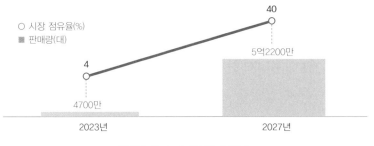

생성형 AI 스마트폰 판매 전망

*자료: 카운터포인트리서치

한 수준까지 올라왔다. 삼성 시스템LSI 사업부는 AMD와 손잡고 엑스
클립스 GPU를 엑시노스2400에 탑재했다. 콘솔 게임 수준의 그래픽을
구현했다. 이 칩은 팬아웃Fo-웨이퍼레벨패키징WLP 어드밴스드패키지
AVP 기술을 적용했다.

삼성전자로서는 스마트폰 가격 인상 억제와 차세대 온디바이스 AI
시장 공략 이란 두 마리 토끼를 잡기 위해 엑시노스의 귀환이 반드시 필
요했다. 삼성전자 MX사업부는 엑시노스2400 덕분에 다소 숨통 트일
것으로 보인다. 온디바이스 AI 기능을 구현하려면 부품 등 원가가 올라
갈 수밖에 없다. 문제는 원가 상승을 소비자에게 전가하기 어렵다는 것
이다. 프리미엄 브랜드를 자랑하는 애플조차 2023년 출시한 아이폰15
시리즈 판매 가격을 전작과 비슷한 수준으로 책정했다. 2023년 출시된
갤럭시S23 시리즈는 준수한 판매량에도 불구하고 퀄컴 AP가 전량 탑재
되어 원가가 크게 상승했다.

한편 시스템LSI는 2025년 현대차에 채택될 엑시노스 오토 V920도

공개했다. 차량용 이미지센서 '아이소셀ISOCELL 오토'와 사물의 빠른 움직임을 순간적으로 정확하게 포착 가능한 '아이소셀 비전'도 공개했다. 여기에는 타임오브플라이트ToF, Time of Flight 센서를 사용했다.

2027년 스마트폰 10대 중 4대는 온디바이스 AI

시장조사업체 카운터포인트리서치는 생성형 AI 스마트폰은 2023년 4700만대에서 연평균 83%씩 늘어나 2027년 5억2200만대 기록할 것으로 관측했다. 4년 뒤 온디바이스 AI 스마트폰이 40%를 돌파한다는 전망이다. 퀄컴은 스마트폰용 스냅드래곤8 3세대에 100억개 파라미터를 구현했다. PC용 스냅드래곤 X 엘리트에는 130억개 파라미터를 장착했다. 2024년부터 삼성전자와 SK하이닉스는 LLW D램 등을 공급할 계획이다.

온디바이스 AI 시장의 원년

현재 생성형 AI는 코딩 등 생산성 향상으로 개발자들에게 선호도 높다. 온디바이스 AI는 문자 작성, 실시간 통역 등 다양하게 활용되어 소비자 중심 저변 확대 기폭제가 될 것으로 기대된다. 온디바이스 AI는 매개변수 10억개당 1GB D램이 더 필요한 것으로 추정된다. 구글 픽셀8

삼성·애플·구글 온디바이스 전략

삼성	애플	구글
2025년 갤럭시S24와 이어폰 차기 제품에 AI온디바이스 탑재	2025년 음성비서 시리 대폭 업그레이드해 아이폰16 출시	최근 출시 구글 픽셀8프로에 '제미나이 나노' 업데이트

글로벌 무선 이어폰 사장 점유율

- 4 오포
- 4 보트
- 6 샤오미
- 8 삼성
- 29 애플

(단위 %)

*자료: 캐널리스

글로벌 AP 시장 점유율

삼성전자

- 7
- 15 UNISOC
- 19 애플
- 30 미디어텍
- 29 퀄컴

(단위 %)

*자료: 카운트포인트리서치

글로벌 AI반도체 시장 전망

(단위:억달러)

- 2023년 343
- 2026년 861

*자료: 가트너

프로에 12GB D램이 장착된 이유다. 온디바이스 AI 구현을 위해 충분한 양의 배터리, 발열과 EMI 차폐 기술이 요구된다. 스마트폰과 PC 원가 상승 요인이 될 가능성이 높다. 소비자들이 더 많은 돈을 지불할 가치를 줄 수 있을지, 제조 업체들이 가격 전가할 수 있을지 관건이다.

어쨌든 2024년 온디바이스 AI 시장의 신호탄을 올린 기업은 삼성전자다. 삼성전자 갤럭시S24에는 자체 생성형 AI 모델 '가우스'와 구글 제미나이 나노가 탑재되었다. 삼성 가우스는 텍스트 생성, 코드 생성, 이미지 생성 등 3가지 모델로 구성된다. 갤럭시S24가 구현한 온디바이스 AI의 가장 큰 특징은 언어의 장벽을 허물었다는 점이다. 통화 중 실시간 통역 기능과 문서 속 외국어를 자동으로 번역해준다. 검색 환경도 혁신을 가져왔다. 단어나 문장을 쓰지 않아도 그림이나 글자에 원을 그리면 해당 내용을 검색해주는 일명 '서클 투 서치' 기능을 장착했다. AI 기반으로 야간 촬영 화질 개선, 왜곡 보정도 더욱 성능이 개선되었다. 삼성전자는 2024년 갤럭시S24를 3600만대 이상 출하한다는 목표다.

두뇌 칩인 엑시노스2400은 전작 엑시노스2200 대비 CPU 성능 1.7배 개선, AI 성능은 14.7배 높였다. 삼성전자는 2019년 선보인 엑시노스9820부터 독자 NPU 아키텍처 사용 중이다. 애플은 2024년 9월 출시할 아이폰16 시리즈에 자체 생성형 AI 모델을 탑재할 계획이다.

애플은 음성인식 AI 비서 '시리' 음성인식률을 높이기 위해 마이크 성능을 대폭 개선했다. iOS 업그레이드로 AI 부가기능도 제공한다. 애플은 자체 LLM '애플GPT가칭' 개발에 집중하고 있다. 기존 프레임워크 에이잭스Ajax 기반으로 연구하고 있는데, 조만간 공개할 것으로 알려졌다. 애플 LLM 개발 집중하기 위해 시리 사업부를 폐쇄했다. 애플은 샌디에이고에 있는 시리와 인공지능 연구하는 121명으로 구성된 부서를 정리했다. 주요 인력 들은 애플 오스틴 캠퍼스로 전환 배치되었다.

구글은 제미나이 나노를 자사 스마트폰 픽셀8 프로에 적용했다. 제미나이 나노는 구글의 LLM 제미나이를 경량화한 모델이다. 탑재된 녹음 앱에서 요약 기능, 왓츠앱을 통해 스마트 답장 기능, 동영상 업로드 시 제미나이로 구동되는 구글 컴퓨터 사진 모델이 조명, 색상 등을 자동 보정하는 기능 등을 제공한다. 나노1은 매개변수 18억개, 나노2는 32.5억개 수준이다. 다운로드 용량은 1GB 수준에 불과할 정도로 가볍다.

AP 설계업체 퀄컴, 미디어텍 등도 온디바이스 AI 시장 공략을 위한 NPU 개발에 안간힘을 쓰고 있다. 퀄컴 스냅드래곤8 3세대는 구글 '제미나이 나노1' 대비 5배 이상 많은 100억개 파라미터를 장착했다. 헥사곤 NPU는 45TOPS1초에 45조번 연산 연산능력을 자랑한다. 퀄컴은 메타와 협업을 강화하고 있다. 메타 자체 LLM '라마2LLaMA2'를 스냅드래곤 최신 모델에 탑재하기도 했다. 글로벌 1위 AP 업체 미디어텍은 AI 성능을 강화한 '디멘시티9300'을 공개했다. 이 칩에는 자체 설계한 NPU 'APUAI Processing Unit790'을 탑재했다. 전작 대비 8배 빠른 AI 처리 성능을 자랑한다. 기본 연산속도는 2배, 전력 효율은 45% 이상 개선되었다. 최대 330억개 매개변수를 처리할 수 있다.

중국 스마트폰 업체들도 온디바이스 AI 기술 구현에 적극적이다. 비보vivo는 70억 개 매개변수 구현한 신형 스마트폰 X100, X100 프로를 공개했다. 샤오미Xiaomi는 2024년 10월 AI 성능 강화한 '샤오미14'을 출시했다. 디지털 비서 '샤오 AI'도 업그레이드했다. 60억개 매개변수를 처리할 수 있다. 샤오미는 모바일 혁명 시대 IoT 제품군을 통해 수많은 빅데이터를 모았다. 이를 B2C AI에 얼마나 잘 활용했을지 관심을 모으고 있다.

미디어텍

미디어텍은 대만의 팹리스 업체로 스마트폰용 AP 시장 1위 기업이다. 퀄컴이 프리미엄 스마트폰에 주로 적용되는 것과 달리 미디어텍은 중국 등 중저가 스마트폰에 주로 탑재된다.

중국 스마트폰 시장 성장을 기회로 미디어텍은 빠른 성장 속도를 보이고 있다. 중국 스마트폰 40%에는 미디어텍의 AP가 들어간다. 삼성전자 갤럭시A 시리즈 일부에도 탑재되고 있다.

미디어텍은 5G, AI, IoT 등 차세대 기술에도 투자를 확대하고 있다.

07장

로봇 vs 자율주행차,
승자는 누가 될 것인가

킬러 애플리케이션으로 진화 가능성 높은 '자율주행차 기술'

자율주행차 기술은 온디바이스 AI 시대 킬러 애플리케이션으로 진화할 가능성이 가장 높은 분야다. 최근 LLM 기반 AI와 자율주행차 기술의 융합이 가속화되고 있다. 대다수 전문가들은 온디바이스 AI 시대 주인공은 자율주행차가 될 것으로 기대했다. 그러나 최근 AI의 관심은 자율주행차보다 휴머노이드 로봇 쪽으로 기울어지는 듯하다.

작은 에러로 생명의 위협으로 직결되는 자동차보다 휴머노이드 로봇이 LLM과 더 찰떡궁합을 보여주고 있기 때문이다. 휴머노이드 로봇은 웬만한 실수도 사람들이 이해해줄 만큼 흥미롭다. 생산 현장이나 물류

센터에서 휴머노이드 로봇의 활약은 생각보다 커지고 있다. 휴머노이드 로봇보다 속도는 나지 않지만, 당분간 시장 규모를 생각하면 파급 효과는 자율주행차가 더 클 가능성이 높다. 그동안 자율주행 기술은 필요한 알고리즘을 먼저 만들고 여기에 데이터를 입력해 구현했다.

그러나 지금은 데이터를 먼저 분석, 가공해 자율주행에 적합한 AI를 도출한 후 구현한다. 자동차에 장착된 다양한 센서에서 정보를 수집, 해석하고 자율주행 시스템을 만들어내는 방식이다. 차량 주변 정보를 정확하게 분석하고 결과를 도출해야 사고 없이 자율주행차를 작동시킬 수 있다.

문제는 정해진 알고리즘을 벗어난 상황이 발생할 경우 큰 사고로 이어질 수 있다. 2023년 10월 미국 샌프란시스코에서 GM은 자율주행차 크루즈 로봇택시를 운행했다. 그러나 2개월 만에 연속적으로 사고가 발생하면서 무인택시 면허가 취소되었다. 다른 차량에서 발생한 사고로 크루즈 차량으로 날아온 여성 운전자를 인식하지 못하고 한동안 끌고 간 후 정지하는 문제가 발생했다. 야간에는 자율주행 카메라 너무 느릴 뿐 아니라 이를 파악하고 조치하는 알고리즘 속도도 너무 느린 문제가 있었다. 미국 자동차 안정평가 관리 기관 IIHS에서 글로벌 완성차 업체 대상으로 자율주행 시스템을 테스트한 결과 전체 14개 중 1개만 적합 판정을 받았다. 나머지는 불량 등급을 받았다. 완전 자율주행을 구현하기까지 더 많은 시간이 필요할 수 있다는 방증이다.

자율주행차 컴퓨팅 방식은 어떻게 진화하고 있나

기존 자동차 컴퓨팅 방식은 전통 ECU^{Electronic Control Unit}와 MCU^{Micro-controller Unit} 기반 제어에서 조널^{Zonal} 컨트롤로 진화 발전하고 있다. 조널 컨트롤은 중앙 통제 컴퓨터가 있지만, 빠른 제어가 필요한 경우 앞쪽이나 뒤쪽에 위치한 별도 컴퓨터가 통신을 주고받으며 즉각 처리하는 방식이다.

테슬라는 이미 차량 내 통합 컴퓨터 시스템을 구현하여 바디와 편의 장치에서는 조널 컨트롤을 적용했다. 오토 파일럿, FSD^{Full Self-Driving}, 인포테인먼트 시스템에서는 도메인 방식을 채택하고 있다. 현대차는 2026년 적용을 목표로 설계 아키텍처 측면에서 더욱 진보된 방식을 개발하고 있다. 현대차의 접근법은 자동차에서 주행 데이터를 수집하고 소프트웨어^{SW} 알고리즘을 고도화하는 방식으로 발전시키는 것이다. 테슬라는 연내 FSD 기술을 일반 소비자에게 제공할 계획이다. 2024년 8월에는 로보택시도 공개한다. 기술 초격차로 기존 완성차 업체와 격차를 더욱 벌릴 것으로 예상된다.

기존 완성차 업체들은 레벨2에서는 모빌아이 칩을, 레벨3에서는 엔비디아 오린^{Orin} 칩을 채택하는 분위기다. 소프트웨어를 내재화한 업체들은 자체 설계한 ASIC^{Application-Specific Integrated Circuit}을 사용할 것으로 관측된다. 현대차가 대표적이다. 현대차는 소프트웨어와 하드웨어 모두를 독립적으로 개발하는 전략을 추진 중이다. 소프트웨어 개발은 포티투닷, 하드웨어 개발은 짐 켈러의 텐스토렌트 및 보스반도체와 협력해

2027년 자율주행 기술 내재화를 목표로 하고 있다.

기존 완성차 업체들이 꿈꾸는 시나리오는 TV 업계가 가능성을 보여준 성공 스토리다. TV OS 시장에서 안드로이드가 차지하는 비중은 40%에 이를 정도로 막강하다. 그러나 시장 1, 2위 기업인 삼성전자와 LG전자는 자체 OS를 사용하고 있다. 이를 통해 데이터 주도권을 빅테크에 뺏기지 않고 있다. 미래 자동차 분야에서 주요 수익원은 인포테인먼트와 자율주행차 분야를 손꼽을 수 있다. 인포테인먼트 분야는 이미 구글, 아마존, 테슬라 등 빅테크들이 장악한 상태다.

완성차 업체들은 자율주행 관련 데이터 주도권을 지키려 안간힘을 쓰고 있다. 주행, 브레이크, 조향 등에 관한 데이터를 지속적으로 축적하고 있다. 하지만 상황은 녹록지 않다. GM, 포드 등 미국 완성차 업체들은 자율주행 기술 확보를 위해 구글 OS를 도입하고 있다. 주행 데이터가 구글 같은 빅테크에 넘어가게 되면 자체 OS를 개발하려는 다른 완성차 업체들은 기회를 상실할 수 있다.

플랫폼 업체들은 자율주행차를 집, 사무실 등을 아우르는 공간 컴퓨팅 개념으로 접근하고 있다. 최근 자율주행 전기차를 공개한 샤오미는 하나의 OS와 칩으로 봉합해 멀티모달을 학습하는 방향으로 나가고 있다. 데이터 확보의 중요성을 강조하며, 통합하지 않으면 AI 데이터 학습에 한계가 있다는 설명이다.

완성차 업체들은 자체 차량 반도체 설계에 어려움을 겪고 있다. 선단 공정 반도체 설계에는 적지 않은 자금과 인력이 필요하기 때문이다. 향후 클라우드 업체와 협력을 강화할 수밖에 없는 상황이다. 협력 부품 업체들도 맞춤형 서비스 제공을 위해 데이터 연결성을 갖춰야 한다. 현대오토에버, 에스엘, 텔레칩스, 넥스트칩, 가온칩스, 모트렉스인포테인먼트 디스플레이, 오픈엣지테크놀로지, 퀄리타스반도체 등은 이러한 변화에 대응하기 위해 혁신을 거듭하고 있다.

차량 아키텍처 변화로 기존 ECU와 MCU를 공급하는 보쉬, 컨티넨털 등 전장 업체들은 유례없는 위기 상황에 직면했다. 자동차 산업은 이미 AI 기술과 융합으로 파괴적인 혁신 상황을 맞이하고 있다. 이러한 변화는 자동차의 기능과 역할을 넘어, 우리의 일상 생활과 교통 시스템 전반에 걸쳐 광범위한 변화를 야기한다. AI와 데이터 기술을 주도하는 기업과 뒤처진 기업간 격차는 머지않은 미래에 확인될 것으로 보인다.

차량 반도체와 AI 반도체

최초의 차량 반도체는 1968년 엔진 연료 분사 제어용으로 처음 채택되었다. 이전까지 연료를 어떻게 분사할지가 논쟁이었다. 연료 분사 방법은 해결되었는데, 정밀한 분사 방법이 고민이었다. 기계적 방법으로는 한계가 있었다. 반도체로 정밀하게 분사하도록 제어하면서 문제가 해결되었다. 폭스바겐 타입3 모델에 처음 적용되었는데, 독일 보쉬가 반도체를 제공했다. 지금도 보쉬는 차량 반도체 사업이 주요 영역이다.

과거 차량 반도체는 자동차 기능을 보완하는 데 초점을 맞췄다. 그러나 지금은 차량에 들어가는 새로운 기능을 구현하는 게 더 중요하다. 차량 반도체에 뛰어드는 업체들이 점차 늘어나고 있다. 트렁크 자동 열림, 무선 충전, SOS 통신 기능 등 다양한 곳에 반도체가 필요해졌다. 2023년까지 차량 반도체 공급부족으로 몇몇 기능을 빼고 판매하는 사태도 발생했다. 소비자들은 차량 반도체의 중요성에 대해 새삼 체감하는 계기가 되었다.

조만간 레벨3 자율주행 기술이 신차에 대거 적용된다. 레벨2까지는 사람에게 주도권이 있었다. 그러나 레벨3부터는 자동차가 주행을 주도한다. 벤츠가 EQS 모델로 가장 먼저 허가받고 상용화했다. 레벨4 기술도 많이 완성되어 가고 있다. 문제는 운전하다 순간적으로 장애물이 나타나면 급브레이크를 밟는 등 돌발 상황이다. 인지, 판단 기능이 미비한 셈이다. 인지에 필요한 센서, 판단을 할 수 있는 프로세서 기능이 더 발전되어야 한다. 결국 반도체 문제인 셈이다.

테슬라는 통합칩 개념을 주도하고 있다. 고성능의 소수 칩으로 여러 기능을 처리하는 방식이다. 그동안 자동차 업체들은 차량 반도체 수량을 늘리는 방향으로 개발해 왔는데, 테슬라 영향으로 다시 통합하는 업체들이 늘고 있다. 테슬라는 3개의 주요 기능을 담당하는 AP_{soc}가 있다. 기존 완성차 업체들은 500~700개 저사양의 반노제를 사용한다. 차량 반도체 업체들 기득권 때문에 통합이 어려운 문제도 쉽지 않다. 완성차가 주도해서 통합을 진행 중이다.

향후 전력반도체도 더 많이 필요해진다. 자동차에 더 많은 전자 기능을 넣을수록 많은 배터리가 필요하다. 배터리는 300~500v 고전압이다. 그러나 전장 부품은 10v 수준의 낮은 전압을 사용한다. 배터리는 직류,

부품은 직류와 교류 모두 있다. 전류를 변환하는 기능을 전력반도체가 담당한다. 차량용 반도체도 10나노 미만 초미세공정 시대에 돌입했다. 기존 차량 반도체는 30나노 이상 레거시 공정으로 생산했다.

그러나 자율주행, 인포테인먼트 등 수요로 CPU를 탑재한 고성능 칩으로 진화 발전하고 있다. 삼성전자가 2025년 현대차에 공급할 엑시노스 오토 v920은 5나노 공정으로 만든다. 12개 카메라 센서를 빠르고 효율적으로 제어한다. 그래픽 처리 성능도 전보다 2배 개선되었다. 고화질 멀티미디어나 고사양 게임 구동에도 큰 문제가 없는 수준이다. 2027년에는 2나노 공정을 차량 반도체로 확대할 계획이다.

테슬라는 2019년 짐 켈러 주축으로 자율주행 시스템 HW 3.0을 자체개발했다. 14나노 공정으로 중앙집중형 아키텍처를 완성했다. HW 4.0은 삼성전자 7나노 공정에서 생산된다. 옴디아에 따르면 차량 반도체 시장은 2022년 635억 달러84조원에서 2026년 962억 달러약 127조원으로 성장할 전망이다.

온디바이스 AI 생태계 확장 수혜주

∗∗ 심텍

심텍은 인쇄회로기판PCB 전문기업으로 온디바이스 AI 시장 성장 수혜 기업으로 주목된다. 전체 매출에서 메모리향 비중이 90%에 이른다. 주력 제품은 메모리 모듈 PCB뿐 아니라 멀티칩패키지MCP, 플립칩 칩스케일패키지FC-CSP, 시스템인패키지SiP, 그래픽 D램GDDR6, 보드온칩BoC 등 패키지 서브스트레이트Package Substrate를 생산하고 있다.

단일 제품 중에는 중저가 스마트폰에 주로 탑재되는 MCP 매출 비중이 제일 높다. 2023년 MCP 매출 비중은 46%에서 2024년 40% 초반 수준으로 낮아질 것으로 보인다. 온디바이스 AI 시장 확대로 AI 가속기가 PC나 스마트폰에 적용되면 기판도 고도화되어야 한다. 인텔, AMD 등 업체들은 AI PC로 PC 시장에서 새로운 수요를 창출하려고 노력 중이다. 퀄컴뿐 아니라 미디어텍 등 칩셋 업체들도 온디바이스 AI 기능을 스마트폰에 탑재하려 한다. 이런 흐름에서 심텍의 향후 수혜 가능성은 주목받을 수 있다.

✳️ 큐알티

큐알티는 반도체 신뢰성 테스트 및 종합 분석 서비스를 제공하는 기업이다. 매출 중 신뢰성 평가 부문 70%, 종합 분석 부문 20% 비중을 차지한다. SK하이닉스 내부 품질 관리 부서에서 독립해 설립되었으며, 2014년 큐알티로 사명을 변경했다. 퀄리티 리얼리티 테크놀로지의 약자를 따서 큐알티로 지었다.

신뢰성 평가는 반도체를 장시간 고온, 전압, 습도, 물리적 충격 등극한 환경에 노출시켜 진행한다. 사용 상황을 모의 실험하고 결함 여부를 평가하는 셈이다. 두산테스나, 엘비세미콘, 네패스 등 OSAT들이 담당하는 테스트와 성격 자체가 다르다. 극한 환경에서 신뢰성 테스트를 한다. 소프트 에러 검사, 5G RF 수명 평가 등 신사업도 진행 중이다.

큐알티는 AI 반도체 시장 확대로 기회를 잡았다. 주문형 AI 반도체가 늘어날수록 큐알티가 담당할 테스트 업무도 늘어나기 때문이다. 이종집적반도체Heterogeneous Integration로 알 수 없는 문제가 자주 발생한다. 큐알티의 역할이 향후 더욱 확대될 가능성이 높다. 삼성 파운드리와 거래 관계가 확대되는 것도 중요한 포인트다. 최근 미국 실리콘밸리와 중국 우시 등에 해외 법인을 설립해 글로벌 영업망을 구축했다.

✱✱ 텔레칩스

텔레칩스는 차량용 반도체 팹리스 기업이다. 주력 분야는 지능형 자동차 솔루션이다. 차량용 인포테인먼트 AVN오디오, 비디오, 내비게이션 등 장치가 하나로 통합되어 시스템으로 구현, 디지털 클러스터, 서라운드뷰용 애플리케이션 프로세서AP를 공급하고 있다. 현대기아차 매출 비중은 60%를 넘는 수준이다. 현대모비스를 통해 현대기아차에 공급하고 있다. 텔레칩스의 최근 해외 진출 상황은 긍정적인 흐름이다.

2023년 말에는 독일 콘티넨탈과 AP 공급계약을 맺었다. 콘티넨탈의 스마트 콕 핏 HPC에 텔레칩스 인포테인먼트 AP인 돌핀3가 탑재된다. 2020년 이후 일본 매출이 꾸준히 증가하고 있고, 2023년에는 중국 및 동남아향 매출이 본격화되고 있다. 2024년에는 유럽향 매출 증가를 기대하고 있다.

08장

AI 혁명과 환상의 파트너 휴머노이드 로봇

엄청난 속도로 발전하는 AI 로봇 기술

LLM 덕분에 휴머노이드 AI 로봇 기술은 엄청난 속도로 발전하고 있다. 불과 2~3년 전 사람이 타이즈를 입고 나와 웃음거리의 대상이 된 테슬라 옵티머스 봇은 이제 사람처럼 빨래를 개고, 계란을 집어 옮긴다. 사람들을 더욱 놀라게 한 것은 오픈AI와 로봇 스타트업 피규어가 공개한 AI 로봇 '피규어01'이다. 2024년 1월 두 회사는 로봇이 커피머신에 캡슐을 넣고 커피를 내리는 영상을 처음 공개했다. 불과 두 달 뒤 새로 공개된 영상에서 피규어01의 진화 속도는 놀라웠다. 3월 영상에서는 사람과 상호작용을 통해 선반에 사과를 건네주고 정리하는 모습도 보여줬다. 사람이 먹을 것을 달라고 이야기했는데, 왜 사과를 주었느냐고 물

었다. 로봇은 선반 위에 있는 것 중 사람이 먹을 것은 사과뿐이었다고 설명했다. 선반 정리에 대해 스스로 인식하고 설명하는 장면도 인상적이다.

테슬라 옵티머스2도 피규어01과 비슷한 지능 수준을 보여준다. 피규어, 옵티머스, 아틀라스 등 휴머노이드 로봇에 AI를 적용하는 속도는 점점 빨라지고 있다. 휴머노이드 로봇은 AI를 담는 그릇이다. 그동안 휴머노이드 로봇 개발은 하드웨어 성능 개선에만 집중되었다. 물건을 옮길 수 있는 무게, 구동 시간, 걷는 속도 등이 중요했다. 소프트웨어 측면에서는 제한된 업무에서 벗어나 다양한 작업 환경에 유연하게 활용하는 게 중요하다. 그러나 실제 환경에서는 다양한 변수가 발생하고 이에 맞춰 로봇의 구동 프로세스를 엔지니어가 프로그래밍하는 것은 불

가능하다.

　AI는 이를 해결할 수 있는 대안이다. LLM을 통해 기초 규칙과 데이터 세트로 학습한 AI는 인간과 유사한 지능을 구현할 수 있다. 군집 학습으로 동일한 다른 로봇에도 적용할 수 있다. 로봇은 텍스트, 음성, 동영상 등의 명령을 통해 작동한다. 또 현실과 상호작용은 휴머노이드 로봇에 필수다. 이때 AI가 결정적인 역할을 한다. 카메라를 통한 이미지, 음성 인식을 통한 명령은 멀티모달 모델 AI에 입력된다. AI는 전체 대화 맥락과 멀티모달을 통한 추론으로 로봇에 명령을 한다. 주변을 묘사할 수도 있고, 행동 이유도 설명할 수 있다.

빅테크들의 전쟁터가 된 휴머로이드 로봇

　휴머노이드 로봇은 이미 빅테크들의 전쟁터다. 테슬라는 옵티머스 로봇을 공개했고, 아마존은 어질리티 로보틱스와 피규어AI에 투자했다. MS와 오픈AI는 피규어AI와 1X 등에 투자했다. 엔비디아도 GTC2024에서 휴머노이드 로봇 구동을 위한 멀티모달 파운데이션 AI 모델 프로젝트 GROOT를 공개했다.

　2023년은 로보틱스 시장의 원년이라고 볼 수 있다. 삼성전자의 레인보우로보틱스 지분 투자 소식이 연초 결정되었고, 두산로보틱스가 자본 시장에 데뷔했다. 오랜 침체를 겪었던 국내 로봇 업체들 주가도 반등에 성공했다. 섹터 밸류가 높아지면서 상장을 준비하는 로봇 기업들도 늘었다. 다만 국내 로봇 기업들은 수익성, 글로벌 시장을 선도할 경쟁력 등을 증명해야 한다.

가장 먼저 두각을 드러낼 곳은 협동 로봇 분야다. 산업용 로봇은 협동 로봇과 전통 산업용 로봇으로 구분된다. 전통 산업 로봇은 일본 화낙, 야스카와, 가와사키 헤비 인더스트리 3사가 꽉 잡고 있다. 협동 로봇은 두산로보틱스, 레인보우로보틱스, 뉴로메카 등 국내 기업들이 유니버설 로봇Universal Robots에 도전하고 있다. 전통 산업용 로봇은 중국 수요가 세계 절반을 차지한다. 최근 저가형 중국 로봇이 점점 확산되는 추세다. 협동 로봇은 북미와 유럽 등 선진국들이 절반 이상의 수요를 차지한다. 시장 침투율이 5% 수준에 불과해 향후 성장성이 크다.

두산로보틱스는 북미, 유럽 비중이 절반 이상 매출을 차지하고 있어 향후 기대감이 높다. 로보틱스 산업 밸류체인은 자동차 산업과 상당히 닮아있다. 완제품 조립 업체가 여러 벤더로부터 부품을 공급받아 조립 후 소비자에 최종 판매한다. 모터, 엔코더, 감속기 등이 산업용 로봇 핵심 부품으로 꼽힌다. 아직 국내 소재부품 생태계가 취약한 편이다.

산업용 로봇 감속기는 일본 하모닉드라이브시스템스Harmonic Drive Systems가 독보적인 기술력을 자랑하고 있다. 소재부품 국산화 기업으로 감속기 관련 에스피지, 에스비비테크 등을 주목할 만하다. AI와 로보틱스의 융합은 국내 로봇 기어에 상당한 기회 요인으로 작용한다. 산업용 로봇 업체들은 비전 데이터 학습, 작업 동작 OTAover The Air 등에 AI를 적극 활용하고 있다. 엔비디아, 구글 등 빅테크들은 RLHFReinforcement Learning From Human Feedback, 모방 학습 등을 통해 AI 로보틱스 방법론을 정립하고 있다.

AI와 로보틱스의 결합 종착점

결국 AI와 로보틱스의 결합 종착점은 휴머노이드 로봇이다. 테슬라, 피겨01, 어질리티 로보틱스Agility Robotics 등 휴머노이드 로봇 업체들은 조만간 양산에 돌입한다. 휴머노이드 로봇 기술력은 미국이 가장 앞서 있지만, 중국의 추격도 만만치 않다. 중국 휴머노이드 로봇 업체 UBITEC은 2023년 12월 홍콩 증시에 상장함과 동시에 전기차 공정에서 사람을 대체하는 영향을 시연했다. 샤오미의 사이버원도 대표적인 휴머노이드 제품이다.

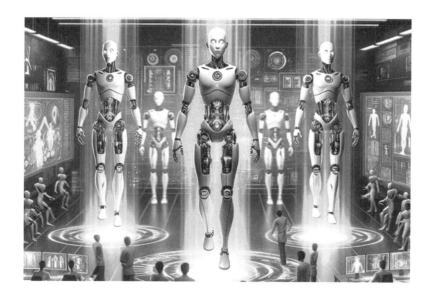

중국이 약진하는 배경에는 자체 LLM 기반 AI 기술과 정부의 강한 육성 정책이 있다. 다만 중국 로봇 업계도 핵심 부품은 일본에 의존하고 있다. 국내 기업들이 로봇 비즈니스 모델을 선점할 기회는 있다. 우선 휴머노이드 로봇은 제조 공정에 투입되는 게 1차 목표다. 향후에는 일반 소비자용 시장이 훨씬 더 커질 것으로 관측된다. 하드웨어 구매 후 소프트웨어 구독이라는 비즈니스 모델이 등장할 것으로 예상된다.

09장

온디바이스 AI 시대 비상을
꿈꾸는 '퀄컴'

이미지, 동영상 가속 처리에 강점을 가진 퀄컴

퀄컴의 온디바이스 AI 전략은 굉장히 현실적이다. 원래 온디바이스 AI의 개념은 서버 대신 로컬에서 모든 연산을 담당하는 것이다. 그러나 디바이스 프로세서 성능, sLLM의 완성도 측면에서 쉽지 않은 상황이다. 이에 따라 퀄컴은 클라우드, 에지 서버, 디바이스 3단계 하이브리드 형태로 온디바이스 AI를 지원한다. 사실 사용자는 속도만 빠르면 어디서 AI 연산을 담당하든 상관없다. 퀄컴의 아드레노 GPU는 경량화가 잘 되어 있고, 저전력 성능도 좋은 편이다. 스냅드래곤8 G3에는 이미 100억 개 매개변수를 처리할 수 있는 연산능력을 갖췄다. 즉 메타 라마2 수준의 성능을 칩 자체에서 낼 수 있다.

   퀄컴은 이미지, 동영상 가속 처리에 굉장히 강점을 가지고 있다. 스테이블 디퓨전을 넣어서 이미지를 생성하거나 카메라로 찍어서 고화질로 바꿔주는 AI 서비스를 할 수 있다. 통신 기능을 기반으로 여러 프로세싱 기능을 균형 있게 AP로 구현하는 데 가장 강력한 기술을 보유하고 있다. 로봇, 자율주행차 등에서도 칩 경쟁력이 부각될 수밖에 없다. 스냅드래곤 X 엘리트는 애플 M3보다 강력하다는 평가도 나온다. X86 기반 CPU 시장을 퀄컴이 잠식하는 상황은 눈 앞에 다가와 있다.

퀄컴 오라이온 CPU 기반 스냅드래곤 X 엘리트

   퀄컴의 자체 설계 오라이온 CPU를 채택한 스냅드래곤 X 엘리트가 애플 M2를 처음 넘어서는 성과를 달성했다. ARM 코어 진영에서 동일 세대 애플을 넘어선 첫 사례다. 12코어로 구성된 오라이온 CPU는 최대 4.4GHz까지 구현하는 1코어 혹은 2코어로 구성된다. TSMC 4나노 핀펫 공정으로 제조되었다. 이 신형 CPU는 싱글 코어 벤치마크에서 3227점을 기록, M2 맥스의 2841점을 넘었다. 퀄컴이 CPU 설계 업체 누비아를 인수한 효과를 낸 것으로 풀이된다.

   퀄컴은 오라이온 CPU가 동급 인텔 x86 코어보다 높은 성능을 자랑하며, ARM 진영에서 애플마저 넘어선 선두 주자라고 주장하고 있다. 최근 MS가 온디바이스 AI 구현을 위해 인텔 칩 의존도를 낮추려는 움직임과 맞물린다. 퀄컴은 MS와 손잡고 서피스 프로10, 랩톱6에 스냅드 래곤 X 엘리트 칩을 적용했다. 퀄컴은 스냅드래곤 X 엘리트가 ARM 코 어 기반으로 설계되어 전성비가 뛰어나고, AI 성능에서 M3 맥북을 능 가할 것이라고 주장했다. 모바일을 넘어 AI PC 시장에서 퀄컴의 활약 을 기대하게 하는 요인이다.

MS는 비디오 스트리밍을 개선하기 위해 새로운 온디바이스 AI 기능 을 개발 중이다. 코파일럿을 중심으로 디바이스 생태계까지 영향력을 확대하려는 움직임이다. 퀄컴 오라이온 CPU 전성비는 인텔 대비 70% 높은 것으로 평가되며, 멀티코어 기준으로는 M2 맥스와 비슷한 수준을 보이고 있다. 퀄컴은 스냅드래곤 심리스Snapdragon Seamless 기술을 통해 다 양한 OS간 빠른 연결을 지원한다. 퀄컴의 칩을 쓰는 디바이스는 OS에 상관없이 애플의 에어드롭과 비슷한 기능을 쓸 수 있다. 윈도우 OS, 안 드로이드 OS, XR OS 등에서 퀄컴의 영향력이 더욱 확대될 것으로 예상 된다.

안드로이드 OS 스마트폰에 탑재되는 AP는 프라임 코어 1개, 퍼포먼 스 코어 3개, 이피션시 코어 4개로 구성된 '1+3+4'의 구조를 주로 채택 해왔다. 그러나 스냅드래곤G8 2부터 기존 구조와 다른 '1+4+3' 구조가 적용되었다. 빅리틀 아키텍처에서 빅미들 리틀 구조로 전환된 셈이다. 더욱 세분화된 코어 구성으로 보다 효율적인 성능 조절을 구현한 것이 다.

온디바이스 AI 시장에서의 경쟁력 강화 전략

애플과 퀄컴은 모두 ARM의 인스트럭션 세트 아키텍처ISA를 사용하면서도 ARM이 기본 제공하는 CPU, GPU를 사용하지 않는다. 애플은 자체 CPU, GPU 설계 내재화로 차별화된 성능을 제공해왔다. 퀄컴도 아드레노 GPU에 이어 오라이온 CPU까지 내재화하며 애플의 방식을 따라가고 있는 셈이다. 퀄컴은 지난 2021년 2조원 규모로 CPU 설계 기업 누비아를 인수했다. 누비아는 애플에서 CPU 설계를 담당했던 인력들이 창업한 회사다. 차세대 스냅드래곤G8 4는 기존 '1+4+3' 트리플 클러스터 대신 '2+6' 듀얼 클러스터 구조를 적용할 가능성이 있다. 윈도우 및 안드로이드 OS에 최적화된 칩을 제작해 온디바이스 AI 시장에서의 경쟁력을 강화하려는 전략으로 풀이된다.

10장

AI 혁명에 뒤처진 위기의 '애플'

애플이 차세대 프로세서 개발에 속도 내는 이유

모바일 혁명의 주역이었던 애플은 AI 혁명에서 위기를 맞이하고 있다. 내부적으로 생성형 AI 관련 여러 시도를 하고 있지만, 아직 뚜렷한 성과를 내놓지 못하고 있다. 최근 블룸버그는 애플 아이폰에 구글 생성형 AI 제미나이를 탑재하기 위한 논의를 진행 중이라고 보도했다. 중국향 아이폰에는 바이두의 LLM을 채택할 가능성이 높다.

아이폰 판매 흐름도 시원치 않다. 그동안 애플은 높은 판가에도 상대적으로 안정적인 출하량과 시장 점유율을 유지해왔다. 아이폰 출하 점유율은 2013년~2018년 14% 내외 수준을 유지했다. 2019년 13%에서 2023년 19%까지 가파른 상승세를 기록했다. 600달러 이상 프리미엄 스

마트폰 시장 내 점유율은 2019년 63%에서 2023년 72%까지 9% 포인트 상승했다.

그러나 애플 점유율 확대의 주역이었던 중국 시장에서 문제가 발생했다. 미중갈등 속 중국 애국 소비 흐름이 강해지면서 애플이 타격을 입고 있다. 2023년 4분기 중국 매출은 전년 대비 13%나 하락했다. 정체된 성장 국면에서 AI로 새로운 돌파구가 필요한 상황이다. 투자자들은 2024년 6월 WWDC2024가 변곡점이 될 것으로 기대하고 있다. 애플은 WWDC2024에서 M4와 AI 전략을 공개할 것으로 관측된다. 이 행사를 통해 iOS 18을 공개하고 AI에 관한 구체적인 전략을 발표할 것으로 보인다. 애플은 차세대 칩 M4, A18 프로에 뉴럴 엔진 코어수를 확대해 AI 기능을 개선한다.

애플이 차세대 프로세서 개발에 속도를 내는 것은 최근 맥 판매량이 크게 줄어들고 있기 때문이다. 맥 판매는 2022년 정점을 찍은 이후 2023년에는 전년 대비 27%나 감소했다. 애플은 2023년 M3 칩을 공개했지만, 전작 대비 별 차이가 없는 성능으로 판매량 확대에 도움이 되지 못했다. 애플은 M4 출시와 맥 라인업 개편으로 모든 제품에 AI 기능 접목을 강화한다는 전략이다. 구글 LLM 제미나이를 자사 제품에 적용하는 것도 이런 전략의 일환이다. WWDC2024에서 애플은 AI 앱스토어에 가까운 형태를 공개할 가능성이 높다. 개발자들이 AI 앱을 만들 수 있는 서비스를 제공할 것으로 보인다. 현재로서는 AI 개발자들이 다른 생태계로 유출되는 것을 막는 게 중요하다. 아이폰16 시리즈에는 온디바이스 AI 기능이 탑재될 것으로 관측된다.

AI 적용으로 제품 경쟁력을 강화하는 게 무엇보다 중요하다. 현재 아이폰의 20%는 중국에서 판매된다. 테슬라처럼 애플도 중국 애국소비 영향에서 자유로울 수 없다. 결국 세계 최고의 제품과 브랜드를 강화하는 수밖에 방법이 없다. 소비자들은 어느 나라에서 만들었든지 좋은 제품이라면 신경 쓰지 않는다. 애플의 자체 AI 전략은 sLLM 기반 최적화에 달려있다. 애플은 2023년 12월 발표한 논문(〈LLM in a flash : Efficient LLM inference with Limited Memory〉)을 통해 제한된 D램 용량에도 낸드 플래시를 활용해 LLM을 효율적으로 실행할 수 있는 방법을 공개했다. 이미지 식별로 답변이 가능한 LLM 모델 '페릿'도 공개했다. 코넬대학교 연구진과 공동으로 이미지를 쿼리로 활용하는 오픈소스 기반 LLM으로 개발했다. 이미지 분석 및 응답에 특화된 이 모델은

동물 이미지를 식별하고 답변하는 등의 능력을 갖추고 있다. 겨우 8개의 A100 GPU 컴퓨팅 파워로 데이터 학습을 했다. 연구진에 따르면 페럿은 작은 이미지 영역에 대한 정확한 이해도에서 GPT-4V를 능가했다고 주장했다. 애플이 모바일 기기에서도 LLM을 효율적으로 실행하는 방법을 고민하고 있다는 방증이다.

애플 AI 전략, 단기 sLLM 중장기 LLM 개발

AI 모델은 LLM과 SLM혹은 sLLM으로 분화되어 발전하고 있다. 간단한 콘텐츠는 sLLM으로 빠르게 디바이스에서 해결하고, 복잡하고 정교한 콘텐츠는 클라우드와 LLM을 활용하는 방안이 유력하다. 당분간 애플은 sLLM은 자체 개발하고, 클라우드용 LLM은 구글 제미나이를 중심으로 협업할 가능성이 높다. 심지어 오픈AI와 협력 가능성도 열어났다.

애플 AI 서비스 차별화는 단연 완성도에 있다. 서비스를 위해 애플은 디바이스 스펙을 조절하고 단일화시킬 수 있다. 이는 지난 수십 년간 애플의 장점으로 작용했다. 애플이 어떤 AI가 필요한지 정하고 나면, 그 서비스에 특화된 파운데이션 모델 종류와 여기에 AI ASIC을 제공할 것으로 보인다. 디스플레이와 센서를 단일화해 서비스와 완성도뿐 아니라 속도까지 높일 수 있다.

애플이 LLM을 포기할 것 같지는 않다. 시간이 필요한 것이다. 애플은 LLM 데이터센터 구축을 위해 2023년부터 2024년까지 3000~4000대의 AI 서버를 구매할 예정이다. 엔비디아 H100 기반 서버를 주로 구매하고 있는데, 2024년부터는 B200 기반 서버로 전환할 계획이다. 서버 구매액은 2023년 6.2억 달러, 2024년 47.5억 달러를 배정한 것으로 추정된다. 애플은 LLM 훈련, 개인 정보 보호, 설계 유연성을 위해 클라우드 서비스보다는 자체 서버 구축에 집중할 방침이다. 애플은 2007년 아이폰 출시 당시 구글 지도 데이터에 의존하다 2012년 5년 만에 애플 맵스로 독립한 바 있다.

300억 매개변수로 AI 모델로 GPT-4와 제미나이에 도전장

최근 애플은 이미지-텍스트 멀티모달 AI 모델 'MM1'을 공개했다. 300억개 매개변수에 불과하지만, 이미지를 읽고 자연어로 설명하는 능력에서 GPT-4와 구글 제미나이 울트라를 일부 추월했다고 주장했다.

애플 연구진이 발표한 논문은 〈MM1 : 멀티모달 LLM 사전 교육의 방법, 분석 및 통찰력〉이다. 고성능 LLM을 구축하기 위해 다양한 아키텍처 구성과 학습용 데이터 세트 선별 등을 집중 실험했다고 설명했다. 단일 모델이 아닌, 사전 훈련을 통해 상황별로 최고 수준을 기록한 모델 여럿을 구축해 전문가 혼합MoE 방식으로 조합했다. 매개변수 30억개, 70억개, 300 억개 등 제품군을 구성했다.

이미지 속에 등장하는 개체를 구분하고 각각의 숫자를 셀 수 있다. 또 이미지 속 간판이나 표시 등 텍스트를 정확하게 읽어냈다. 이미지 속 냉장고의 무게 등 사물에 대한 지식을 설명했고, 이미지를 통한 기본적인 계산도 가능했다. 단순 이미지 설명을 넘어 언어 기반의 이해와 생성이 필요한 복잡하고 개방형 문제를 해결할 수 있다.

애플은 2023년 말부터 본격적으로 AI 연구에 집중하고 있다. 전용 칩에서 온디바이스 AI를 구축하는 프레임워크와 칩에서 AI를 구동하는 데 최적화한 기술을 선보였다. 2023년 10월에는 70억개, 130억개 매개변수를 갖춘 멀티모달 모델 '페렛'을 공개했다. 최근까지 AI 논문을 꾸준히 발표하고 있다. 2024년 들어 10억 달러를 투자해 전제품 라인업에 생성형 AI 도입을 시도하고 있다.

애플 실리콘 차기 칩, 온디바이스 AI 성능 대폭 강화

아이폰16용 AP A18 프로와 M4에 NPU 탑재량을 대폭 늘리면서

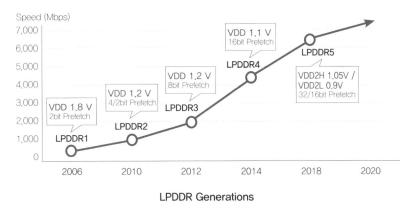

LPDDR Generations

*자료: SK하이닉스

TSMC에 3나노 주문을 50% 이상 늘린 것으로 알려졌다. 애플은 3나노 선단 공정 주문을 늘릴 뿐 아니라 AVP 캐파도 대거 확보했다. 현재 애플은 InFO, CoWoS 등 2.5D 첨단 공정을 주로 의뢰하고 있다. 2024년에는 3D 아키텍처 SoIC를 추가 주문할 가능성이 높다. TSMC는 애플 등 고객사 요청으로 3나노 공정 생산능력 확대에 나섰다. 3나노 웨이퍼 생산량은 2023년 기준 월 60K6만장 수준인데, 2024년 내 월 100K10만장까지 확대할 계획이다.

그동안 TSMC는 3나노 물량 대부분을 아이폰15 프로 시리즈와 신형 맥용 M3에 할당해왔다. 최근 엔비디아, 퀄컴, 미디어텍, 인텔, 브로드컴 등 6대 고객사와 3나노 칩 계약을 추가로 진행한 것으로 파악된다. 2024년 TSMC 3나노 공정 수율 목표는 80% 이상 수준이다. TSMC 전체 매출 중 3나노 비중은 2023년 6%에서 2024년 15%로 증가할 전망이다.

TSMC가 2나노와 1.4나노 공정까지 차세대 노광장비인 High NA EUV 장비를 쓰지 않을 가능성이 높다. 2029년 생산 예정인 1나노 공정에도 도입하지 않는 쪽에 무게가 실린다. TSMC는 7나노에서 EUV를 도입하지 않았고, 반대로 삼성전자는 공격적으로 도입했다. TSMC에 유리한 결과로 이어졌다. 즉 좋은 장비가 반도체 공정에서 만능은 아니라는 해석이다. TSMC는 최근 공식 행사에서 증설보다 테크 마이그레이션에 집중하겠다고 했다. 2나노부터 GAA 트랜지스터 공정을 도입한다. 트랜지스터 구조를 바꾸는 상황에 익숙지 않은 노광 장비 도입은 리스크를 가중시킬 수 있다고 판단한 듯하다.

비전프로는 온디바이스 AI를 만날 때 강력해진다

애플 XR 기기 비전프로에는 M2와 R1이라는 최첨단 반도체가 적용되었다. 이 반도체는 저전력에서도 높은 성능을 발휘하는 것은 물론 칩간 연결 측면에서도 상당한 성능을 자랑한다. R1 칩은 12개 카메라, 5개 비전 센싱 장치, 3개 마이크를 통합 처리한다.

애플의 R1 칩 옆에는 SK하이닉스가 공급한 LLW로우 레이턴시 와이드 I/O D램이 장착된다. 이 칩은 LPDDR5X D램에 비해 8배 많은 512개 입출력 단자I/O로 1024Gbps 대역폭을 자랑한다. 속도는 기존 LPDDR5X D램 대비 2배 높다. 어드밴스드 패키징 기술인 Fo-WLP팬 아웃 웨이퍼 레벨 패키징 공정으로 만들어졌다. 이 기술 덕분에 메모리의 고속 데이터 전송과 낮은 지연 시간을 동시에 구현했다.

소니가 제작한 1.4인치 OLEDoS 디스플레이와 LG디스플레이가 제작한 6인치 커스텀 OLED 디스플레이를 통해 사용자에게 4K급 해상도의 가상 환경 경험을 제공할 수 있는 것도 애플이 자체 설계한 강력한 반도체 프로세서 덕분이다. 애플은 메타 오큘러스와 달리 사용자가 외부 세계와 소통할 수 있는 혁신적 기능을 탑재했다. 즉 가상과 현실 세계의 경계를 허물었다는 평가다. 애플은 아이폰15부터 보다 강력한 UWB^{Ultra Wideband} 칩을 적용했다. 원격 제어뿐 아니라 기기의 위치 추적 기능을 향상시키기 위해서다. 애플은 비전 프로 생태계의 확장과 하드웨어 간 연동성 강화를 목표로 하고 있다. U1칩은 이미 아이폰11부터 적용되어왔으며, 아이폰15에서는 7나노 공정으로 제작되었다. 기존 16나노 공정 대비 향상된 효율성과 성능을 제공한다.

11장

모빌리티 혁명보다 AI 혁명을
먼저 맞이한 '테슬라'

AI 혁명의 주역에서 밀려난 일론 머스크

애플 스티브 잡스가 모바일 혁명을 연 이후 다음 세상을 열 인물로 일론 머스크가 유력했다. 테슬라 전기차와 저궤도 위성 통신망 스타링크, 스페이스X를 성공시킨 데 이어 휴머노이드 로봇 옵티머스까지 공개하면서 이런 전망에는 더욱 힘이 실렸다. 그러나 AI 혁명의 주역은 오픈AI CEO 샘 알트만이 가져갔고, 곧이어 그보다 더 강력한 인물 젠슨 황 엔비디아 창업자가 부상했다.

모빌리티 혁명보다 AI 혁명이 먼저 와버린 것은 역사의 아이러니다. AI 혁명에도 불구하고 테슬라의 현 상황은 그리 좋지 못하다. 전기차 판매 부진으로 2024년 EPS는 2023년보다 절반 이하 수준으로 낮아질 전망이다. 중국은 테슬라 매출의 35~40% 비중을 차지하는 시장이다. 세계적인 전기차 보조금 정책 감소, 미중 패권 전쟁으로 인한 중국 내 애국 소비 영향으로 테슬라가 타격을 받고 있다.

무시못할 수준에 도달한 자율주행차 기술

그러나 장기적으로는 테슬라의 AI 기술이 부각되면서 긍정적 전망에 힘이 실릴 것으로 관측된다. 일부 월가 고위 인사는 테슬라의 자율주행

차 기술이 3조 달러에 육박한다는 주장도 한다. 그만큼 테슬라의 AI 기술은 무시못할 수준이다. 테슬라는 최근 완전자율주행FSD 서비스 주행 데이터 1억 마일을 달성했다. 5분 만에 애플이 타이탄 프로젝트를 위해 1년 동안 주행한 데이터보다 더 많은 양을 확보했다. 2030년까지 테슬라의 전체 차량 운행대수는 4000만대에 육박한다. 연간 4000억 마일 이상 주행 데이터를 확보할 수 있을 것으로 보인다.

엄청난 주행 데이터 세트는 머신러닝과 신경망 학습에 유리할 수밖에 없다. 테슬라는 2024년 4분기까지 도조의 100엑사플롭 컴퓨팅 파워를 확보할 것으로 관측된다. A100 GPU 기준 30만개를 연결한 수준이다. 막대한 영상 데이터를 수집하고, 빠르게 가공/학습하는 역량을 갖춰야 완전 자율주행을 구현할 수 있다. 자동차 업체들도 소프트웨어 이해도를 높이는 것이 중요해졌다.

일론 머스크는 FSD 발전을 제약하는 것은 컴퓨팅 역량이라고 강조했다. 데이터 축적 속도에 맞춰 빠른 학습을 구현하기 위해 테슬라는 슈퍼컴퓨터 도조를 자체 개발했다. 도조는 테슬라가 자체 설계한 D1 칩을 기반으로 작동한다. 도조의 본격적인 도입은 FSD와 로보 택시 서비스에 그치지 않고, 소프트웨어 비즈니스 확장에 큰 역할을 할 것으로 보인다. 테슬라는 전력 생산, 저장, 충전, 사용, 자원 재활용에 이르는 거대 친환경 생태계 구축이란 마스터 플랜을 가지고 있다. 전기차 가격 경쟁이 치열해지면서 테슬라 마진율도 점진적으로 하락하고 있다. 돌파구는 AI 기반의 FSD 등 소프트웨어 경쟁력 강화다. 일론 머스크 테슬라 CEO는 "우리의 AI 개발은 새로운 시대로 접어드는 중"이라며 "메

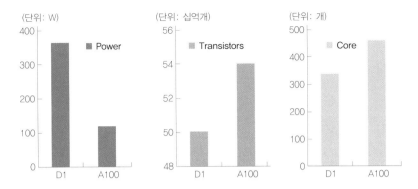

| (단위: W) | (단위: 십억개) | (단위: 개) |

A100보다 뛰어나지만, H100보다 열위에 있는 Tesla D1

*자료: 각 사, 하이투자증권 리서치본부

가 팩토리, 슈퍼 차저 서비스 등이 전체 수익성에 의미 있는 기여를 시작했다"고 말했다.

새로운 인공지능 연구회사 X.AI 설립

2023년 일론 머스크는 네바다주에 '엑스닷AI[X.AI]'라는 새로운 인공지능[AI] 연구회사를 설립했다. 머스크는 과거 '엑스닷컴'과 '스페이스X'를 창립하면서 알파벳 'X'에 대한 집착을 보여줬다. 그는 최근까지 오픈AI의 샘 알트만을 비판하고 위험성을 이유로 AI 연구개발의 일시 중단을 제안하기도 했다. 그러나 AI로 인한 인류의 위험을 지적하면서도 자신의 AI 연구개발 회사 설립을 몰래 진행하는 이중성을 비판받기도 했다.

엑스닷AI는 엔비디아 H100 GPU 1만 개를 활용해 고성능 슈퍼컴퓨터를 구축할 예정이다. 도조 시스템용 슈퍼컴퓨터 칩은 자체 설계 기조를 이어갈 것으로 보인다.

머스크의 비전과 프로젝트에 관심 집중

엑스닷AI는 설립 3개월 만에 기술력이 오픈AI, 딥마인드, 구글 등 선도 기업들과 견줄 만한 수준에 이르렀다는 평가도 나왔다. 테슬라 및 엑스구 트위터 출신의 인재들이 대거 합류하면서, 자율주행과 생성형 AI 기술이 빠른 속도로 올라오고 있기 때문이다. 테슬라는 이미 자율주행 기술에 필요한 신경망과 이미지 인식 알고리즘을 포함한 인공지능 기술을 보유하고 있다. 이러한 기술은 생성형 AI 서비스에도 적용 가능한 공통의 기반을 가진다. 특히 데이터 수집 파이프라인은 가장 큰 경쟁력 중 하나로 손꼽힌다.

트위터 인수 이후 사명을 X로 변경한 머스크는 테슬라 자율주행차가 수집한 방대한 주행 데이터와 X가 제공할 수 있는 다양한 종류의 데이터를 통해 AI 분야에서 후발 주자의 약점을 극복할 수 있는 기반을 마련했다. 테슬라의 자율주행 학습에 사용될 자체설계 칩 도조도 공개되었다. 도조는 엔비디아의 A100보다는 성능이 낮지만, H100보다는 떨어진다는 평가다. 테슬라 알고리즘에 최적화된 하드웨어로서 큰 의미가 있다. 엔비디아 GPU에 의존하지 않는 독립적인 기술력 확보는 머스크가 추구하는 목표 중 하나다.

엑스닷AI도 도조를 활용한 학습 과정으로 이점을 얻을 수 있을 것으로 기대된다. 아키텍처 최적화 문제로 도조를 직접 사용하지 못하더라도, 테슬라가 구축한 엔비디아 GPU 기반의 데이터센터를 활용할 수 있다. AI 분야에서 머스크의 영향력은 한층 강화할 것으로 보인다. AI 기술의 미래에 대한 머스크의 비전과 그가 추진할 새로운 프로젝트에 업계의 관심이 집중되고 있다.

12장

AI 혁명의 주인공이 되고 싶은
'메타 플랫폼스'

메타의 미래가 걸린 생성형 AI를 접목한 킬러 애플리케이션

2004년 마크 저커버그 주도로 개발된 SNS 페이스북이 회사의 모태가 되었다. 현재는 인스타그램, 왓츠앱 등을 보유하고 있는 글로벌 최대 SNS 기업이다. 2021년 메타 플랫폼스로 사명을 변경하며 AR/VR 등 메타버스 생태계에서 신성장 동력을 찾고 있다. 메타 플랫폼스의 미래는 생성형 AI를 접목한 킬러 애플리케이션을 만들어낼 수 있는지 여부에 달려있다. 이용자수 40억명에 달하는 SNS 제국인 만큼 초기 서비스 확장력은 최고 수준이다. 다른 앱 개발사들과는 출발선 자체가 다르다.

메타 플랫폼스는 세계에서 손꼽히는 AI 연구시설과 인프라를 가지고 있지만, 클라우드 서비스를 하지 않는다. 대신 오픈소스와 경량화로 AI 혁명에서 기회를 찾고 있다. 최근 선보인 파운데이션 모델 라마Llama 시리즈가 대표적이다. 라마를 파인튜닝해 앱을 개발하려는 수요가 폭발하고 있다. 라마를 통해 메타 플랫폼스는 라이벌들의 생태계 확장 견제, 라마 생태계 활성화로 기술 및 인력 확보 등에서 기회를 잡는다는 전략이다.

메타는 자체 LLM인 LLaMA2를 설명하면서 프로그래밍 언어 파이선 역할을 강조했다. 메타가 파이선을 만든 것은 AI 산업 내 영향력 있는 회사들의 간섭을 받지 않고 서비스를 만들게 하기 위해서다. 메타는 라마2가 라마1 대비 40% 이상 많은 데이터를 기반으로 학습했고, 사람이 라벨링한 데이터를 100만개 이상 사전 학습했다고 밝혔다.

메타는 다국적 통번역 AI 모델 'SeamlessM4T'를 소개하며 글로벌 초연결 시대에 새로운 소통 방식을 제시했다. SeamlessM4T는 음성-텍스트, 음성-음성, 텍스트-음성, 텍스트-텍스트 변환을 최대 100개 언어로 지원한다. 대화의 속도, 감정을 사용자가 선택할 수 있다. 이에 맞게 자연스럽게 통번역하면서 짧은 지연속도로 상대방에게 전달한다. 메타는 유해성, 성편향성 등 통번역 과정에서 AI가 야기할 수 있는 도덕적 문제에 대해서도 학습으로 해결 중이다.

생성형 AI 도입은 격차를 더욱 벌어지게 한다

생성형 AI 도입으로 소셜 미디어 광고 시장이 성장하고 있다. 메타 플랫폼스의 지배력도 강화되는 추세다. 사용자들이 플랫폼에 오래 머물면서 맞춤형 광고를 시청할수록 매출이 확대된다. 생성형 AI는 콘텐츠 생산 비용을 획기적으로 낮추고 추천 엔진을 업그레이드해 광고 타깃팅을 강화할 수 있다. 핵심은 추천 엔진을 업그레이드할 수 있는 방대한 고객 데이터다. 메타 플랫폼스는 세계 40억명 이상 월간 활성 사용자 확보, 압도적인 데이터 우위를 자랑한다.

2021년 애플의 앱 투명성 정책 이후 자체 플랫폼에서 확보할 수 있는 데이터양에 따라 광고 효율성이 차이가 난다. 향후 생성형 AI 도입은 효율성에 대한 격차를 더욱 벌릴 것으로 보인다. 마크 저커버그 메타 플랫폼스 CEO는 "생성형 AI는 정말 놀라운 혁신이며 질적인 변화 가능성을 준다"며 "우리는 새로운 방식으로 수십억 명에게 다양한 기능을 제공하는 중요하고 독특한 역할을 할 것"이라고 강조했다.

13장

온디바이스 AI로 성장하는
후공정 생태계

국내 밸류체인의 직접적인 수혜 영역 '테스트 소켓'

온디바이스 AI 생태계 확장으로 국내 밸류체인이 직접적으로 수혜를 보는 영역은 테스트 소켓이다. 반도체 테스트에 쓰이는 부품은 크게 테스트 보드와 소켓으로 나눈다. 테스트 보드 위에 여러 개의 소켓이 패키지된 반도체와 접촉해 테스트 진행을 보조한다. 인터페이스 보드는 메모리 반도체에 쓰이며, 로드 보드는 시스템반도체 테스트에 적용된다. 소켓은 크게 핀Pin 타입과 러버Rubber 타입으로 나누어진다. 핀 타입 소켓은 50년 이상 역사를 가진 기술이다. 소켓에 다양한 핀들이 올라가 신호를 전달하는 형태로 다품종 소량 생산에 유리하다. 연구개발용으로

| 핀 타입 소켓 작동 원리 | 실리콘러버 타입 소켓 작동 원리 |

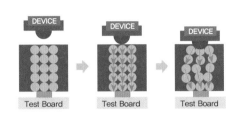

*자료: 리노공업, 신한투자증권　　　　　　　*자료: ISC, 신한투자증권

도 많이 쓰인다. 러버 타입 소켓은 실리콘 러버 안에 볼들이 전기 신호를 연결하고 접촉 제품에 손상이 안 생기게 한다. 고주파 테스트, 소품종 대량 생산에 유리하다.

리노공업

리노공업은 후공정 테스트용 프로브 및 소켓 공급 업체다. 자체 개발한 리노 핀과 테스트 소켓으로 다품종 소량 생산 체제인 시스템반도체 시장에 대응하고 있다. 리노공업은 높은 기술력과 빠른 납기 대응으로 수익률이 높은 구조를 가지고 있다. 1000개 넘는 고객사 중 신규 칩을 적극 개발하려는 빅테크 비중이 높다. 매년 영업이익률이 40~50% 수준에 이르는 영업이익률이 기술력을 입증한다. 그동안 모바일 로직 칩이 리노공업의 주요 시장이었다. 그러나 지금은 AI, 자율주행/전장, MR 등 새로운 애플리케이션 비중이 점점 확대되고 있다.

지멘스에 의료기기용 부품도 공급하고 있다. 테스트 소켓은 핀 타입

테스트 소켓 분류

분류	러버(Rubber)형 소켓	핀(Pin)형 소켓 (포고(Pogo)형 소켓)
특징	• 실리콘, 고무 등 탄성체 소켓 • 핀형 소켓 대비 짧은 수명 • 반도체 손상 최소화, 미세공정 적합 • 넓은 접촉 면적, 전기 신호의 원활한 이동 가능 • BGA패키징으로 생산한 반도체에 주로 사용 • 원가 경쟁력 보유	• 전통적 핀형 소켓 • 러버형 소켓 대비 긴 수명 • 다품종 소량생산(시스템반도체)에 적합 • 고주파로 갈수록 전기신호 손실 발생 • 날카로운 핀 구조, 단자 손상 가능성
제품 종류	• ISC의 실리콘 러버 소켓 • 티에스이의 MEMS 러버 소켓 등	• 리노공업 Leeno Pin • ISC의 Pogo Pin • 티에스이의 Pogo Socket 외, 글로벌 업체 다수

*자료: 회사 자료, 언론 종합, 신한투자증권

포고 및 러버 소켓 적용 방식의 차이

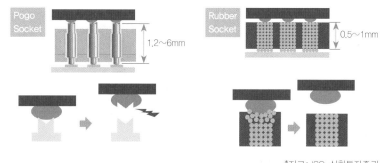

*자료: ISC, 신한투자증권

과 실리콘 러버 타입으로 분류된다. 핀 타입은 시스템반도체에 주로 쓰이고, 실리콘 러버 타입은 메모리에 주로 쓰이다 최근 AP 등 시스템반도체 영역으로 확장되고 있다. AI 등 새로 부상하는 전방 시장은 리노공업에 기회가 되고 있다. 리노공업은 어드밴스드 패키징이 적용된 칩 시장이 확대에 적극 대응하고 있다. 특히 부가가치가 높은 서버 및 전장, 고대역폭 메모리 시장 진출에 속도를 내고 있다. 리노 핀은 전형적인 포고 핀과 소켓뿐 아니라 웨이퍼 레벨 패키징에 대응할 수 있는 프로브 카드Probe Card와 미세 피치에 대응할 수 있는 핀과 소켓, 대면적 고대역폭 메모리에 대응할 수 있는 제품이 늘고 있다.

ISC

반도체 후공정 테스트 부품 기업이다. 테스트 소켓과 반도체 장비에 사용되는 테스트 솔루션 유닛 등을 판매한다. 실리콘 러버 타입 소켓 최

강자로 손꼽히는데, ISC가 세계 최초로 상용화했기 때문이다. 한때 메모리 반도체 매출 비중이 70%를 넘었지만, 지금은 시스템반도체 비중이 80% 이상이다. 2023년 매출 기준 테스트 소켓이 85%, 테스트 솔루션 유닛 15% 비중을 차지한다. 테스트 소켓은 반도체 파이널 테스트에 쓰이는 부품으로 전기적 불량을 확인한다. 2024년은 AI 서버와 데이터센터, 차량용 반도체 시장이 성장을 견인할 것으로 기대된다. HBM, DDR5, LPDDR5 등 소켓 공급이 하반기 갈수록 점점 늘어날 전망이다. HBM용 테스트 소켓은 3분기 말 본격 양산할 계획이다. SK하이닉스 HBM 생산능력이 2024년 2배~2.5배 늘어남에 따라 수혜가 기대된다. 2023년 7월 SKC가 ISC 지분 45%를 인수해 종속회사로 편입했다. 관계사 SK앱솔릭스와 손잡고 패키지 테스트 솔루션을 유리기판에 적용하는 방안을 추진 중이다. 차세대 AI 반도체에 유리기판이 탑재되는 만큼 신성장 동력으로 주목받고 있다.

티에스이

반도체 후공정 테스트에 쓰이는 프로브 카드, 인터페이스 보드, 테스트 소켓 등을 주로 생산하는 회사다. 프로브 카드는 웨이퍼 테스트EDS 공정에서 칩과 테스터를 연결하는 장치다. 프로브 바늘이 웨이퍼에 접촉해 전기 신호를 보낸다. 돌아오는 신호에 따라 불량 칩을 선별한다. 낸드 플래시에 주로 납품하는데, 최근 감산 영향으로 타격이 컸다. 낸드 플래시 업황 회복과 YMTC 등 신규 고객 확보로 반전을 노리고 있다. D램과 시스템반도체 프로브 카드 시장 진출도 노리고 있다. 인터페이스 보드는 테스터와 핸들러를 연결하는 소모성 부품이다. DDR5 교체 사이클이 본격화되면서 수혜가 기대된다. 테스트 소켓은 신성장 동력으로 손꼽히는 영역이다. 삼성전자, 퀄컴, 샌디스크, SK하이닉스 등에 D램과 AP향 테스트 소켓을 공급하고 있다. 이 회사는 핵심 부품 수직계열화를 통해 고객사 대응을 강화하고 있다. PCB 공급 업체 타이거일렉, 프로브 핀 공급 업체 메가터치, 반도체 테스트 하우스 지엠 테스트 등을 연결 자회사로 두고 있다. 최근 자회사 타이거일렉과 손잡고 일본 후지쯔가 독점해온 시스템반도체 프로브 카드 핵심 부품 STO-ML^{Space Transformer Organic-Multi Layer}을 국산화했다. 이를 기반으로 시스템반도체용 버티컬 프로브 카드 시장에도 진출할 계획이다.

티에프이

티에프이는 반도체 테스트 부품 및 장비 제조 기업이다. 특히 패키지 테스트에 사용되는 부품을 턴키 방식으로 공급할 수 있는 국내 유일 기업이다. 2019년 러버 소켓 원천 기술을 보유한 일본 JMT를 인수해 테스트 소켓 시장에 진출했다. 주요 제품은 인터페이스 보드, 소켓, COK^{Change Over Kit} 등이다. DDR5, HBM 등 신제품 등장으로 수혜가 기대된다. 2024년 들어 DDR5 침투율이 빠르게 상승하고 있고, 서버용 물량 증가로 테스트 공정 수혜가 본격화되고 있다. 시스템반도체 시장 진출 확대도 진행 중이다. 시스템반도체향 테스트 보드 연구개발 과제를 시작으로 소켓, COK까지 진출을 노리고 있다. 2023년 매출 기준 메모리 75%, 시스템반도체 25% 비중을 차지하고 있다. 5G, 서버, 차량용,

모바일, IoT 등 시장 공략을 가속화해 시스템반도체 비중을 현재 25%에서 2025년까지 50%로 확대할 계획이다. HBM, 어드밴스드 패키지, 커스텀 AI 반도체 등을 기회로 공급망 진입도 노리고 있다.

PART 3

메모리의
파운드리 시대를
이끄는 HBM

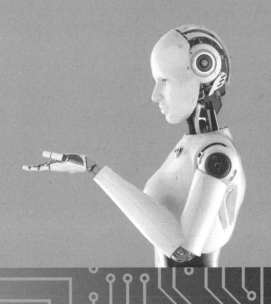

01장

반도체 사이클 선행지표,
'삼성전자 & SK하이닉스'

통상적으로 삼성전자와 SK하이닉스 주가는 반도체 수출 지표를 선행하는 경향이 있다. 두 회사 주가가 반도체 산업의 사이클을 이해하는 데 중요한 지표로 활용되는 셈이다. 일부 투자자들은 현재 경제 상황을 톱다운으로 분석해 반도체 주식 투자를 결정한다. 그러나 이는 완전히 잘못된 방식이다. 9개월 뒤 경제 상황을 보고 현재 투자를 결정해야 하는데, 생각보다 쉽지 않은 문제다. 공급 업체와 수요 업체간 심리전은 점점 치열하게 전개되고 있다. 확실한 수요 개선 없이 공급 업체들의 감산 마무리가 결정되면 반도체 상승 사이클은 짧게 진행될 수밖에 없다.

2024년 반도체 전방 시장서버, 스마트폰, PC 상황은 녹록지 않다. AI 서버 성장세는 가파르지만, PC와 스마트폰 등 내구재 소비는 불확실하다.

2024년 출하량 증가율은 PC가 3~4%, 스마트폰이 1~3%, 데이터센터가 6~8%로 전망된다.

2024년 PC 시장에서 주목할 변수는 온디바이스 AI 기술이다. 인텔은 메테오레이크에 NPU를 탑재해 AI PC를 내놨고, 퀄컴은 전성비를 무기로 한 스냅드래곤 X 엘리트 칩을 윈도우 OS PC에 탑재했다. 조만간 MS의 윈도우10의 서비스 종료와 윈도우11 서비스의 시작이 본격화된다. B2B 시장을 중심으로 PC 수요 회복이 기대되는 지점이다.

온디바이스 AI PC 점유율은 2023년 10%에서 2026년 53%로 크게 증가할 것으로 전망된다. 이는 메모리 탑재량 증가와 특화 메모리 탑재에 긍정적인 영향을 미칠 것으로 관측된다. 스마트폰 시장에서 주목할 포인트는 중국 수요다. 중국 스마트폰 판매는 29개월 동안 불황을 겪다 이후 반등세에 성공했다. 2024년 하반기에는 아이폰16 시리즈 등 신제

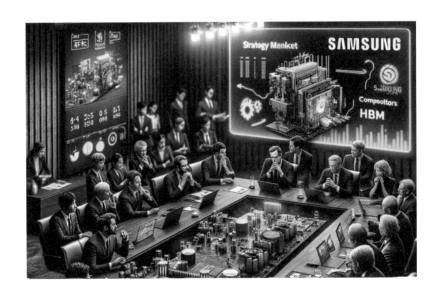

품 출시로 메모리 탑재량이 증가할 것으로 예상된다.

데이터센터 시장은 하이퍼 스케일러 투자가 제일 중요한 요소다. 기업 엔터프라이즈, 통신 분야로 AI 투자 흐름이 이어지는 것도 주목할 변수다. 기존 일반 서버는 3~4년 주기 교체 사이클을 보였지만, 지금은 다소 다른 양상을 보이고 있다. CXL 2.0 인터페이스 지원은 메모리 수요 증가뿐만 아니라 메모리 설계 구조, 메모리 종류, 컨트롤러 사양에 대한 자유도를 제공할 것으로 기대된다.

CPU와 GPU 차이, AI 시대 달라지는 메모리 역할

연산을 담당하는 프로세서인 CPU와 GPU의 차이점은 뭘까. 연산을 담당하는 프로세서를 연구소라고 가정해 보자. CPU는 석박사급 고급 인력 4~6명 정도 상주하는 연구소다. 미분, 적분 등 어려운 문제를 요구해도 해결해준다. 다만 요청한 일은 순차적으로 처리해준다. GPU는 엄청 큰 강당에 덧셈, 뺄셈, 곱셈, 나눗셈 등 단순한 연산을 할 수 있는 중학생 수만 명을 모아놓은 연구소다. 어려운 연산은 하지 않지만, 사칙 연산으로 순식간에 엄청난 빅 데이터를 처리해준다.

이때 메모리의 역할이 완전히 달라진다. CPU와 GPU에 연산을 처리할 데이터, 즉 시험지를 전달해주어야 한다. CPU는 데이터를 전달하는 데 크게 문제가 없지만, GPU는 수만 명에게 한꺼번에 시험지를 전달할 고대역폭 메모리HBM가 필요해진다. D램에서 CPU 연구소에 전달할 통로, 즉 입출력단자I/O 수는 32개만 해도 충분하다. 그러나 GPU 대강당에 수만 장의 시험지를 한꺼번에 전달하려면 시험감독관이 대기할 메모리 아파트HBM가 필요하다. 또 8~12층 고층 아파트에서 빨리 내려오기 위해서는 고속 엘리베이터TSV의 수, 즉 입출력단자I/O가 1024개는 필요하다.

병렬 연산을 대거 처리하는 AI 가속기가 많아질수록 빅 데이터를 빠르게 전달할 메모리 대역폭이 커져야 하는 이유다. HBM, LLW, CXL, PIM 등 다양한 메모리 기술들이 등장하는 것도 결국 메모리 대역폭 문제를 해결하기 위한 것이다. 추론용 AI 가속기 시장은 메모리 시장에 커다란 기회를 가져올 것으로 보인다. AI는 귀납적 사고를 하기 때문에 학습 데이터가 많을수록 정확하다. 정보가 많이 쌓일수록 추론 과정도 복잡해진다. LLM용 데이터센터가 수많은 GPU, CPU, AISIC 등 연산 장치를 설치해 놓은 이유다. 다만 AI 메모리 시장을 낙관적으로만 보기에는 난제들도 산적해 있다.

우선 데이터 병목현상과 전력이다. 데이터가 많아지면서 메모리와 AI 가속기 간 대역폭을 넓힌 HBM이 개발되었다. 1024개 I/O을 구현했지만, 병목 문제는 해결되지 않았다. 향후 2배 많은 2048개 I/O를 채택할 것으로 보인다.

전력 문제도 심각하다. 엔비디아 신규 AI 가속기 B200은 소비 전력이 1000W가 넘는다. 노트북PC 한 대 전력 소비량이 최대 65W, 에어컨 한 대 소비전력이 2000W 수준이다. 손바닥만한 B200 칩 2개 돌리는 데 에어컨 한 대 수준 전력이 필요한 셈이다.

GPU와 메모리 사이 병목이 심할수록 열이 증가하는데, 이를 식힐 쿨링 장치도 필수적이다. AI 데이터센터 하나 돌리려면 원자력 발전소 한 기가 필요하다는 이야기가 나오는 이유다.

AI 반도체의 종착점, 뉴로모픽 반도체

뉴로모픽 반도체는 가장 이상적인 AI 반도체로 손꼽는다. 개념을 처음 이야기 한 사람은 캘리포니아 공대 카버 미드Carver Andress Mead 교수다. 미드 교수는 무어의 법칙 이후의 반도체 세계를 전망하면서 폰 노이만 구조 이후의 컴퓨팅 방식을 고민했다. 그는 두뇌 신경망 구조에서 해답을 찾을 것이라고 예측했다.

인간의 뇌에는 1000억개 정도 뉴런이 존재한다. 뉴런은 프로세싱을 위한 유닛이라고 볼 수 있다. 대량의 정보를 동시에 처리할 수 있는 이유다. 인간은 지능을 활용해 여러 정보가 들어올 때 이를 입체적으로 처리한다. 빠른 시간 안에 최적의 처리가 가능한 이유다. 두뇌 신경망은 이런 부분에서 매우 효율적이다. GPU 덕분에 병렬처리가 가능해졌지만, 전력 소모 면에서 비효율적이다. 구글 딥마인드가 이세돌 9단과 대결하기 위해 사용한 전기료가 7000만원 수준이었다. 초창기 Chat-GPT가 한 해 쓰는 전기료만 6000억원 규모로 추산된다.

뉴로모픽 반도체로 인해 가장 타격을 입는 회사는 인텔이다. CPU 수요에 직접적인 영향을 미치기 때문이다. 인텔은 위기를 기회로 삼기 위해 뉴로모픽 반도체 개발에 가장 앞장서고 있다. 2017년 인텔은 '로이히'라는 뉴로모픽반도체 개발에 착수했다. 13만개의 뉴런과 1억3000만개 시냅스를 집적했다. 768개 칩을 연결해 1억개 뉴런, 1000억 개 시냅

스까지 확장 가능하다.

IBM의 추론 전용 칩 '트루노스'도 나름 유명하다. 자체 설계칩 NPU 수요가 점점 커질 것으로 보인다. 범용 CPU 하나로 모든 응용 어플리케이션을 구동할 수 있다. 폰 노이만 시대의 접근법을 뉴로모픽에도 활용했다. 로이히Loihi 하나로 모든 응용 어플리케이션을 구동하려는 목적이다. 원시 생명체가 운동 지능을 발달시키기 위해 뇌를 점점 키웠다. 이처럼 뉴로모픽 반도체는 로봇, 자율주행차 등의 운동 지능 구현에 효율적이다. 딥러닝 기술 덕분에 AI의 인지 능력 개선이 굉장히 빨라졌다. 이에 대한 대응 능력 차원에서 Chat-GPT가 부상했다.

뉴로모픽 반도체 개발에는 아날로그 반도체 기술이 활용된다. 기존 컴퓨팅에는 정확한 디지털 방식 프로세서 필요했다. 아날로그 방식은 정확도가 다소 떨어져도 전력 소모나 면적 측면에서 장점이 많다. 뉴로모픽 프로세서에서 효율적이다.

자율주행 기술이 레벨5 로봇 택시에 오르게 되면, 멀미가 나지 않는 편안한 승차감이나 자신의 스타일대로 자율주행 맞춤화가 필요하다. 주인이 운전하게 하고, 뉴로모픽 반도체가 이를 학습해 구현할 것으로 보인다.

메모리 반도체 밸류는 달라질 수 있다

메모리 반도체가 시스템반도체에 비해 낮은 밸류에이션을 받은 것은 수급 상황에 따라 급변하는 가격 불확실성 때문이다. 시스템반도체는 메모리 반도체에 비해 불확실성이 적다. 주식 시장이 가장 싫어하는 것 중 하나가 불확실성이다. 그러나 메모리 반도체 시장은 새로운 변화에 직면하고 있다. 기존 범용 제품 중심에서 주문형으로 점점 무게 중심을 옮겨가고 있다. 메모리 반도체의 파운드리화를 이끄는 주역은 고대역폭 메모리HBM다.

메모리 반도체가 이런 불확실성에서 벗어날 수 있는 계기가 AI 반도체 덕분에 열렸다. 기술의 변화에 적응한 회사와 그렇지 못한 회사의 격차는 엄청나게 벌어진다. 지정학 변수가 반도체 시장에 미치는 영향은 더욱 커지고 있다. 2023년 반도체 키워드는 AI와 메모리 감산의 중첩이었다. 이로 인한 나비효과는 반도체 산업에 엄청난 변화를 불러왔다.

이 부분에서도 메모리 업체들의 밸류에이션이 높아질 수 있는 힌트가 있다. 지난 20년간 메모리 업체들은 매출 대비 40%의 자금을 캐펙스CAPEX, Capital expenditures에 투입했다. 2023년 혹한기를 거치면서 삼성전자는 30%, SK하이닉스는 20% 수준까지 낮아졌다.

2023년 4분기부터 메모리 업황이 반등했고, 최근 가격이 빠른 속도로 오르고 있다. 감산이 마무리되면 예전으로 돌아갈 수 있을까. 상당수의 반도체 전문가들은 그렇지 않다는 쪽에 무게를 둔다. 메모리 업체들이 매출의 40%를 설비에 다시 투자하는 시대는 돌아오지 않을 가능성이 높다. 반도체 선단 공정 비용은 점점 높아지는 추세다. 기존 장비를 재활용하려는 기조가 강화되고 있다. D램 라인에서 쓰던 장비를 낸드로 전용하고 마지막에는 CIS 라인으로 전환하는 식이다.

그렇다면 캐펙스 투자가 줄어들면서 생긴 잉여 현금은 어떻게 사용될 수 있을까. 반도체 기업들의 정책이 바뀌면, 현금 흐름도 달라진다. 주주 가치 제고 측면에서 자사주 매입 및 소각으로 이어진다면 메모리 업체들의 밸류에이션이 재평가 될 수 있다. 정부의 주주가치 제고 정책까지 더해진다면 금상첨화다. 최근 반도체 섹터 전반이 부담스러운 밸류임에도 불구하고 외국인들이 공격적으로 매수하는 이유가 아닐까. 과거에 메모리 사이클은 상당 부분 D램 고정 거래가격에 달려있었다. 그러나 지금은 상대적으로 관심이 떨어졌다.

낸드 플래시 시장에서 희망적인 변화는 감지된다. 기존에 있는 주요 플레이어가 퇴출될 가능성은 낮지만, 몇몇 기업의 영향력이 약해질 가능성은 있다. 대표적으로 일본 키옥시아 팹은 엄청나게 노후화되었다. 클린룸 설비가 낡아서 테크 마이그레이션도 어려운 지경이다. 낸드 공급이 제한되는 긍정적 요인이다. 다만 중국의 YMTC가 새로운 공급 업체로 부상하는 것은 부정적 요인이다. 하이브리드 본딩 기술은 HBM 로드맵에서 뒤로 밀렸지만, 앞으로 꾸준히 주목받을 수 있다. 삼성전자, 마이크론이 SK하이닉스 HBM 기술을 따라잡기 위한 변곡점이 될 가능성이 높다.

AI 반도체에 천문학적인 금액 배팅한 샘 알트만과 손정의

AI 혁명으로 미래를 열 시대의 주역들이 모두 반도체에 꽂혔다. 현재 전체 반도체 시장을 합쳐도 6000억 달러 수준에 불과하다. 그런데 반도체에 대한 몇 조 달러 투자 이야기가 매스컴을 통해 심심치 않게 나오고 있다.

반도체가 없으면 AI도 없다. 샘 알트만은 최대 7조 달러 규모의 펀드를 조성해 AI 반도체 생산설비 구축에 나설 계획이다. AI 반도체의 성능을 대폭 향상시키고, 생산 설비까지 구축하는 야심 찬 목표다. 알트만은 수년 내로 10여 개의 반도체 생산 시설을 건설하고 운영은 TSMC에 맡길 계획이다. 현재 중동 등 예비 투자자들과 미팅을 진행 중이지만, 현실적이지 않은 계획이라는 지적도 있다.

소프트뱅크는 엔비디아와 경쟁할 AI 반도체 회사를 육성하기 위해 최대 1000억 달러 규모의 펀드 조성을 추진하고 있다. 이중 300억 달러는 소프트뱅크가 직접 출자하고, 나머지 700억 달러는 중동에서 조달할 예정이다. 이 프로젝트의 코드명은 일본 창조신의 이름을 딴 '이자나기izanAGI'다. 영문명 끝에 AGI, 즉 범용 AI가 붙는다. 지난 2017년 소프트뱅크와 사우디아라비아 국부펀드PIF가 함께 결성한 비전 펀드와 비슷한 규모다.

손정의 소프트뱅크 회장은 ARM과 시너지 효과를 기대하며 여러 AI 반도체 기업에 대한 투자를 계획하고 있다. 샘 알트만과 손정의 회장 두 사람의 행보는 AI 기술과 반도체 산업의 미래 발전에 중대한 영향을 미칠 것으로 보인다. 프레지던스리서치에 따르면 글로벌 AI 반도체 시장은 2024년 283억 달러약 37조원에서 2032년까지 2274억 달러약 303조원 규모로 성장할 전망이다.

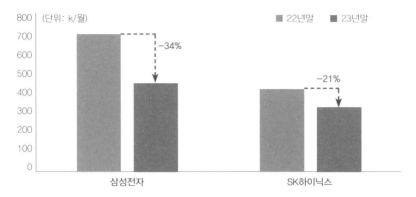

DRAM 업체들의 감산은 역대 최대 규모 수준 (웨이퍼 투입 기준)

*자료: 메리츠증권 리서치세터

유례없이 혹독했던 2023년 반도체 업황

2022년 하반기부터 2023년 3분기까지 이어진 반도체 하락 사이클은 혹독했다. 수요 감소 속도가 너무 빨라 공급업체들이 IMF 외환위기 이후 처음 감산 카드를 꺼냈다. 필자도 18년 동안 반도체 산업을 분석했지만, 라인 가동을 줄이는 것은 처음 봤다. 이전까지만 해도 반도체 라인 스위치는 절대 끄면 안 되는 것으로 생각했다. 그러나 뉴 노멀은 불현듯 찾아오는 법이다. 2023년 SK하이닉스와 마이크론은 설비투자 규모를 전년 대비 절반 수준으로 축소했다. 삼성전자는 2023년 초까지만 해도 인위적인 감산은 없다고 버티다 결국 2분기부터 투자 축소와 함께 생산 감축에 나섰다.

메모리 업체들의 감산 카드는 시장 게임의 룰을 바꿨고, 향후 공급

시스템에 큰 상흔을 남겼다. 다행인 점은 공급 업체에 유리한 구도로 흘러갈 가능성이 높다는 것이다. 메모리 반도체 개발 비용은 지속적으로 상승하고 있다. 선단 공정을 통한 원가 절감 효과는 점점 한계점에 다다랐다. 어드밴스드 패키지에 대한 투자로 원가를 개선하려는 노력은 더욱 확대될 것으로 보인다.

반도체 생산을 위한 투자는 줄었지만, 연구개발 투자는 오히려 늘리고 있다. 2023년 반도체 산업이 경기 불황의 영향을 받고 있음에도 불구하고 연구개발R&D에 대한 투자는 역대 최고 수준을 기록했다. AI 반도체 기술 주도권을 확보하고 미래 성장 동력을 확보하기 위해서다.

시장조사업체 테크인사이츠에 따르면 2023년 반도체 분야의 연구개발 총액은 전년 대비 4% 증가한 943억 달러약 122조 원로 추정된다. 반도체

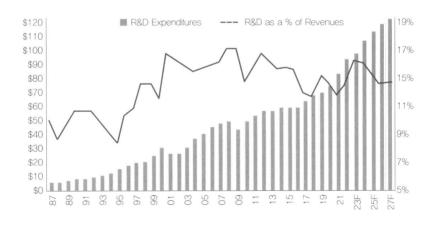

반도체 산업 R&D 비용 및 전망

*연도별: 반도체 R&D 투자 규모
*자료: 테크인사이츠

연구개발 총액은 2027년까지 지속적으로 증가할 것으로 보인다.

2024년 반도체 시장 6000억 달러로 성장

테크인사이츠는 2024년 반도체 시장이 6000억 달러로 전년 대비 17% 성장할 것으로 관측하고 있다. 세계반도체통계기구wsTs는 이를 약간 보수적으로 평가하여 11.8% 성장한 5880억 달러로 전망하고 있다. 전반적인 시장조사업체들의 긍정적 전망 배경에는 소비 심리 회복이 주요 요인으로 꼽힌다.

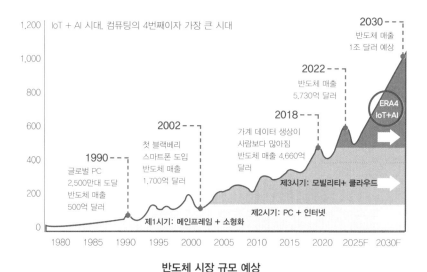

반도체 시장 규모 예상

*자료: Applied Materials, SIA, KB증권

특히 코로나19 팬데믹 기간 동안 소비된 가전제품의 교체 수요가 발생할 것으로 기대되고 있다. 가전제품 매출이 5% 증가할 경우, 해당 제품에 사용되는 반도체 출하량은 11% 이상 증가할 것으로 예상된다. 이는 AI 등 추가 기능의 탑재로 인한 반도체 채택량 증가 때문이다. 반도체는 양보다 가격으로 무게가 옮겨가고 있다. 2023년 3분기 반도체 출하량은 전 분기 대비 2% 감소했으나 매출은 10% 증가했다. WSTS도 같은 기간 반도체 매출 총액이 전년 동기 대비 14% 감소했지만, 평균 판매 가격ASP은 0.568 달러로 12% 증가했다고 발표했다. 반도체 산업 성장의 핵심 요소가 물량보다는 가격 상승에 있다는 것은 AI 반도체 밸류체인을 통해 다시 확인할 수 있다.

WSTS는 2024년 메모리 반도체 시장이 연간 40% 증가하여 1300억 달러에 이를 것으로 전망하고 있다. 2026년까지 두 자릿수 성장세를 지속할 것으로 보고 있다. 이번 반도체 시장의 업사이클은 AI, 자율주행차, 팬데믹 이후의 가전제품 교체 주기 등 복합적인 요인에 의해 추진될 것으로 분석된다.

반도체 장비 시장 반등 기대

국제반도체장비재료협회SEMI는 2023년 반도체 장비 시장이 전년 대비 1.3% 감소한 1063억 달러를 기록했다고 밝혔다. 중국 시장은 전년 대비 29% 증가한 366억 달러를 기록했다. 다음으로 한국 시장이 전년

Region	2023	2022	% (YoY)
China	$36.60	$28.27	29%
Korea	$19.94	$21.51	−7%
Taiwan	$19.62	$26.82	−27%
North America	$12.05	$10.48	15%
Japan	$7.93	$8.35	−5%
Europe	$6.46	$6.28	3%
Rest of the World	$3.65	$5.95	−39%
Total	$106.25	$107.64	−1%

*Sources: SEMI (www.semi.org) and SEAJ (www.seaj.or.jp), April 2024
Note: Summed subtotals may not equal the total due to rounding.

대비 7% 감소한 199억 달러로 2위를 차지했다. 대만 시장은 전년 대비 27% 감소한 196억 달러를 기록했다.

SEMI는 2024년 반도체 장비 시장이 강력한 반등세를 보일 것으로 전망했다. D램과 낸드 플래시와 같은 메모리 시장의 높은 성장세가 기대 요인이다. 전공정 장비 시장이 전년 대비 14.8% 성장해 878억 달러에 이르고, 테스트 장비 시장은 7.9% 증가해 64억 달러를 기록할 것으로 예상된다. 조립 및 패키징 장비 시장도 16.4% 증가할 전망이다.

2024년 파운드리와 시스템반도체 장비, 전공정 장비는 시장의 절반을 차지할 것으로 예상된다. 다만 이 부문 매출은 3% 성장에 그칠 것으로 보인다. 2024년 D램 장비 매출은 2023년 88억 달러에서 31% 성장한 116억 달러로 전망된다. 낸드 플래시 장비 매출은 84억 달러에서 59%

성장한 133억 달러로 관측된다.

2025년 D램 시장 1000억 달러 넘는다

　트렌드포스에 따르면 2025년 D램 시장은 1040억 달러로 2024년 대비 40% 이상 성장할 것으로 예측된다. 이는 2021년 기록한 935억 달러 이후 최대 규모의 성장이 될 것으로 기대되고 있다. 메모리 시장 전망도 밝다. 2024년 메모리 시장은 1300억 달러, 2025년에는 1820억 달러에 이를 것으로 전망된다. D램 시장의 장기 상승 사이클은 주로 AI 기술 발전 및 시장 확대 때문이다. PC와 스마트폰에서 온디바이스 AI 확대가 메모리 시장에 미치는 영향이 크다.

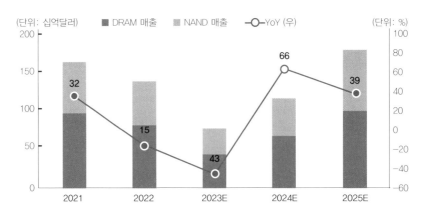

글로벌 메모리 반도체 시장: 2024E +66%, 2025E +39% YoY

*자료: Trendforce, KB증권 추정

수요와 공급 양쪽 모두 상승 흐름을 나타낼 것으로 보인다. 메모리 제품이 범용에서 주문형으로 진화함에 따라 전체 D램에서 주문형 수요가 절반을 넘어설 것으로 보인다. 이는 메모리 밸류체인에 대한 멀티플 리레이팅으로 이어질 가능성이 높다.

AI 기술 발전과 시장 확대는 메모리 산업 성장을 견인하는 주요 요인이다. 특히 D램 시장은 AI의 영향을 크게 받을 것으로 예상된다. 메모리 산업의 진화는 투자자들에게 새로운 기회를 제공할 것이다.

반도체 강국 대한민국의 현실

2024년 초 반도체 시장 점유율은 미국이 49%, 대한민국이 20% 수준이다. 대한민국이 반도체 강국이라고 어깨를 으쓱할 수도 있다. 그러나 이러한 통계에는 오류가 있다. 칩 기준 점유율에서 대만 TSMC와 소부장^{소재·부품·장비} 비중이 빠져 있다. 반도체 기업의 시가총액 기준으로 점유율을 측정할 경우 대한민국의 점유율은 더 낮아진다. 이를 감안하면 미국 점유율은 37%, 대만 22%, 대한민국 13% 수준으로 조정된다.

시가총액 기준으로는 미국이 50% 이상을 차지한다. 그다음으로 대만, 중국 순으로 나타난다. 대한민국이 자부하는 반도체 강국의 지위에 대한 냉정한 현실을 볼 수 있다. 중국의 반도체 자급률은 현재 15% 수준에 불과하다. 일부 하이엔드 칩을 제조할 수는 있지만, 수율 및 경제성 확보에는 어려움을 겪고 있다. 중국이 반도체 분야에서 자급자족을 목표로 대규모 투자와 기술 개발에 나서고 있지만, 국제적인 경쟁력 확보는 쉽지 않은 상황이다.

AI 가속기용 HBM 폭발적 성장

시장조사업체 옴디아에 따르면 2024년 HBM 수요는 80억Gb로 2023년 31.7억 Gb 대비 2배 이상 증가할 것으로 전망된다. GPU 한 개당 HBM 적용량은 96GB로 추정하면 AI 서버GPU 8개 130만대 규모로 파악된다. HBM3를 적용한 서버는 44만~88만대, HBM3E를 적용한 서버는 20만대 수준으로 전망된다. 2024년 HBM 80억 Gb 중 SK하이닉스 비중은 55%, 삼성전자 40%, 마이크론 5%로 예측된다.

생산능력은 SK하이닉스가 2024년 4월 현재 월 60K에서 연말 월 150K로 증가할 전망이다. 삼성전자는 월 40K 수준에서 2024년 연말 175K로 확대될 것으로 관측된다. 마이크론은 현재 월 5K 수준에서 2024년 연말까지 월 20K로 확대할 전망이다.시장 조사업체마다 다소 차이가 있다.

12인치 웨이퍼 한 장에 HBM3E 600~790개를 생산할 수 있다. 수율 65%를 가정하면 HBM 450개, HBM3E 300개를 만들 수 있다. 즉 웨이퍼 1장에서 생산되는 HBM 용량은 910GB 수준이다. GPU당 96GB 용량을 가정하면 9개 정도를 담당할 수 있다. HBM3E는 GPU당 144GB 임을 감안하면 6개를 담당할 수 있다. 2024년 HBM3E 비중은 25%, HBM3는 65% 비중을 차지할 것으로 전망된다.

데이터센터 매출은 엔비디아가 2023년 4분기 184억 달러, AMD 22.8억 달러 수준이다. 2024년 엔비디아 GPU 출하량은 각각 H100 140만개, H200 160만개, B200 10만개 수준으로 예상된다. 2024년 1분기 기준 H100 리드타임은 14주 수준인데 2023년 40주에 비해 크게 줄었다. AI 반도체를 위한 가장 성공적 협업 사례가 바로 HBM이다. 엔비디아와 SK하이닉스의 합작품으로 볼 수 있다. 전통 전공정 미세화와 AI 훈련에서 요구되는 높은 대역폭 특성을 맞추기 위해 TSV를 활용한 입출력단자I/O를 확장했다. 패키징 방법의 고도화가 메모리와 파운드리에서 동시 진행되지 않았다면 HBM의 성공은 없었을 것이다.

국제반도체표준협기구JEDEC, Joint Electron Device Engineering Council는 HBM 표준에서 스택 구성 방법과 외부 항목에 관해서는 별도 규정하지 않고 있다. 각 수요처의 HBM 요구 특성이 다르다는 것은 공급자 기술력에 따라 제품 차별화가 가능하다는 이야기다. HBM이 수주와 장기 공급 계약으로 진행되는 스페셜티 비즈니스인 이유다.

HBM 시장을 잡아라

메모리 업체 1,2위간 구도를 뒤흔든 HBM

AI 혁명은 메모리 업체 1, 2위간 구도를 흔들어 놓았다. SK하이닉스는 AI 가속기의 핵심 메모리인 HBM 기술을 주도하면서 삼성전자를 압박하고 있다. HBM 모듈은 일반 D램 대비 6~7배 비싼 가격에 팔린다. DDR5 대비 HBM3 가격은 5배가량 비싸다. SK하이닉스는 HBM 수율도 70% 수준으로 가장 높은 편이다. 삼성전자와 마이크론은 아직 수율을 잡는 데 어려움이 있어 HBM으로 확실한 수익을 내는 회사는 현재 SK하이닉스뿐이다.

HBM과 DDR5 수요비트 기준에서 AI 관련 비중은 2023년 4%에서 2027년 34%로 급증할 전망이다. 엔비디아 DGX H100에는 HBM 640GB와

DDR5 2TB가 탑재된다. 기존 전통 서버에 D램이 450GB 탑재되는 것을 감안하면 약 6배 증가한 셈이다. 엔비디아 DGX H200에는 144TB D램을 탑재한다. ARM 기반 CPU를 사용하며 HBM 사용량을 줄이고 LPDDR5을 적용했다. 1세트당 592GB 메모리를 탑재하는데, 256세트인 것을 감안하면 총 144TB D램을 사용하는 것이다.

비트가 아닌 매출 비중으로 따지면 D램 내 AI 비중HBM 및 DDR5은 더욱 커진다. D램 내 AI 매출 비중은 2023년 16%에서 2024년 31%로 증가할 전망이다. 2025년에는 41%, 2027년에는 56%까지 증가한다. SK하이닉스는 HBM을 기반으로 주문형 메모리 시장에서 독보적인 위치를 차지했다. 2023년 SK하이닉스와 차세대 D램 협력을 위해 방문한 기업은 엔비디아, 메타뿐 아니라 중국 바이트댄스도 있다. 메모리 1등 기업 삼성전자보다 먼저 SK하이닉스를 찾고 있는 것은 시장 내 입지 변화를 반증한다.

빅테크들은 자사 AI 서버에 적용할 HBM3E, LLW, DDR5 등을 확보하기 위해 SK하이닉스에 러브콜을 보내고 있다. SK하이닉스가 HBM을 넘어 범용 D램 시장에서도 삼성전자를 위협할 것으로 본 사람들은 많지 않았다. 두 회사간 범용 D램 점유율 격차는 빠른 속도로 줄어들고 있다. 1a, 1b 선단 공정 D램에서는 SK하이닉스가 삼성보다 낮다는 평가도 있다. 2023년 SK하이닉스 D램 시장점유율은 1분기 24.7%, 2분기 31%, 3분기 35%로 꾸준히 상승했다. 반면 같은 기간 삼성전자 D램 점유율은 1분기 42.8%, 2분기 40%, 3분기 39.4%로 꾸준히 하락했다. 두 회사간 격차는 1분기 18.1%에서 3분기 4.4%로 좁혀졌다. 4분기 들어 삼성전자가 시장 점유율을 늘리면서 다시 격차를 벌렸지만, SK하이닉스의 위협은 쉽게 수그러들지 않을 것으로 보인다.

AI 혁명이 시작되기 전 2022년 3사 D램 점유율은 삼성전자 42.5%, SK하이닉스 28%, 마이크론 24.6% 수준이었다. SK하이닉스는 HBM3, DDR5, 고성능 모바일 D램 등 고부가 제품 비중이 빠른 속도로 확대되면서 흑자전환도 가장 빨리 달성했다. SK하이닉스는 HBM3뿐 아니라 차기 제품 HBM3E의 2024년 생산량도 만들기 전 모두 판매되는 기염을 토했다.

마이크론은 1분기 실적 발표에서 2024년 HBM3E 캐파가 매진되었으며, 2025년 캐파도 대부분 할당이 완료되었다고 밝혔다. 마이크론은 10% 이내 시장 점유율에서 25~30% 수준까지 확대할 계획이다. 삼성전자는 뒤처진 D램 경쟁력을 어떻게 되찾아 올 수 있을지 고민 중이다.

SK하이닉스의 HBM 초격차

SK하이닉스는 2023년 HBM3의 8단 제품을 양산한지 10개월 만에 12단 제품 개발에 착수했다. 2024년부터 HBM3E 8단 신제품을 공급하고 있다. 신제품은 40% 얇아진 D램 칩 12장을 이전보다 13% 좁은 간격으로 쌓아 12단 24GB 용량을 구현했다. 주목할 점은 기존 8단 16GB 제품과 동일한 두께를 유지하면서 용량을 증가시켰다는 것이다.

신제품 개발에 적용된 어드밴스드 MR-MUF^{Mass-Reflow Molded Underfill}공정은 얇아진 웨이퍼가 휘지 않도록 제어하는 새로운 기술이다. 12단 칩을 쌓는 과정에서 범프들이 고르게 연결되도록 강한 열을 순간적으로 가하며, 진공 상태에서 방열성이 높은 신규 소재를 밀어 넣고, 70톤의 압력을 가해 칩 사이의 좁은 공간을 채워 넣는다. 이를 통해 생산성 3배, 열 방출 성능 2.5배 개선했다.

SK하이닉스는 2024년 총 10조 원의 캐펙스 투자 계획을 발표했다. 2023년 설비 투자 규모 6조에서 15%가량 늘어난 7조원으로 예상되었다. 특히 이번 투자는 HBM 설비 증설에 집중될 예정이며, DDR5와 LPDDR5 등에도 상당한 금액이 투입될 것으로 알려졌다. 최근 컨퍼런스 콜에서는 2024년 HBM3와 HBM3E에 대한 물량이 이미 완판되었다고 발표했다. 2025년 물량도 상당 부분 예약이 마무리된 것으로 보인다. SK하이닉스의 현금 흐름이 빡빡한 상황을 고려할 때, 2025년 설비 투자는 2024년 수준으로 예상되나 HBM 수요가 강하고 시장 주도권을 유지하기 위한 전략적인 투자가 이루어졌다.

　SK하이닉스 청주 공장에서는 신규 HBMHigh Bandwidth Memory 라인 구축을 위한 장비 발주가 이루어졌으며, 2025년 가동이 목표다. 이번 구축에는 TSVThrough-Silicon Via, 본딩, 웨이퍼 서포팅 시스템wss 등의 기술이 포함된다. 한미반도체, 도쿄일렉트론TEL 등 업체들이 거론된다. 청주 공장은 기존 팹 인근에 위치하여 2025년 완공을 목표로 신규 팹 M15X의 건설이 진행 중이며, 이를 통해 향후 생산 능력의 확대가 용이할 것으로 예상된다.

2026년 양산을 목표로 개발 중인 6세대 HBM4 생산 라인에 대한 건설도 가능할 전망이다. SK하이닉스 HBM 투자 확대로 한미반도체, 디아이티, 이오테크닉스, ISC, 에스티아이, 피에스케이홀딩스, 프로텍 등이 주목받고 있다.

AMD 잡은 삼성전자 HBM, 다음은 엔비디아?

삼성전자가 12단 HBM3E를 AMD 인스팅트 MI350X에 공급한다. AMD는 당초 이 칩을 2024년 하반기 공개하기로 했지만, 2분기에 공개하고 하반기 양산할 것으로 알려졌다. MI350X는 전작 5나노 공정보다 개선된 4나노 공정을 채택했다. HBM3에서 HBM3E로 교체한 것도 특징이다. 대역폭을 30% 이상 확대해 AI 학습 및 추론 성능을 개선했다.

스마트폰 온디바이스 AI 탑재 현황

(단위: 억달러)

삼성전자	애플	구글
갤럭시S24	아이폰16	픽셀8
삼성 가우스 탑재	생성형 AI 탑재 준비	어시스턴트 위드 바드 탑재

AI 기능 탑재한 PC 비중

(단위: %) ※전체 PC 가운데 비중

2026 : 53
2025 : 37
2027 : 60
2024 : 19

*자료: 카날리스

AI 반도체 시장 전망

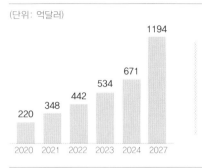

(단위: 억달러)

2020: 220
2021: 348
2022: 442
2023: 534
2024: 671
2027: 1194

*매출. 2023년 이후는 전망치
*자료: 가트너

D램 시장 점유율

(단위: %)

기타 4.1
마이크론 21.5
SK하이닉스 35
삼성전자 39.4

*2023년 3분기 잠정치 기준
*자료: 옴디아

엔비디아 H200, B200과 경쟁할 것으로 보인다. 두 제품 모두 HBM3E를 채택했다.

SK하이닉스 HBM 물량은 엔비디아가 입도선매했고, 마이크론은 아직 생산능력이 떨어진다. AMD 등 엔비디아 추격 업체 입장에서는 삼성전자가 파트너로서 매력도가 높은 상황이다. 인텔뿐 아니라 NPU 업체들도 삼성전자와 손잡을 가능성이 점쳐진다. 삼성전자는 HBM 및 D램 경쟁력 회복에 사활을 걸고 있다. 얼마 전 평택 팹 P4 공사 중 인력 재배치를 단행했다. 파운드리 생산 라인인 페이즈2 투입 인력을 HBM 생산을 위한 페이즈3로 전환 배치했다. SK하이닉스 등 경쟁사에 D램 및 HBM 기술이 밀리고 있는 만큼 선택과 집중 전략의 일환이다.

삼성전자 D램 생산능력은 SK하이닉스 대비 1.5배~2배 수준이다. 물량 면에서는 여전히 삼성전자가 경쟁력 우위를 지키고 있다. 2023년 3분기 삼성전자 D램 점유율은 30%대로 떨어졌지만, 4분기 45% 수준으로 올라섰다. 재고 소진과 생산능력 차이 영향으로 풀이된다. 삼성전자는 2024년 고대역폭메모리HBM 공급량을 2.5배 늘릴 예정이다. 최근 HBM3E 24GB 8단 제품을 일부 공급했고, 12단 36GB 모델 시제품 양산도 진행 중이다. HBM3E는 1a14나노급 D램 기반으로, HKMG 및 EUV 5개 레이어 기술이 적용되었다.

2023년 말 기준 삼성전자와 SK하이닉스의 HBM 생산 능력은 월 40K 수준으로 추정된다. 2024년은 두 회사 모두 2배~2.5배 생산량을 늘릴 계획이다. 주로 기존 D램 라인 전환 투자로 진행할 계획이다.

HBM 밸류체인에서 주목할 기업

✲ 한미반도체

삼성전자와 SK하이닉스에 이어 국내 시총 3위 반도체 기업으로 자리매김했다. AI 혁명이 만들어낸 국내 반도체 업계의 슈퍼스타 기업이라고 할 수 있다. 2023년 1조원대 시총에서 2024년 4월 기준 14조원대 시총을 기록 중이다. 향후 한미반도체 주가 흐름은 엔비디아와 SK하이닉스와 동조화될 가능성이 높다. 어드밴스드 패키징의 핵심 공정은 칩에 구멍을 뚫고 구리를 채우는 TSV^Through Silicon Via와 칩을 붙이는 TC^Thermal Compression 본더다.

한미반도체는 HBM 제조에 쓰이는 듀얼 TC 본더에서 독보적인 위치를 확보한 기업이다. HBM 기술을 주도하고 있는 SK하이닉스에 독점적으로 납품하고 있으며, 최근에는 마이크론도 한미반도체 장비를 쓰고 있다. 시장의 관심은 삼성전자가 한미반도체 장비를 쓸지 여부에 쏠리고 있다.

AI 혁명이 시작되기 전에는 MSVP^Micro Saw Vision Placement가

HBM 밸류체인

업종	기업	주력 제품	HBM Role
메모리	삼성전자	DRAM, NAND	HBM 제조
	SK하이닉스	DRAM, NAND	HBM 제조
	마이크론	DRAM, NAND	HBM 제조
IP	오픈엣지테크놀로지	NPU, 온칩인터커넥트, PHY	HBM IP
장비	에스티아이 ASMPT	CCSS, 리플로우, FC-BGA 현상기 CIS 장비, TCB, 다이싱	리플로우 장비 TC 본더
	Toray 신카와	탄소 복합 소재, IT 관련 장비 본딩/몰딩 장비, 리드프레임, 와이어	TC 본더 TC 본더
	ONTO 오로스테크놀로지	웨이퍼 검사 장비, 기판 리소그래피 노광 오버레이 장비	TSV 검사 장비 TSV 검사 장비
	제우스 도쿄일렉트론	세정, PR Strip, 습식 식각 장비 식각, 세정, 증착, 테스트, 트리밍	세정 장비 세정 장비
	Screen 케이씨텍	웨이퍼 세정 장비 CMP 및 세정 장비, 슬러리	세정 장비 세정 장비, CMP
	AMAT 램리서치	에피택시, 이온 주입, 산화/질화, 증착 CVD, 습식세정, 식각 장비	PECVD 건식 식각 장비
	KLA 파크시스템스	웨이퍼, IC칩 검사 장비 AFM, 마스크 리페어	검사 장비 검사 장비
	넥스틴 테스	다크필드 패턴 검사 장비 PECVD, GP	검사 장비 PECVD, GPE
부품	미코	세라믹 히터블록	HBM 히터
후공정 장비	피에스케이홀딩스	후공정 세정, 리플로우 장비	리플로우 장비
	한미반도체	쏘잉 장비, 패키징 장비	TSV/TC 본더
	피에스케이홀딩스	후공정 세정, 리플로우 장비	Descum, 리플로우 장비
	프로텍	디스펜서	디스펜서
	Disco	다이싱 장비, 그라인더, 다이 분리기	다이싱, 백그라인더
	이오테크닉스	마킹, 커팅 장비; LTP 장비	다이싱
	인텍플러스	패키지 검사 장비	검사 장비

*자료: 언론 종합, 신한투자증권

국내 HBM Value Chain 및 투자 포인트

회사	투자 포인트
반도체 장비	
HPSP*	고압 수소 어닐링 장비를 통해 Passivation Layer 축소에 기여 가능 (더 작은 칩을 만드는 데 기여)
원익IPS*	HBM/ISV향으로 Passivation 및 구리 어닐링 장비 공급 예정
제우스	Advanced Packaging향 세정 장비 공급 확대 기대. Carrier Wafer 제거 후 잔여물을 제거하는 공정과 TSV 식각 이후 구리 등 잔여물을 제거하는 공정에 기여할 것으로 예상.
예스티	삼성전자향 HBM 웨이퍼 가압 장비 공급
고영	Advanced Packaging (2. 5D/3D Packaging)향으로 검사/계측 장비 공급 확대 예상
넥스틴*	HBM용 Macro Tod을 개발 중이며, 연내 공급이 가능할 것으로 예상. 웨이퍼 휨 현상 검사/계측에 기여 가능.
인텍플러스	Advanced Packaging (2.5D/3D Packaging)향 외관검사 장비 공급 확대 예상. 패키지가 큰 만큼 대면적 검사 기술이 필요.
오로스테크놀로지	TSV 공정향으로 계측 장비를 공급 중. 웨이퍼가 휘는 현상인 Warpage 계측에 기여 가능.
한미반도체*	SK하이닉스향으로 TC Bonder 및 Inspection tool을 공급 중. SK하이닉스 외 고객사 확대 기대감도 유효.
이오테크닉스*	레이저 그루빙, 디본더, 마커 등을 통해 Advanced Packaging 공정에 기여 중
피에스케이홀딩스	고객사 대규모 HBM Capa 증설 수혜 기대. 현재 Reflow 장비와 Descum 장비를 국내 주요 고객사향으로 공급 중
테크윙	Cube Prober를 통해 HBM 수율 개선에 기여할 전망. 연내 양산 매출 발생 기대.
반도체 소재/부품	
솔브레인*, 케이씨텍, 동진쎄미켐	CMP 스텝 수 증가 수혜. HBM 라인의 경우. 전공정뿐 아니라 후공정에서도 CMP 공정이 진행.
리노공업*	온디바이스 AI 수혜 (모바일 AP용 소켓 단가 상승 효과, NPU 성장에 따른 물량 확대 효과)
ISC	AI GPU 출하 증가에 따른 수혜 예상. 양산 전환 제품 확대로 양산용 소켓 비중도 전년 대비 상승할 것으로 예상.

*참고: 당사 커버리지
*자료: 삼성증권

주력제품이었다. 반도체 패키지를 자르고 옮기고 세척하고 검사하는 인라인 후공정 장비다. 일본 디스코로부터 마이크로 쏘micro SAW를 수입하다 국산화한 이후 실적이 퀀텀 점프했고, TC 본더 기술 독점으로 새로운 레벨의 기업으로 재탄생했다.

HBM 시장에서 영역을 확장하고 있는데, HBM 검사 장비까지 출시해 새로운 성장 동력을 확보했다는 평가다. HBM 외 어드밴스드 패키징 시장에도 진출할 가능성도 충분하다. 향후 칩을 쌓고 붙이고 정밀하게 옮기고 검사하는 요소 기술이 점점 더 중요해지는 만큼 이 회사 기술력은 더욱 주목받을 가능성이 높다. 카메라 모듈 검사 장비, EMI 차폐 장비 등도 새로운 성장 엔진으로 자리매김할 준비를 하고 있다.

✳ 제우스

제우스는 반도체 습식 세정 장비를 주로 공급하는 업체다. 웨이퍼를 한 장씩 세정하는 싱글 타입과 수십 장 세정하는 배치 타입 모두 대응 가능한 회사다. 글로벌 시장에서 싱글 타입과 배치 타입 모두 대응가능한 장비 업체는 제우스를 제외하면 도쿄일렉트론TEL 정도에 불과하다. 싱글 타입 장비는 국내 고객사에 주로 공급되고, 배치 타입 장비는 일본 자회사 JET를 통해 중국 레거시 반도체 업체에 납품된다.

최근 삼성전자 등 국내 고객사 HBM 및 어드밴스드 패키지AVP 매출 비중이 높아지고 있다. 2024년 반도체 실적에서 HBM 및 AVP 매출 비중은 25% 수준에 이를 전망이다. HBM 본딩 및 언더필 공정에서 TSV 세정 장비를 공급한다. 협동 로봇 사업도 이 회사 주력 사업 중 하나다. 2023년 기준 반도체 장비 매출 비중이 74%를 차지하며, 로봇 매출 비중은 15%에 이른다. 플러그 밸브, 디스플레이 장비 등이 각각 5% 정도 비중을 차지한다.

제우스의 로봇 사업은 SW, 모터, 엔코더 등 핵심 소재부품을 내재화하고 있어 경쟁력이 높은 편이다. 고객 맞춤형 로봇 제작이 가능한 설계 체제도 구축하고 있다. 2009년 일본 산쿄와 손잡고 로봇 사업에 착수했다. 2019년 6축 다관절 로봇 '제로'를 출시했다. 이후 수평 다관절 로봇 '스카라'와 병렬형 로봇 '델타'도 내놨다. 현재 제우스의 로봇은 파이선으로 쉽게 프로그래밍할 수 있는 게 장점이다. 향후 Chat-GPT 등 LLM API 기반으로 AI 로봇이 구현된다면 더욱 높은 밸류를 받을 수 있을 것으로 기대된다.

✳️ 에스티아이

에스티아이는 반도체 공정에 화학약품을 공급하는 인프라 장비 CCSSCenteral Chemical Supply System를 주로 공급하는 업체다. 그러나 이 회사가 주목받는 것은 반도체 패키지 공정에서 솔더볼에 열을 가해 붙이는 리플로우 장비 때문이다. HBM, AVP 시장 성장으로 리플로우 장비 수요는 빠른 속도로 증가하고 있다.

리플로우 장비는 플럭스와 플럭스리스로 구분된다. 플럭스의 역할은 범프 표면의 불순물과 산화물을 제거해 리플로우 공정 중 범프가 균일하게 녹게 한다. 칩 간 접착력도 높여준다. 패드에 플럭스를 도포한 후 범프를 위치시킨다. 리플로우 공정으로 범프를 녹여주고 남아 있는 플럭스를 세척한다. 문제는 남아 있는 플럭스가 채임버 내 오염을 유발한다는 것이다. 세정 공정이 필수적으로 따라붙는다. 플럭스리스 리플로우 장비는 오염 물질 발생하지 않는 장점이 있다. 에스티아이가 2023년 플럭스리스 리플로우 장비 수주에 성공했다.

반도체 리플로우 외 플립칩 볼그리드어레이FC-BGA 현상기, 디스플레이 잉크젯 OCR레진으로 라미네이션 및 디스플레이 포토트랙시스템전공정에서 세정, 코팅, 노광, 현상이 순차적으로 이뤄지도록 연결 등을 신규 사업으로 밀고 있다.

✲✲ 테크윙

테크윙은 메모리 테스트 핸들러 시장에서 오랫동안 1위 자리를 지켜오고 있는 장비 업체다. 메모리 핸들러는 마이크론과 SK하이닉스에 주로 공급하고 있다. 메모리 핸들러를 기반으로 시스템반도체향 테스트 핸들러 시장에도 진출했다. 시스템반도체 테스트 핸들러 시장은 메모리보다 3배 이상 큰 규모다. 핸들러 소모품인 COKChange Over Kit도 주력의 한 축이다.

주력 사업인 메모리 핸들러는 DDR5 수혜가 기대된다. DDR5 침투율 2023년 13% 수준에서 2024년 40%까지 증가할 것으로 예상된다. DDR5 D램 침투율 증가는 COK 매출 증가로 이어진다. 테크윙의 신성장 동력은 HBM 수율 개선에 도움이 되는 '큐브 프로버'다. 기존 HBM은 베이스 다이 중 양품을 로직 웨이퍼 위에 적층한 후 테스트를 진행한다. 웨이퍼를 자르고, 이후 샘플 테스트를 진행한다. 그러나 테크윙의 큐브 프로버를 적용할 경우 D램이 적층된 로직 웨이퍼를 자른 후 전수 검사를 진행할 수 있다.

HBM 수율이 중요한 이슈로 부각된 만큼 테크윙의 수혜가 기대된다. 테크윙의 신규 장비는 메모리 3사향 HBM에 모두 공급 가능한 상황이다.

※ 디아이티

SK하이닉스에 HBM 제조용 레이저 장비를 주로 납품하는 회사다. 원래 삼성 디스플레이 매출 의존도가 높았지만, 지금은 SK하이닉스 HBM 사업 성장 수혜가 커졌다. 2005년 설립 당시는 디스플레이 검사, 레이저 커팅, UV 경화 장비 등이 주력이었지만, 레이저 어닐링 장비 개발로 새로운 성장 동력을 확보했다. SK하이닉스 HBM 생산능력 확대로 디아이티 레이저 어닐링 매출은 2024년 500억 수준을 시작으로 2026년까지 연평균 70% 성장할 것으로 예상된다.

SK하이닉스는 HBM 및 DDR5용 D램 생산을 위해 미세공정을 1z$_{16나노급}$에서 1a$_{14나노급}$/1b$_{12나노급}$/1c$_{11나노급}$로 빠르게 전환하고 있다. 디아이티 레이저 어닐링 장비 수요가 증가하고 있는 이유다. 2025년에는 레이저 커팅 장비 신규 매출도 기대된다.

✱✱ 피에스케이홀딩스

반도체 후공정에 쓰이는 디스컴, 리플로우 장비를 주력으로 공급하는 업체다. 디스컴Descum은 패키징 리소그래피 공정에서 발생하는 PR 찌꺼기를 제거해주는 장비다. 어드밴스드 패키지로 실리콘관통전극TSV이 확대되면서 디스컴 수요도 늘고 있다. 경쟁사는 일본의 울박이다. 마이크로 범프, 솔더볼을 기판에 접합하는 리플로우 장비도 주력 제품이다. 친환경 플럭스리스 리플로우 시장에서 경쟁력을 갖춘 기업이다. 리플로우 시장에서 국내 에스티아이와 경쟁하고 있다.

2024년 어드밴스드 패키지AVP, HBM 등 전방 시장 투자 확대로 디스컴, 리플로우 수요가 빠른 속도로 확대되고 있다. 피에스케이홀딩스의 주요 고객사는 ASE, AMKOR, 네패스 등 OSAT뿐 아니라 삼성전자, SK하이닉스, TSMC, 인텔 등이다. 피에스케이홀딩스는 이름 그대로 지주회사로 PR 스트립 장비 업체 피에스케이 지분 32.14%를 보유하고 있다. 지난 2013년 미국 장비 업체 세미기어를 인수했는데, 해외 영업은 세미기어 브랜드를 활용하고 있다. 미국 반도체 굴기 수혜주로 손꼽히는 이유다.

⁂ 케이씨텍

케이씨텍은 국내 유일 반도체 화학기계적연마CMP 장비 공급 업체다. 2017년 케이씨로부터 인적분할되어 설립되었다. 케이씨텍의 주요 사업은 CMP 장비뿐 아니라 CMP 슬러리 소재와 디스플레이 세정 장비 등이 있다. CMP 장비는 미국 어플라이드 머티리얼즈, 일본 에바라와 경쟁하고 있다. CMP 슬러리 소재는 산화막에 쓰이는 세리아 계열과 메탈층에 쓰이는 실리카 계열이 있다. 세리아 슬러리는 100~500나노 크기 희토류인 세리아 입자에 초순수 및 첨가제를 혼합해 만든다. 일본 히타치케미칼이 이 시장의 강자다. 메탈 슬러리는 구리, 알루미늄, 텅스텐 등을 평탄화하는 데 쓰인다. 미국 캐붓이 독보적인 경쟁력을 갖추고 있다.

반도체 세정 장비는 일본 TEL과 주로 경쟁한다. 원래 반도체 메탈 회로는 알루미늄이 쓰였지만, 1990년대부터 구리로 바뀌었다. 알루미늄은 반응성 가스로 부분 식각이 가능하지만, 구리는 어려워 CMP 공정이 도입되었다.

선단 공정이 확대되면서 CMP 공정은 연마 균일성, 높은 생산성, 더 낮은 비용이 요구된다. HBM, AVP 등 2.5D/3D 패키지에 CMP 공정은 반드시 필요하다. 케이씨텍은 최근 고객사 메모리 감산 영향으로 장비 사업이 부진했지만, CMP 슬러리 소재 매출 확대로 상쇄하고 있다. HBM용 슬러리 공급도 본격화되고 있다.

현재 케이씨텍 CMP 슬러리 매출은 세리아 70~80%, 실리카 20~30% 비중을 차지한다.

✳ 미코

미코는 반도체 어드밴스드 패키지 공정에 쓰이는 소모성 부품을 공급하는 업체다. 지주회사로서 코미코 외 해외 법인 5개를 자회사로 두고 있다. 1996년 설립되어 20년간 세라믹, 코팅 기술 등 노하우를 축적해왔다. 고객사에 최적화된 파우더를 개발하고 납품한다. 반도체 사업이 주력이지만, 바이오 및 친환경 에너지, 에너지 인프라까지 확장했다.

반도체 사업은 코미코에 코팅용 파우더를 공급하고, 본더 장비 업체에 핵심 부품인 펄스 히터를 공급한다. 세라믹 소재 기술을 기반으로 부품 사업까지 확장한 셈이다. HBM 본딩 공정용 부품인 펄스 히터는 5초 안에 순간적으로 500도까지 온도를 올렸다가 내려주는 역할을 한다. 칩 전체에 골고루 열을 분배하는 게 중요하다. 미코는 칩 사이즈마다 최적화할 수 있는 기술력을 갖췄다. 펄스 히터는 일본 업체가 선점하고 있지만, HBM 등 공정 수요 증가로 국산화가 필요해지고 있다. 미코는 삼성전자, SK하이닉스 등 반도체 업체뿐 아니라 베시, ASMPT 등 장비 업체에도 공급하고 있다. 향후 OSAT 고객도 확보할 계획이다.

⁂ 예스티

2000년 설립된 회사로 반도체, 디스플레이 장비를 주로 생산한다. 2023년 기준 매출 중 반도체 장비 62%, 디스플레이 장비 32%, 기타 6% 비중을 차지한다. 습도 제어 장비 네오콘 NEOCON과 HBM향 장비 매출이 2024년 성장을 견인할 것으로 기대된다. EFEMEquipment Front End Module에는 습도 제어 장비인 네오콘이 필요하다. 삼성 시스템LSI로부터 2022년 공정 평가를 완료하고 50대를 공급했다. 2023년에는 85대 공급했으며, 2024년은 100대 이상 수주가 예상된다.

네오콘 마진율은 40% 수준으로 전체 수익성 개선이 기대된다. HBM향 웨이퍼 가압, 칠러, 퍼니스 장비를 보유하고 있다. 이 3종 장비의 2023년 수주액은 400억 수준이다. 웨이퍼 가압 장비는 패키징 공정 중 언더필에 쓰인다. 2023년 10월부터 12월까지 273억 공급 계약을 맺었다. 2024년 하반기 200억원 이상 공급 계약이 기대된다. EDS 공정에 쓰이는 칠러, 퍼니스 장비는 2023년 80억 수주를 달성했다. 2024년 HBM향 장비 수주는 600억 이상 달성 가능할 것으로 기대된다. HPSP가 독점하는 고압 수소 어닐링 장비 이원화에 관심이 쏠리고 있다. 20% 시장 점유율만 가져와도 200억 이상 영업이익을 달성할 수 있을 것으로 보인다.

삼성전자향은 2023년 메모리 양산 퀄 테스트를 완료했다. 현재 파운드리 테스트도 진행 중이다. SK하이닉스향 낸드 산화 공정 장비도 최종 테스트가 완료되었다.

HBM 밸류체인에서 주목할
글로벌 기업

✳✳ KLA

KLA는 세계 반도체 장비 5위 기업으로 검사, 계측 분야에서 60% 이상 점유율을 차지하고 있다. 이 시장에서 35년간 1위를 차지하고 있다. 2015년 램리서치가 KLA 인수를 시도했지만, 독점 이슈로 무산된 바 있다. 웨이퍼 평탄도, 박막 품질, 칩 두께 및 폭 측정 등 반도체 검사가 점점 더 중요해지고 있다. 미세공정 수율 개선에 직접적인 영향을 미치기 때문이다.

최근 이종 집적 반도체와 어드밴스드 패키징AVP 시장 성장도 검사/테스트/계측 시장에 긍정적인 요소다. KLA는 오랜 업력과 인수합병을 통해 업계 표준으로 자리잡고 있다. 반도체 검사, 계측 시장은 KLA 중심으로 생태계가 구축돼 있어 경쟁사들이 진입하기 어렵다. 반도체 검사, 계측 외 특수 반도체 처리, PCB/디스플레이 검사 및 계측, 서비스 등 사업을 한다. 특수반도체 처리 사업은 RF 반도체나 전력반도체 제조에 쓰이는 증착 및 식각 장비를 담당한다. 서비스 사업은 구독 모델로 장비 유지, 보수 등을 제공하고 있다.

✳ 온투이노베이션

온투이노베이션은 반도체 공정 제어 분야 선두 업체다. 전공정 광학 계측, 2.5D/3D 패키징 검사, 첨단 기판/패널 패키징 리소그래피, SW 등 관련 장비와 서비스, 솔루션을 공급한다. AI 가속기 수요 증가로 패키징 사업 성장 속도가 빨라지고 있다. 선단 공정 수요도 회복 조짐을 보이고 있다.

최근 온투이노베이션은 어드밴스드 패키징 검사 장비 '드래곤플라이' 생산량을 두 배 이상 확대했다. 엔비디아 최신 블랙웰 GPU향 어드밴스드 패키지 수요에 대응하기 위한 조치로 풀이된다.

✳ 테라다인

테라다인은 반도체 후공정 장비를 주로 공급하는 기업이다. 어드반테스트와 함께 반도체 후공정 패키지, 테스트 장비 시장에서 강력한 입지를 확보하고 있다. 레거시 메모리 및 스마트폰 업황 둔화로 실적이 다소 부진한 편이다. 2024년 하반기 전방 시장 수요 개선으로 실적 반등이 기대되고 있다.

HBM 시장 성장으로 D램 테스터 매출은 2024년 전년 대비 2배 성장할 것으로 기대된다. 로봇 사업도 흐름이 좋은 편이다. 테라다인의 주요 사업은 반도체 테스트, 시스템 테스트, 산업 자동화, 무선 테스트 4개로 분류된다.

전체 매출의 70%를 차지하는 반도체 테스트 부문은 장비 설계부터 생산, 판매까지 담당한다. 반도체에 투입되는 웨이퍼의 불량을 판별하고, 양품이 들어간 디바이스 및 완제품이 정상 작동하는지 테스트한다.

시스템 테스트 부문은 우주/방어시스템 장비, 저장 장치 등 다양한 기기 테스터를 판매한다. 데이터센터, 클라우드향 하드 디스크 드라이버HDD 및 솔리드 스테이트 드라이브SSD 테스트도 한다. 산업 자동화 부문은 공장 자동화를 위한 로봇을 주로 판매한다. 대표 제품은 유니버셜 로봇, 모바일 산업 로봇 등이 있다. 무선 테스터는 라이트 포인트라는 브랜드로 운영된다. 무선 칩셋 제조사부터 완제품 판매 기업까지 폭넓은 고객을 대상으로 각종 테스트 및 서비스를 제공한다.

✲✲ 앰코테크놀로지

세계 2위 OSAT 기업이다. 대만 ASE, 중국 JCET와 더불어 빅3로 손꼽힌다. 연 매출은 70억 달러 내외 수준이다. 패키징 사업 80~90%와 테스트 사업 10% 내외 비중을 차지한다. 최근 AI 가속기발 어드밴스드 패키징 시장 성장으로 수혜를 누리고 있다. 원래 한국 기업 아남반도체였으나, IMF 외환위기 때 미국 기업이 됐다.

아남그룹은 한국 최초로 컬러 TV를 만든 회사로 한 때 재계 21위에 오르기도 했다. 창업자 김향수 회장은 한국 반도체 산업의 아버지로 불리기도 했고, 이병철 삼성그룹 회장에게 D램 사업을 권유한 것은 유명한 일화다. 김향수 회장 아들 김주진 사장이 미국에 있을 때 아남산업 반도체 현지법인 앰코전자를 세웠다. 향후 엠코테크놀로지로 변경된다. 김 사장은 아남산업을 아남반도체로 개명했다. 이때 아남반도체는 세계 반도체 후공정에서 시장에서 30% 점유율을 차지하는 기염을 토한다.

1996년 비메모리 산업에 30억 달러 투자하고, 파운드리 산업을 정조준했다. 그러나 운이 없게도 1997년 외환위기를 맞았다. 아남그룹은 파산해 버리고 만다. 반도체 사업 중 비메모리 분야는 동부그룹으로 넘겼는데, 현재 DB하이텍이 되었다.

패키징 사업은 김주진 사장이 설립한 앰코테크놀로지에 넘겨 살아남을 수 있었다. 김주진 사장은 현재도 앰코 대표로 경영을 하고 있다. 앰코테크놀로지는 국내에서는 서울, 부산, 광주, 부평에 공장을 운영 중이다.

✳️ AMAT

어플라이드 머티리얼즈는 반도체 장비 분야에서 세계 1위를 차지하고 있는 기업이다. 반도체, 디스플레이 장비뿐 아니라 최적화, 유지 보수 등 서비스도 제공하고 있다. 반도체 8대 공정 중 식각, 박막/증착, 패키징 등 5개 공정 장비를 두루 제작하고 있다. 특히 박막/증착 공정에서 독보적이다.

한국 매출 비중은 17% 수준이다. 잭 킬비가 집적회로IC를 고안했고, 인텔 공동 창업자 로버트 노이스가 실리콘 웨이퍼 위에 여러 부분을 형성하는 현재의 반도체 공정을 개발했다. AMAT 창업자는 반도체 박막 공정에 필요한 화학 물질 공급하는 회사에 근무했는데, 고든 무어와 로버트 노이스 친분을 쌓게 되었다. 이들이 AMAT 회사 설립에 많은 도움을 주었다. 벤처캐피털vc을 연결해주고 고든 무어는 개인적으로 투자까지 했다.

1969년 CVD 장비를 처음 내놓았고, 1972년 상장에도 성공했다. 애플이 PC를 내놓으면서 반도체 수요가 급증했고, AMAT도 빠른 속도로 성장했다. 증착을 시작으로 식각, 이온 주입, 계측, 테스트 등 여러 장비 업체를 인수하면서 제품 다각화를 추진했다.

2024년 AMAT의 성장 동력은 HBM 패키징 장비, GAA 트랜지스터, e빔 계측 장비 등이다. AI 수요 증가로 HBM 시장은 빠른 속도로 성장하고 있다. 2024년 AMAT HBM 관련 매출은 전년보다 4배 성장한 5억 달러로 전망된다.

GAA 관련 투자의 절반을 AMAT가 확보한다는 전략이다. 계측 장비 중요성이 증가하면서 e빔 계측 장비 수요도 늘고 있다.

✲✲ 듀폰DuPont

CMP 패드Chemical Mechanical Polishing Pad 독과점 기업이다. 반도체 제조 공정에 사용되는 폴리머, 화학 물질, 금속 재료 등 다양한 소모성 재료를 공급한다. HBM 시장 성장 가운데 집적도를 높이기 위해 TSV, 하이브리드 본딩 공정 내 CMP 수요가 증가하고 있다. 패드, 슬러리 등 부품 매출도 고속 성장하고 있다.

CMP 공정 소모품 중 패드는 비용 중 절반 이상을 차지하는 고高마진 제품이다. 듀폰은 80% 이상 점유율을 차지하고 있어 수혜폭이 커질 것으로 기대된다.

✲✲ 램리서치

램리서치는 반도체 식각, 증착, 스트립, 클리닝 공정 장비를 주로 공급하는 세계 4위 업체다. 반도체 식각 장비 시장에서 절반 이상 점유율을 차지하고 있으며, 증착 장비 분야에서도 10% 후반대를 기록 중이다. 어플라이드 머티리얼즈, 도쿄 일렉트론TEL, KLA 등과 경쟁하고 있다. 3D 낸드 플래시 기술이 진화하면서 수혜를 보고 있다. 3D 낸드는 반복 증착과, 정교한 식각 기술이 요구된다.

램리서치는 원자층 식각, 선택적 식각 분야에서 압도적인 기술력을 자랑한다. FY4Q23 기준으로 파운드리 47%, 메모리 27%, 로직/기타 27% 매출 비중을 차지한다. 제품별로는 낸드 플래시 비중이 18%로 높은 편이다. 2024년 중국향 수요 급감에도 불구하고 HBM과 DDR5 투자 확대로 실적 반등이 기대된다. HBM TSV 장비 분야에서 독점력을 갖추고 있다. GAA, BSPDN, AVP, 건식 EUV 패터닝 등 선행 기술 준비가 잘 돼 있어 어드밴스드 패키징 등 신시장 성장으로 수혜가 기대된다.

삼성전자, 국내 팹리스와 손잡고 AI 반도체 키운다

삼성전자는 반도체 개발을 위한 중요한 정보인 'PDK 프라임'을 공개했다. 파운드리가 팹리스 회사에 제공하는 공정 정보다. 이러한 정보 공개는 제품 설계 시간을 단축시키고 설계 정확도를 향상시키는 데 기여한다.

삼성전자는 네이버와 손잡고 추론용 AI 가속기 마하1을 개발했다. 마하1은 경량화, 압축, LPDDR 세 가지 키워드로 정리할 수 있다. 알고리즘으로 데이터 군살을 빼고 소프트웨어가 잘 동작하도록 칩 구조를 영리하게 바꿔 전력을 줄이려는 노력이 부각되고 있다. 같은 데이터를 옮길 때 기존보다 더 적은 전력을 쓰게 하는 것도 방법이다.

삼성전자는 마하1 데이터 압축을 위해 프루닝pruning, 즉 가지치기를 도입했다. 파라미터 꾸러미 전체를 GPU로 던지지 않고 연산에 필요 없는 것은 빼고 전달하는 것이다. 문제는 가지치기를 한 파라미터 수량이 다르다는 것이다. 이를 해결하기 위해 암호화 알고리즘으로 정보를 변환하는 방법을 사용했다. 쉽게 이야기하면, 9개가 제거된 꾸러미를 3개로, 단 1개가 제거된 꾸러미도 3개로 일정한 코드 변환을 통해 일정한 형태로 만든 셈이다. 인터페이스 병목이 줄고, 테이블 순환율이 높은 식당처럼 효율적인 AI 연산이 가능해진다. 삼성전자는 SSD에서 이 아이디어를 얻었다. 정보 오류를 판별하고 수정하는 ECCElliptic Curve Cryptography라는 게 있는데, 여기에 임의로 코드를 입력하는 암화화와 복호화 알고리즘이 적용된다.

　2020년 삼성리서치는 프루닝과 데이터 압축, 부호화 기술 논문을 낸 적 있다. 이때 연구되었던 내용이 마하1에 응용된 것으로 보인다. 국내 최대 팹리스 회사 LX세미콘은 삼성전자의 파운드리 서비스와 8인치 및 12인치 파운드리 협력을 통해 제품을 생산하고 있다. 리벨리온은 삼성전자의 5나노 공정을 활용하여 AI 반도체 '아톰'을 상용화했다. 딥엑스는 삼성전자 파운 드리의 5나노, 14나노, 28나노 공정을 활용해 고성능 저전력 AI 반도체 4종을 개발했다.

　삼성전자는 이러한 기술 지원을 확대하기 위해 2026년까지 KAIST에 MPW^{Multi-Porject Wafer} 15회를 무상으로 제공할 예정이다. 설계 연구 개발을 지원해 국내 반도체 산업의 발전과 혁신을 도모하려는 전략이다.

삼성전자, 인간형 반도체 만든다

2023년 가을 삼성전자 시스템LSI 사업부는 인간의 오감을 모방하는 '인간형 반도체Semicon Humanoid' 개발에 대한 비전을 발표했다. 인간처럼 냄새와 맛을 인식할 수 있는 센서 개발을 포함한다. 삼성전자는 이미지 센서를 포함해 사람의 오감을 감지하고 구현할 수 있는 다양한 센서 개발에 착수했다. 삼성전자 시스템LSI 사업부는 시스템온칩soc, 이미지센서, 모뎀, DDI, 전력반도체, 보안솔루션 등 900여 개의 시스템반도체 포트폴리오를 보유하고 있다.

AMD와 삼성전자의 GPU 설계 협업도 긴밀해지고 있다. 삼성전자와 AMD는 이미 AP용 GPU인 엑스클립스를 공동 개발한 바 있다.

HBM 선두 기업 SK하이닉스의 당면 과제

메모리 시장의 절대강자 삼성전자를 위협하고 있는 SK하이닉스이지만, 마냥 속이 편하지만은 않다. 점점 부족해지는 팹 공간 때문이다. 최근 SK하이닉스가 키옥시아 K2 공장을 임대할 것이란 매스컴 보도가 나오고 있다. 현재 SK하이닉스는 D램을 이천과 우시, 낸드를 청주에서 주로 생산한다. HBM 수요 증가로 더 많은 공간이 필요하지만, 용인 클러스터 이전까지 사용 가능한 팹 공간이 제한적이다.

단기적으로는 M15 빈 공간을 활용하거나 M15X 팹을 신규 증설하는 방안도 가능하다. 보수적인 낸드 생산 기조가 지속되는 만큼 여유 낸드 부지를 TSV 라인으로 일시적으로 활용하는 것도 검토 중이다. 이천 및 청주 후공정 팹에서 생산 중인 범용 메모리 외주화에 가속도가 붙을 것으로 보인다.

HBM 수율이 획기적으로 개선되면 팹 공간 부족 문제는 쉽게 해결될 수 있다. 현재 SK하이닉스 HBM 생산 수율은 70% 수준인 것으로 알려졌다. 수율을 높이는 노력이 강화되면 국내 검사/계측 업체들이 수혜를 볼 수 있다. SK하이닉스향 검사 장비 업체로 넥스틴과 인텍플러스 주목하는 이유다. 팹 공간 부족으로 외주 물량 확대로 베트남에 대규모 공장을 확보한 하나마이크론 수혜도 기대할 만하다.

03장

넘버쓰리 마이크론테크놀로지의 약진

마이크론의 HBM 시장 점유율 확대 적극적 행보

세계 D램 시장에서 3위, 낸드플래시 시장에서 5위를 차지하고 있는 기업이다. 미국에 본사를 두고 있으나, 생산기지는 주로 대만에 위치해 있다. 최근 마이크론은 HBM 시장 점유율 확대에 적극나서고 있다. 현재 5% 수준에 불과한 HBM 시장 점유율을 2027년까지 20%까지 끌어올릴 계획이다. 한미반도체 TC 본더를 도입한 이후 HBM 생산 수율이 크게 높아진 것으로 보인다.

D램 시장에서 20% 초반대 시장 점유율을 차지하고 있는데, 이중 60% 이상을 대만에서 생산한다. 과거 메모리 치킨 게임 기간에 대만 D램 업체들을 인수합병해왔기 때문이다. 대만 타오위안에 위치한 팹11

공장은 독일 인피니언 자회사 키몬다와 대만 난야가 합작 설립한 이노테라를 인수한 것이다. 타이중에 위치한 팹16은 2012년 일본 엘피다 자회사 렉스칩을 인수해 확보했다. 현재 이곳에서는 1a이상급 D램이 생산되고 있다. 삼성전자와 SK하이닉스에 비해 EUV 공정 도입이 늦어 기존 노광 공정을 멀티패터닝QPT으로 생산하고 있다.

대만 팹 다음 중요한 생산기지는 일본이다. 마이크론은 일본 히로시마에 팹15를 보유하고 있다. 이곳에서 D램의 30%가량을 생산한다. 1b베타 이상급 D램을 일부 생산한다. 2002년 도시바 D램 공장을 인수해 운영 중인 버지니아 팹은 차량용 메모리를 주로 생산하고 있다. 낸드플래시 시장에서 마이크론은 8~9% 정도 시장 점유율을 보유하고 있다. 싱가포르 팹7과 팹10에서 낸드 생산의 75% 이상 담당하고 있다.

미국 내 대규모 투자 계획 & 일본 EUV 투자 확대

마이크론은 미국 내 대규모 투자 계획도 발표했다. 아이다호주 보이시에는 2030년까지 150억 달러약 20조원를 투자해 새로운 팹을 건설할 계획이다. 뉴욕주에는 1000억 달약 134조원를 투자해 향후 30년 동안 대규모 생산 시설을 구축할 예정이다. 마이크론은 미국 내 반도체 생산 기반을 강화하고, 글로벌 반도체 산업 내에서 입지를 더욱 공고히 할 계획이다.

마이크론은 일본 생산라인에 EUV 투자를 확대하고 있다. 총 37억 달러 규모 투자를 단행하는데, 이중 일본 정부로부터 15억 달러를 지원받는다. 유럽, 미국, 일본 등에서 파운드리 지원 중심으로 진행되고 있지만, 메모리 산업도 핵심 산업으로 인정받고 있다는 것을 의미한다. 마이크론은 1감마 공정에 EUV 장비를 도입한다. 삼성전자, SK하이닉스에 비해 EUV 도입이 다소 늦었다. 삼성전자는 총 50대의 EUV 장비를 보유하고 있다. 먼저 도입한 EUV 장비 감가상각비 종료 시점이 임박함에 따라 향후 원가 경쟁력이 강화된다.

마이크론 본사는 미국에 있지만, 생산은 일본과 대만에서 이뤄진다. 엘피다 연구개발 인력을 그대로 유지하며, 일본에서 모바일 D램 생산에 집중해왔다. 마이크론의 D램 생산 능력은 일본 월 100K, 대만 월 180K에 달한다. 대만의 지정학적 리스크를 감안해 EUV 기술을 일본에 도입하는 것은 당연한 수순으로 보인다.

혁신과 지속 가능한 성장의 중요성을 보여준 '마이크론'

마이크론의 설립은 반도체 산업에서 중요한 사건이다. 1978년 쌍둥이 형제인 조 파킨슨과 워드 파킨슨에 의해 설립된 마이크론은 메모리 반도체 시장에 도전장을 내밀었다. 당시 메모리 반도체 분야는 일본 기업들의 압도적 강세였다. 창업 시기가 너무 좋지 않았다. 마이크론은 일본 기업에 밀려 망하기 직전까지 몰렸지만, 아이다호 감자 재벌 잭 심플롯이 수백만 달러를 투자하면서 생존과 성장 기반을 마련했다. 심플롯의 투자는 단순히 자금을 제공한 것 이상의 의미였다. 그는 마이크론에게 경영 및 기술적 자문을 제공했고, 회사가 초기 어려움을 극복하고 성장할 수 있는 발판을 마련해주었다.

마이크론은 제조 공정을 단순화하고 효율성을 높여 비용을 절감하는 데 중점을 두었다. 이러한 전략은 일본 기업들과의 경쟁에서 중요한 역할을 했다. 일본 기업들은 고품질의 제품을 저렴한 가격에 제공하며 세계 시장을 지배하고 있었다. 마이크론이 살아남기 위해서는 비용 절감과 함께 고품질 제품을 생산하는 것이 필수적이었다. 마이크론은 연구 개발에도 상당한 투자를 단행해 기술 혁신을 이뤄냈다.

지금도 마이크론은 DRAM, 낸드 플래시 메모리 같은 핵심 제품을 생산하는 선두 기업 중 하나로 인정받는다. 마이크론의 성공 스토리는 반도체 산업 내에서 혁신과 지속 가능한 성장이 얼마나 중요한지를 보여주는 좋은 예다.

04장

HBM 기술 진화에서 찾는
투자 아이디어

AI 반도체 사이클에서 남은 체크 포인트

2023년 초부터 최근까지 AI 사이클에 노출도가 높은 소부장들의 주가 상승은 지속되고 있다. 반면 기존 커머디티 메모리 전공정 노출도가 높은 기업들은 지지부진하다. 같은 반도체 섹터라도 AI 노출도가 큰가 작은가에 따라 방향이 갈리는 구간이다. 현재는 금리와 반도체 주가 상관관계도 중요한 포인트다. 역사적으로 경기가 반등하는 시기마다 반도체 산업은 상승 사이클에 진입했다.

지난 2019년 9월 금리 인하 전 반도체 주가가 상승하기 시작했다. 2024년 3분기에 연준의 금리 인하가 예상되면서, 반도체 주가 상승 흐

신공정에서 한국 반도체 장비 기회 찾기

름이 지속되는 것도 같은 맥락이다. 2024년 초부터 D램 시장을 중심으로 한 반도체 업황의 회복이 두드러졌다. 어드밴스드 패키징 기술AVP 관련 기업들은 이번 상승 사이클 내내 주도주 자리를 놓치지 않고 있다.

전공정은 테크 마이그레이션 관점에서 D램 시장을 주목해야 한다. HBM3E뿐 아니라 LLW D램도 선단 공정 D램 기반으로 만들어진다. 1a/1b 캐파 잠식 효과가 예상된다. SK하이닉스는 예상을 뛰어넘는 10조원의 캐펙스 투자를 발표했고, 삼성전자와 마이크론은 고대역폭 메모리HBM 투자 확대에 나섰다. 향후에는 반도체 미세화 관련 기업들이 주목받을 가능성이 높다. 특히 고유전율 물질High-K Metal Gate, HKMG 관련 유진테크, 주성엔지니어링, 원익IPS 등이 주목된다. 원자층 증착ALD 기술에 대한 수요는 계속 증가하고 있다. 제조 공정이 1x에서 1y, 1z, 1a, 1b로 진행됨에 따라 필요한 ALD 장비의 수도 5대에서 13대로 증가할 것으로 예상된다.

주성엔지니어링은 커패시터용 하이케이 ALD를 SK하이닉스에 독점 공급하고 있으며, 2022년 기준으로 ALD 시장에서 10%의 점유율을 차지하고 있다. 원익 IPS는 오랫동안 부진한 주가 흐름을 보였지만, 최근 삼성전자의 실적 개선 이후 빠른 반등세를 보였다.

차세대 3D D램 연구 본격화

3D D램 연구개발은 2025년부터 본격화될 전망이다. 이 과정에서 에

반도체 후공정 장비: HBM 관련 장비에 주목

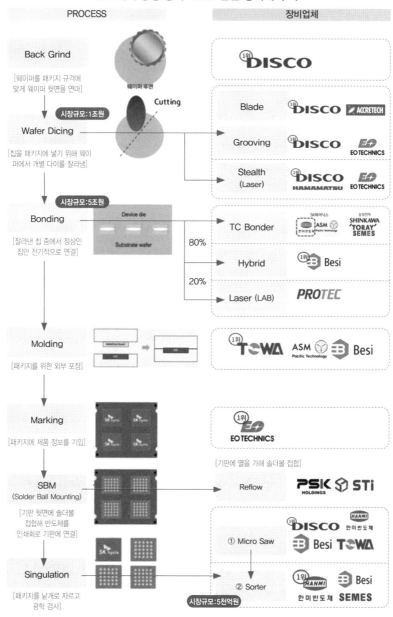

PROCESS

장비업체

Back Grind

[웨이퍼를 패키지 규격에 맞게 웨이퍼 뒷면을 연마]

웨이퍼 후면

Cutting

시장규모:1조원

Wafer Dicing

[칩을 패키지에 넣기 위해 웨이퍼에서 개별 다이를 잘라냄]

Blade — ①위 DISCO / ACCRETECH

Grooving — ①위 DISCO EO TECHNICS

Stealth (Laser) — ①위 DISCO HAMAMATSU EO TECHNICS

시장규모:5조원

Bonding

[잘라낸 칩 중에서 정상인 칩만 전기적으로 연결]

Device die

Substrate wafer

80%

TC Bonder — SK하이닉스 한미반도체 ASM Pacific Technology / 삼성전자 SHINKAWA TORAY SEMES

Hybrid — ①위 Besi

20%

Laser (LAB) — PROTEC

Molding

[패키지를 위한 외부 포장]

①위 TOWA   ASM Pacific Technology   Besi

Marking

[패키지에 제품 정보를 기입]

①위 EO TECHNICS

[기판에 열을 가해 솔더볼 접합]

SBM (Solder Ball Mounting)

[기판 뒷면에 솔더볼 접합해 반도체를 인쇄회로 기판에 연결]

Reflow — PSK HOLDINGS   STi

① Micro Saw — ①위 DISCO   HANMI 한미반도체   Besi TOWA

Singulation

[패키지를 낱개로 자르고 광학 검사]

시장규모:5천억원

② Sorter — ①위 HANMI 한미반도체   Besi   SEMES

피택셜 그로스Epitaxial Growth 박막증착 공정이 주요 기술로 주목받고 있다. 에피택셜 그로스는 극초순수한 층을 기존의 소재 위에 순차적으로 쌓아 올리는 공정이다. 반도체 트랜지스터 위에 균일하고 순수한 박막을 형성하는 데 사용된다.

이 공정을 위해서는 싱글 타입 저압 화학기상증착LPCVD, Low Pressure Chemical Vapor Deposition 장비의 수요가 크게 증가할 것으로 예상된다. LPCVD 장비는 AMATApplied Materials 외 유진테크 정도만 공급할 수 있는 기업으로 손꼽힌다. D램에 새로운 트랜지스터 구조로 VCATVertical Cell Array Transistor기술이 적용된다. 3D 낸드, 파운드리 GAA에 이어 3D VCAT 구조를 깎는데 솔브레인의 식각액Etchant이 필요해진다.

2024년 캐펙스CAPEX, 자본 지출 전망에 따르면 D램 분야 투자 증가가 돋보인다. D램 캐펙스는 36조 원에 달하며, 전년 대비 2.1% 증가한 수치다. 반면 낸드 플래시는 33조 원으로 전년 대비 11% 감소할 전망이다. 파운드리 부문 캐펙스는 61조 원으로 전년 대비 14.5% 감소가 예상된다.

삼성전자, SK하이닉스의 캐펙스는 HBM3E와 DDR5 생산능력 확대에 상당 부분 투입된다. AI 서버뿐 아니라 고성능 컴퓨팅, 서버, 네트워킹 및 게이밍 애플리케이션 수요에 대응하기 위해서다. 삼성전자는 화성 레거시 라인과 평택 P2 라인을 최신 1b 기술로 전환하는 투자를 진행 중이다. 현재 1a 기술을 주력으로 삼고 있는 평택 P3 라인은 연말까지 생산 능력을 현재의 30K에서 50K로 확대할 계획이다. 2025년 말까지 월 90~100K까지 확대할 것으로 전망된다. P4 라인의 인프라 투자

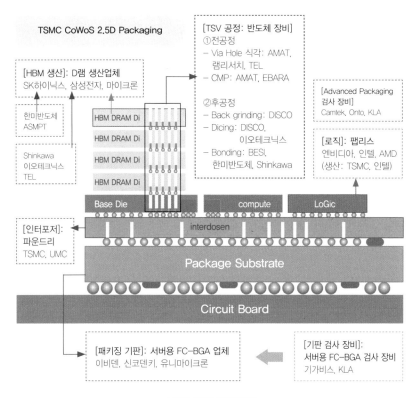

TSMC CoWoS 2.5D Packaging

[TSV 공정: 반도체 장비]
①전공정
– Via Hole 식각: AMAT,
  램리서치, TEL
– CMP: AMAT, EBARA

②후공정
– Back grinding: DISCO
– Dicing: DISCO,
          이오테크닉스
– Bonding: BESI,
  한미반도체, Shinkawa

[HBM 생산]: D램 생산업체
SK하이닉스, 삼성전자, 마이크론

한미반도체
ASMPT

Shinkawa
이오테크닉스
TEL

[Advanced Packaging
검사 장비]
Camtek, Onto, KLA

[로직]: 팹리스
엔비디아, 인텔, AMD
(생산: TSMC, 인텔)

HBM DRAM Di
HBM DRAM Di
HBM DRAM Di
HBM DRAM Di

Base Die   compute   LoGic

[인터포저]:
파운드리
TSMC, UMC

interdosen

Package Substrate

Circuit Board

[패키징 기판]: 서버용 FC–BGA 업체
이비덴, 신코덴키, 유니마이크론

[기판 검사 장비]:
서버용 FC–BGA 검사 장비
기가비스, KLA

HBM 장비 밸류체인

*자료: KB증권

완공 시점은 2024년 초에서 2분기로 지연되었고, 가동 시점은 2분기에서 3분기로 밀렸다. 2024년 SK하이닉스는 HBM고대역폭 메모리을 중심으로 10조원 설비투자를 배정했다. 청주 팹 M15에 HBM 라인을 증설할 계획이다. 증설에 필요한 장비는 2023년 8월 발주했다. 우시 팹은 기존 1y, 1z 공정에서 1a로 전환 중이다. 이천 M16에는 1b D램 라인이 대거 구축된다. SK하이닉스는 1b부터 EUV 4개 레이어를 적용한다.

HBM 두께 표준 완화, 기존 공급 업체에 유리

메모리 반도체 설계 표준을 정하는 JEDEC에서 HBM4 높이를 기존 720um에서 775um로 완화했다. 스펙이 완화된 만큼 기존 공법 TC-NCF, MR-MUF 등이 2027년까지 지속될 것으로 보인다. SK하이닉스와 한미반도체 등 기존 밸류체인이 상대적으로 수혜가 예상된다. 반면 하이브리드 본딩 도입 수혜 모멘텀이 있던 기업들은 기대감이 수그러 들었다.

CoWoS 2.5D 패키징 캐파 제약은 점차 완화되고 있다. TSMC 선단 공정 가동률은 1분기 비수기 가운데 빠르게 회복되는 추세다. 인텔도 CoWoS 일부 물량을 받아 대체 생산 중이다. AI 시대 기술 방향성은 메모리 대역폭 확대에 있다. 자율주행, 원격의료, 언어 모델 등 AI 서비스는 절대로 지연이 발생해서는 안 된다. 이를 위해 입출력단자 I/O수를 늘려 대역폭 확대가 더 중요해진다.

그동안 GPU를 지원하기 위한 메모리는 GDDR이 주로 쓰였다. HBM은 비싼 가격과 제조 난이도가 높아 시장의 외면을 받았다. 그러나 AI 시대 들어 GDDR 기술이 한계 봉착했고, HBM이 함께 할 고성능 메모리로 낙점되었다. 최근 레거시 제품인 HBM2E가 자율주행 ADAS 전용 솔루션으로 활용되고 있다. AI가 서버에서 에지 디바이스로 확산

TC-NCF와 MR-MUF의 제조 방식 차이

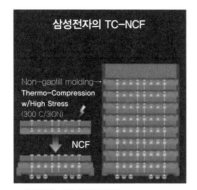

삼성전자의 TC-NCF

Non-gapfill molding→
Thermo-Compression
w/High Stress
(300 C/3iON)

NCF

- 삼성전자는 TC-NCF를 활용.
- NCF라는 필름을 넣고, 열과 압력을 가함
- 방열 특성에서 불리하나.
  층 수 증가 시 스택간 갭을 줄이는 데 유리

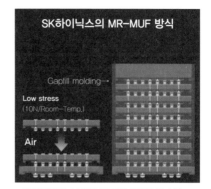

SK하이닉스의 MR-MUF 방식

Gapfill molding→

Low stress
(10N/Room-Temp.)

Air

- SK하이닉스는 HBM3부터 기존 NCF를 쓰지 않고
  MUF(Molding Underfill) 소재를 도입 (일본 Namics)
- 압력을 주지 않아 크랙 등
  수율에 유리 / 더미 범프로 방열에 유리
- 층수 증가하면서 Underfill의 균일도 문제

*자료: SK하이닉스

되면서 HBM의 수요처도 확장되는 흐름이다. 온디바이스 AI용 메모리로 경량화된 HBM 모델이 대안으로 부상하고 있다. 면적이 작은 스마트폰 등 모바일에 특화된 반도체로 LLW가 부상하고 있다.

두께 기준이 완화되었지만, 6세대 HBM4부터 바뀌는 부분은 적지 않다. 우선 대역폭이 크게 개선되는데, 입출력단자I/O수가 1024개에서 2048개로 2배 증가한다. 입출력 단자수가 확대되는 만큼 기존 칩보다 크기가 커져야 한다. 넷 다이 제약을 해결할 방법은 미세 공정밖에 없다. 코어 다이, 즉 D램 낱장도 변화한다. HBM3E는 1a/1b 공정으로 D램 낱장을 만든다. HBM4에는 1b 혹은 1c 공정이 도입된다.

코어 다이의 메모리 컨트롤러 기능을 담당하는 로직 다이 변화도 주목할 만하다. 로직 다이는 HBM과 GPU를 PHY_{물리계층}로 연결해 데이터를 고속으로 처리한다. 그동안 D램 공정에서 로직 다이 생산했는데, HBM4부터는 파운드리에서 담당하게 된다. 로직 다이에 4나노 수준의 선단 공정까지 적용되기 때문이다. 로직 다이 차별화로 커스터마이징이 본격화되는 시점은 2028년 HBM4E부터일 가능성이 높다.

삼성전자 등 TC-NCF 진영은 소재 두께를 지속 축소해 7um까지 구현했다. HBM3E 12단 샘플은 기존 8단 HBM3 대비 20% 이상 향상된 수직 집적도를 달성했다. D램 낱장이 구겨지는 워페이지_{Warpage} 현상 최소화에 장점이 있다. 적층 단수를 빠르게 올리는 데 효율적 공법이다. 필름 타입이다 보니 열과 압력으로 누르는 과정에서 양옆 부위가 튀어나오는 다이 슬립 혹은 크랙 등 문제 발생한다. MR-MUF는 한 번에 대량의 범프를 녹여 생산성 개선하는 게 최대 장점이다. 고열로 워페이지 현상 발생하는 문제를 고열 노출 시간을 줄여 생산성 높이고 불량을 줄이고 있다.

NCF 소재는 일본 레조낙이 주로 공급한다. LG화학에서 차세대 NCF 소재 연구개발 진행 중이다. MR-MUF 소재는 일본 나믹스와 나가세가 공급 역량 갖추고 있다.

AI PC가 원하는 주문형 D램

인텔, AMD, 퀄컴이 주도하는 AI PC 시장도 향후 성장이 기대되는

기존 SO-DIMM의 기판 탑재 면적	신형 LPCAMM 적용 시 기판 탑재 면적 변화

*자료: 삼성전자, 신한투자증권

시장이다. AI PC에 최적화된 차세대 D램이 바로 LPCAMMLow Power
Compression Attached Memory Module이다. LPCAMM은 일반 DIMM 대비 작은
크기로 모바일 디바이스에 주로 사용되는 SO-DIMMSmall Outline Dual In-line
Memory Module을 대체할 것으로 관측된다.

LPCAMM 탑재시 모바일 디바이스 내 탑재 면적을 60% 줄일 수 있
다. 고성능 컴퓨팅 시스템에 맞게 최대 성능 50%, 최대 전력 효율 70%
개선할 것으로 기대된다. 고용량 콘텐츠와 AI 애플리케이션 확대로
cSSD 구매 수요도 증가할 것으로 기대된다.

삼성전자 차세대 D램에 4F 스퀘어 도입

D램 기술 진화에서 또 하나 주목할 포인트는 삼성전자가 도입을 추
진 중인 4F 스퀘어 기술이다. 당초 2010년에 도입하려다가 실패한 바

있을 정도로 기술 난이도가 높다. 주문형 D램 시장에서 뒤처진 삼성은 최근 팀을 다시 구성하고 연구개발에 속도를 내고 있다.

F는 '피처'의 약자다. 반도체는 소스로 전류가 들어와서 드레인으로 나가는 구조다. 전하를 저장하는 커패시터에 채워있는지 비었는지에 따라 0과 1로 구분된다. 드레인 위에 커패시터가 위치하는데, 4F 스퀘어는 워드 라인과 비트라인의 배치를 바꿔야 하므로 D램의 구조를 완전히 바꾸는 개념이다. 이를 통해 선폭의 축소없이 배치만으로 30%가량 면적을 줄일 수 있다.

쉽게 이야기하면 4F 스퀘어는 과거 반도체에 8칸 쓰던 것을 6칸으로 줄였고, 이걸 4칸으로 줄이려는 시도라고 생각하면 된다. 기존 6F 스퀘어 구조로는 D램의 선폭을 줄이는 데 한계에 다다랐다. 현재 양산되는 1b D램은 12.3나노로 개발하다가 12.7나노로 선회했다. SK하이닉스 1b D램은 12.8나노로 알려졌다. 1a D램은 삼성 14나노, SK하이닉스 14.8나노, 마이크론 14.6나노 수준이었다. 선단 공정 자체만 놓고 보면 삼성이 앞섰지만, 결국 수율에서 뒤처지고 말았다.

1c[10나노 초반] 이후 삼성은 3D D램과 4F 스퀘어 투 트랙으로 가고, SK하이닉스와 마이크론은 3D D램으로 가는 방향인 것으로 알려졌다. 1등 기업과 2, 3등 기업의 로드맵이 다소 엇갈린 것이다. 소부장 밸류체인이 어떻게 준비되는지에 따라 결과가 달라질 수 있다. 3D D램으로 갈 경우 EUV 공급망에는 재앙이 될 수 있다. 과거 낸드 플래시가 2D에서 3D로 전환되면서 선단 공정이 대폭 후퇴한 것처럼 D램도 3D화 되면 70~80나노 수준 선폭으로 구현할 수 있다.

D램 테크 마이그레이션 수혜주

☀ 유진테크

유진테크는 반도체 증착 장비 기업이다. 매출의 절반은 LPCVD 장비가 담당하며, 30~40% 비중은 ALD 장비가 차지한다. LPCVD는 유진테크와 어플라이드 머티리얼즈가 주로 경쟁할 정도로 진입장벽이 높다. 삼성전자, SK하이닉스, 마이크론 등에 에피택셜 그로스용Epitaxial Growth LPCVD를 공급하고 있다.

2023년 주요 고객사 삼성전자향 수주 상황이 좋지 못했다. 2023년 4분기부터 전통적 최대 고객인 마이크론이 주문을 재개했다. 2024년부터 비중이 증가하는 HBM용 1a/1b/1c D램 선단 공정에는 신규 장비가 필요하다. 평균 판가가 높은 'QXP ALD' 장비 매출이 지속적으로 증가하고 있어 이익률 개선에 도움이 되고 있다. 고쿠사이 일렉트릭과 ALD 관련 특허 소송을 진행 중인데, 배상액 규모가 크지 않아 실적에는 제한적인 영향이 예상된다.

장기적으로 기대하는 것은 3D D램이다. 3D D램에는 에피택셜 그로스 박막 증착용 LPCVD 장비 수요가 늘어난다. 트랜지스터 위에 박막을 균일하게 형성해야 하기 때문이다. 메모리 3사 모두 10나노 초반급 1c 공정부터 에피 공정을 추가했다. 3D D램에는 더 많이 필요해진다.

✲✲ 주성엔지니어링

원자층증착장비ALD, 화학기상증착장비CVD 등 반도체 증착 장비를 주로 공급하는 업체다. 2024년 실적 전망 기준으로 반도체 사업이 90% 이상 비중을 차지한다. SK하이닉스에 주로 선단 공정용 ALD 장비를 납품하고 있으며, CXMT 등 중화권 기업에도 상당히 많은 물량을 공급 중이다.

2023년 4분기부터 수주잔고가 가파른 속도로 증가하고 있다. 2023년 말 기준 수주잔고는 2302억에 달한다. 리드 타임은 국내 4~5개월, 해외 8~9개월 수준이다. SK하이닉스는 HBM3E 생산능력 확대를 위해 1a14나노급, 1b12나노급 D램에 이어 하반기 1c11나노급 D램 양산에 돌입한다. HBM3E에는 1b D램이 메인으로 채택된다. D램 선단 공정이 진행될수록 커패시터 막을 싸는 하이케이High-K 레이어 수가 증가한다. 1a 커패시터 공정에는 13회 ALD 공정이 필요하고, 1b에는 15회 적용한다. 1c에는 18회 이상 수준일 것으로 추정된다.

SK하이닉스는 2024년 선단 공정 확대를 위해 기존 6대 보유한 EUV 장비를 9대 추가 주문했다. 이천 M16 팹을 중심으로 1b 공정을 확대하고 있으며, 중국 우시 팹은 1z^{16나노급}에서 1a로 공정 전환 진행 중이다. 인텔과 TSMC에 ALD 장비를 신규 공급하는 계약을 진행 중이다. 2025년부터 매출 반영이 시작될 것으로 기대된다.

디스플레이 부문은 8.6세대 애플향 OLED, 6세대 차량용 OLED용 장비 수주가 본격화될 것으로 예상된다. 신성장 동력으로 추진 중인 유리기판 장비도 기대감을 모으고 있다.

✱✱ 디엔에프

디엔에프는 반도체 증착 공정에 쓰이는 전구체프리커서를 주로 공급하는 기업이다. 얼마 전 솔브레인에 인수되었다. 주요 사업은 하이케이High-K, DIPAS, HCDS 등이다. 반도체 공정에서 하이케이는 유전값 K상수가 4 이상인 물질을 말한다. 산화막SiO2 K값이 3.9여서 이보다 높으면 하이케이, 낮으면 로우케이다. 원자층증착ALD 커패시터 절연막 소재로 쓰인다.

현재 하이케이 물질은 지르코늄Zr을 주로 쓰는데, 선단 공정에서는 하프늄Hf이 점점 중요해지고 있다. 하이케이와 로우케이 모두 절연막에 쓰이는 건 같지만, 유전율에 따라 쓰이는 영역이 다르다. 하이케이는 전하를 저장하는 커패시터 증착에 주로 쓰고, 로우케이는 배선 사이 절연막에 사용된다.

차세대 하이케이 물질 하프늄은 폭발성이 강하다. 무기 개발에도 주로 쓰이는데, 그만큼 다루기 굉장히 힘들다는 방증이다. 이론적으로 하프늄 1g은 다이너마이트TNT 50Kg과 맞먹는 폭발력을 가진다. 중요한 물질인 만큼 특허 이슈도 복잡하다. 일본 트리켐과 아데카가 중요한 특허를 보유하고 있고, 후발 업체에 소송을 진행 중이다. 하프늄 특허 사용권을 가진 솔브레인이 디엔에프를 인수함에 따라 특허 관련 불확실성은 어느 정도 완화된 것으로 보인다. DIPAS는 반도체 노광 공정에서 희생막에 쓰인다. 더블 패터닝DPT에서 2회, 쿼드러플 패터닝QPT에서 4회 쓰인다. 헥사클로로디클린HCDS은 3D 낸드 플래시 적층 시 전구체로 사용된다. 낸드 플래시 고단화로 수요가 점점 늘고 있다.

✲✲ 피에스케이

반도체 노광 공정용 감광액PR 제거 스트립 장비를 주로 공급하는 기업이다. 원래 이 시장에서 1위 자리를 유지했지만, 2023년 메모리 고객사 감산 영향으로 맷슨텍에 1위 자리를 내줬다. 삼성전자, SK하이닉스, 마이크론 등 메모리 업체뿐 아니라 인텔 등 시스템반도체 업체에도 장비를 공급하고 있다. 고객사 감산이 2024년 중 마무리될 것으로 기대됨에 따라 실적 개선이 이뤄질 것으로 보인다.

PR 스트립 장비 외 산화막 제거 드라이클리닝 장비, 베벨 에치Bevel Etch 등 식각 분야에서 틈새 시장을 개척하고 있다. 산화막 세정에 주로 쓰이는 드라이 클리너는 삼성전자와 중화권 고객에 주로 공급하는데, D램 생산에 주로 쓰인다. 이 시장은 일본 TEL이 독점한 시장인데, 피에스케이가 국산화에 성공했다.

뉴 하드 마스크 스트립New Hard Mask Strip 장비는 마이크론에 주로 공급하고 있다. 이 장비는 기존 PR 스트립 장비보다 훨씬 성능이 뛰어나고, 부가가치가 높다. 웨이퍼 경사면의 금속 및 비금속을 부분적으로 식각하는 베벨 에처 국산화에 성공했다. 램리서치가 독점하던 장비인데, 최근 치열한 특허 소송을 벌인 후 마침 내 시장 진입에 성공했다. 2024년 하반기 새로운 메탈 에처를 출시할 계획이다. 2분기 데모 장비를 공급하고 양산을 위한 준비를 진행 중이다.

✳️ 원익IPS

ALD, CVD 등 반도체 증착, 장비를 주로 공급하는 업체다. 2016년 원익홀딩스 반도체, 디스플레이, 솔라셀 장비 사업을 인적 분할해 설립되었다. 2019년 테라세미콘을 합병해 열처리 장비 라인업을 추가했다. 2023년 기준 반도체 매출 비중이

80%를 넘고, 디스플레이 장비 비중이 15% 내외 차지한다.

경쟁사는 어플라이드머티리얼즈, 히타치, 고쿠사이일렉트릭, TEL 등이다. 주력 장비인 PE CVD의 경쟁 심화와 주요 고객사인 삼성전자 부진 영향으로 2023년까지 원익IPS도 어려운 시간을 겪었다. 최근 삼성전자가 HBM 생산능력 확대에 나서면서 수혜 기대감이 높아지고 있다. 2023년 말 SK하이닉스에 M16 1b14나노급향 하이-K ALD 장비를 공급했다. SK하이닉스가 3분기 1c12나노급 D램 양산에 돌입하는데, 해당 라인에 ALD 장비를 납품할 가능성도 기대된다. 2024년 SK하이닉스향 매출은 반도체 장비 사업에서 10% 비중까지 올라갈 가능성이 있다.

삼성전자 낸드 플래시향 236단 ALD, 파운드리 3nm GAA향 ALD도 평가 중 이어서 기대감이 높아지고 있다. ALD 장비 매출 비중이 커지면서 영업이익률 개선도 이뤄지고 있다. HBM 제조에 쓰이는 패시베이션Passivation 장비와 TSV 형성때 필요한 구리 어닐링 장비 매출도 늘고 있다. 2024년 반도체 장비 사업에서 HBM 매출이 10% 수준을 넘어설 가능성이 높다.

PART 4

뒤집기 혁명을 꿈꾸는 데이터센터 & 글라스기판

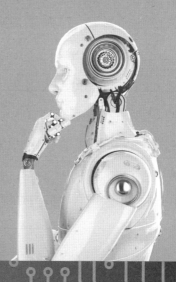

01장

AI 반도체 시대는 신기술의 향연장

AI 반도체의 연결성은 점점 더 중요해진다

HBM 외에도 반도체 기술 변화 흐름에서 주목할 투자 아이디어들은 적지 않다. AI 반도체의 연결성은 앞으로 점점 더 중요해진다. 결국 여러 반도체가 하나처럼 통합적으로 작동하는 게 핵심이다. 프로세서와 프로세서를 연결하는 것은 칩렛Chiplet 기반 UCIe 기술이 중요하다. 칩렛은 CPU, GPU, I/O 단자 등을 별도 공정에서 생산한 후 합치는 기술이다. 칩렛 시장 규모는 2022년 65억 달러에서 2028년 1480억 달러로 성장할 전망이다. 프로세서와 메모리를 연결하는 것은 DDR, HBM, Wide I/O 기술이 중요하다.

서버와 서버를 연결할 때는 PCIe 기술이 중요해진다. 실리콘 인터포

저Silicon Interposer도 AI 반도체 밸류체인에서 중요한 위치를 차지한다. 사실 인터포저는 50~60나노 수준의 레거시 반도체라고 보면 된다. 인텔은 EMIB 수율이 낮아서 골머리를 앓고 있는데, 기판에 실리콘 브릿지를 삽입하는 게 생각보다 쉽지 않은 상황이다. 실리콘 인터포저와 FC-BGA 사이 자리잡을 글라스 코어 기판혹은 유리기판은 미국 조지아텍에서 10년 전부터 연구개발을 진행해왔다.

SK앱솔릭스가 2025년 양산을 준비하고 있고, 삼성전기도 2024년 가을 파일럿 라인을 구축할 계획이다. 유리기판은 유전율이 낮아 전기 특성이 좋고, 고열에 휨 현상이 없고, 미세회로 형성에도 유리하다. 다만 유리에 많은 구멍을 깨지지 않게 뚫어야 하고, 유리 파편이 튀면 안 되고, 파티클Particle. 미세한 먼지도 있으면 안 될 정도로 공정 관리가 까다롭다. 그만큼 만들기 어렵고, 플라스틱 기판 대비 비싼 편이다. 유리 특성상 접착제가 밀리는 현상도 공정상 문제로 지적된다. 최적화된 접착제 소재를 개발하는 것도 중요한 이슈다.

AI 반도체 기술을 주도하는 TSMC, 엔비디아는 유리기판에 아직 적극적이지 않은 모습이다. TSMC가 실리콘 인터포저 헤게모니를 쥐고 있는 기업이기 때문이다. 이처럼 반도체 연결 프로토콜의 헤게모니를 누가 가져갈 것인지도 향후 중요한 문제다. AI 혁명은 차세대 기술들이 꽃을 피울 수 있는 계기가 되었다. 성능만 좋으면 기술 난이도가 높거나 비용이 더 들어도 신경쓰지 않는다. 반도체 산업이 처음 맞이하는 독특한 사이클이다.

엔비디아 AI 가속기처럼 성능만 좋으면 10배 높은 가격에도 구매할 빅테크 고객이 줄 서 있다. 엔비디아 칩이 공급 기준으로 10% 비중에 불과하지만, 가격 상승으로 20~30% 비중을 차지한다. HBM처럼 너무 비싸서, 혹은 수율이 낮아서 상용화할 수 없었던 기술도 마찬가지다.

반도체 기술의 진화 방향성

Application	핵심 변화
DRAM	
EUV 레이어의 화대	추가적인 공정 미세화의 유일한 솔루션. EUV 레이어 확대 시. 공정 스텝 증가 폭을 최소화할 수 있고, 성능 개선이 가능.
수율 개선 솔루션	① 검사/계측 스텝의 확대 ② 어닐링 공정의 강화: 표면 격자 결함 치유를 위한 레이저 어닐링 공정 적용. 계면 결함 치유 및 웨이퍼 두께 축소 솔루션으로 고압 수소 어닐링이 부각될 가능성.
소재 단에서의 변화	더 빠른 DRAM 양산을 위한 High-K Metal Gate 구조 채용의 확대. Capacitor와 절연막에서의 HighK 소재 활용 확대.
막질 변화	얇고, 고품질의 박막 형성을 위해 ALD와 LPCVD 채용 확대
NAND	
Triple Stacking으로의 전환	300단 이상 3D NAND부터 Triple Stacking으로의 전환이 나타날 것으로 예상.
Hybrid Bonding	500단 이상 3D NAND부터 적용될 가능성 (2026년~2027년경 도입될 가능성)
수율 개선 솔루션	유전체 간의 접점 영역에서 발생 가능한 결함 제어 및 누설 전류 방지 목적으로 어닐링 공정이 강화 (고압 수소, 레이저)
로직/파운드리	
EUV 레이어의 확대	관련 소재 및 부품의 Back up이 동반될 필요 (고품질의 EUV 포토레지스트와 펠리클 등)
트랜지스터 구조 변화	FinFET에서 GAAFET으로의 전환
반도체 후공정	
2.5D Packaging	실리콘 인터포저에서 실리콘 브릿지. RDL 인터포저를 활용하는 방식으로의 진화. 하이브리드 본딩 기술의 도입 확대
3D Packaging	웨이퍼 두께 축소 및 칩 간 간격 축소 솔루션의 부상. 로직 위에 메모리를 쌓는 구조 등으로의 진화

*자료: 삼성증권

- 메모리와 Logic 간의 데이터 이동 속도가 병목 구간
- HBM은 메모리의 이동 속도 향상이 목적
- PIM은 이동하는 데이터의 양 축소가 목적
- PIM에서 간단한 계산을 통해 데이터 압축

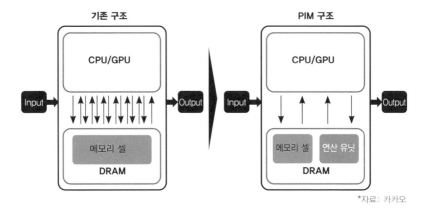

*자료: 카카오

눈여겨봐야 할 새로운 기술, 새로운 시장

PIM은 클라우드 업체에 굉장히 유리한 기술 변화다. 시장이 열리려면 클라우드 업체들의 의지가 중요하다. 인텔과 엔비디아를 압박하는데 좋은 솔루션이 될 수 있다. LLW는 모바일 HBM이라고 생각해도 무방할 정도다. 32개 I/O를 최대 512개까지 늘릴 수 있다. 즉 대역폭을 확대하는 모바일 기술이다. CXL은 AI 가속기에서 CPU, GPU, 메모리 반도체를 효율적으로 활용하기 위한 차세대 인터페이스다. 2028년 20조 원 규모로 성장할 것으로 기대된다.

삼성전자는 서버용 OS 기업 레드햇Red Hat과 D램 호환성 검증에 성공했다. 연내 CXL D램 양산 계획을 발표할 것으로 보인다. CXL 기술은 1.0에서는 1 대 1로 연결되는 것이고, 2.0에서는 다多 대 다多로 연결되지만 한 서버 안에서만 이뤄진다. 3.0은 특정 서버에 상관없이 전체 데이터센터 메모리를 하나처럼 쓸 수 있게 된다.

인텔의 제온6Xeon6 시에라포레스트Sierra Forest 프로세서는 CXL 2.0을 지원하는 첫 제품이다. 제온6에는 저전력 E코어로 시에라포레스트, 고성능 P코어로 그래나이트 래피즈Granite Rapids가 적용된다. 기존 4세대, 5세대 제온은 CXL 1.1을 지원했다. CXL을 적용하면 D램 용량을 대폭 늘릴 수 있다. CXL 2.0부터는 메모리 풀링Memory Pooling 기능도 지원한

LLW(Low Latency and Wide I/O)

- 모바일 DRAM, PC DRAM에서 bandwidth를 높이기 위해 I/O 개수를 늘리려는 시도
- 애플 비전프로에서 처음 적용
- 로직과 LLW 프로세서의 칩렛 + DRAM
- I/O 개수를 32개에서 512개로 확대

*자료: SK하이닉스

다. 메모리 풀링은 메모리 리소스의 동적 할당과 해제를 통해 용량을 유휴 영역 없이 사용할 수 있는 기능이다. AI, 데이터센터 영역 등에서 효율적인 메모리 사용이 가능하다.

시장조사업체 욜그룹Yole Group은 글로벌 CXL 시장이 2028년 150억 달러까지 성장할 것으로 전망했다. 인텔 주도의 파워비아BSPDN 기술도 주목할 만하다. 2024년부터 2025년까지 기술 성공의 윤곽이 드러날 것으로 보인다. 파워비아 적용이 성공적일 경우 국내 수혜주들을 주목할 만하다. 인텔 수혜주로 관심 가질 기업은 코미코, 인텍플러스, 원익QnC, 기가비스 등이다.

낸드 플래시 시장은 단기적으로 공급 업체들의 단수 경쟁이 지속될 전망이다. 에칭 기술 고도화가 필요해진다. 중장기적으로 낸드 업체들은 셀 온 페리COP, Cell on Peri에서 웨이퍼 본딩 기술로 전환될 전망이다. 검사 장비 업체 오로스테크놀로지AUROS Technology와 레이저 장비 업체 디아이티 등이 관련 기업으로 거론되고 있다.

온디바이스 AI에 대한 관심도 높아질 것으로 보인다. PC/스마트폰에서 XR/웨어러블로 응용처 다변화가 중요한 키가 될 전망이다. 반도체 고도화뿐 아니라 수량 확대도 기대된다. 수동소자 및 기판 수요도 급증할 수밖에 없다. 주문형 메모리 시장 성장을 주목해야 한다. SK하이닉스가 단연 주목받는 기업이다.

AI의 병목, 반도체에서 전기로?

전력 문제는 앞으로 AI 산업의 발목을 잡을 가능성이 높다. CPU는 지난 10년간 100~150W 전력 소모를 유지해왔다. GPU는 지난 20년간 전력 소모가 100W 수준에서 450W로 4배 증가했다. 특히 GPU 전력 소모량이 점점 빠르게 올라가고 있다. AI가 단순히 많은 전기를 소모한다는 관점에 반대하는 의견도 적지 않다. 단순히 보면 AI는 컴퓨팅 파워가 많이 필요해 사람보다 20배 정도 많은 전력이 소모된다. 그러나 한 페이지의 글을 쓰기 위해서 사람은 평균 0.8시간이 필요하다. AI는 1분 이내 순식간에 써버린다. 사람이 컴퓨터를 켜고 있는 시간이 많기 때문에 전기 사용량즉 탄소 배출은 사람이 작업할 경우 더 많이 소비하게 된다.

구름처럼 몰려오는 데이터센터

AI 혁명 이후 아마존의 흔들리는 입지

클라우드 1위 사업자 아마존이 향후 15년간 데이터센터에 1500억 달러를 투자하기로 했다. AI 수요 폭발에 적극적으로 대응하기 위한 조치다. 2023년 1분기 기준 아마존 AWS 32%, MS Azure 23%, 구글 클라우드 10%로 빅3 합산 점유율은 65%에 이른다. 오라클, 스노우플레이크, 화웨이 등 업체들이 빅3를 바짝 추격하고 있다.

공격적인 베팅의 배경에는 아마존의 불안감이 있다. AI 혁명이 본격화되면서 AWS의 입지가 흔들리고 있다. 2023년 4분기 매출 성장률을 보면 MS Azure 30%, 구글 클라우드 26% 성장하는 동안 AWS는 13% 성장에 그쳤다. MS와 오픈AI AI도 데이터센터 구축에 1000억 달러를 투자하기로 했다.

IT 전문매체《디인포메이션》에 따르면 두 회사는 2028년 출시 예정인 AI 슈퍼컴퓨터 스타게이트를 포함해 1000억 달러 넘는 규모 데이터센터를 구축할 계획이다. 투자 비용 대부분은 MS가 담당한다. 두 회사는 6년 동안 5단계에 걸쳐 슈퍼컴퓨터를 구축할 계획이다. 미국에 구축되는 스타게이트는 최종 단계에 해당하는 데 가장 큰 규모다. 두 회사는 3단계 중간에 있으며, 오픈AI는 2025년 초 AI 모델을 업그레이드한다. MS는 4단계에서 오픈AI가 사용할 수 있는 보다 작은 규모 슈퍼컴퓨터를 개발해 2026년 출시한다.

2023년 기준 클라우드 시장은 1500억 달러로 전년 대비 29.8% 증가했다. AWS 31%, MS 24%, 구글 11%로 상위 3사가 전체 66% 비중을 차지한다.

AI 서버 낙수효과로 악성 D램 재고 소화

 2024년 D램 업체들의 보수적인 캐펙스 운용으로 서버 고객사들의
재고가 정상 수준에 근접했다. 서버향 D램은 AI 고도화로 수요가 지속

AI 서버 vs 일반 서버 메모리 탑재량 비교

	DRAM 용량	SSD 용량	HBM 용량
일반 서버	500~600GB	4.1TB	——
AI 서버	1.2~1.7TB	4.1TB	320~640GB
미래 AI 서버	2.2~2.7TB	8TB	512~1024GB

*자료: Trendforce, 신한투자증권

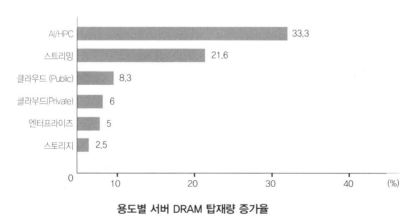

용도별 서버 DRAM 탑재량 증가율

*자료: Statista, 신한투자증권

될 것으로 예상된다. AI 서버 수요 강세 속 하반기 추론 애플리케이션 증가로 일반 서버 수요 회복도 기대되는 상황이다.

차세대 AI 서버에는 500GB 이상 HBM이 탑재되고, 2TB에 달하는 DDR5가 탑재될 것으로 예상된다. AI 고도화는 서버 플랫폼 세대 전환을 가속하고, 연산 효율 극대화를 위한 고부가 D램 활용도를 높일 것으로 예상된다. 추론 수요를 소화할 일반 및 에지 서버 스펙 상향을 견인할 가능성도 높다. 비용 부담 탓에 초기 AI 서비스 출시를 위해 일반 서버에 고성능 D램 전환보다는 레거시 D램 탑재량을 늘리는 선택지가 우세했다. 이는 레거시 D램 재고 소진을 가속화하고 있다.

2024년 서버 출하량은 전년 대비 소폭 성장한 1400만대 수준에 이를 것으로 예상된다.

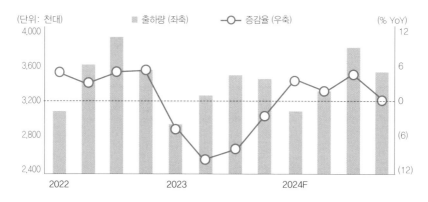

글로벌 서버 출하 추이 및 전망

*자료: Trendforce, 신한투자증권

기업향 AI 서버 수혜자 DELL

엔비디아 GPU 병목이 풀리면서 기관 및 기업향 AI 데이터센터 매출 비중이 높은 델Dell이 주목받고 있다. 그동안 엔비디아 AI 가속기는 클라우드 업체들의 물이었다.

그러나 엔비디아가 H200과 B200을 공개하면서 기존 H100 병목이 다소 완화되고 있다. 이는 델의 AI 서버 매출 증가로 이어진다. 델은 최근 고성능 AI 서버 수요 증가로 20억 달러 수주 잔고분기 매출 9% 수준를 돌파했다. 고성능 워크스테이션 수요도 증가 중이다.

2022년 기준 워크 스테이션 내 Dell 점유율은 45.5% 수준이었다. 뒤이어 HP 31.2%, 레노버 22.7% 순이다. 워크 스테이션은 데이터 사이언스, 3D 디자인 렌더링, 설계 엔지니어링, 고화질 영상 처리, 의료 데이터 분석 등에 사용된다. 이 모든 분야에 빠른 속도로 AI가 도입되고 있다. 빅테크뿐 아니라 대부분 기업들은 AI 투자에 진심이다. 전반적으로 비용 통제를 강화하는 가운데 AI 관련 투자는 오히려 확대하고 있다. 델의 실적 성장세는 당분간 이어질 것으로 예상된다.

AI 데이터센터용 전기가 부족하다

일론 머스크는 2023년 8월 SNS를 통해 AI와 전기차 때문에 미국은 2

년 안에 전력과 변압기 부족 상황에 빠질 것이라고 강조했다. 일론은 이전부터 주요 컨퍼런스에서 전기 부족 문제를 지적해왔다. 전기차와 AI 등 새로운 산업이 폭발적으로 발전하면서 전기 수요가 급증하고 있지만, 유틸리티 업계가 상황의 심각성을 전혀 인지 못하고 있다고 우려했다. 그는 미국 전력 소비량이 2045년까지 3배 가까이 증가할 것이라고 전망했다. 연평균 성장률로 따지면 5.1% 수준이다. 지난 20년간 미국 전력 소비 증가율이 0.5~1% 수준인 것을 감안하면 심각한 상황인 것을 알 수 있다.

2024년 들어 일론이 걱정하는 톤은 이전보다 다급해졌다. 일론은 AI 컴퓨팅 제약은 쉽게 예측 가능하다며, 1년 동안 칩이 부족했다고 말했다. 그다음 부족은 전기와 변압기가 될 것이라고 예측했다. 2025년이면 모든 칩을 구동할 전력을 찾을 수 없다는 걸 사람들이 알게 될 것이라고 덧붙였다.

AI와 전기차의 동시 성장은 엄청난 전력 설비를 필요로한다. 샘 알트만 오픈AI CEO는 1월 다보스포럼에서 우리 생각보다 훨씬 더 많은 에너지가 필요하다고 강조했다. 대다수 사람들이 AI의 에너지 수요에 대해 제대로 인식하지 못하고 있다고 지적했다. 그는 핵융합, 원자력, 태양광 등을 대안으로 제시했다. 샘은 핵융합 기술 회사인 헬리온에너지Helion Energy, 소형 원자로 개발 업체 오클로Oklo에 투자한 바 있다.

크리스티안 브루흐Christian Bruch 지멘스에너지 CEO는 전력이 없으면 AI도 없다고 단언했다. 내연기관차의 종말과 전기차의 부상을 낙관하던 시장에 2023년부터 우려 섞인 전망이 나오기 시작했다. 각국 재정

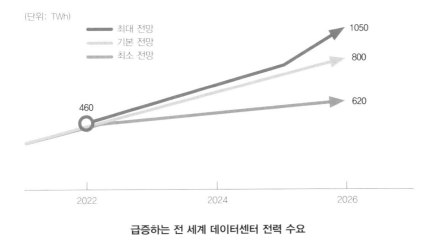

(단위: TWh)

— 최대 전망
— 기본 전망
— 최소 전망

460

1050

800

620

2022   2024   2026

급증하는 전 세계 데이터센터 전력 수요

*자료: 국제에너지기구

부담이 커지면서 전기차 보조금이 줄어든 것도 영향을 미쳤지만, 본질적으로 전기 인프라 부족이 전기차 시장 확대를 가로막았다. AI도 비슷한 도전에 직면할 가능성이 높다. AI가 전기 먹는 하마인 상황이 해결되지 않으면, 어느 순간 시장은 전기차처럼 의문의 시선을 보낼 가능성이 높다.

미국 전력 소비량은 지난 15년 동안 제자리였다. 그러나 최근 1990년대 수준의 성장세가 다시 돌아올 것이란 전망이 힘을 얻고 있다. 전기차와 AI 때문이다. Chat-GPT 이미지 생성 서비스는 기존 텍스트 생성보다 60배를 더 소모한다. 생성형 AI 서비스는 동영상 생성과 로보틱스 등 다양한 분야로 확장되고 있다. 멀티모달 등을 학습하면서 발생할 전력 소모까지 감안하면 추정조차 어려울 정도다.

반도체 공급이 제한적인 게 전력 인프라에는 안도할 요인이다. 반도체 수급을 감안하면 10년 후 데이터센터는 전체 전력의 10.8%를 차지할 전망이다. 데이터센터 전력은 성장률이 높을 뿐 아니라 밀도가 아주 높다. 낡은 그리드로는 감당하기 어려운 수준이다. 최근 전선과 변압기 핵심 원재료인 구리 가격이 들썩이고 있다. 중국 경기 둔화로 하락세였던 구릿값은 반등하더니 2024년 4월 초 22개월 만에 최고치인 톤당 9417달러를 기록했다. 씨티은행과 골드만삭스는 2025년 상반기 구릿값이 톤당 1만2000달러까지 상승할 수 있다고 전망한다.

미국 증시에서는 발전회사 주가가 급등세다. 발전회사 비스트라 주가는 2024년 들어 85%, 콘스텔레이션 에너지는 65%나 뛰었다. 국내 주식 시장도 관련주가 들썩이고 있다. 변압기 업체를 시작으로 전선 업체 주가도 뛰었다. 대한전선, 일진전기, 가온전선 등 기업들 주가가 가파른 상승세를 보이고 있다. 데이터센터는 서버 컴퓨터와 네트워크 회선 등

을 제공하는 건물이다. 애플리케이션 및 서비스 제공을 위한 IT 인프라를 보관하는 역할을 한다. 기존 데이터센터가 클라우드 컴퓨팅 구현 역할을 주로 했다면, 지금은 AI만을 위한 전용 데이터센터가 중요해졌다.

MS와 오픈AI는 얼마 전 1000억 달러를 투자해 AI 전용 데이터센터를 구축하는 '스타게이트' 프로젝트를 발표했다. 이 초대형 데이터센터 변압기 용량은 5기가와트시GWh로 국내 최대 규모인 네이버 데이터센터 '각 세종270MWh'의 18배에 달한다. 국제에너지기구IEA에 따르면 2026년 세계 데이터센터 전기 사용량은 지금의 두 배가 넘는 1050TWh로 전망했다. 불과 4년 만에 독일490TWh 수준의 전력 수요가 추가되는 셈이다.

데이터센터는 연중무휴 24시간 전기가 필요한 곳이다. 데이터센터 건물을 짓고 AI 반도체를 깔아놔도 송전선이 연결되지 않으면 무용지물이다. 이미 세계 곳곳에서 전기 문제로 데이터센터 설립이 차질이 생기고 있다. 미국에서는 신규 데이터센터 설립이 2~6년씩 지연되고 있다. 낮은 법인세로 데이터센터를 유지하던 아일랜드 더블린시가 최근 전력 문제로 데이터센터 설립계획을 불허했다. 비용 문제도 녹록지 않다. 전력망 업그레이드 비용은 결국 소비자에게 전가된다. 전기 요금을 올려야 한다는 이야기다. AI 기술 발전은 환영할 일이지만, 전기 요금이 올라가는 것은 아무도 좋아하지 않는다.

어떤 전기를 생산하는지도 문제다. 세계 각국은 2050년 탄소중립을 약속했다. 미국도 2035년까지 100% 청정 전력 생산 목표를 세웠다. AI 혁명이 이런 흐름에 찬물을 끼얹었다.

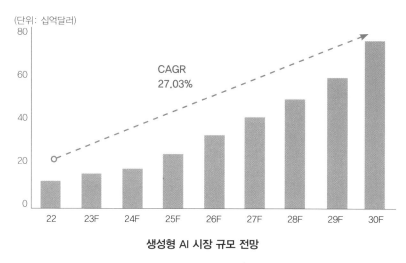

(단위: 십억달러)

CAGR
27.03%

생성형 AI 시장 규모 전망

*자료: Precedence research, 신한투자증권

전기 먹는 하마 AI, 데이터센터 냉각 솔루션이 해법

AI 성장으로 데이터센터 전력 수요는 2022년 대비 26년 80% 증가할 전망이다. 같은 기간 글로벌 전력 시장에서 차지하는 비중은 1.6%에서 3.1%로 확대될 것으로 관측된다. 2030년에는 무려 8%까지 비중이 확대된다. AI 모델이 작동할 때마다 데이터센터 워크로드는 계속 증가할 수밖에 없다.

인터넷 검색 한 번에 소모되는 전력량은 0.3와트이지만, Chat-GPT에 질문을 하면 2.9와트가 소모된다. 통상 구글에서 하루 100억 번 검색이 이뤄진다. 글로벌 인터넷 사용 인구 50억 명이 하루 평균 두 번씩 검색한다. 이를 Chat-GPT로 변경하면 연간 10테라와트TW의 추가 전력이

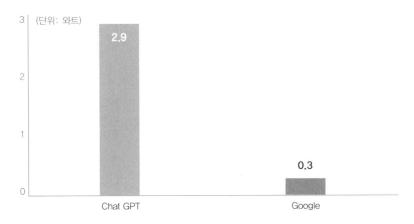

검색 1회당 전력 사용량 – Chat GPT vs Google

*자료: IEA, 신한투자증권

필요해진다.

지난 20년 인터넷 시대 동안 트래픽이 꾸준히 증가했지만, 전력 사용량은 크게 높아지지 않았다. 데이터센터 효율성을 높이는 기술이 꾸준히 적용되어 왔기 때문이다. 각 기업별로 운영되던 데이터센터가 하이퍼 스케일러로 통합된 것도 영향을 미쳤다.

데이터센터 전력은 서버와 냉각솔루션에 각각 40%씩 쓰인다. 빅테크들이 에너지 효율을 높이기 위해 냉각 솔루션에 집중 투자하는 이유다. 데이터센터 내 서버 온도는 20~25도 사이에서 가장 효율적으로 작동한다. 전체 데이터센터에서 AI가 차지하는 전력 소모 비중은 2023년 8%에서 2028년 15~20%로 증가한다. 이중 AI 전력 소모 비중은 매년 빠른 속도로 증가하고 있다.

월간 데이터 트래픽은 2022년 기준 507엑사바이트EB에서 2026년

1014EB, 2030년 2443EB로 크게 증가할 전망이다. AI뿐 아니라 글로벌 인터넷 사용자수 증가, 인터넷 연결 기기, 모바일 기기, M2M IoT 확대 때문이다. AI는 텍스트 기반에서 이미지, 음성, 영상으로 범위 확대되면서 데이터 트래픽이 증가하고 있다. 이미지 생성 대비 영상 생성 모델은 100배 이상 데이터 급증할 것으로 보인다.

최근 데이터센터가 세계 곳곳에 설치되면서 전력 수급에 상당한 위협이 되고 있다. 특히 미국은 글로벌 데이터센터 중 33%가 자리잡고 있다. 향후 미국 전력 수급에 데이터센터가 큰 영향을 미칠 것으로 판단된다. 2023년 엔비디아 주가 수익률은 239%를 기록했고, 냉각 솔루션 업체 버티브Vertiv는 251% 올랐다. 버티브는 냉각 시스템, 전력 배분장치 등 데이터센터향 매출이 70%를 넘는 회사다. 엔비디아와 차세대 냉각

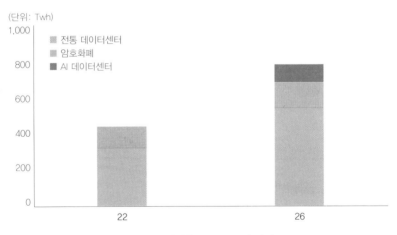

2026년에 전력수요 80% 증가 전망

*자료: IEA, 신한투자증권

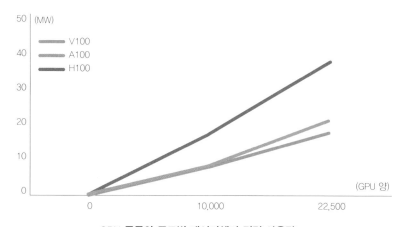

GPU 종류와 규모별 데이터센터 전력 사용량

*자료: Nvidia, 신한투자증권

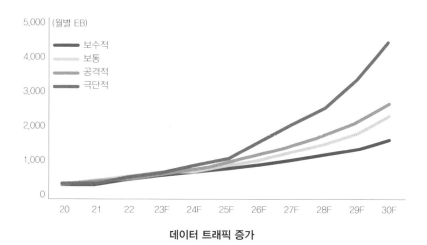

데이터 트래픽 증가

*자료: Nokia, 신한투자증권

솔루션을 개발 중이다.

생성형 AI용 고성능 GPU 때문에 데이터센터 내 랙당 전력사용량은 기존 8kw에서 30~100kw로 증가했다. 데이터센터에서 발생하는 열을 낮추기 위해 냉각 방식은 기존 공랭식에서 액체 냉각으로 전환 중이다.

액체 냉각은 면적당 열처리 효과가 우수하고 비용도 저렴한 편이다. 액체 냉각 방식의 한 종류인 DTCDirect to Chip 방식은 기존 데이터센터와 호환성이 높아 당분간 주류가 될 것으로 보인다. DTC는 칩에 냉각판을 부착하고 열을 냉각판이 흡수하는 방식이다. 냉각판에 주입된 물이 열을 흡수하는 데, 냉각수는 증류수나 에틸렌 글리콜 같은 부동액을 사용한다. 문제는 구리, 알루미늄, 플라스틱 등 부식 가능성이 높다는 것이다.

액체 냉각 중 차세대 기술인 액침 냉각Immersion 방식은 서버를 비전도성 액체에 침전시켜 95% 이상 열을 흡수한다. 냉각 효과, 전력 소비, 이물질로 인한 고장, 소음 측면에서 매우 우수한 기술이다. 고밀도 서버 냉각에 적합하지만, 아직 유지보수 기술 효율화가 필요하다.

슈퍼마이크로컴은 유체Fluid를 펌프로 파우치에 주입하고 파우치를 서버에 접촉해 냉각하는 방식을 쓴다. 온도가 상승한 유체는 순환 시스템을 통해 머신 하단부로 이동 후 냉각된다. 냉각된 유체는 다시 펌프로 주입된다.

델Dell은 냉각 시스템 파트너 Nexalus의 액체 냉각 시스템Liquid Cooling System을 통해 데이터센터 효율을 높이고 있다. 튜브를 통해 엔지니어링 유체를 주입한 후 순환시키며 직접적으로 냉각을 구현한다. 기가바이트에 따르면 현재 데이터센터 냉각 시장은 공랭식 78%, 액체 냉각식 18%, 액침 방식 4% 비중을 차지한다. PUE^{Power Usage Effectiveness}는 데이터센터 에너지 효율 평가 지표다. 1에 가까울수록 효율적인 데이터센터로 평가된다.

2023년 글로벌 데이터센터 평균 PUE는 1.58 수준이다. 빅테크들의 데이터센터 효율은 평균에 비해 상당히 높은 편이다. 메타와 구글 평균은 1.1 수준으로 가장 효율적인 데이터센터 기술을 보유한 회사로 손꼽힌다. 데이터센터 기기별 전력 사용 비중은 각각 서버 40%, 냉각 40%, 전력 공급장치 10%, 통신장비 5% 수준이다.

MS 최신 데이터센터는 1.12 PUE 수준으로 설계하고 있다. 차가운 바다에 서버를 담그는 프로젝트 네이틱^{Natick}을 진행하고 있으며, 2021

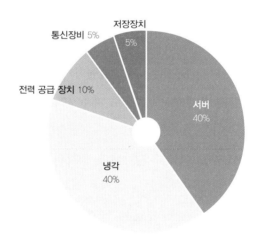

데이터센터 내 부문별 전력 사용 비중

*자료: ABB, 신한투자증권

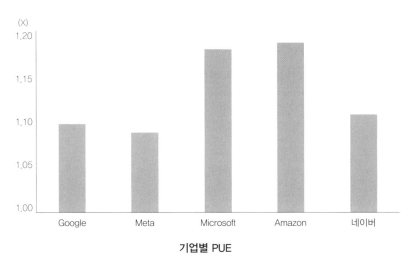

기업별 PUE

*자료: 언론 종합, 신한투자증권

년부터 액침 냉각 기술을 시도하고 있다. 일부 칩셋 성능이 20% 개선되는 효과를 달성했다. 최근 데이터센터에 DTC 방식 도입을 논의하고 있다. 재생에너지 비중을 확대 하고 디젤 백업 전력을 대체하기 위해 수소 투자 진행 중이다.

구글은 2030년까지 친환경 에너지로 데이터센터를 가동한다는 목표다. PUE를 낮추기 위해 하드웨어뿐 아니라 소프트웨어 기술을 접목하고 있다. 구글은 데이터센터마다 지리적 특성, 서버 구성이 달라 일률적 솔루션 도입이 어려운 편이다. 이를 위해 2014년부터 데이터센터에 수천 개 센서를 장착해 온도, 파워, 펌프 속도 등 데이터를 딥 마인드로 학습하고 있다. AI 기술 접목으로 냉각 비용을 40% 감축했고, PUE를 15% 개선하는 효과를 거뒀다. 구글은 액체 냉각 방식을 적극 도입해 에너지 10% 저감, 탄소 배출 10% 감축 등 결과를 달성한다는 방침이다.

아마존은 데이터센터 신재생 에너지 비율을 높이기 위해 수소 연료 전지 회사 블룸에너지와 계약을 맺었다. 미국 오리건주 세 곳의 데이터 센터에 243MW 분산전원용 SOFC를 구매했다.

데이터센터 핵심 미국 기업

✳️ 버티브(Vertiv) 홀딩스

데이터센터 열관리 1위 업체다. 데이터센터 인프라 유지 관리 서비스를 주로 담당한다. 데이터센터 열관리와 전력 관리 시장 내 각각 32%, 16% 점유율을 차지하고 있다. 자동화 솔루션 기업 에머슨에서 2016년 분사해 설립된 회사다. 데이터센터향 매출 비중은 70%로 서버 랙, PDU전력 배분장치, 냉각 솔루션 등을 제공한다. 고객사는 에퀴닉스Equinix, MS 등이다. 냉각 솔루션은 공랭식, DTC, 액침 냉각 등을 모두 제공하고 있다. 수주잔고는 2020년 19억 달러에서 2023년 55억 달러로 엄청난 성장세 기록했다. OPM은 2020년 5.5%, 2023년 13.1%, 2024년 전망치 15%로 점점 개선되는 추세다.

엔비디아 2025년 출시할 B200가 채택되는 DGX 데이터센터부터 액체 냉각 기술을 필수적으로 도입할 계획이다. 버티브는 수년간 액체 냉각 기술 연구를 통해 첨단 기술을 축적해 왔다. 엔비디아와 긴밀한 협력을 통해 차세대 냉각 시스템을 개발 중이다. 2023년 5월 미국 에너지부로부터 500만 달러 보조금 받아 컨테이너형 데이터센터 액체 냉각 시스템 개발을 목표로 하고 있다. DGX의 액체 냉각 도입이 진행되면 버티브 수혜폭은 커질 것으로 기대된다. 기존 공랭식에 비해 5% 이상 비용을 절감하고, 에너지 효율을 20% 향상시키는 게 목표다.

버티브는 2023년 미국 에너지부DOE가 추진한 액체 냉각 시스템 개발 프로그램을 통해 500만 달러 지원금을 받았다. 엔비디아는 DTC와 액침 두 가지 액체 냉각 방식을 동시에 사용하는 서버를 개발하고 있다. 버티브는 엔비디아에 히트 리젝션 솔루션을 제공하는 것으로 알려졌다.

2023년 12월 DTC 수냉 기술 강소 기업 쿨테라를 인수했다. 기존 공장을 가동한 데 이어 2024년 1분기와 4분기에 생산 능력을 4배, 45배로 확대할 계획이다. 2024년 동사의 P2PPumped Two-Phase 액체 냉각 솔루션을 적용해 공냉식 및 수냉식을 이중으로 활용하는 인텔의 가우디3 AI 가속기가 출시된다. P2P 액체 냉각 솔루션은 펌프를 이용해 칩에 부착된 냉각판에서 온도가 높아진 유체를 이동시켜 기화시킨 뒤 냉각기를 이용해 낮은 액체로 액화, 다시 펌프로 냉각판에 주입하는 방식이다.

DTC 액체 냉각과 이중상의 장점을 결합해 효율을 높였다.

P2P로 DTC 액체 냉각 솔루션 포트폴리오를 다각화했고, AI 반도체 핵심 공급자들을 고객사로 확보했다.

✺✺ 슈퍼마이크로컴

서버 빌딩 블록 제품과 AI 인프라, HPC, 데이터센터 및 클라우드 인프라, 데이터 관리 등 솔루션을 제공하는 기업이다. 매출 비중 90% 이상이 서버, 스토리지 시스템 부문에서 나온다.

자체 전력 솔루션 및 냉각 기술을 보유해 시장 및 고객 요구에 맞는 제품 포트폴리오를 구축하고 있다. 데이터센터 액체 냉각 시장이 성장하는 가운데 랙 단위에 액체 냉각 기술을 상용화하는 데 성공했다. 오사카 대학과 로렌스 리버모어 국립 연구소 등에 공급한 레퍼런스를 보유하고 있다.

✺✺ 마벨테크놀로지|Marvell Technology

AI 데이터센터 인프라 확대 수혜가 기대되는 기업이다. 이 회사는 통신/네트워크용 프로세서 및 데이터 스토리지 등 데이터 인프라에 특화된 팹리스다. 주로 혼합 신호 및 디지털 신호 프로세서 기술을 사용해 집적회로를 설계, 개발, 판매하고 있다. 컴퓨팅 및 통신 시스템에 사용되는 아날로그 신호와 디지털 정보간 인터페이스를 제공한다. 데이터 저장 및 전송도 가능하게 한다. 또 광대역 네트워킹, 스위칭 제품뿐 아니라 셀룰러 베이스밴드 및 애플리케이션 프로세서도 개발한다. 연간 10억개 이상 칩을 출하한다. AI 잠재 인프라 시장에서 약 10% 점유율을 차지하고 있다. 장기적으로 20%의 점유율을 차지하는 게 목표다.

2024년 하이퍼스케일 데이터센터 증설로 수혜를 누릴 것으로 예상된다. 2023년 12월 옥테온OCTEON 10 시리즈에 DPU 2개를 추가해 제품 포트폴리오를 다각화했다. 2024년 2월에는 옥테온10 머신러닝 및 AI 가속 소프트웨어를 공개해 DPU에 대한 고객 충성도 및 의존도를 높이고 있다. AI 앱 출시 확대로 데이터센터 스토리지 수요 성장도 기대된다. 마벨테크놀로지는 5나노, 3나노 공정을 적용한 데이터센터 인프라칩도 세계 최초로 출시한 기업이다. AI 혁명이 본격화되면서 인프라칩 경쟁력은 더욱 배가될 것으로 보인다.

AI 혁명은 SMR을 필요로 한다

AI 혁명의 확장 수혜 산업으로 주목받는 곳은 효율적인 데이터센터 사용 솔루션을 제공하는 버티브와 데이터센터 확장 수혜 업체인 슈퍼마이크로 컴퓨팅이다. 데이터센터 다음 관심 이동 분야는 전력 공급이다. 데이터센터가 늘면 전력 인프라가 뒷받침되어야 한다.

SMR^{Small Modular Reactor} 상용화 시점은 2029년으로 추정되는데, 지금 주목해야 하는 이유는 2025년부터 수주가 나오기 때문이다. 2024년은 SMR 상용화 가속을 위한 법제 정비의 시간이다. 수주 실적보다 앞서 정책 모멘텀이 잇따라 나오는 셈이다. 오클로 등 주요 SMR 기업 상장도 모멘텀으로 작용할 수 있다.

각국 정부는 데이터센터에 자체 전력원을 요구하고 있다. 전력원 없이는 인허가받기도 점점 어려워지고 있다. 원전과 SMR이 대안으로 부상한 이유다. 작은 설치 면적에 높은 이용률 덕분에 데이터센터와 궁합이 맞는 편이다. MS, 아마존 등 빅테크들은 2023년부터 대형 원전뿐 아니라 소형 모듈 원전SMR 투자를 시작했다. 샘 알트만의 오클로Oklo도 2024년 안에 상장 계획을 세웠다. 투자자들은 한국, 유럽 시장의 원전을 주목하고 있지만, 결국 가장 큰 업사이드는 미국 SMR일 것이다.

미국 SMR 확장에 가장 큰 걸림돌은 우선 우라늄 조달, 변환, 농축이다. 대형 단조를 비롯한 기자재 제작도 풀어야 할 숙제다. 단조에서 가공까지 이어지는 제조 능력을 가진 두산에너빌리티 같은 한국 파트너사가 필요하다. 당장 SMR 산업을 주목해야 하는 이유는 두 가지다. 우

*자료: 메리츠증권 리서치센터

선 원전 산업의 국제 정세가 우호적으로 바뀌고 있고, 2024년 나타날 정책 모멘텀도 강해지고 있다.

2010년 이후 선진국 원전 산업이 정체하는 동안 중국, 러시아 원전 산업이 크게 약진했다. 차세대 원자력 발전소에 필요한 농축 우라늄은 러시아가 독점한 상태다. 미국은 원전 에너지 독립을 위해 중국, 러시아 공급망 탈피를 목표로 하고 있다. 미국 원자력 산업 발전 의지는 초당적으로 진행되고 있다. 트럼프는 아젠다 47에서 원전 및 SMR 산업 지원에 구체적인 공약을 제시했다. 바이든도 IRA 통해 원전 산업 세제 혜택 부여 중이다. 2024년 2월 원자력선진화법Atomic Energy Advanced Act이 하원을 통과했다. 초당적 지지 받으며 차세대 원전 산업 약진 위한 미국의 정책 의지를 보여 주었다.

SMR 관련 미국주

뉴스케일파워SMR US
센트러스에너지LEU 농축 우라늄 공급망 재편 수혜주
BWX테크놀로지BWXT US : SMR 제조 능력
콘스텔레이션에너지ceg US : IRA 원자력 PTC 수혜주

SMR 대장주는 뉴스케일파워를 꼽을 수 있다. 이 회사는 미국 매출 100%로 정책 수혜폭이 크다. 미국 NRC로부터 설계 인증 받은 SMR 선두주자인 기업이다. 센트러스에너지는 농축 우라늄 시장 공급망 재편 수혜 기업이다. 미국 정부는 2028년 이후 러시아산 농축 우라늄 수입 금지를 추진 중이다. 러우전쟁 이후 저 농축 우라늄LE 단가 상승했는데, 이 회사 매출의 84% 비중을 차지한다. 미국 사업 비중이 88%를 넘는 것도 매력적인 포인트다.

BWX테크놀로지는 미국 내 유일 SMR 제조 기업이다. 군사용 고농축 우라늄 다운 블렌딩 기술을 보유하고 있다. 정부 사업 비중이 81%, 미국 매출 비중이 83%를 넘는다.

컨스텔레이션에너지는 미국 내 전력 생산 및 공급 업체 중 원전 비중이 가장 높다. 원전 발전 비중이 67%를 넘어선다. IRA 법안 중 원자력 발전에 대한 PTC생산세액공제 혜택이 클 것으로 기대된다. 전력 매출 비중이 80%를 넘고, 미국 내 매출 100%인 상태다.

두산에너빌리티의 SMR 수혜도 기대된다. 뉴스케일에너지, 엑스에너지 등 미국 고객사들의 지분 투자가 이어지고 있다. 2024년 수주 가이던스 4000억 중 SMR도 포함되어 있다. 현대건설,

우리기술, 비에이치아이 등 기업들도 SMR 수혜가 기대되는 국내 기업들이다.

AI 데이터센터 확장으로 변압기 수요 폭발

AI 수요가 확대되면서 데이터센터 전력 사용량은 2022년 460TW에서 2026년 620~1050TW로 2배 가량 증가할 것으로 예상된다. 2023년 글로벌 데이터센터 시장 규모는 2290억 달러로 성장했다. 데이터센터 확장은 글로벌 변압기 수요 증가를 이끌고 있다. 글로벌 데이터센터 점

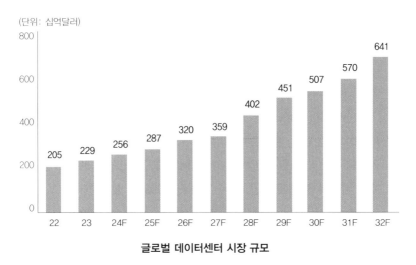

(단위: 십억달러)

글로벌 데이터센터 시장 규모

*자료: precedence research, 유안타증권 리서치센터

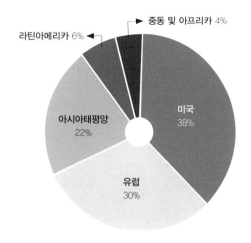

글로벌 데이터센터 M/S

*자료: precedence research, 유안타증권 리서치센터

유율은 미국 38%, 유럽 30%, 아시아태평양 22% 비중을 차지한다. 향후 미국 중심으로 변압기 시장이 크게 성장할 것으로 예상된다.

2022년부터 미국 변압기 시장은 확장 사이클에 돌입했다. 데이터센터 확장으로 전력기기 교체 수요가 증가했는데, 인프라 법안 및 인플레 감축법 등 영향이 컸다. 우리 기업들의 미국향 송배전 변압기 수출 금액도 우상향을 그리고 있다. 송전 수출은 2021년 4.4억 달러에서 2023년 10.7억 달러로 증가했다. 배전 수출은 2021년 1.1억 달러에서 2023년 4.4억 달러로 급증했다. 송전 변압기 업체는 HD현대일렉트릭, 효성중공업, LS일렉트릭, 일진전기 등이 있다. 배전 변압기 업체는 제룡전기, LS일렉트릭이 있다. 변압기 산업은 노동집약적 특성과 숙련 노동자가 필요해 생산 능력 확대에 시간이 걸린다. 공급 부족 장기화의 원인이다. 당분간 공급자 우위 시장이 진행될 가능성이 높다.

엔비디아 지분 투자 내역 (13F)

기업명	사업	투자 규모 (백만달러)
ARM HOLDINGS	반도체 IP	147.3
NANO X IMAGING	의료기기	0.4
RECURSION PHARMACEUTICALS	AI 기반 신약 발굴	3.7
SOUNDHOUND AI	오디오 A 소프트웨어	3.7
TUSIMPLE HOLDINGS	자율주행 트럭	3.0

*자료: Trendforce, 신한투자증권

데이터센터 관련 주목할 기업

✱ 케이아이엔엑스

케이아이엔엑스는 기업 고객을 대상으로 데이터센터IDC, 인터넷 익스체인지IX, 클라우드 서비스 등 인프라 서비스를 제공하는 기업이다. 데이터센터 매출이 60%를 넘고, 클라우드/CDN과 IX 사업이 10%씩 비중을 차지한다. 2021년 인수한 자회사 에스피소프트48.5% 지분율 연결 실적이 20% 비중을 차지한다. 운용체제OS 등 MS 서버용 소프트웨어 라이선스 총판을 담당하고 있다. 최대주주는 상장기업 가비아40.3%다.

데이터센터는 빅데이터를 수집, 저장, 분석할 수 있는 클라우드 컴퓨팅 서비스를 제공한다. Chat-GPT 등장 이후 AI 모델 훈련 수요가 폭증하면서 수혜를 보고 있다. 국내 데이터센터 공급은 부족한 상황이다. 2000년 50여 개에서 2021년 177개로 증가했지만, 대부분 비상업용 엔터프라이즈 데이터센터다. 상업용 데이터센터는 62개로 35% 수준에 불과하다.

기존 케이아이엔엑스 도곡센터와 수도권 7개 데이터센터

는 포화 상태다. 2024년 완공 목표로 1600억원을 투자해 과천 데이터센터 건설 중이다. 당초 2024년 입주율은 30% 목표로 했지만, 이미 100% 수준에 육박한다.

글로벌 클라우드 업체의 허브 역할도 담당하고 있다. 과거 우리나라는 인터넷 도입 초창기 때 IX가 없어 해외 서비스를 이용했다. 쉽게 이야기하면 한국 내 트래픽이 바다를 건너갔다 와야 했다. 품질 수준이 낮고, 비싼 네트워크 비용이 문제였다.

ISP인터넷 서비스 프로바이더 16개 업체가 모여 한국인터넷연동협의회를 설립했고, 1999년 6월 중립적인 IX를 위한 KINX코리아 인터넷 뉴트럴 익스체 인지가 되었다.

⁂ 서진시스템

서진시스템은 금속 가공 기술을 기반으로 에너지저장시스템ESS 시장에서 약진하는 기업이다. AI 데이터센터 수요가 증가하면서 전기 수급이 중요해지고 있다. 신재생에너지 발전소 등에서 생산한 전기를 ESS에 보관해야 하고, 데이터센터 주변에도 ESS가 필요하다.

2023년 내내 ESS향 대규모 수주 행진이 이어졌고, 4분기부터 매출 인식이 이뤄지면서 ESS 사업이 가파른 성장세를 기록 중이다. 글로벌 1위 ESS 업체 플루언스 에너지에 금속 부품을 공급을 시작했기 때문이다. 또 다른 글로벌 ESS 업체 포원에너지도 고객사로 확보했다.

서진시스템의 ESS 사업 매출은 2021년 1305억원에서 2022년 1898억원으로 증가했다. 2023년에는 2745억원을 기록한 것으로 추정된다. ESS 매출 비중은 전체 매출의 절반 수준을 넘어섰다. AI 통신 인프라 업체 아리스타 네트웍스향 금속 부품 공급도 기대된다. 삼성SDI, SK온향 전기차 및 배터리 부품과 램리서치향 반도체 장비용 부품도 공급하고 있다.

✲✲ 네오셈

네오셈은 SSD, MBT모니터링 번인 테스터 검사 장비 전문 기업이다. SSD 검사 장비는 SSD 디바이스의 양품을 구분하는 데 쓰인다. MBT는 대량의 반도체 소자를 온도, 습도, 전기적으로 가혹한 환경에 두고 양품을 검사한다. 인텔과 삼성전자가 강하게 밀고 있는 CXL 핵심 수혜주로 손꼽힌다.

생성형 AI, 스트리밍 산업 확대로 데이터센터 투자가 증가하고 있다. 그동안 다소 부진했던 서버용 SSD 수요가 빠른 속도로 살아나고 있다. 5세대 SSD 검사PCIe 5.0 장비 수요 확대로 실적이 반등하고 있다. 2023년 연 매출 1000억원을 넘어섰고, 2024년도 꾸준한 성장세가 예상된다.

네오셈은 미국 현지 대응 체제가 잘 되어 있는 기업이다.

지난 2007년 미국 타니 시스테크놀로지, 2015년 미국 플렉스타테크놀로지 등을 인수했다. 미국 내 연구개발 인력과 지원 인력을 두고 있다. 마이크론과 대규모 거래를 트고, 5세대 SSD 시장에서 치고 나갈 수 있었던 이유다. 글로벌 경쟁사는 어드반테스트, 테라다인 등이다. 네오셈은 이들 업체들과 경쟁하면서 6세대 SSD 테스터를 개발 중이다. 향후 글로벌 SSD 테스터 시장은 3개 업체 중심으로 형성될 전망이다.

✱✱ 이수페타시스

이수페타시스는 고성능 서버용 고다층기판MLB을 주로 생산하는 기업으로 이 시장에서 세계 3위를 기록 중이다. MLB는 인쇄회로기판PCB의 한 종류로 서버, 네트워크 장비 등에 주로 사용된다. AI 가속기 수요가 늘면서 이수페타시스 MLB 매출도 빠른 속도로 증가하고 있다. 엔비디아뿐 아니라 구글, MS, 아마존 등 데이터센터에 이수페타시스의 제품이 적용되고 있다.

미국, 중국에 생산 거점을 확보하고 있으며, 2개의 자회사와 2개의 손자회사를 두고 있다.

이수페타시스 매출에서 AI 가속기 비중은 22년 9%에서 2023년 29%로 증가했다. 2024년은 36%로 더욱 늘어날 것으로 전망된다. 구글향 서버에 MLB 공급을 시작한 후 점유율을 빠른 속도로 높이고 있다. 엔비디아향 신제품향 샘플 테스트도 진행하고 있어 공급 기대감이 높은 상황이다.

2024년 2분기부터 신규 라인 가동이 본격화되며 실적 개선 흐름이 이어질 전망이다. 증설 후 별도 기준 캐파는 1만5000 제곱미터에서 2만2000 제곱미터로 50%가량 확대된다. 연결 기준 9500억원 매출 달성이 가능한 규모다.

⁂ NAVER

네이버는 자체 기술로 하이퍼클로바라는 생성형 AI 개발해 2021년 5월 처음 공개했다. 2023년에는 개선된 버전의 하이퍼클로바X를 출시했다. 현존 LLM 중 앞선 서비스는 오픈AI의 GPT-4, 구글의 제미나이, 앤스로픽의 클로드3 등이 손꼽힌다. 그러나 이들 모델의 학습 데이터는 대부분 영어다. 다른 언어 능력은 제한적이다.

하이퍼클로바X는 한국어에 특화된 언어모델이다. 2040억 개 매개변수의 컴퓨팅 파워를 구현했다. 현재 하이퍼클로바X는 검색과 쇼핑, 콘텐츠 서비스 등에서 효율성을 자랑한다. 검색에서 이용자들의 오타나 비문 등 잘못된 질문을 바로 잡아 준다. 문서 중 가장 답변에 근접한 텍스트를 자동으로 추출해 보여주는 지식스니펫Knowledge Snippet 서비스에도 이용되고 있다.

콘텐츠 제작에서도 하이퍼클로바X의 활용 가능성이 높아지고 있다. 웹툰 AI 페인터는 작가가 그린 스케치에 맥락에 맞는 채색을 자동으로 해주는 기술이다. 웹툰 스토리에 맞는 음원도 골라준다. 사진을 웹툰으로 만들어주는 기능도 출시했다. 소설 창작에도 활용된다. 하이퍼클로바를 이용해 소설을 사람이 다듬는 웹소설도 등장했다.

코딩 없이 응용 프로그램을 개발할 수 있는 AI 플랫폼 '클로바 스튜디오'는 1000여 개 기업이 사용 중이다. 임플로이 랩스의 잡브레인 서비스는 이용자들이 클로바 스튜디오 활용 AI 자소서 생성기를 제공해 구직자들이 완성도 높은 자소서를 쓸 수 있게 도와주고 있다. 빅테크와의 기술 경쟁에서 하이퍼클로바X가 힘을 쓰지 못하고 있는 건 사실이다. 그러나 세계 각국이 자국어 AI 모델을 개발하고 싶어 하고 데이터센터도 구축하려고 움직이고 있다. 네이버가 이런 협력 체제에서 기회를 찾을 수 있다.

03장

고성능 칩의 게임체인저,
유리기판 시장의 부상

새롭게 주목받고 있는 유리기판 시장

유리기판은 기존 플라스틱 대신 유리를 코어로 만든 기판이다. SKC 자회사 앱 솔릭스가 AMD에 HPC용 유리기판 공급을 추진하면서 주목받았다. 실리콘 인터포저는 전공정 수준의 기술력이 필요해 비용이 많이 든다. 전통 후 공정 수준의 투자 금액을 넘어선다. 장비도 AMAT, 램리서치가 등 글로벌 업체들이 담당한다. 유리기판은 유기 인터포저와 플라스틱 기판 조합의 단점을 극복하면서 실리콘 인터포저Silicon Interposer의 단점인 높은 가격과 설비 투자 리스크를 상쇄할 수 있는 제품이다.

유리의 표면 거칠기는 10나노 이하 수준이다. 반면 유기고분자 기판 거칠기는 400~600나노 수준으로 40~60배 높다. 표면이 매끈해야 기판 미세 회로 작업에 유리하다. 인텔은 유리기판이 기존 유기기판 대비 10분 1 수준 미세 회로가 가능하다고 설명했다.

유리기판은 실리콘의 장점인 매끈한 표면, 낮은 열팽창계수 가져가면서 유기기판의 장점인 낮은 열전도율과 유연한 강도를 확보할 수 있다. 비용 면에서도 장점이 크다. 유리기판을 쓰면 패키지 면적이 절반으로 줄고, 전력 사용량도 절반으로 감소 한다. 인터포저 등 중간 기판이 필요 없어 경박단소화 및 대면적에 유리하다. 다만 TSV 생태계는 잘되

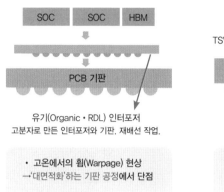

현존 양대 인터포저 기술

유기(Organic · RDL) 인터포저
고분자로 만든 인터포저와 기판. 재배선 작업.

실리콘(Si) 인터포저
실리콘을 관통시키는 (TSV) 초미세 회로 공정.

* 고온에서의 휨(Warpage) 현상
→'대면적화'하는 기판 공정에서 단점

* 표면이 울퉁불퉁함
→미세 회로를 새기는 데 한계

* 인텔은 '포베로스' 패키징에 적용
칩-인터포저 연결점 간 간격 10μm까지 구현

* 후(後)공정인데 전(前)공정 장비로 구현
→후… 인프라 구축 비용이 너무 비쌈

어 있는데, TGVThrough Glass Via 생태계는 미흡한 게 약점이다.

유리기판 시장에서 가장 주목받는 기업은 앱솔릭스다. 이 업체는 SKC 반도체 소재 자회사로 2021년 11월에 출범했다. 세계 1위 반도체 장비 업체 어플라이드 머티리얼즈AMAT는 앱솔릭스에 510억원을 투자해 일정 지분을 확보했다.

AMAT가 투자한 자금은 앱솔릭스 미국 글라스 기판 생산 시설에 사용된다. 앱솔릭스는 지난 2022년 11월 조지아주 뉴튼카운티 커빙턴시에 생산 공장을 착공했다. 2024년까지 2.4억 달러를 투자해 연 1.2만 제곱미터 유리기판을 생산할 계획이다. 2단계 투자로 3.6억 달러를 투입해 생산능력을 확대할 계획이다. 글라스 기판은 표면이 매끄럽고 사각 패널을 만들 수 있어 반도체 패키지 미세화, 대형화 추세에 대응할 게임

체인저로 손꼽힌다.

인텔도 2030년 양산 목표로 유리기판에 10억 달러를 투자했다. 인텔은 애리조나주 챈들러 지역에 10억 달러 규모 유리기판 연구개발 라인을 구축했다. 인텔의 유리기판 관련 IP는 600건 넘는다. 일본 이비덴, 독일 쇼트 등과 협력 중이다.

국내 켐트로닉스도 협력 파트너로 거론된다. 기존 PCB는 유리 섬유와 에폭시를 섞은 플라스틱 코어중심층에 구리 회로와 절연막을 겹겹이 쌓아서 만든다. 인텔 CPU나 엔비디아 GPU도 FC-BGA 위에 얹어서 패키징한다. 2.5D/3D 패키징 기술이 중요해지면서 새로운 형태의 기판이 필요해졌다. 회로 두께가 얇아지고 복잡해지면서 표면이 거친 플라스틱 기판으로 한계로 지적된다. 유리기판은 플라스틱보다 표면이 매끈하다. 두께도 4분의 1 수준으로 얇게 가공할 수 있다. 인텔에 따르면 회로 왜곡 발생률이 50% 감소한다.

인텔은 TSMC, 삼성전자와 더불어 반도체 패키징 투자 빅3 업체로 손꼽힌다. 인텔 파운드리 서비스 통해 유리기판 상용화에 적극 나설 것으로 보인다. AMD는 일본 신코, 대만 유니마이크론, 오스트리아 AT&S, 한국 삼성전기 등과 글라스 코어 기판 성능 평가를 진행 중이다. 그동안 AMD는 SKC 자회사 앱 솔릭스와 협업을 진행해왔다. AMD에서 분사하고 SKC가 투자한 칩플렛을 통해서다.

이번에 협력사를 추가하는 것은 본격적인 양산 체제 구축을 위한 것으로 풀이 된다. 유리기판은 신호 전달 속도, 전력 효율성에서도 큰 장점이 있다. AI 반도체와 HPC 칩에 글라스 코어 기판을 적용하려는 이유다. AMD는 2025년~2026년 유리기판 도입 시기를 저울질하고 있다. 최근 인텔이 유리기 판 상용화에 속도를 내는 것도 영향을 미쳤다. 글라스 위에 반도체 회로를 구성하려면 TGV 장비, 식각/박막 접착/기판 절단/회로 패터닝 등 새로운 기술이 요구된다.

유리기판에 도전장을 낸 업체는 SKC 앱솔릭스, 삼성전기, LG이노텍, 대덕전자 등이다. 최종 고객사는 칩 업체인데, 인텔, AMD, 애플, 삼성 엑시노스 등이 적용 대상이다. 유리기판이 대체할 시장은 FC-BGA 시장이 유력하다. 유리기판으로 더 싸게 만들 수 있고, 전연성도 좋게 할 수 있다. 휘어짐 컨트롤이 더 수월하다. 특히 유리기판이 RF 특성에서는 월등한 성능을 나타내고 있다.

HBM 인터포저도 유리기판으로 대체가능할 것으로 보인다. 메인보드 교체도 충분히 가능하다. 앱솔릭스가 2024년 빠른 양산 일정을 보이고 있는데, 인텔은 2030년 이전에 양산한다고 발표했다. 삼성전기도

2024년 9월 파일럿 라인을 깔고 당초 일정보다 앞당겨 양산에 돌입할 것으로 보인다. 앱솔릭스가 수율 확보에 애를 먹고 있는데, 당초 유리 원판을 잘못 선택한 거 아니냐는 이야기도 나오고 있다.

인텔은 CPU에 들어가는 메인보드 등 자체 생산 30% 비중을 유지하고, 나머지는 외부에서 조달할 방침이다. 유리기판이 뜨면 ABF 소재 업체를 독점하던 아지노모토AJINOMOTO 같은 업체는 피해를 볼 수밖에 없다. 원판 유리 공급 업체는 코닝, 쇼트, NEG 등이다. 앱솔릭스 같은 업체들이 원판 유리를 가져와서 TGV 공정, 구리 도금, 에칭, 슬리밍 등을 진행한다.

유리기판은 0.1mm 이하 두께가 필요해 상당히 슬리밍 공정이 많아진다. 가장 중요한 공정인 TGV는 SKC 앱솔릭스, 삼성전기, 제이앤티씨, 켐트로닉스 등이 담당한다. 구리 도금은 액체 방식으로 진행할 것으로 보인다. 식각은 유해성 때문에 불산 외 다른 소재를 검토 중이다. 패터닝은 적층으로 진행 중인데, 아직 해결되지 않은 문제가 많다.

유리 가공의 가장 큰 문제는 크랙이다. 작은 크랙이 전체를 망가뜨린다. 유리에 비아홀을 잘못 뚫으면 불량으로 이어진다.

유리기판 vs 실리콘 인터포저

유리기판은 실리콘 인터포저 대비 낮은 유전 상수를 보인다. 유전 상수Dielectric Constant란 물질의 유전 능력을 나타내는 물리적 상수다. 유전

능력은 전기장 내 있는 물질이 얼마나 많은 전기를 저장할 수 있는지를 나타낸다. 일반적으로 상대 유전율이라고 불린다.

유전 상수가 높은 물질은 전기장을 더 잘 저장할 수 있다. 반도체 공정에서는 유전 상수가 낮은 것이 바람직한 경우가 많다. 전하의 분극_{외부}

_{전기장이 가해질 때 재료 내 양전하와 음전하가 반대 방향으로 이동하거나 재배열되어 재료 내부 추가적인 전기장을}

_{생성하는 현상}이 덜 일어나 인접 회로나 채널에 불필요한 간섭을 주는 크로스토크 현상이 줄어들기 때문이다.

크로스토크가 줄면 전자 사이 간섭이 줄어 전기 신호들이 물질을 통과할 때 발생하는 지연도 줄어들어 신호 전송 속도를 높이고, 대역폭

DNP의 글래스 코어 기판: TGV 공정 이용(2024)

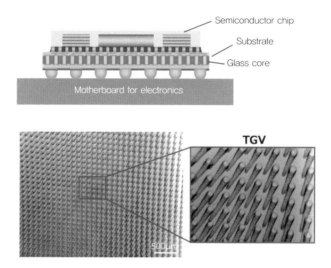

*자료: DNP(2014), Anandtech 재인용

도 향상시킨다. 유리는 실리콘에 비해 낮은 유전 상수를 가진다. 유리가 4~6, 실리콘이 11~12 정도다. 유전 상수가 높은 재료는 전기장에 의해 더 많이 분극 되어 교류AC 신호 통과 시 추가적인 전력 손실을 발생시킨다. 그러나 유전 상수가 낮은 재료는 전력 손실에서 상대적으로 자유롭다. 즉 유리기판을 사용하면 전력 효율면에서 실리콘 인터포저보다 장점이 있다. 비용 면에서도 유리기판이 유리하다. 기판에서 높은 평탄도는 고밀도 회로의 정밀 패터닝에 중요하다. 유리기판과 실리콘 기판의 최종 평탄도는 큰 차이가 없다.

실리콘 기판은 높은 수준의 평탄도를 구현하기 위해 CMP 공정이 필요하다. 비용이 상승하는 이유다. 유리기판은 제조 과정에서 이미 플로트 공정으로 높은 평탄도를 가진다. 추가적인 평탄 공정이 필요없다. 유리기판의 한계는 파손에 취약한 점에 있다. 유리는 비정질 소재로 규칙적인 결정 구조가 없는 무정형 상태다. 작은 균열로 깨지는 이유다.

실리콘 기판은 고순도 단결정 실리콘으로 만든다. 실리콘 원자들이 정해진 패턴으로 배열되어 있다. 외부 충격에 강한 이유다. 또 실리콘 기판에 비해 열팽창계수가 크다. 팽창 차이는 두 재료가 접합된 인터페이스에 응력을 발생시켜 균열이나 층간 분리 같은 문제를 일으킨다. 온도 변화를 반복적으로 겪는 패키지 공정에서 미세한 결함을 촉발시킨다. 소자 신뢰성 문제로 이어질 수 있다.

주목할 만한 수혜 기업

✳︎✳︎ 삼성전기

삼성전기는 삼성 그룹 내 대표 전자부품 계열사다. 이 회사 성장 동력의 키워드는 자율주행차와 AI다. 실적이 역성장하다가 반등하는 데 2년이란 시간이 걸렸다. MLCC 수요가 개선되면서 상승 사이클로 접어들 가능성이 높다. 현재 삼성전기 주력 사업은 능동소자인 반도체를 보조하는 수동소자 적층세라 믹콘덴서MLCC다. 단일 품목으로 가장 큰 매출 비중을 차지하고 있다. 그동안 스마트폰용 MLCC가 주력이었지만, 최근에는 자동차 비중이 빠른 속도로 증가하고 있다.

삼성전자 프리미엄 스마트폰에 주로 쓰이는 카메라 모듈과 반도체 기판 사업도 한다. 카메라 모듈도 스마트폰에서 차량 카메라로 확장 중이다. 테슬라 등 자율 주행차 기업과 대규모 계약을 맺고 센서용 카메라 공급 비중을 점차 늘리고 있다.

최근 삼성전기가 주목받는 것은 유리기판 때문이다. 현재 기판 사업은 플라스틱 기반 플립칩 칩스케일패키지FC-CSP와 플립칩 볼그리드어레이FC-BGA다. 삼성전기가 하는 FC-BGA은 2~3년 전만 해도 PC 의존도가 굉장히 높았다. 그러나 최근에는 서버향 매출 비중이 20% 수준에 이르렀다.

AI 가속기 기술 발전 속도가 빨라지면서 플라스틱이나 실리콘 대신 유리 소재를 채택한 유리기판 수요가 증가하고 있다. SKC 자회사 앱솔릭스의 약진에 대응하기 위해 삼성전기도 유리기판 상용화에 속도를 내고 있다. 2024년 9월 유리기판 파일럿 라인을 깔고 당초 일정보다 앞당겨 양산 체제에 돌입할 것으로 보인다.

삼성전기는 온디바이스 AI의 수혜 영역인 패키지 기판과 MLCC를 전부 다 아우르고 있는 셈이다.

✻✻ 필옵틱스

필옵틱스는 광학기술 기반으로 리지드, 플렉서블 OLED뿐 아니라 전기차용 2차전지 자동화 장비를 공급하는 업체다. 최근 이 회사가 주목받는 것은 차세대 유리기판용 TGVThrough Glass Via 레이저 장비 때문이다. 다른 회사에 비해 TGV 공정 속도가 빠르다는 장점이 있다. 유리기판에 레이저로 미세한 비아홀을 형성하는 TGV 장비는 전체 공정에 서 제일 중요하다는 평가를 받는다.

필옵틱스는 지난 2019년 TGV 장비 개발에 착수했으며, 연내 상용화에 나선다. 앱솔릭스, 삼성전기 등 주요 고객사와 파일럿 테스트를 진행 중이다. 마스크 없이 회로 패턴을 형성하는 노광기DI, Direct Image, 미세홀을 가공 하는 ABF 드릴, 유리기판을 자르는 싱귤레이션 등 제품을 갖추고 있다.

유리기판 밸류체인

HB테크놀로지는 앱솔릭스에 유리기판 검사 장비를 공급했다. 삼성 디스플레이에 OLED AOI 검사 장비를 독점 공급하고 있는 만큼 삼성 전기향 유리기판 장비 공급 가능성도 기대된다. 와이엠티는 MSAP 초 극동박 양산 업체다. 일본 미쓰이가 독점한 초극박나노 투스을 국산화했다. 이 시장은 4000억~5000억 규모를 형성하고 있다. 초극박은 MSAP 공 정 필수 소재로 유리기판에도 반드시 필요하다. 코리아써키트에 월 1.2 만 제곱미터를 공급하고 있다.

1~2um 두께 극동박과 20um 두께 캐리어 동박을 한 세트로 공급한 다. 극동박을 캐리어에 붙이고 떼어 내는 게 경쟁력이다. 이 시장을 선

MSAP 공법 수요 증가는 명확

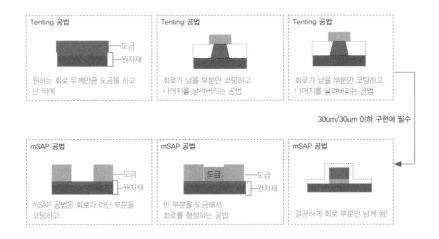

유리기판 관련 Value Chain

분류	기업명	주요 내용
수요자	인텔	2025년~2030년 장기적으로 유리기판 대체 계획, 서버 등 고성능 제품부터 순차적으로 적용 예정
유리기판	SKC	SK앱솔릭스를 중심으로 2025년 대량양산체제 계획, 파일럿 라인을 운영 중이며 미국 코빙턴에 양산 공장 착공
	삼성전기	신사업으로 2024년 유리기판 파일럿 라인 구축, 25년 시제품, 26년 양산체제 계획
장비	필옵틱스	DI(Direct Image) 노광기, 레이저 드릴링 장비
	인텍플러스	광학 측정장비 WSI, 북미사향으로 유리기판 검사 장비 개발 의뢰(27~30년)
	주성엔지니어링	TGV(Through Glass Via)장비들 개발 및 납품 추진
	한미반도체	Micro saw 유리기판 절단기를 개발완료, 납품 추진
	켐트로닉스	유리기판 식각 관련 기술 보유
	이오테크닉스	TGV(Through Glass Via)장비를 개발 및 납품 추진
검사 장비	HB테크놀러지	글래스기판 검사, 리페어 장비 SK앱솔릭스에 공급
부품	ISC	유리기판 관련 소켓 R&D 진행 및 SKC 납품 유력
소재	와이씨켐	유리 반도체 기판 소재 2종 개발(기판 코팅제, 기판 구리 도금용 포토레지스트)

*자료: 각 사, 이베스트투자증권 리서치센터

점한 미쓰이는 접착제 관련 특허가 강력한 것으로 알려졌다. 씨앤지하이테크는 반도체 공정용 CCSS 업체인데, 신성장 동력으로 유리기판용 표면처리 사업을 진행 중이다. 저유전 FCCL 사업도 진행 중인 만큼 나름 표면처리 기술 수준이 높은 것으로 평가된다.

제이앤티씨도 TGV 방식 글라스 코어 기판 신사업에 진출한다고 2024년 4월 주주총회에서 깜짝 공개했다. 플라스틱 코어에 비해 깨지기 쉬운 특성 탓에 유리기판의 비아홀 가공 난이도는 상당히 높은 편이다. 제이앤티씨는 2010년 강화유리 사업을 시작한 이후 세계 최초로 3D 커버 유리를 개발했으며, 유리 공정 및 코팅 분야에서 기술력을 인정받고 있다. 와이씨켐은 반도체 유리기판용 소재 3종인 PR/스트리퍼/디벨로퍼 개발을 완료 하고 양산 테스트에 착수했다. 2014년부터 디스플레이와 태양광 기판용 개발 노하우가 활용되었다.

AI는 막대한 통신 트래픽을 발생시킨다

통신 업계는 AI 트래픽 수요 폭발에 대비해 준비 중

Chat-GPT 출시 이후 AI를 다루는 다양한 서비스에 접속하기 위한 트래픽은 가파르게 증가하고 있다. 2023년 Chat-GPT 상용 버전이 출시된 이후 월별 글로벌 인터넷 트래픽이 전년 대비 20% 이상 급증했다. 생성형 AI 입력 토큰수가 점점 증가하고 있고, 2023년 연말 GPT 스토어 등 다양한 서비스들이 등장하면서 2024년 데이터 트래픽은 전년 수준을 크게 넘어설 전망이다. 벌써부터 6G 통신 필요성이 언급되는 이유다.

2022년 기준 OECD 평균 광대역 광통신망 구축 비중은 37.7% 수준이다. 미국 20.4%, 영국 11.1%, 독일 9.2% 등으로 나타났다. 우리나라 사람들이 북미나 유럽 여행 갔을 때 통신 속도에 답답함을 느끼는 것도 이해된다. 2022년 기준 50억명이었던 글로벌 인터넷 사용자수는 2029년 73억명까지 증가할 전망이다.

1인당 모바일 데이터 사용량도 급증하고 있다. 2023년 1인당 150GB 내외 모바일 데이터를 사용했다. 2028년에는 2배 이상 증가한 400GB를 사용할 것으로 관측된다. 2018년을 기점으로 1인당 모바일 데이터 사용량이 크게 증가했는데, 유튜브 및 SNS 확산과 맞물린 결과로 추정된다. 2019년 전후 글로벌 5G 통신망이 상용화된 것도 영향을 미쳤다. 2020년 코로나19 팬데믹으로 글로벌 데이터 사용량은 폭증했다.

얼마 전까지 시장조사 업체들은 AI로 인한 데이터 사용량 증가를 과

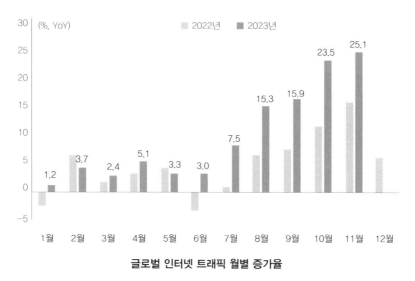

글로벌 인터넷 트래픽 월별 증가율

*자료: Cloudfare, SK증권

소평가했다. Chat-GPT가 등장한 지 1여 년의 시간밖에 지나지 않았기 때문이다. 2024년을 기점으로 AI로 인한 데이터 사용량 증가 전망치를 상향 조정하고 있다.

화웨이, 노키아 등 글로벌 통신장비 업체들은 5G 어드밴스드 상용화, 6G 장비 출시를 예고하고 있다. 삼성전자는 5G 장비 부진을 설욕하기 위해 차세대 장비 시장 진입을 위해 칼을 갈고 있다.

통신 업계는 AI 트래픽 수요 폭발에 대응해 고주파수 발굴을 준비하고 있다. 과학기술부는 디지털 스펙트럼 플랜을 발표하고 2024년 내 신규 주파수 경매 계획을 알렸다. 6~7월 주파수 할당 공고가 나오고 10월 ~11월 주파수 경매가 진행될 것으로 보인다.

미국 주파수 경매도 연내 진행될 가능성이 높다. 미국 통신 4사는 미국 당국에 3~15GHz 주파수 할당을 요구하고 있다. 트래픽 증가 추세로 연내 5G 추가 주파수 할당이 진행될 것으로 보인다. 시장의 관심은 기지국, 인빌딩, 스몰셀 업체에 쏠리고 있다. 6G 시대를 대비해 저궤도 위성 장비 업체에 대한 관심도 높아지고 있다.

인피니밴드와 이더넷

AI 인프라는 다수 GPU간 병렬 연산을 빠르게 수행하기 위해 다양한 부하 분산 기술이 필요하다. 이 기술에는 DMA, GPU간 P2P, GPU 다이렉트 스토리지 등이 활용된다. 대표 오프로딩 기술인 RDMA^{Remote}

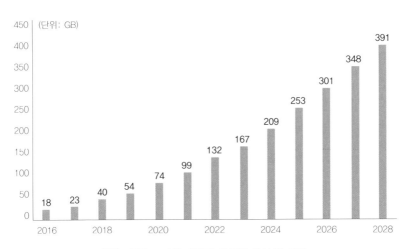

월별 1인당 모바일 데이터 사용량 추이 및 전망

*자료: Ericsson, SK증권

Direct Memory Access는 워크로드 내 존재하는 다수의 프로토콜 계층을 건너뛰는 제로 카피 기술 DMA다이렉트 메모리 액세스를 네트워킹까지 확장한 것이다. DMA는 CPU 개입 없이 하드웨어간 데이터 전송을 가능하게 한다.

RDMA는 네트워크를 통해 원격 시스템의 메모리에 직접 접근할 수 있는 기술로 네트워크상에서 데이터를 전송하는 데 사용된다. RDMA는 서버 간 혹은 서버와 스토리지 간 간섭 없는 메모리 접근을 제공해 GPU 간 병렬 연산을 극대화할 수 있다. 인피니밴드나 RoCERDMA over Converged Ethernet를 통해 활용 가능하다.

수백 개 GPU가 병렬처리로 수백, 수천 시간을 학습하고 빠르게 서비스를 제공하려면 네트워크 안정성도 중요하다. 잠깐의 방해도 재연산으로 이어지기 때문이다. 네트워킹 기술 성능과 안정성 면에서 인피니밴드가 이더넷보다 앞선 기술로 평가되어 왔다. 인피니밴드InfiniBand가 이더넷의 대역폭을 월등히 앞섰기 때문이다. HPC에는 주로 인피니밴드 기술이 사용되었다.

엔비디아 DGX 서버도 이더넷보다 인피니밴드를 장려한다. 안정성 측면에서 인피니밴드는 패킷 무손실을 전제하지만, 이더넷은 어느 정도 패킷 손실을 감안한다. LLM 인프라가 HPC 기술 기반으로 이뤄지기 때문에 GPU 클러스터 네트워킹은 인피니밴드가 주로 쓰인다. 문제는 비싼 비용이다.

인피니밴드는 제조사 간 경쟁이 사라진 독점 기술이다. 인피니밴드 기술을 제공하던 기업들이 대형 업체에 인수되어 사라졌다. 마지막 솔루션 업체 멜라녹스도 엔비디아에 인수되면서 독점적으로 기술을 제공하고 있다. 인피니밴드 기술이 엔비디아에 종속되면서 GPU보다 인피니밴드 스위치가 더 부족하다는 이야기도 나온다. 인피니밴드를 다룰 전문가는 매우 희귀하며 기술 난이도도 높다. 400Gbps 대역폭은 인피니밴드의 전유물이었다.

그러나 표준 기반 기술 RDMA 방식인 RoCE가 인피니밴드 기술을 대체할 것으로 기대된다. 이더넷 진영은 400Gbps, 800Gbps 제품을 선보이면서 인피니밴드와 동등한 수준의 기술을 제공하고 있다.

✦ AI 혁명 투자 체크포인트

아리스타 네트웍스

스위치, 라우터, ADC 등 통신장비를 공급하는 기업이다. 단순히 장비를 납품하는 게 아니라 네트워크 운영체제os와 자동화 솔루션까지 공급해 강력한 SW 플랫폼을 보유하고 있다. 최근 고속 스위치 시장에서 점유율을 늘리고 있으며, SDNSoftware Defined Networks 시장에서 강점을 보유한 기업으로 부각되고 있다.

엔비디아의 핵심 경쟁력 중 하나는 NV Link라는 기술이다. 멜라녹스 인수로 확보한 강력한 데이터센터 네트워킹 솔루션이다. RDMA 인피니밴드 방식인데, 더 넓은 대역폭과 저지연성을 자랑한다. 멜라녹스는 인피니밴드 시장의 절반 이상을 차지한 기업이다. 생성형 AI 기술 확대로 네트워크 속도를 높이는 투자가 활발하다. 일반 기업은 100Gb, 클라우드 기업들은 200Gb에서 400Gb로 업그레이드하는 추세다.

아리스타 네트웍스는 인피니밴드보다 범용성이 높은 이더넷 기술을 보유한 기업이다. 이더넷은 느리지만 더 오랜 시간 범용 프로토콜로 자리잡고 있어 호환성이 높은 장점이 있다. 탈 엔비디아를 진행하는 기업들은 이더넷 기반 네트워크 기술이 필요하다. 아리스타 네트웍스와 시스코, 브로드컴 등이 참여해 울트라 컨소시엄을 결성했다.

AI 혁명 보안 위협은 커진다

생성형 AI는 클라우드 3.0 시대를 촉발시킬 것으로 예상된다. 클라우드 1.0은 가상화를 구현하는데 초점을 맞췄고, 클라우드 2.0은 다양한

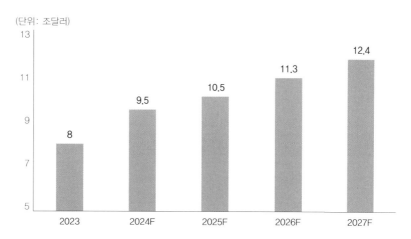

(단위: 조달러)

글로벌 사이버 공격 피해 규모 (2023년~2027년 CAGR 11.6%)

*자료: Cybersecurity Ventures, 유안타증권 리서치센터

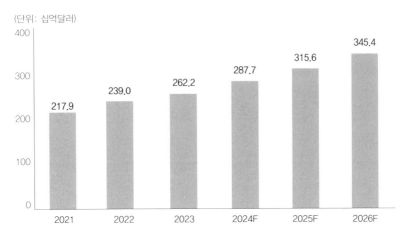

(단위: 십억달러)

글로벌 사이버보안 시장 규모 추이 및 전망 (2021년~2026년 CAGR 9.7%)

*자료: Statista, 유안타증권 리서치센터

클라우드 서비스를 만드는 데 방점을 찍었다. 클라우드 3.0은 웹 3.0 시대 등장과 함께 분산과 보안 개념이 강화되었다.

사이버시큐리티 벤처스에 따르면 2023년 글로벌 사이버 보안 피해 규모는 8조 달러로 2027년까지 매년 11.6% 증가할 전망이다. 생성형 AI 발달, 클라우드 도입 증가로 사이버 보안 수요는 꾸준히 증가할 것으로 관측된다. 2023년 글로벌 인터넷 트래픽은 초당 19만GB를 넘어섰다. 코로나 이후 IoT 기기와 원격 근무 증가는 사이버 공격이 가능한 엔드포인트 영역을 확대하고 있다.

과학기술정보통신부에 따르면 2023년 국내 사이버 위협 사례는 1277건으로 전년 대비 12% 증가했다. 특히 선거를 앞두고 정치 이슈로 악용하는 사이버 위협이 고조되고 있다. 랜섬웨어 공격 증가에 따른 금융 범죄에 대응하기 위해 보안 강화 필요성도 높아지고 있다. 시장조사 업체 스태티스타에 따르면 글로벌 사이버보안 시장은 2023년 2622억 달러에서 2026년 3454억 달러로 증가할 것으로 전망된다. 국내 정보보 안 시장은 지난 5년간 연평균 15.3% 증가해 현재 6조원 수준으로 추정 된다.

에지 컴퓨팅과 양자 암호통신

에지Edge 컴퓨팅이란 정보가 생성된 위치와 최대한 가까운 곳에서 정 보를 처리, 분석해 빠르게 응답하는 과정이다. 클라우드 컴퓨팅이 인터

넷을 이용해 물리적 IT 인프라를 제거했다는 장점을 가진 반면 정보 처리 과정에서 클라우드 서버까지 갔다가 돌아와야 한다는 단점이 존재한다. 에지 컴퓨팅은 이런 물리적 도달 거리를 축소해 보다 빠른 정보 처리를 가능하게 한다. 분산형 클라우드 컴퓨팅이라고 봐도 무방하다.

유무선 데이터 트래픽이 증가하면 클라우드 데이터센터로 집중되는 정보량이 많아지고, 이로 인한 문제를 극복하기 위한 분산 시스템이 에지 컴퓨팅이다. 양자 암호 통신은 기존 광통신을 넘어 양자 암호키 분배 과정을 거쳐 암호통신을 하므로 해킹이 불가능하다. AI 확산으로 개인 정보 해킹, 오남용 문제가 커지면서 대안으로 양자 암호 기술이 부상하고 있다.

데이터 관련 주목할 기업

✺ 어도비

어도비는 사진, 동영상, 이미지와 그래픽 디자인 등 미디어 작업을 주목적으로 하는 소프트웨어 기업이다. 아크로벳, 전자서명 솔루션뿐 아니라 기업 마케팅 등 디지털 전환 솔루션도 제공한다. 디지털 경험을 통해 세상을 바꾼다는 비전을 내세우고 있다.

어도비는 2023년 3월 파이어플라이Firefly, 반딧불이라는 생성형 AI를 공개했다. 자연어로 명령하면 이미지를 생성하고, 수정하는 기능을 제공한다. 포토샵, 일러스트레이터, 프리미어 등 다양한 콘텐츠 편집 툴로 유명한 어도비가 생성형 AI 기술에 적극 대응하고 있는 셈이다.

파이어플라이는 공개 이후 7개월 만에 30억 개 넘는 이미지가 생성되며 역사상 가장 성공한 베타 테스트가 되었다. 미드저니, 달리 등 경쟁 AI 모델과 비교해도 빠른 침투율을 보여준다. 어도비는 독자 파이어플라이 모델뿐 아니라 포토샵을 비롯한 기존 편집 툴에 생성형 AI 기능을 적용하고 있다.

✳ 오라클

오라클은 데이터베이스 솔루션RDBMS 시장에서 독보적인 기업이다. 그러나 클라우드 전환 과정에서 빅3를 따라잡기 위해 DB 서비스를 오라클 클라우드OCI에서만 활용할 수 있게 하는 폐쇄적 정책으로 실패한 경험이 있다. 생성형 AI의 부상으로 클라우드 시대에 기회를 다시 잡았고, 이후 성장세를 그리고 있다. 오라클 클라우드의 경쟁력은 가성비다. 데이터베이스 서비스에는 꽤 높은 비용을 청구하지만, 컴퓨팅 파워 등은 경쟁사보다 낮은 비용으로 제공하고 있다.

모자이크MLMosaicML, 코히어Cohere 등 AI 스타트업과 맺은 클라우드 계약 규모는 40억 달러로 전 분기 대비 2배가량 성장했다. 엔비디아와 일론 머스크의 xAI도 오라클 클라우드와 협력을 맺고 개발을 진행 중이다. ERP, HCM, CRM 등 백 오피스 소프트웨어도 제공하고 있다. 최근 전자의무 기록 기업 서너Cerner 인수로 영역을 확장 중이다.

✳ IBM

컴퓨터 하드웨어와 소프트웨어를 판매할 뿐 아니라 컨설팅, 서비스도 제공한다. 과거 PC 시장에서 상당한 영향력을 보유한 기업이었다. 지금은 엔터프라이즈향 B2B 사업이 주요 매출처다. 클라우드 시장 공략에 실패한 후 위상이 하락했지만, AI와 양자컴퓨팅으로 재도약을 꿈꾸고 있다. IBM은 127개 양자 비트로 구성된 이글이라는 양자 컴퓨터로 성능을 입증했다. AI 시장에서 게임 체인저로 부상할 가능성이 높다.

현재 양자컴퓨팅 시장에서 IBM과 구글이 양대 산맥을 이루고 있다. MS도 경쟁에 가세하면서 10년 내 상용화 가능성이 제기되고 있다. 2016년 의료용 인공지능 왓슨으로 주목받았지만, 낮은 정확도 탓에 퇴출 수순을 밟고 있다. 기존 모델보다 개선된 왓슨X를 출시해 재도약을 노리고 있다.

클라우드 시장 점유율은 2017년 7%에서 현재 2.4%로 쪼그라들었다. IBM은 레드햇Red Hat 인수로 하이브리드 클라우드 시장 공략을 노리고 있다. 개방성을 지향하는 솔루션으로 다른 클라우드와 호환되는 게 장점이다.

✳️ 세일즈포스

세일즈포스는 고객관리 솔루션CRM 등 다양한 클라우드 기반 솔루션을 제공하는 기업이다. 이 회사가 제공하는 AI 기술의 집합체 이름은 '아인슈타인'이다. 유족에게 브랜드 사용권을 획득해 AI의 아이덴티티를 구축했고, 아인슈타인을 닮은 캐릭터도 홍보에 활용하고 있다. 2016년부터 아인슈타인은 세일즈포스 CRM 플랫폼에 활용되고 있다. 최근 생성형 AI 접목으로 대화형 AI 비서 코파일럿 기능도 제공하고 있다.

시각화 자료 생성을 비롯해 업무 효율을 높일 수 있는 기능을 제공한다. 고객 데이터를 활용하므로 할루시네이션Hallucination이 적다. 세일즈포스는 AI 활용에서 고객 데이터 소유권과 컨트롤, 컴플라이언스 준수를 가장 중요한 포인트로 잡았다. 타블로Tableau, 뮬소프트MuleSoft 등을 인수해 데이터 클라우드를 강화하고 있으며, PaaSPlatform as a Service 기능으로 인프라 클라우드 성격도 갖고 있다.

☀ 스노우플레이크

스노우플레이크는 클라우드 기반 데이터 솔루션 기업이다. 지능형 인프라와 엔진 스토리지로 다양한 정형 및 비정형 데이터 기반 인사이트를 제공한다. 세일즈포스처럼 고객 데이터의 안전한 활용을 목표로 한다. 엔비디아와 협력해 스노우플레이크의 데이터 클라우드 플랫폼과 엔비디아의 LLM 구축 플랫폼 니모를 결합하고 있다. 고객들은 엔비디아 니모 플랫폼과 GPU를 활용해 그들의 데이터를 별도로 이동하지 않고 AI 앱과 챗봇 등을 개발할 수 있다.

단순 데이터 관리를 넘어 데이터 기반으로 고객에게 유용한 인사이트를 제공하는 게 스노우플레이크의 타깃이다. 스노우플레이크는 오라클, SAP 등이 주도하던 온프레미스 기반 데이터베이스 시장을 클라우드로 변화시킨 혁신 기업이다. 전통 데이터 웨어하우스와 달리 스토리지와 컴퓨팅을 분리시켜 성능 및 비용 구조를 최적화했다.

AI 전쟁을 맞이한 우리에게
《징비록》이 주는 교훈

《징비록》은 전시 재상 서애 류성룡이 임진왜란 7년에 걸친 전쟁에 대한 회고록이자 비망록이다. 《시경》에 "내가 지난 일의 잘못을 징계해서 후에 환란이 없도록 조심한다"라는 말에서 가져와 《징비록》이란 이름을 붙였다. 임진왜란의 원인과 배경을 찾고자 기록했고, 이를 통해 후환을 경계하려고 했다. 《징비록》은 이순신 장군의 난중일기와 함께 우리가 임진왜란을 이해하는 데 중요한 기록물이다. 전쟁의 외부적 요인뿐 아니라 내부적 요인도 면밀하게 기록했다.

개국 초 개혁적이었던 사대부들이 등 따습고 배불러지면서 사회 모순이 강화되었다. 세조가 조카인 단종을 폐위시키고 명분 없는 왕위를 찬탈하면서 폐단은 본격화되었다. 임진왜란 발발 전 율곡 이이는 수미법과 10만 양병설을 주장했다가 기존 주류 사대부들에게 철

처히 무시당하고 말았다.

조선이 적으로 맞이해야 할 일본에는 조총이라는 신무기가 있었고, 100년의 내전 동안 단련한 전쟁의 달인들이었다. 전쟁에 이기기 위해서는 항상 혁신적일 수밖에 없다. 새로운 흐름에 조금이라도 뒤처질 경우 바로 패배로 직결되고, 몰락이란 결과밖에 없기 때문이다. 《징비록》은 과거를 돌아보고 미래를 대비하자는 의도로 류성룡이 쓴 책이지만, 유감스럽게도 조선은 이런 정신을 계승하지 않았다. 위기가 사라지자 위기 의식도 사라지고 개혁 의지도 사라졌기 때문이다.

아이러니하게도 《징비록》은 일본으로 유출되어 베스트셀러가 되었다. 1712년 조선통신사 일행이 오사카 난전에서 《징비록》이 팔리는 것을 보고 충격을 받았다. 일본 지식인들이 《징비록》을 더욱 연구하고 류성룡의 정신을 계승했다. 자신들을 패배시킨 이순신을 조선보다 더 열심히 공부하고 배웠다. 조선 서인 정권은 《징비록》이 부끄러운 책이라며 300년간 금서로 지정했다.

조선 선비들은 아무도 이 책을 읽지 못했다. 임진왜란에서 왜 졌는지, 병자호란 역시 왜 졌는지 모르고 남탓만 하다 노론 소론으로 갈라져 죽도록 싸우다가 일본 신식 군대를 맞아 죽창을 들고 덤빈 동학 농민군이 몰살된 다음 조선은 일본 식민지가 된다. 《징비록》은 단순한 기록에 그치지 않고 조총 등 신기술 도입, 직업군인제 창설, 무역 확대 등을 제안하고 있다. 그의 글은 마치 AI 전쟁을 앞둔 후손들에게 조언을 하는 듯하다.

미중 패권 전쟁은 AI와 반도체를 중심으로 치열하게 전개되고 있다. 글로벌 밸류체인이 깨지면서 직접적인 타격을 받고 있는 것은 대외 무역 의존도가 높은 대한민국이다. AI 기술은 향후 국가, 기업, 개인의 경쟁력을 좌우할 가능성이 높다.

AI 전쟁에서 대한민국이 승리하기 위해서는 무엇보다 기존 관성에서 벗어나 새로운 혁신이 필요하다. 조선 초 개혁적이었던 사대부들이 점점 새로운 변화에 무감각해진 것처럼 지금의 우리도 기존 관성에 익숙해져 있다. 메모리 치킨게임을 승리로 이끌었지만 1등이란 타이틀에 취해 AI 반도체 시장 변화에 제대로 대응하지 못한 삼성전자가 바로 그렇다.

엔비디아, TSMC, MS 등 AI 혁명을 주도하는 기업들과 우리 기업들이 함께하지 못한다면 미래는 밝지 않다. 글로벌 혁신 기업들과 협력하는 것을 넘어 우리 기업들의 주도권이 강해져야 한다. 결국 초격차 기술밖에 답이 없다. 고대역폭메모리HBM 등 주문형 메모리 기술 주도권을 더욱 강화해야 한다.

몇 년 전부터 대한민국 경제성장률은 글로벌 경제성장률을 밑돌고 있다. 저출산 고령화, 교육 시스템, 에너지 전환, 금융 개혁 등 어려운 문제는 뒤로 미뤄지고 있다. 더 심각한 것은 우리 국민 대다수가 이런 상황을 문제의식 없이 수긍하고 있다는 점이다.

킹 달러 시대라고 하지만 별다른 이유 없이 원달러 환율이 1400원을 터치하는 것은 그만큼 우리 경제가 취약해졌다는 증거다. 반도체 수출 의존도가 20% 수준에 이른다는 것은 다른 산업의 글로벌 경쟁력이 약해졌다는 방증이다.

저출산 고령화 시대에 어떻게 핵심 엔지니어들을 양성할 수 있을 지도 문제다. 기존 인재들이나 퇴직자들이 경쟁 기업이나 국가로 유출되는 것도 물론 중요한 이슈다. 산업화 시대의 낡은 교육 시스템을 혁신하고, 엔지니어에 대한 처우도 개선해야 한다.

새로운 질서는 혁신적이고 창의적인 전략을 필요로 한다. AI 전쟁에서 완전한 우방은 없다. 미국은 우리 첨단 반도체 기술에 침을 흘리고 있고, 미국 빅테크는 우리 AI 핵심 인력 영입에 힘을 쏟고 있다. 일본은 네이버가 보유한 자국 내 최대 플랫폼 라인을 뺏기 위해 압박을 가하고 있다. 비영어권 시장에서 라인이 확보한 빅 데이터가 AI 시대에 얼마나 큰 자산인지 알고 있기 때문이다.

냉정한 현실 인식과 근본적인 개혁이 없다면 AI 혁명에서 뒤처질 수밖에 없다. 임진왜란 직전 조선 사대부들처럼 관성에 젖은 이들은 조금이라도 새로운 관점을 이야기하는 사람을 참지 못한다. "설마 전쟁이 일어나겠어?" "어떻게든 되겠지"라는 무모한 낙관이 전쟁의 참사를 키웠다. AI 혁명이 바꿀 세상이 얼마나 파괴적일지 제대로 인지하지 못하는 우리의 모습은 아닐까.

역사는 현재를 비춰주는 거울이다. AI 혁명이라는 거대한 물결이 불러올 변화를 인식하고, 흐름을 따라가기보다는 오히려 적극 활용해야 한다. 전쟁에서 패배하면 비참한 최후밖에 남지 않는다는 것은 역사가 말해준다.

▨ 머신러닝Machine-Learning

머신러닝은 컴퓨터가 명시적으로 프로그래밍되지 않은 작업을 수행할 수 있게 하는 알고리즘과 기술의 집합이다. 데이터에서 패턴을 자동으로 찾아내고, 이를 바탕으로 예측이나 결정을 내리는 데 사용된다.

▨ 사이킷런Scikit-Learn

사이킷런Scikit-Learn은 파이선 기반의 머신러닝 라이브러리다. 2007년 구글 서머 오브 코드Google Summer of Code 프로그램의 일환으로 데이비드 쿠르나포David Cournapeau에 의해 개발되었다. 이후 많은 개발자들의 기여로 더욱 발전했고, 현재는 다양한 분류, 회귀, 클러스터링 알고리즘뿐만 아니라 데이터 전처리, 모델 선택, 평가 등 머신러닝 프로젝트를 위한 종합적인 도구를 제공하는 가장 널리 사용되는 머신러닝 패키지다. 사이킷런은 간결하고 일관된 API, 우수한 문서, 풍부한 알고리즘 지원으로 인해 학계와 산업계 모두에서 널리 사용된다.

▨ 인공 신경망Artificial Neural Network, ANN

인공 신경망Artificial Neural Network, ANN은 인간의 뇌 속 뉴런들의 네트워크에서 영감을 받아 개발된 컴퓨터 알고리즘이다. 각각의 인공 뉴런또는 노드은 입력된 데이터를 받아 처리하고 출력을 생성하는 데, 이 과정에서 뉴런들 사이의 연결 강도가중치를 조정해 학습한다. 인공 신경망은 여러 층으로 구성될 수 있으며, 깊이가 깊어질수록 딥러닝Deep Learning이라고 불린다.

▨ 딥러닝Deep Learning

딥러닝은 인공 신경망을 기반으로 하는 머신러닝의 한 분야다. 이 기술은 데이터로부터 복잡한 패턴을 학습하고, 이미지 인식, 음성 인식, 자연어 처리 등의 과제에서 인간과 유사하거나 그 이상의 성능을 달성할 수 있다. 딥러닝은 주로 깊은 층layer을 가진 인공 신경망을 활용하기 때문에 이러한 이름이 붙여졌다. 대량의 데이터와 강력한 컴퓨팅 파워를 필요로 한다. 텐서플로TensorFlow와 파이토치PyTorch는 딥러닝 연구와 애플리케이션 개발에 널리 사용되는 대표적인 오픈소스 라이브러리다.

▨ 텐서플로TensorFlow

구글의 브레인 팀에 의해 개발되었으며, 데이터 플로우 그래프를 사용하여 수치 연산을 표현하는 라이브러리다. 텐서플로는

유연성과 확장성이 뛰어나며, 모바일 기기에서 서버까지 다양한
플랫폼에서 실행할 수 있다.

▨ 파이토치PyTorch

페이스북의 인공지능 연구팀에 의해 개발되었다. 동적 계산 그
래프Dynamic Computation Graph를 지원하며, 이로 인해 모델을 더 직관
적으로 설계하고 디버그하기 용이하다. 특히 연구 목적과 프로
토타입 개발에 강점을 보이며, 최근에는 산업 분야에서도 널리
사용되고 있다. 이 라이브러리들은 딥러닝 모델의 개발과 훈련,
배포를 보다 효율적으로 만들어 주며, 연구자와 개발자들이 최
신 딥러닝 기술을 쉽게 접근하고 활용할 수 있도록 돕는다.

▨ 인공지능Artificial Intelligence

인간의 학습 능력과 추론 능력, 지각 능력, 자연언어의 이해 능력
등을 컴퓨터 프로그램으로 실현한 기술이다.

▨ 생성AGenerative AI

텍스트, 오디오, 이미지 등의 기존 콘텐츠를 활용하여 유사한 콘
텐츠를 새로 만들어내는 인공지능AI 기술이다.

▨ 대규모 언어 모델Large Language Model

대용량 인간 언어를 이해하고 생성할 수 있도록 훈련된 인공지능AI 모델로, 오픈AI에서 개발한 '챗GPT'와 메타의 'LLaMa' 등이 대표적이다.

▨ 이미지 생성 모델Text-To-Image

텍스트를 입력하면 그에 따라 이미지를 생성하는 AI 기술이다.

▨ 범용인공지능Artificial General Intelligence

특정 문제뿐 아니라 주어진 모든 상황에서 생각과 학습을 하고 창작할 수 있는 능력이 있는 인공지능이다.

▨ 자연어 처리Natural Language Processing

사람이 일상생활에서 사용하는 언어인 자연어를 컴퓨터에서 인식·분석하여 사람과 컴퓨터 간 의사소통이 가능하게 하는 인공지능 기술이다.

▨ 토큰화Tokenization

자연어 처리 분야에서, 텍스트 데이터를 단어, 문장, 문자와 같은 작은 단위로 나누는 과정을 말한다.

▨ 멀티모달 인터페이스Multi-Modal Interface

키보드 · 마우스 이외에 음성 인식, 제스처 인식, 디바이스 펜, 행동 인식, 터치 인식 등 기타 생체 인식을 활용해 특별한 장치 없이 유비쿼터스 컴퓨팅 환경을 구축하여 사용자 중심의 업무 효율을 높이는 기술이다.

▨ 파라미터Parameter

인간의 시냅스와 유사한 AI의 뇌 기능을 담당한다. 파라미터의 규모가 커질수록 AI는 대용량의 데이터를 학습해 인간에 가까운, 혹은 뛰어넘는 능력 발휘가 가능해지기에 확장성이 커진다.

▨ 트랜스포머Transformer

머신러닝 연구의 가장 핵심 모델, 언어 모델링부터 음성 및 컴퓨터 비전, 영상까지 확장한다.

▨ 오픈소스OpenSource

오픈소스 소프트웨어로 공개적으로 액세스할 수 있게 설계되어 누구나 자유롭게 확인, 수정, 배포할 수 있는 코드를 말한다.

▨ 튜링 테스트Turing Test

기계의 지능이 인간처럼 독자적인 사고를 하거나 의식을 가졌는지 인간과의 대화를 통해 확인하는 시험법이다. 현재 로봇이나 AI 연구에서 기계의 독자적 사고 여부를 판별하는 주요 기준으로 널리 인정받고 있다.

강화학습Reinforcement Learning

머신러닝의 한 영역으로 알고리즘이 다양한 시도를 거치며 최적의 결과를 낼 수 있는 조합을 찾아내는 방식을 말한다. 즉, 스스로 최적의 결과를 찾는 행위를 뜻한다.

머신러닝Machine Learning

명시적으로 규칙을 프로그래밍하지 않고 데이터로부터 의사결정을 위한 패턴을 기계가 스스로 학습한다.

딥러닝Deep Learning

인공신경망 기반의 모델로, 비정형 데이터로부터 특징 추출 및 판단까지 기계가 한 번에 수행한다.

GPTGenerative Pre-Trained Transformer

오픈AI사가 개발한 자연어처리 딥러닝 모델이다. 주어진 단어 또는 문장에 따라 적절한 텍스트를 생성하는 데 특화되어 있다.

바 로 써 먹 는

최강의
AI 혁명
투자

AI 혁명 TOP 100

* 일러두기

    – 본 별책부록 《AI 혁명 TOP 100》은 《최고의 AI 혁명 투자》 중 〈아신의 투자 노트〉 전문
       또는 본문 중 일부를 발췌 정리한 것입니다.

    – 별책부록 내 기업 소개 순서는 투자 순위와 무관합니다.

특별부록

AI 혁명
TOP 100

이형수 지음

지베르니

차례

❶ **AI 혁명 시대를 앞당긴 기업** 06
오픈AI ｜ 엔비디아 ｜ TSMC

❷ **AI를 견인하는 전통의 반도체 강자들** 10
SK하이닉스 ｜ 삼성 ｜ AMD ｜ 인텔 ｜ ARM ｜ 퀄컴 ｜ 마이크론테크놀로지

❸ **빅테크의 대명사 매그니피센트7** 21
마이크로소프트 ｜ 애플 ｜ 알파벳 ｜ 아마존 ｜ 메타 플랫폼스 ｜ 테슬라

❹ **엔비디아 수혜로 급부상한 일본 '사무라이7'** 31
DISCO ｜ TEL 도쿄일렉트론 ｜ 어드반테스트 ｜ 스크린 홀딩스 ｜ 고쿠사이 일렉트릭 ｜ 레이저텍

❺ **AI 가속기 덕분에 급부상한 네덜란드 TOP 2** 37
BESI ｜ ASML ｜

❻ **미국 칩스법 & 인텔 투자 확대로 주목할 국내 기업** 41
인텍플러스 ｜ 원익QnC ｜ 기가비스 ｜ 코미코

❼ **주목할 만한 IP 관련 기업** 46
시놉시스 ｜ 케이던스 디자인 시스템 ｜ 램버스 ｜ 브로드컴 ｜ 칩스앤미디어 ｜ 가온칩스 ｜ 오픈엣지테크놀로지 ｜ 에이디테크놀로지 ｜ 에이직랜드 ｜

❽ **파운드리 밸류체인에서 주목할 기업** 54
HPSP ｜ GST ｜ 두산테스나 ｜ 이오테크닉스 ｜ 솔브레인 ｜ 티씨케이 ｜ 미디어텍 ｜

❾ **EUV 선단 공정에서 주목할 기업** 63
동진쎄미켐 ｜ 에스앤에스텍 ｜ 에프에스티 ｜ 파크시스템스

❿ **온디바이스 AI로 후공정 테스트 생태계 수혜 기업** 68
리노공업 ｜ ISC ｜ 티에스아이 ｜ 티에프이

4

⓫ 온디바이스 AI 생태계 확장 수혜주　73

심텍 | 큐알티 | 텔레칩스

⓬ HBM 밸류체인에서 주목할 기업　76

한미반도체 | 제우스 | 에스티아이 | 테크윙 | 디아이티 | 피에스케이홀딩스 | 케이씨텍 | 미코 | 예스티

⓭ HBM 밸류체인에서 주목할 글로벌 기업　87

KLA | 온투이노베이션 | 테라다인 | 앰코테크놀로지 | AMAT | 듀폰 | 램리서치

⓮ D램 테크 마이그레이션 수혜주　95

유진테크 | 주성엔지니어링 | 디엔에프 | 피에스케이 | 원익IPS

⓯ 기업향 AI 서버 수혜자　102

DELL

⓰ 데이터센터 핵심 미국 기업　104

버티브Vertiv 홀딩스 | 슈퍼마이크로컴 | 마벨테크놀로지

⓱ SMR 관련 미국주　109

뉴스케일파워 | 센트러스에너지 | BWX테크놀로지 | 컨스텔레이션에너지

⓲ 데이터센터 관련 주목할 기업　111

케이아이엔엑스 | 서진시스템 | 네오셈 | 이수페타시스 | NAVER

⓳ 주목할 만한 수혜기업　118

삼성전기 | 필옵틱스 | 아리스타 네트웍스

⓴ 데이터 관련 주목할 글로벌 기업　122

어도비 | 오라클 | IBM | 세일즈포스 | 스노우플레이크

㉑ 유리기판 밸류체인 기업　127

HB테크놀로지 | 와이엠티 | 씨앤지하이테크 | 제이앤티씨 | 와이씨켐

㉒ AI 혁명 관련 기업 분류　129

AI 혁명 시대를 앞당긴 기업

1 오픈AI

오픈AI는 자체 AI 반도체 생산시설 구축을 위해 새 판을 짜고 있다. 샘 알트만은 세계 주요국을 방문하면서 글로벌 투자자들과 협의 중이다. 당초 알려진 7조 달러 규모 펀딩은 다소 과장되어 있지만, 반도체를 내재화할 금액 정도는 충분히 마련할 가능성이 높다. 오픈AI 반도체 얼라이언스에는 아부다비 AI 기업 G42와 일본 소프트뱅크 그룹 등이 전략 투자자로 거론되고 있다.

우리나라 반도체 기업들도 중요한 파트너로 보고 있다. 2024년 초 샘 알트만은 7개월 만에 한국을 전격 재방문했다. GPT-4 터보 업그레이드, GPT-5 출시를 위해 SK하이닉스 및 삼성전자와 협력을 강화하기 위한 것으로 풀이된다. 오픈AI는 AI 가속기 단순 설계를 넘어 생산시설까지 구축하는 전략을 구사하고 있다. 파운드리 분야에서는 TSMC, 삼성전자, 인텔 등과 협력하고 메모리 분야에서는 SK하이닉스, 삼성전자와 협력을 강화할 것으로 예상된다. 디스코, 도쿄일렉트론, 어드반테스트 등 일본 소부장 업체들도 어드밴스드 패키징 공정을 위해 적극 협력할 것으로 보인다.

2 엔비디아

AI 가속기 시장을 독점한 엔비디아는 엔지니어 생태계 쿠다를 무기로 디지털 트윈 시뮬레이션 옴니버스까지 강화하고 있다. 자체 CPU 그레이스를 확장하고 있으며, 클라우드 서비스뿐 아니라 온디바이스 AI 시장도 눈독 들이고 있다. 말 그대로 엔비디아의 광폭 행보에는 브레이크가 없다.

최근 엔비디아는 아마존, MS처럼 클라우드를 통해 파운데이션 AI 모델 API 제공하는 사업을 시작했다. 대표적인 모델로는 '니모' '바이오니모' '피카소' 등이 있다. 니모는 LLM, 바이오니모는 신약 개발, 피카소는 이미지 생성에 활용된다. 반도체 하드웨어에서 소프트웨어, 플랫폼 기업으로 진화를 선언한 셈이다.

온디바이스 AI 기술이 부상하면서 PC 및 서버 시장의 핵심 파트너 MS와 인텔 사이에 균열이 발생하고 있다. 엔비디아는 이틈을 파고들고 있다. 최근 MS는 AI 처리 효율성을 위해 ARM 코어 기반 칩을 선호하는 경향을 보이고 있다. 인텔의 x86 아키텍처는 전성비에서 약점을 보이기 때문이다. 엔비디아, 퀄컴뿐 아니라 AMD도 ARM 기반 CPU 설계에 참여하고 있다.

2025년 AI PC 시장이 본격화되는 것을 기회로 판매를 확대할 계획이다. 이러한 변화는 인텔에게 큰 위협으로 작용한다. 인텔의 PC칩 부문 매출은 전체 매출의 절반 이상을 차지하고 있기 때문이다. AI 반도체 업계의 경쟁 확대와 ARM 기반 칩의 선호도 상승은 인텔의 미래 전략에 중대한 도전이 될 것으로 보인다. 엔비디아는 서버용 AI 가속기에 만족하지 않고, 온디바이스 AI에도 야심을 드러내고 있다.

3 TSMC

떠오르는 파운드리 시장에서 과실을 거둔 사람이 TSMC 창업자 모리스 창이었다. TI 부사장에서 퇴직한 그는 대만 정부의 자금을 지원받아 1987년 파운드리 전문 기업 TSMC를 창업했다. 팹리스 기업들이 TSMC로 몰려들었고 안정적인 성장세를 구가해왔다. 스티브 잡스가 들고나온 아이폰이 모바일 혁명을 본격화시켰다. TSMC에 일생일대의 기회가 찾아온 셈이다.

TSMC가 아시아 1위 시총 기업으로 자리매김하는 데는 모바일 혁명이 절대적으로 영향을 미쳤다. PC 시절만 해도 CPU, GPU 등 프로세서는 범용 제품이었다. 그러나 애플, 퀄컴 같은 업체들은 스마트폰 두뇌 칩인 AP를 설계해 최적화된 스마트폰 시스템을 만들고 싶었다. AP 파운드리 수주가 몰려들었고, TSMC는 폭발적인 성장세에 올라탔다.

삼성전자는 초기 아이폰 AP 파운드리를 독점으로 담당했지만, 최대 고객인 애플을 놓치고 말았다. 삼성전자가 애플의 경쟁 제품인 자체 스마트폰과 독자 AP 엑시노스를 만들게 된 게 큰 영향을 미쳤다. 그러나 TSMC와 기술 경쟁에서 밀린 게 결정적이었다. 삼성 파운드리가 TSMC를 기술로 압도했다면, 애플이 파운드리를 전량 옮기는 모험을 할 수 없었을 것이다. 삼성전자는 모바일 혁명 시기 스마트폰 사업은 크게 키웠지만, 반도체 사업은 의미 있게 성장하지 못했다. Chat-GPT가 촉발시킨 AI 혁명에서도 TSMC의 존재감은 압도적이다.

AI를 견인하는
전통의 반도체 강자들

4 SK하이닉스

2023년 HBM3의 8단 제품을 양산한지 10개월 만에 12단 제품 개발에 착수했다. 2024년부터 HBM3E 8단 신제품을 공급하고 있다. 신제품은 40% 얇아진 D램 칩 12장을 이전보다 13% 좁은 간격으로 쌓아 12단 24GB 용량을 구현했다. 주목할 점은 기존 8단 16GB 제품과 동일한 두께를 유지하면서 용량을 증가시켰다는 것이다.

SK하이닉스는 2024년 총 10조 원의 캐펙스 투자 계획을 발표했다. 2023년 설비 투자 규모 6조에서 15%가량 늘어난 7조원으로 예상되었다. 특히 이번 투자는 HBM 설비 증설에 집중될 예정이며, DDR5와 LPDDR5 등에도 상당한 금액이 투입될 것으로 알려졌다. 최근 컨퍼런스 콜에서는 2024

년 HBM3와 HBM3E에 대한 물량이 이미 완판되었다고 발표했다. 2025년 물량도 상당 부분 예약이 마무리된 것으로 보인다. SK하이닉스의 현금 흐름이 빡빡한 상황을 고려할 때, 2025년 설비투자는 2024년 수준으로 예상되나 HBM 수요가 강하고 시장 주도권을 유지하기 위한 전략적인 투자가 이루어졌다.

5 삼성전자

삼성 파운드리는 2028년까지 AI 매출 비중을 50% 수준으로 끌어올릴 계획이다. 모바일 비중은 30% 초반 수준으로 낮추고, HPC 비중을 32%, 자율주행차 칩 14%로 높일 방침이다. 2023년 기준 모바일 비중 54%, HPC 19%, 자율주행차 칩 11% 등이다.

삼성 파운드리는 3나노에서 TSMC와 비등한 기술을 확보하고 2나노에서 골든 크로스 구현할 계획이다. 2026년에는 2나노, 2027년에는 1.4나노 공정을 오픈할 준비를 하고 있다. 2나노 공정은 삼성 파운드리에 반전의 계기가 될 가능성이 높다.

삼성 파운드리는 일본 1위 AI 프리퍼드네트웍스PFN로부터

2나노 AI 가속기를 수주했다. PFN은 AI 탑재 로봇, 바이오, 자율주행, 양자컴퓨팅 등으로 다변화 중인 기업이다. 2014년 도쿄대 AI 벤처로 창립해 AI 딥러닝 1위 기업에 오르기도 했다. 도요타, NTT, 히타치, 화낙 등으로부터 투자 유치하는 것도 성공했다. 2016년 미국 슈퍼마이크로와 협업해 슈퍼컴퓨터를 개발한 경험이 있다. 주요 고객은 엔비디아, MS, 인텔, 도요타, 히타치, 화학 등이다. 가장 중요한 팹리스 고객은 퀄컴이다. 퀄컴은 삼성 파운드리에 2나노 AP 개발 의뢰를 한 것으로 추정된다. 양산까지 절차는 남았지만, 성능과 수율에서 안정성 확인되면 최종 수주로 이어질 것이란 기대감이 있다. 시제품 개발은 통상 6개월에서 1년이란 시간이 필요하다. 삼성 파운드리와 TSMC 중 최종 파운드리 업체 선정은 2024년 내 결론날 것으로 보인다.

SK하이닉스 HBM 물량은 엔비디아가 입도선매했고, 마이크론은 아직 생산능력이 떨어진다. AMD 등 엔비디아 추격 업체 입장에서는 삼성전자가 파트너로서 매력도가 높은 상황이다. 인텔뿐 아니라 NPU 업체들도 삼성전자와 손잡을 가능성이 점쳐진다. 삼성전자는 HBM 및 D램 경쟁력 회복에 사활을 걸고 있다. 얼마 전 평택 팹 P4 공사 중 인력 재배치를 단행했다. 파운드리 생산 라인인 페이즈2 투입 인력을 HBM 생산을 위한 페이즈3로 전환 배치했다. SK하이닉스 등 경쟁사에 D램 및 HBM 기술이 밀리고 있는 만큼 선택과 집중 전략의 일환이다.

6 AMD

AMD는 1969년 설립된 로직 반도체 팹리스 업체다. 주로 CPU, GPU, 서버 및 임베디드 프로세서 등을 공급한다. 플레이스테이션, 엑스박스 등 콘솔 기기에 납품하는 세미 커스텀 솔루션도 판매하고 있다. 2022년에는 자일링스를 인수해 FPGA 사업도 추가했다.

　AMD는 CPU가 주인공이던 시절 PC와 서버 시장에서 인텔에 밀려 만년 2등이었다. AI 혁명 덕분에 GPU가 주인공이 된 지금은 엔비디아의 뒤를 추격하고 있다. 프로게이머 출신 방송인 홍진호 씨 못지않게 AMD도 숫자 2와 친숙한 기업이다. 2000년대 이후 CPU 시장에서 인텔과의 경쟁에 밀려 점유율이 급격히 추락하기도 했다. 2014년 리사 수가 CEO에 취임한 이후 게임 콘솔용 로직 반도체를 수주하고, 2017년 라이젠 시리즈를 출시하면서 재기에 성공했다. 반도체 설계 거장 짐 켈러가 멀티코어와 젠 아키텍처라는 유산을 남긴 것도 큰 도움이 되었다.

현재 AMD는 인텔보다는 엔비디아 추격에 사활을 걸고 있다. 사실 AI 가속기 시장에서 AMD가 엔비디아에 이어 2등이라고 이야기하기에도 민망한 정도다. 두 회사간 시장 점유율 차이는 TSMC와 삼성 파운드리 사이보다 간격이 더 크다. 현재 주류인 AI 가속기 시장에서 엔비디아의 시장 점유율은 90~95% 수준이다. 2023년 말 AMD는 '인스팅트 MI300' 시리즈 'MI300X GPU'와 'MI300A CPU+GPU'를 공개하면서 AI 반도체 시장에서 주목받았다.

7 인텔

인텔은 다양한 반도체를 설계하고 제조하는 미국 종합반도체 기업이다. 주력 제품은 CPU로 70~80% 시장 점유율을 차지하고 있다. CPU, FPGA, IPU, ASIC, 자율주행 칩 등 다양한 제품 포트폴리오를 보유하고 있다. 이 회사가 현재 가장 공을 들이고 있는 사업은 파운드리다. CPU 업체에서 파운드리 업체로 변신하는 과도기에 있다. 2025년 인텔 파운드리 사업이 본격화된다.

인텔 파운드리 사업에 대한 전망은 엇갈리고 있다. 그러나 미중 갈등으로 지정학적으로 공급망이 재편되면서 기회를 잡은 것은 분명하다. 미국은 아시아 중심의 반도체 제조 공급망을 자국으로 가져오려고 하고 있다. 특히 첨단 파운드리는 미국 입장에서 반드시 확보해야 할 기술이다. 미국 정부의 선택지는 인텔밖에 없다. 세계 반도체 시장의 절반을 차지한 만큼 미국이 첨단 파운드리 기술을 내재화할 경우 향후 반도체 산업에 적지 않은 영향이 예상된다.

인텔이 조 바이든 행정부로부터 26조원이 넘는 지원을 확보했다. 보조금 85억 달러와 대출 110억 달러로 총 195억 달러약 26조원 규모다. 미국 내 반도체 생산을 늘리기 위해 인텔에 역대급 지원에 나섰다는 평가다. 미 정부는 군사용 반도체 생산을 위해 인텔에 30억~40억 달러약 4조~5조원를 지원할 계획이다. 애리조나주에 위치한 인텔 공장의 군사용 시설 전환에 사용된다.

8 ARM

ARM은 글로벌 반도체 IP 1위, 모바일 AP 90% 이상 지배하고 있는 기업이다. 반도체 설계 생태계의 정점에 있다고 볼 수 있다. 원래 영국 기업이었지만, 소프트뱅크가 인수해 대주주가 되었다. 2023년 최대 규모 기업공개IPO로 미국 증시에 상장되었다. 당시 기업가치가 지나치게 높다는 지적도 있었지만, 상장 6개월 만에 주가가 3배 이상 상승하기도 했다. 2024년 2월에는 인텔의 시총을 넘보기도 했다. 시장이 ARM에 대해 높은 기업 가치를 주는 것은 AI 가속기 설계 수요가 크게 늘어날 뿐 아니라 기존 서버, 모바일, PC용 칩이 ARM 기반으로 바뀌고 있기 때문이다.

ARM의 IP는 모바일/에지 환경에서 PC/데이터센터로 빠르게 확장 중이다. 온디바이스 AI 시장 성장은 ARM IP 수요를 더욱 가속화시킬 것으로 보인다. 반도체 전성비를 높이려면 기존 x86보다는 ARM 아키텍처 기반으로 설계하는 게 유리하다. 애플, 아마존, MS 등 빅테크들은 자체 설계칩에 ARM IP를 활용하고 있다. ARM의 리스크 요인은 스마트폰 업황 부진과 RISC-V 등 대체 신기술의 부상이다. ARM차이나 리스크도 무시할 수 없는 변수나. ARM치이나는 현재 매출의 25%를 차지한다. 자체 이사회에서 직접 경영과 대표권, 관리 감독 권한도 없다. 지불 연체 이력 있고 지배구조도 불분명한 상황이다.

9 퀄컴

퀄컴의 온디바이스 AI 전략은 굉장히 현실적이다. 원래 온디바이스 AI의 개념은 서버 대신 로컬에서 모든 연산을 담당하는 것이다. 그러나 디바이스 프로세서 성능, sLLM의 완성도 측면에서 쉽지 않은 상황이다. 이에 따라 퀄컴은 클라우드, 에지 서버, 디바이스 3단계 하이브리드 형태로 온디바이스 AI를 지원한다. 사실 사용자는 속도만 빠르면 어디서 AI 연산을 담당하든 상관없다. 퀄컴의 아드레노 GPU는 경량화가 잘되어 있고, 저전력 성능도 좋은 편이다. 스냅드래곤8 G3에는 이미 100억개 매개변수를 처리할 수 있는 연산능력을 갖췄다. 즉 메타 라마2 수준의 성능을 칩 자체에서 낼 수 있다.

퀄컴은 이미지, 동영상 가속 처리에 굉장히 강점을 가지고 있다. 스테이블 디퓨전을 넣어서 이미지를 생성하거나 카메라로 찍어서 고화질로 바꿔주는 AI 서비스를 할 수 있다. 통신 기능을 기반으로 여러 프로세싱 기능을 균형 있게 AP로 구현하는 데 가장 강력한 기술을 보유하고 있다. 로봇, 자율주행차 등에서도 칩 경쟁력이 부각될 수밖에 없다. 스냅드래곤 X 엘리트는 애플 M3보다 강력하다는 평가도 나온다. X86 기반 CPU 시장을 퀄컴이 잠식하는 상황은 눈 앞에 다가와 있다.

10 마이크론테크놀로지

세계 D램 시장에서 3위, 낸드플래시 시장에서 5위를 차지하고 있는 기업이다. 미국에 본사를 두고 있으나, 생산기지는 주로 대만에 위치해 있다. 최근 마이크론은 HBM 시장 점유율 확대에 적극나서고 있다. 현재 5% 수준에 불과한 HBM 시장 점유율을 2027년까지 20%까지 끌어올릴 계획이다. 한미반도체 TC 본더를 도입한 이후 HBM 생산 수율이 크게 높아진 것으로 보인다.

D램 시장에서 20% 초반대 시장 점유율을 차지하고 있는데, 이중 60% 이상을 대만에서 생산한다. 과거 메모리 치킨게임 기간에 대만 D램 업체들을 인수합병해왔기 때문이다. 대만 타오위안에 위치한 팹11 공장은 독일 인피니언 자회사 키몬다와 대만 난야가 합작 설립한 이노테라를 인수한 것이다. 타이중에 위치한 팹16은 2012년 일본 엘피다 자회사 렉스칩을 인수해 확보했다. 현재 이곳에서는 1a이상급 D램이 생산되고 있다. 삼성전자와 SK하이닉스에 비해 EUV 공정 도입이 늦어 기존 노광 공정을 멀티패터닝QPT으로 생산하고

있다.

 대만 팹 다음 중요한 생산기지는 일본이다. 마이크론은 일본 히로시마에 팹15를 보유하고 있다. 이곳에서 D램의 30%가량을 생산한다. 1b베타 이상급 D램을 일부 생산한다. 2002년 도시바 D램 공장을 인수해 운영 중인 버지니아 팹은 차량용 메모리를 주로 생산하고 있다. 낸드플래시 시장에서 마이크론은 8~9% 정도 시장 점유율을 보유하고 있다. 싱가포르 팹7과 팹10에서 낸드 생산의 75% 이상 담당하고 있다.

 마이크론의 설립은 반도체 산업에서 중요한 사건이다. 1978년 쌍둥이 형제인 조 파킨슨과 워드 파킨슨에 의해 설립된 마이크론은 메모리 반도체 시장에 도전장을 내밀었다. 당시 메모리 반도체 분야는 일본 기업들의 압도적 강세였다. 창업 시기가 너무 좋지 않았다. 마이크론은 일본 기업에 밀려 망하기 직전까지 몰렸지만, 아이다호 감자 재벌 잭 심플롯이 수백만 달러를 투자하면서 생존과 성장 기반을 마련했다. 심플롯의 투자는 단순히 자금을 제공한 것 이상의 의미였다. 그는 마이크론에게 경영 및 기술적 자문을 제공했고, 회사가 초기 어려움을 극복하고 성장할 수 있는 발판을 마련해주었다.

마이크론은 제조 공정을 단순화하고 효율성을 높여 비용을 절감하는 데 중점을 두었다. 이러한 전략은 일본 기업들과의 경쟁에서 중요한 역할을 했다. 일본 기업들은 고품질의 제품을 저렴한 가격에 제공하며 세계 시장을 지배하고 있었다. 마이크론이 살아남기 위해서는 비용 절감과 함께 고품질 제품을 생산하는 것이 필수적이었다. 마이크론은 연구 개발에도 상당한 투자를 단행해 기술 혁신을 이뤄냈다.

지금도 마이크론은 DRAM, 낸드 플래시 메모리 같은 핵심 제품을 생산하는 선두 기업 중 하나로 인정받는다. 마이크론의 성공 스토리는 반도체 산업 내에서 혁신과 지속 가능한 성장이 얼마나 중요한지를 보여주는 좋은 예다.

빅테크의 대명사 매그니피센트7

11 마이크로소프트

MS는 소프트웨어와 하드웨어 관련 제품 및 서비스를 개발, 라이선스 판매하는 다국적 기술 기업이다. 클라우드 서비스 애저Azure, 윈도우 OS, MS오피스, 엑스박스 게임 콘솔 등을 보유하고 있다. 1975년 빌 게이츠와 폴 앨런이 설립했고, 현재는 사티아 나델라가 CEO를 맡고 있다.

MS는 AI 혁명의 주역 오픈AI에 대규모 투자를 단행하고 협업을 강화하면서 스포트라이트를 받고 있다. 글로벌 기업의 자본력과 스타트업의 기동성이 시너지 효과를 톡톡히 낸 셈이다. 생성형 AI 파운데이션 모델 경쟁이 치열해지고 있지만, 오픈AI의 GPT-4는 선두 자리를 굳건히 지키고 있다. 예상보다 빠르게 매출을 증가시키며 서비스 수익화 분야에서도 돋보이고 있다.

GPT를 성공적으로 접목하면서 MS의 애저Azure는 클라우드 시장에서 점유율을 확대하고 있다. AI 수요 성장으로 Azure 매출 성장세가 빠르게 올라오면서 1위 사업자 AWS를 위협하고 있다. AI 비서 'MS 365 코파일럿'을 출시하면서 수익도 강화하고 있다. 애플을 제치고 시가총액 1위 자리도 챙겼다.

MS는 데이터센터 관련 하드웨어, 소프트웨어, 앱까지 모두 갖춘 AI 선두 기업이다. 이미 사무실에서 사용하는 업무용 소프트웨어부터 기업 및 기관의 필수 서비스가 된 클라우드까지 폭넓게 제공한다.

2023년 11월 자체 AI 가속기 Maia100과 CPU Cobalt100을 공개했다. 액체 냉각을 랙시스템으로 공급하는 솔루션도 공개했다. 빌 게이츠 MS 창업자는 "AI 발전은 마이크로프로세서, PC, 인터넷, 휴대폰의 탄생만큼 근본적인 변화"라며 "AI는 사람들이 일하고, 배우고, 여행하고, 건강 관리를 받고, 소통하는 방식을 변화시킬 것"이라고 강조했다.

그는 "모든 산업이 AI 중심으로 재편된다"며 "기업은 이를 얼마나 잘 활용하느냐에 따라 차별화될 것"이라고 덧붙였다.

12 애플

아이폰을 비롯해 PC, 웨어러블 디바이스 등을 설계 판매하는 기업이다. 하드웨어 외 iOS 등 OS 중심으로 앱스토어, 애플페이, 애플뮤직 등 서비스 생태계를 구축했다. 스티브 잡스 사후 신제품을 출시할 때마다 혁신이 없다는 비난을 받지만, 항상 제품은 흥행하며 오랫동안 글로벌 시가총액 1위를 유지했다.

애플의 XR 디바이스 비전프로는 AI 시대를 여는 첫 제품이다. 눈동자 움직임과 손가락 움직임을 카메라로 파악한다. 사용자 의도가 있었는지 없었는지도 구분한다. 디스플레이는 누군가 다가오면 그 모습을 카메라로 비춰주고, 사용자 표정을 6인치 OLED로 보여준다. 어떤 상황에서 외부인을 등장시킬지 AI가 판단한다. 가상 공간을 통제하는 데도 AI가 적극 개입한다. 애플은 비전프로 발표에서 가상 공간 플랫폼 구축을 위해 유니티와 적극 협력하겠다고 발표했다. 이질감 없이 현실과 가상을 넘나들기 위해 가상 공간을 현실감 있게 보정해주고 언제 현실과 가상의 중첩이 필요한지 판단하는 AI 개입이 필수적이다.

팀 쿡 애플 CEO는 "우리는 수년간 생성 AI 등 광범위한 연구를 수행해왔다"며 "사람들의 삶을 풍요롭게 하는 데 도움이 되도록 이런 기술에 계속 투자하고 혁신하며, 책임감 있게 제품을 발전시킬 것"이라고 말했다.

13 알파벳

2015년 구글의 기업구조 개편으로 설립된 지주회사다. 인터넷 서비스를 제공하는 핵심 자회사 구글 외 AI 회사 딥마인드, 자율주행 회사 웨이모, 생명공학 회사 칼리코 버릴리 등을 거느리고 있다.

구글 공동 창업자인 래리 페이지와 세르게이 브린이 알파벳 CEO에서 물러난 이후 구글 CEO였던 순디 피차이가 알파벳 CEO를 겸직하고 있다. 알파벳은 머신러닝 프레임워크인 텐서플로우, 머신러닝 전용 하드웨어 TPU를 자체 개발하고 이를 결합해 클라우드로 운영할 수 있는 경쟁력을 보유한 회사다.

만년 3등인 구글 클라우드를 제미나이 AI 인프라 경쟁력 강화로 차별화할 수 있는 기회로 활용할 수 있다. 오랜 기간 축적된 풀스택 AI 인프라 경쟁력이 빛을 발하는 순간 위기는 기회로 바뀔 수 있다.

알파고를 탄생시킨 세계 최고의 AI 연구개발 집단인 딥마인드를 구글 브레인과 통합했다. GPT-4보다 뛰어난 모델 개발에 집중한 결과 제미나이가 탄생했다. 제미나이는 1조~2조개 수준의 매개변수를 구현했고, 멀티모달을 지원한다. 생성형 AI 기술이 도입되면서 의미론적 검색, 멀티모달 검색 등이 가능해진다. 새로운 형태의 검색 쿼리가 증가하는 셈이다. 답변 수준이 높아지면서 클릭률도 상승한다. 기존 검색 엔진은 일반적인 답변을 하기 때문에 클릭률이 7~9%에 불과했다.

생성형 AI는 사용자 피드백으로 지속 업그레이드하고, 개인 정보를 축적해 개인화된 답변을 내놓을 수 있다. 즉 검색 효용성 높여 새로운 부가가치를 창출할 수 있다. 관건은 유용한 파운데이션 모델을 누가 먼저 개발하고 피드백을 기반으로 빠르게 업그레이드하는 것이다.

구글은 강력한 검색 알고리즘을 보유했고, 막대한 자금력과 기술력 및 인력도 갖췄다. 오픈AI를 빠른 속도로 추격할 수 있다. 세계 90% 이상 차지하는 인터넷 사용자 데이터도 확보했다. 다만 구글이 AI 검색 챗봇에서 승기를 잡지 못하면 헤게모니를 뺏길 수도 있다.

순디 피차이 알파벳 CEO는 "AI는 우리가 연구하는 가장 심오한 기술"이라며 "의사가 조기에 질병을 발견하고, 사람들이 자신의 언어로 정보에 접근하게 해주고, 기업 및 지역 사회가 잠재력을 발휘하도록 돕는다"고 말했다. 그는 "수십억 명의 삶을 크게 개선할 수 있는 새로운 기회"라며 "알파벳은 이미 6년 전 AI 중심으로 회사 방향을 바꾸었다"고 말했다.

14 아마존

아마존은 1994년 제프 베조스가 설립한 온라인 서점에서 시작되었다. 온라인 서점 돌풍을 일으키며 이후 종합 e커머스 업체로 성장했다. 현재는 세계 최대 e커머스 기업으로 자리매김했고, 세계 1위 클라우드 컴퓨팅 서비스 AWS를 보유하고 있다.

2020년 베조스에 이어 앤디 재시가 2대 CEO에 임명되었다. AWS는 시장 진입 초기 자체 서버 구축 여력이 없는 중소, 벤처기업들이 대부분 고객이다. AI 도입 등 디지털 전환은 선택이 아닌 필수인 상황이다. AWS도 AI 혁명을 기회로 혁신에 속도를 내고 있다. 2023년까지만 해도 아마존은 생성형 AI 대응이 늦었다는 비판을 받았다. 그러나 아마존에 기회는 충분하다. 생성형 AI 도입으로 온라인 쇼핑 만족도 높일 수 있기 때문이다.

글로벌 e커머스 침투율은 23년 기준 22%, 평균 구매 전환율은 2~3% 수준에 불과하다. 생성형 AI 도입으로 온라인 쇼핑 효율성 개선할 수 있다. 아마존 경쟁력의 핵심은 방대한 고객 데이터다. 미국 내 e커머스 시장의 40%를 장악했다. 2위 월마트는 6% 비중에 불과해 큰 차이를 보이고 있다.

AI 클라우드 수요도 기대되는 부분이다. 독자 서버를 구축하기보다는 클라우드 사용하는 기업이 점점 증가하고 있다. 글로벌 1위 클라우드 사업자로서 AWS 실적 성장 기대감도 여전하다. 앤디 재시 아마존 CEO는 "우리는 자체 LLM을 개발해 왔으며, 이것이 고객 경험을 개선할 것"이라며 "생성형 AI는 큰 변혁"이라고 강조했다.

15 메타 플랫폼스

2004년 마크 저커버그 주도로 개발된 SNS 페이스북이 회사의 모태가 되었다. 현재는 인스타그램, 왓츠앱 등을 보유하고 있는 글로벌 최대 SNS 기업이다. 2021년 메타 플랫폼스로 사명을 변경하며 AR/VR 등 메타버스 생태계에서 신 성장 동력을 찾고 있다.

메타 플랫폼스의 미래는 생성형 AI를 접목한 킬러 애플리케이션을 만들어낼 수 있는지 여부에 달려있다. 이용자수 40억명에 달하는 SNS 제국인 만큼 초기 서비스 확장력은 최고 수준이다. 다른 앱 개발사들과는 출발선 자체가 다르다.

메타 플랫폼스는 세계에서 손꼽히는 AI 연구시설과 인프라를 가지고 있지만, 클라우드 서비스를 하지 않는다. 대신 오픈소스와 경량화로 AI 혁명에서 기회를 찾고 있다. 최근 선보인 파인데이션 모델 라마Llama 시리즈가 대표적이다. 라마를 파인 튜닝해 앱을 개발하려는 수요가 폭발하고 있다. 라마를 통해 메타 플랫폼스는 라이벌들의 생태계 확장 견제, 라마 생태계 활성화로 기술 및 인력 확보 등에서 기회를 잡는다는 전략이다.

생성형 AI 도입으로 소셜 미디어 광고 시장이 성장하고 있다. 메타 플랫폼스의 지배력도 강화되는 추세다. 사용자들이 플랫폼에 오래 머물면서 맞춤형 광고를 시청할수록 매출이 확대된다. 생성형 AI는 콘텐츠 생산 비용을 획기적으로 낮추고 추천 엔진을 업그레이드해 광고 타깃팅을 강화할 수 있다. 핵심은 추천 엔진을 업그레이드할 수 있는 방대한 고객 데이터다. 메타 플랫폼 스는 세계 40억 명 이상 월간 활성 사용자 확보, 압도적인 데이터 우위를 자랑한다.

2021년 애플의 앱 투명성 정책 이후 자체 플랫폼에서 확보할 수 있는 데이터 양에 따라 광고 효율성이 차이가 난다. 향후 생성형 AI 도입은 효율성에 대한 격차를 더욱 벌릴 것으로 보인다.

마크 저커버그 메타 플랫폼스 CEO는 "생성형 AI는 정말 놀라운 혁신이며 질적인 변화 가능성을 준다"며 "우리는 새로운 방식으로 수십억 명 사람들에게 다 양한 기능을 제공하는 중요하고 독특한 역할을 할 것"이라고 강조했다.

16 테슬라

막대한 영상 데이터를 수집하고, 빠르게 가공/학습하는 역량을 갖춰야 완전 자율주행을 구현할 수 있다. 자동차 업체들도 소프트웨어 이해도를 높이는 것이 중요해졌다.

일론 머스크는 FSD 발전을 제약하는 것은 컴퓨팅 역량이라고 강조했다. 데이터 축적 속도에 맞춰 빠른 학습을 구현하기 위해 테슬라는 슈퍼컴퓨터 '도조'를 자체 개발했다. 도조는 테슬라가 자체 설계한 D1 칩을 기반으로 작동한다. 도조의 본격적인 도입은 FSD와 로보 택시 서비스에 그치지 않고, 소프트웨어 비즈니스 확장에 큰 역할을 할 것으로 보인다.

테슬라는 전력 생산, 저장, 충전, 사용, 자원 재활용에 이르는 거대 친환경 생태계 구축이란 마스터 플랜을 가지고 있다. 전기차 가격 경쟁이 치열해지면서 테슬라 마진율도 점진적으로 하락하고 있다. 돌파구는 AI 기반의 FSD 등 소프트웨어 경쟁력 강화다.

일론 머스크 테슬라 CEO는 "우리의 AI 개발은 새로운 시대로 접어드는 중"이라며 "메가 팩토리, 슈퍼 차저 서비스 등이 전체 수익성에 의미있는 기여를 시작했다"고 말했다.

엔비디아 수혜로 급부상한
일본 '사무라이7'

17 DISCO

디스코는 반도체 분야에서 자르고, 깎고, 다듬는 분야에서
세계 1위 기술력을 보유한 기업이다. 어드밴스드 패키지 시
장 성장으로 수혜를 보고 있다. 주가도 엔비디아처럼 신고
가 행진을 기록 중이다. 일본 증시를 주도하는 '사무라이7'
중 한 자리를 차지하고 있다. '사무라이7' 중 반도체 기업은
디스코, TEL, 스크린홀딩스, 어드반테스트다. 웨이퍼 다이
싱 장비 시장에서 70~80% 점유율을 차지하고 있다. 첨단 반
도체 장비는 가공 난이도가 높아 이익률이 상당히 높은 편이
다.

HBM 제조에는 TSV TSV, Through-Silicon Via 공정이 반드시 필요
해 디스코의 하이엔드 장비 수요가 급증하고 있다. 실리콘

카바이드SiC, 하이브리드 본딩, BSPDN 등 새로운 반도체 공정에서 그라인더Grinder와 다이서Dicer 기술 중요도가 높아지는 추세다. 디스코의 사업 부문별 매출은 정밀 가공 장비 64%다이서 38%, 그라인더 22%, 정밀 가공 툴 22%, 부품 9%, 기타 5% 등 비중을 차지한다.

지역별로는 아시아 매출 비중이 70% 수준이다. 지난해 매출 기준 중국 31%, 대만 16%, 한국 10%, 싱가포르 10% 등 비중을 차지했다.

18 TEL도쿄일렉트론

TEL은 일본 내 TOP 수준 반도체 전공정 장비 업체다. 일본 내 반도체 장비 1위, 세계 반도체 장비 시장에서 4위를 차지하고 있다. 일본 증시를 주도하는 '사무라이7' 중 한 자리를 차지하고 있다. 주력 제품은 포토레지스트PR, Photoresist를 웨이퍼 위에 도포하는 트랙장비, 노광이 끝난 웨이퍼를 식각하는 장비에서 독보적인 점유율을 차시하고 있다.

특히 전공정 장비 업체 중 가장 폭넓은 제품 라인업을 보유하고 있다. 최근 어드밴스드 패키징 시장 성장을 기회로 하이브리드 본딩 관련 장비도 준비 중이다. 삼성전자, 인텔,

TSMC 등 글로벌 반도체 기업들이 TEL의 장비를 쓰고 있다. 중국 반도체 굴기의 수혜를 누리고 있는 대표 기업이기도 하다. 레거시 공정 장비를 중국 반도체 기업에 판매하고 있는데, 매 분기 신규 고객사가 20여 개에 이를 정도로 빠르게 확장 중이다. 내년까지 중국 수요는 안정적일 것으로 판단된다. 지난 분기 중국 매출 비중은 절반 수준에 육박한다.

AI 서버 HBM향 D램 장비 부문도 2024년 하반기부터 본격적인 성장 궤도에 오를 것으로 관측된다.

19 어드반테스트

어드반테스트는 이름 그대로 반도체 후공정 테스트 장비를 주로 공급하는 회사다. 일본 증시를 주도하는 사무라이7 중 하나다. 1954년 설립된 일본 계측기 기업 다케다 리켄 인더스트리Takeda Riken Industries가 모태다. 일본전자공업진흥협회 JEIDA 요청으로 일본 최초 반도체 테스터를 개발했다. 1985년 반도체 테스터 1등 자리에 올랐고, 사명을 어드반테스트로 바꿨다.

메모리, 시스템반도체용 모듈 테스터와 핸들러, 보드 등 부품을 공급한다. 유지 보수 관련 서비스도 지원한다. 주력 제품은 시스템온칩SoC, 메모리 테스터다. 2.5D/3D 패키지 공정이 확대되면서 고성능 테스터 수요도 늘고 있다.

HBM 시장 성장으로 고부가 D램 테스터 비중이 점점 늘고 있다. SoC 테스터도 온디바이스 AI 흐름 덕분에 가파른 성장세다. 종합반도체IDM와 OSAT반도체 후공정 외주업체, Outsourced Semiconductor Assembly and Test, 파운드리 업체와 주로 거래한다. 중국과 대만의 매출 비중은 70%를 훌쩍 넘는다. 후공정 테스트 장비 시장은 미국 테라다인과 과점 체제를 형성하고 있다. 두 회사 반도체 테스터 점유율을 합하면 90%를 넘는다.

최근 실적과 시가총액 측면에서 어드반테스트가 테라다인Teradyne을 압도하고 있다. AI 가속기 투자 확대에 적극 대응해 성장 궤도에 올라탔기 때문이다.

20 스크린 홀딩스

스크린은 반도체 세정 장비 1위 기업으로 이 분야에 특화되어 있다. 일본 증시를 주도하는 사무라이7 중 하나다. 선단공정의 진전과 어드밴스드 패키지 시장의 확장으로 파티클이나 오염을 제거하는 세정 장비 중요성도 커지고 있다. 세계 반도체 장비 시장에서 6~7위권에 자리잡고 있다. TSMC가 일본 내 생산라인을 꾸리고 있어 스크린의 수혜폭도 커지고 있다.

21 고쿠사이 일렉트릭

일본 반도체 전공정 장비 기업으로 반도체 증착 분야에서 세계 1위를 차지하고 있다. 한 번에 수십 장의 웨이퍼를 처리하는 퍼니스Furnace 타입 확산과 산화막 장비가 주력 제품이다. 특히 원자층증착ALD 장비는 세계 최고 수준이다.

고쿠사이 일렉트릭은 TEL과 함께 중국 반도체 굴기 수혜 기업으로 손꼽힌다. 현재 중국향 매출 비중은 40% 수준인데, 곧 50%를 넘어설 것으로 관측된다. 세계 반도체 장비 시장에서 10위권 자리를 차지하고 있다.

히타치 하이테크놀로지에서 2017년 분할되어 설립되었다. 2021년 어플라이드 머티리얼즈가 35억 달러에 인수하려 했지만, 독점 이슈로 무산되었다. 최근 고쿠사이 일렉트릭은 국내 유진테크와 원자층증착ALD 관련 특허소송을 진행하고 있다.

22 레이저텍

일본 레이저텍은 ASML EUV 밸류체인 핵심 장비 기업이다. 현재 EUV 블랭크 마스크 검사장비와 EUV 포토마스크 검사장비를 독점 공급하고 있다. 1960년 요코하마에 설립된 이 회사는 오랜 기간 무명에 가까웠다. 반도체 시장에서 두각을 나타낸 건 2017년 EUV 블랭크 마스크_{반도체 회로가 새겨지기 전 원판}검사장비를 개발하면서부터다. 2019년에는 EUV 포토마스크 검사 장비를 개발해 EUV 장비를 독점한 ASML에 꼭 필요한 파트너가 되었다.

지역별로 최대 매출 지역은 한국, 대만이다. 즉 삼성전자와 TSMC와 주로 거래하고 있다는 이야기다. 최근 파운드리 시장에 적극 진출하고 있는 인텔과 거래 비중이 늘고 있다. 2024년 9대 EUV를 추가 주문한 SK하이닉스도 마찬가지다. 3나노를 넘어 2나노, 18A 선단 공정 시대로 진입할수록 레이저텍의 실적 성장은 더욱 두드러질 것으로 예상된다.

AI 가속기 덕분에 급부상한 네덜란드 TOP 2

23 BESI

베시BESI, BE Semiconductor Industries는 세계 후공정 시장의 30%를 장악한 기업이다. 사업별로 보면 본딩이 70~80% 비중을 차지하고, 패키징 및 플레이팅도금 등이 20% 초반 수준을 차지한다. 베시 장비의 75%는 어드밴스드 패키징에 사용될 만큼 기술력이 뛰어나다. 특히 독점적인 지위를 가지고 있는 하이브리드 본딩 장비로 주목받고 있다. 2.5D/3D 패키징 기반 칩렛Chiplet, 이종집적반도체Heterogeneous Integration 제조에는 베시와 디스코 장비가 반드시 필요하다.

베시는 네덜란드에 본사를 두고, 유로넥스트 암스테르담 증시에 상장되어 있다. ASML과 함께 네덜란드 아니 유럽 대표 반도체 장비 기업으로 자리매김했다. 이 회사 CTO는

1984년 ASML 전신인 ASM에서 노광기 개발에 참여한 인물이다. AMAT와 협업을 이끌어 내 하이브리드 본딩 장비 개발에 핵심적인 역할을 담당했다.

하이브리드 본딩 장비 주요 고객사는 TSMC와 인텔이다. 두 회사는 각각 50대 장비를 베시에 주문했다. 매출의 대부분은 아시아에서 발생한다. 중국 기업 외 TSMC, ASE, 앰코 테크놀로지 등을 고객사로 두고 있다.

24 ASML

반도체 선단 공정의 핵심인 EUV극자외선 노광 장비를 독점하고 있는 기업이다. AMAT에 이어 세계 2위 반도체 장비 자리를 차지하고 있다. ASML은 1984년 필립스 내부 리소그래피 분과가 스핀오프되어 만들어진 회사다.

당시 일본 경쟁사들은 모든 것을 자체 제작하려고 애쓴 것과 달리 ASML은 시장에 존재하는 최고 부품을 구입하려 했다. 장비 개발은 집중하면서 다양한 침단 부품을 종합해 시스템을 구축하는 능력이 강점이었다.

ASML이 직접 만드는 EUV 부품은 15% 수준에 불과하다. 협력사에 자금을 지원하거나 인수하는 방식으로 공급망을 구축했다. 네덜란드에서 만들지만 핵심은 독일 자이스ZEISS, 미국 사이머Cymer, 트럼프 등이 만든다. 1980~90년대 마이크론은 일본 회사보다 ASML을 선호했다. 당시 노광 장비를 공급하던 캐논과 니콘의 갑질이 심하기도 했고, 일본을 견제하는 마음도 있었기 때문이다. TSMC도 필립스와 돈독한 관계를 가지고 있어 ASML에 긍정적이었다. 2012년 인텔은 ASML에 40억 달러를 투자했다. 그동안 외부에 투자한 규모 중 가장 큰 금액이었다.

미국 사이머는 리소그래피용 광원 분야 핵심 기업이다. EUV 광원을 만드는 일은 상상을 초월할 정도로 어렵다. 진공에서 시속 321.8킬로미터로 날아다니는 직경 0.003mm 주석 방울을 레이저가 두 번 맞춘다. 첫 번째는 주석 방울을 달구고, 두 번째는 폭발시켜 태양 표면보다 몇 배 높은 섭씨 50만도의 플라즈마를 만들어낸다. 주석 방울을 폭발시키는 과정을 초당 5만 번 반복하면 반도체 제작에 필요한 EUV가 생성된다.

독일 자이스는 퍼킨엘머Perkin-Elmer와 GCA가 리소그래피 업계에서 군림하던 시절부터 렌즈를 제공했다. 파장이 13.5nm인 EUV는 X선에 가깝다. 대부분 물질은 반 사하지 않고 흡수해 버린다. 자이스는 몰리브덴과 실리콘층을 번갈아 나노미 터 단위로 100개 층을 쌓은 거울을 만들어냈다.

ASML은 미중 패권 전쟁의 피해 기업으로 거론되기도 했지만, 반대로 수혜 기업이 되었다. 미국의 대중국 DUV 수출 제재로 피해가 우려되었지만, AI 혁명이 본격화되면서 중국 충격을 상쇄했다. 제재 이후 중국이 레거시 공정 노광 장비 수입을 크게 늘리면서 ASML의 실적이 급증하는 기현상이 벌어졌다.

차세대 노광기 High NA EUV 매출이 본격화되는 2025년 실적 성장이 본격화될 전망이다. 2023년 12월 인텔에 첫 제품을 공급했고, 2025년에는 TSMC, 삼성전자 등에 납품할 것으로 보인다. 차세대 노광기는 2027~2028년 연 20대 생산을 목표로 하고 있다.

미국 칩스법 & 인텔 투자 확대로
주목할 국내 기업

25 인텍플러스

머신 비전 기반 외관 검사 장비 개발 업체다. 미국 KLA, 일본 타카오카 등 해외 업체들이 선점한 시장에서 국산화로 성장해왔다. 1사업부 반도체 패키지 외관 검사, 2사업부 패키지 기판 및 범프 검사, 3사업부 2차전지/OLED 외관 검사 등으로 나뉘진다.

10um미크론 미만 미세 범프 검사와 대면적 패키징 검사에 특화된 기술력을 바탕으로 2019년 인텔향 단독 공급 업체로 진입했다. 글로벌 IDM, OSAT 등으로 고객을 확장하고 있다. 어드밴스드 패키지 확대에 따른 확실한 수혜 업체로 손꼽힌다. 글로벌 TOP 10 OSAT 업체를 모두 고객으로 보유하고 있다.

인텔에는 단독으로 패키지 외관 검사 장비를 납품하고 있다. 2023년 말 국내 IDM향으로 2.5D 패키지 검사장비를 단독 수주했다. 2024년 2분기 중 납품이 본격화된다. 대만 시스템반도체 고객향 FC-BGA 미세 범프 검사 장비, 국내 메모리향 GDDR 외관 검사 장비, 중화권 OSAT향 패키지 검사 장비 등에서 수주가 발생하고 있다.

중장기적으로 웨이퍼 범프 검사, 하이브리드 본딩용 검사 장비 등을 주요 고객과 공동 개발 중이다.

26 원익QnC

쿼츠석영 소재로 반도체 장비 소모성 파츠를 주로 공급하는 업체다. 주로 식각 공정과 확산 공정용 파츠를 생산한다. 확산 공정용 쿼츠는 애프터 마켓이며, 식각 공정용 쿼츠는 비포 마켓이 주력이다.

파츠 사업에서 비포 마켓과 애프터 마켓 비중은 각각 절반을 차지한다. 반도제 파츠 시장은 5조~6조 수준 규모를 형성하고 있는데 70% 이상이 쿼츠 소재이며, 실리콘/실리콘카바이드SiC/파인 세라믹 등이 나머지를 차지한다.

코미코가 담당하는 파츠 세정 시장에도 진출했다. 인수합병으로 쿼츠 원재료 회사들을 수직계열화했다. 미국 쿼츠 원재료 회사 모멘티브와 일본 쿼츠 도가니 회사 쿠어스텍을 인수했다.

고객사 가동률 하락으로 파츠 사업과 세정 사업이 부진했는데, 자회사 모멘티브 실적 성장으로 상쇄하고 있다. 자회사 모멘티브의 재료 가격 인상 효과가 이어지고 있다. 2023년 말 대만 공장을 완공해 2024년 2분기부터 TSMC에 파츠를 공급할 계획이다.

27 기가비스

반도체 기판 광학검사장비AOI, 수리 장비AOR 등을 공급하는 기업이다. 주요 고객사는 FC-BGA플립칩-볼 그리드 어레이 기판 업체 이비덴, 신코덴키, 유니마이크론, 난야, 삼성전기, 교세라, 대덕전자 등이다.

데이터센터, AI, 자율주행 반도체 수요 증가로 수혜를 누리고 있다. 최근 유리 기판 시장이 성장하는 것도 기회 요인이다. 기가비스는 선폭 미세화, 기판 대형화 및 고다층화로 수율이 감소하고 있는 하이엔드 FC-BGA 검사 시장에서 80% 이상 점유율을 차지하고 있다.

반도체 RDL재배선층 패턴 검사기, 파워 인덕터 코일 검사기 등 신사업도 진행 중이다. 2023년 매출 기준 AOI 41%, AOR 28%, VRS 14%, FA자동화 10% 비중을 차지한다. 현재 유리기판에서 공식적으로 기술을 공개한 업체는 인텔뿐이다. 기가비스는 인텔에 장비를 공급하면서 협력 관계를 구축하고 있다. AOR 장비는 인텔 승인으로 다수 기판 업체에 공급하고 있다.

28 코미코

반도체, 디스플레이 공정 부품 세정 및 코팅 업체다. 메모리 고객사 감산 영향으로 2023년 다소 부진한 실적을 기록했다. 주요 고객사는 삼성전자, SK하이닉스, 인텔, TSMC 등이다. 인텔과 거래 비중이 높아지고 있어 미국 반도체 굴기의 수혜 기업으로 손꼽힌다. 인텔 물량 대응을 위한 미국 힐스보로 법인은 파워비아, 리본펫 등 신규 공정 적용으로 수혜가 기대된다.

세정/코팅 사업에서 D램 매출 비중은 50% 이상 수준이다. D램이 HBM 등 수혜로 조기 감산 기조여서 실적 개선 가능성이 높다. 반도체 공정이 미세화되면서 드라이 세정 수요가 확대되고 있다. 코팅 방식도 산화알루미늄 피막 코팅, 에어로졸 증착 코팅, PVD 등으로 다변화되는 추세다.

2024년 실적을 견인하는 것은 자회사 미코세라믹스다. 2023년 5월 미코로부터 미코세라믹스 지분을 인수해 100% 자회사로 편입했다. ALD 장비용 세라믹 히터 사업이 빠른 속도로 성장하고 있다. 세라믹 부품 특성상 비포 마켓이 주 고객 이어서 단가 인하 압박이 덜한 편이다. 2024년 미코세라믹스 매출은 1300억~1400억 예상되며, 영업이익률은 20% 수준을 넘어설 것으로 기대된다.

주목할 만한 IP 관련 기업

29 시놉시스

반도체 설계에 필요한 EDA 툴을 판매하는 소프트웨어 기업이다. AI 반도체 개발을 위한 설계자동화 툴EDA 및 IP 수요 증가로 수혜폭이 커지고 있다. 상위 3개 업체가 75%를 차지하고 있는데, 시놉시스 점유율은 32%로 오랜 기간 1위 자리를 수성하고 있다. AI 기능이 EDA에 추가되면서 판매 가격이 올라가고 있다. AI를 더하면서 20% 이상 인상한 가격에 재계약한 사례도 있다. 레이아웃 배열 최적화DSO.ai, 설계 결함 평가TSO.ai, RTL 검증 및 테스트VSO.ai 등에서 포트폴리오를 꾸준히 확장하고 있다. AI 반도체 고객인 AMD, MS 등으로부터 좋은 평가를 받고 있다. 2023년 11월 MS의 코파일럿을 장착했다. 앤시스Ansys 인수로 HBM, 3D IC, Chiplet 등 첨단 패키징 부문 경쟁력을 강화했다.

30 케이던스 디자인 시스템

케이던스 디자인 시스템은 시놉시스처럼 반도체 설계에 필요한 EDA 툴을 판매하는 소프트웨어 기업이다. 전자시스템, 반도체, 디바이스를 디자인 및 개발할 때 필요한 솔루션을 제공한다.

빅테크들의 자체 설계 칩 확산으로 반도체 설계 및 검증 툴 수요가 증가하고 있다. 신규 사업으로 자동차, 항공기 등 엔지니어링 설계에 사용되는 시뮬레이션 SW도 판매하고 있다. 반도체 IP도 제공하고 있는데, AI 수요 확대로 가파른 성장세를 기록 중이다.

2023년 4분기 케이던스의 IP 매출은 전년 대비 36% 증가했다. 2023년 램버스로부터 PHY IP 사업부를 인수해 HBM, 메모리 컨트롤러 IP 매출도 성장이 기대된다. 엔비디아 A100 개발에 케이던스의 솔루션이 사용되었다. ARM과 ASIC 개발 협력을 진행하는 등 AI 칩 개발 시 시스템 레벨 SW 강자로 자리매김하고 있다. 2024년 2월 CFD 슈퍼컴퓨팅 플랫폼 M1을 출시하면서 시스템 디자인/분석 경쟁력을 강화했다.

31 램버스

램버스는 프로세서와 메모리간 병목 현상을 풀어주는 제품을 개발, 제작하는 기업이다. 즉 반도체 성능을 개선하는 제품을 제공한다. DDR, GDDR 등 메모리 인터페이스 솔루션은 고성능 메모리 시스템 성능과 안정성을 높이는 데 쓰인다. 반도체 칩 디자인과 보안 솔루션도 제공한다. 디지털 저작권 보호, 디바이스 보안, 반도체 칩 보안 등 솔루션을 고객에 제공한다. 기술 라이선싱 사업도 램버스의 성장의 한 축이다. 자체 개발한 기술을 다른 반도체 기업에 라이선싱 형태로 제공한다. 램버스가 DDR5, HBM3 등 기술 전환 수혜 IP 업체로 거론되는 이유다.

램버스는 2017년 DDR5와 HBM3 표준을 공개한 바 있다. 2020년에는 CXL 2.0 사양을 발표했다. CXL_{Compute Express Link}은 AI, ML 등 고집적 워크로드 연산을 보조하기 위한 오픈형 메모리 인터커넥트 표준이다. 호스트 프로세서와 CXL 디바이스간 저지연 고대역폭 메모리 접근 환경을 제공한다. PCIe 5.0 인터페이스 기반 모든 시스템에서 고속 포트로 기능을 적용할 수 있다. CXL 컨소시엄에는 삼성, 델, IBM, HP, 인텔, 화웨이, 구글 등 130개 업체들 참여했다. PCIe 뒤를 이을 차세대 인터커넥트 기술로 평가된다.

32 브로드컴

AI 시대 든든한 설계 파트너로 손꼽히는 기업이다. 네트워킹, 브로드밴드, 스토리지, 무선 통신 등 다양한 사업을 하고 있다. AI 서버처럼 대량의 데이터를 처리할 때는 프로세서도 중요하지만, 빠른 데이터 이동도 중요하다. 브로드컴은 커스텀 반도체ASIC의 강자로 손꼽힌다. 각 기업들이 원하는 가장 효율적인 AI 반도체 솔루션을 제공한다. 다양한 반도체를 설계 판매한 레퍼런스를 확보하고 있는데, 구글 TPU가 대표적이다.

　2024년 배당액을 14% 상향하는 등 매해 배당을 확대하는 점도 브로드컴의 장점이다. 보통 잉여 현금 흐름프리 캐시 플로의 50% 이상을 다음 해 배당으로 지급한다. 최근 690억 달러에 VMWare 인수하는 대형딜 완료로 주주 환원 정책이 재개될 것으로 기대된다.

33 칩스앤미디어

칩스앤미디어는 2003년 설립된 비디오 시스템반도체 IP 개발 기업이다. 반도체 칩에서 영상 처리를 담당하는 비디오 IP가 주력 제품이다. IP 공급 시점에 발생하는 라이선스 매출과 고객사가 이를 활용해 만든 반도체를 판매할 때 받는 로열티 매출, 유지보수에 해당하는 용역 매출로 구분된다. 주요 고객사는 세계 차량반도체 2위 기업 NXP, 국내 차량반도체 팹리스 텔레칩스 등이 있다. 모빌아이, 메타, 구글 등에도 IP를 공급하고 있다. AI 데이터센터 GPU, AI SoC향 라이선스 매출이 증가하고 있다. 칩스앤미디어는 온디바이스 AI 시장을 기회로 NPU IP를 출시해 고객 확보에 집중하고 있다. AR/VR, 드론, 자율주행차, 휴머노이드 로봇 등에 쓰이는 AI 반도체는 멀티미디어 기능을 추가해야 한다. 칩스앤미디어 IP 사용처는 향후 더욱 확대될 것으로 보인다.

34　가온칩스

가온칩스는 팹리스와 파운드리 사이 가교 역할을 하는 반도체 디자인 업체다. 2012년 설립된 이 회사는 2022년 코스닥 시장에 상장했다. 시스템반도체 디자인뿐 아니라 IP 컨설팅, 테스트로 사업 영역을 확장하고 있다. 삼성 파운드리 핵심 협력사인 가온칩스는 주요 경영진이 삼성 파운드리 사업부 출신이다. 현재 매출은 차량 반도체 50%, AI 칩 20~30% 비중을 차지한다. 삼성 파운드리 생태계 내 15곳 이상 팹리스를 확보했다. 삼성 파운드리 사업 경쟁력이 개선될 경우 수혜폭이 클 것으로 기대된다. 2022년 일본 자회사를 설립했고, 2024년은 유럽과 미국 진출도 준비하고 있다.

35 오픈엣지테크놀로지

오픈엣지테크놀로지는 반도체 IP 전문기업이다. 주로 팹리스, 디자인 하우스 등에 IP를 공급한다. HBM3, DDR5, LPD-DR5 등 최신 메모리 표준은 모두 지원하고 있다. 삼성전자, 인텔 등 글로벌 반도체 기업들을 고객사로 보유하고 있다. 에지EDGE 환경에서 AI 기술 최적화를 구현하기 위해 로직 칩 메모리 시스템 IP, 에지용 NPU 시스템 IP 등 총 20여 개 IP를 보유하고 있다. 주요 제품은 DDR 메모리 컨트롤러, DDR PHY, 온 칩 인터커넥트 등이다. 자율주행차, IP 카메라 등에 활용되고 있다.

2023년 기준 IP 라이선스 매출 85%, 유지보수 15% 비중을 차지하고 있다. 최근 AI 기술로 인해 SoC 설계 복잡성이 심화되고 공정 미세화로 개발 비용이 급증하고 있다. 이에 따라 검증된 IP 블록이 중요해지고 있다. 오픈엣지테크놀로지는 창립 1년 만에 삼성 파운드리 IP 파트너SAFE로 등록되었다. 글로벌 기업 30여 개를 고객사로 확보하고 있다. SSF 5nm LPDDR5X/5 PHY IP를 제공하면서 글로벌 기업들과 기술력을 나란히 했다는 평가다. 2024년은 LPDDR6 개발에 착수했다.

36 에이디테크놀로지

에이디테크놀로지도 가온칩스처럼 팹리스와 파운드리 사이 다리 역할을 해주는 반도체 디자인 업체다. 삼성 파운드리 디자인 파트너로 코아시아, 세미파이브비상장 등이 있다. 에이디테크놀로지는 지난 2020년 TSMC 디자인 파트너에서 벗어나 삼성 파운드리 협력사로 편입된 독특한 이력을 가지고 있다. TSMC 매출이 빠지면서 2022년까지 실적 하락세를 보였지만, 2023년 초부터 실적 반등을 기록하고 있다. 디자인 하우스 재무상태표에서 의미 있는 지표는 계약 자산과 계약 부채다. 계약 자산은 상품을 제공하고 향후 받을 수 있는 일종의 매출 채권이다. 계약 부채는 상품을 제공하기 전 고객에게 반은 선수금이다. 에이디테크놀로지의 계약 자산과 계약 부채의 합은 2023년 말 기준 344억원을 기록했다. 전년 대비 287% 증가한 수치다. 반도체 설계 대부분은 팹리스가 담당하지만, 일부 중요도가 낮은 부분은 디자인 하우스가 설계하기도 한다. ARM과 시놉시스 IP를 매입해 주로 사용한다.

■ 37 ■ 에이직랜드

에이직랜드는 2016년 설립된 디자인 하우스 기업이다. 2023년 11월 코스닥 시장에 상장했다. 국내 유일 TSMC 디자인하우스 협력사라는 독특한 타이틀을 가지고 있다. TSMC 파운드리 공정을 이용하려는 팹리스들에게 칩 설계부터 웨이퍼 양산까지 턴키 솔루션을 제공하고 있다. 에이직랜드는 자체 설계ASIC AI 가속기 분야에서 상당한 성장세를 보여주고 있다. 2023년 AI 관련 매출은 353억원으로 전년 대비 234.1% 증가한 수치를 기록했다. 2024년 하반기에는 국내 팹리스 고객의 7나노 공정 서버향 제품이 양산되면서 매출 성장 기대감이 높다. 현재 미국 시장에서는 TSMC VCA 중 GUC대만, Alchip대만, Alphawave미국 등이 주로 활동하고 있다. 에이직랜드는 GUC, Alchip와 경쟁 관계이면서도 협력하는 관계다. 2025년에는 국내 메모리 컨트롤러향 대규모 프로젝트를 맡을 가능성이 있다.

파운드리 밸류체인에서 주목할 기업

HPSP

HPSP는 세계 최초로 고압 수소 어닐링Annealing 장비를 상용화한 기업이다. 하이 케이 메탈 게이트HKMG 공정에서 하이케이High-K로 인한 웨이퍼 표면 계면 결함을 전기적으로 비활성화시키는 공정이다. 이를 통해 트랜지스터 구동 전류 및 집적회로 성능이 15% 개선된다.

HPSP는 100% 수소 고농도 고압, 450도 이하 저온을 구현했다. 기존 수소 어닐링 장비는 600도 이상 고온이고, 수소 5% 미만의 저농도 탓에 16나노 이상 공정에만 제한적으로 쓰였다. HPSP는 3나노 이하 선단 공정에도 쓸 수 있다.

2019년 세계 1등 파운드리 기업 TSMC에 고압 수소 어닐링 장비를 공급하기 시작했고, 50%가 넘는 영업이익을 거두고 있다. 반도체 선폭이 점점 좁아지면서 쇼트 채널 효과Short Channel Effect로 누설 전류가 발생하는 문제가 생긴다. 이를 해결하기 위한 방안 중 하나가 HKMG 공정이다. 하이 케이 소재 유전율은 SiO2유전율 3.9 대비 5배 높아지는 추세다. 선단 공정이 확대될수록 고압 수소 어닐링 장비 수요가 확대될 수밖에 없는 이유다. 그동안 고압 수소 어닐링 장비는 파운드리 공정에서 주로 썼는데, 10나노 초반대 D램 공정, 300단대 낸드 플래시 공정에도 필수 장비로 자리매김할 것으로 보인다. 향후에는 산화막 장비뿐 아니라 어드밴스드 패키지 핵심 기술인 하이브리드 본딩 공정에도 진출할 계획이다. 신공장 건설로 생산능력 확대를 진행하고 있어 매출 성장에 대한 기대감도 높아지고 있다.

39 GST

GST는 반도체 공정 중 발생하는 유해 가스 등을 정화하는 스크러버, 장비 온도가 너무 올라가지 않게 식혀주는 칠러Chiller를 주력 사업으로 하는 회사다. 스크러버는 기술 방식에 따라 번 타입, 플라즈마 타입, 히터 타입, 촉매 타입 등으로 분류된다. 탄소 중립 정책이 강화되면서 LNG를 쓰는 번 타입보다 플라즈마, 히터, 촉매 타입 수요가 많아지고 있다. 스크러버를 도입하는 공정도 기존 식각, 증착 외 후공정에도 확대되는 추세다.

GST는 삼성전자보다 해외 매출 비중이 높은 기업이다. 중화권 고객사에 주로 장비를 납품했지만, 원자층증착장비 ALD 공정 확대를 기회로 삼성전자 내 점유율을 높이고 있다. 2023년 기준 삼성전자 내 스크러버 점유율은 10% 수준에 불과했는데, 2024년은 크게 늘릴 것으로 예상된다. 마이크론, TSMC, 인텔 등 글로벌 기업과 신규 거래 가능성도 높은 상황이다. 칠러도 현재 냉동기 방식을 주로 쓰는데, 3M 등 공급사들이 쿨런트냉각액, Coolant 생산을 중단하면서 전기식 비중이 높아지고 있다. GST는 전기식 칠러 시장에서 나름 기술력을 보유하고 있다. 최근 데이터센터 차세대 액체 냉각 기술의 한 종류인 액침 냉각이 주목받고 있는데, GST도 관련 기술을 보유하고 있다.

40 두산테스나

시스템반도체 웨이퍼 테스트EDS, 패키지 테스트 서비스를 하는 기업이다. 웨이퍼 테스트가 전체 매출의 90% 비중을 넘을 정도로 중요하다. 메모리는 범용 반도체여서 제품별 검사 기능이 비슷하지만, 시스템반도체는 가해지는 자극부터 출력까지 제각각이다. 심지어 같은 시스템반도체라도 타깃 시장에 따라 달라질 수 있다. 예를 들면 아이폰 카메라용 이미지센서CIS의 경우 중국에 납품되는 제품은 빨간색 출력을 높여 테스트한다. 그만큼 테스트 전문성과 노하우가 중요한 사업이다. 삼성전자 매출 비중이 90%를 넘을 정도로 의존도가 높은 편이다. CIS와 APsoc가 주력 제품이다. 삼성전자 AP 엑시노스가 2023년 갤럭시S23에 들어가지 못하면서 두산테스나도 타격을 입었다. CIS도 1억, 2억 화소 스마트폰 카메라 제품이 늘면서 매출에 탄력이 붙었다. 그러나 엑시노스2400이 갤럭시S24에 채택되면서 2023년 4분기부터 테스트 물량이 증가했다. 신성장 동력인 차량 반도체 고도화로 테스트 물량이 점차 늘고 있다. 2023년 회사 매출의 20%까지 비중이 확대되었다. 2024년은 비중이 더욱 높아질 것으로 기대된다. 삼성 파운드리가 미국 엔비디아, 암바렐라 등 차량 반도체 수주에 성공하면서 두산테스나가 수혜를 받고 있다. 경쟁 기업으로 엘비세미콘, 네패스아크 등이 있다.

41　이오테크닉스

반도체 레이저 장비를 주로 공급하는 업체다. 반도체 패키지에 상표를 새기는 마커 장비 분야에서 세계 1위를 차지하고 있다. 후공정 레이저 장비를 기반으로 전공정까지 안착했다. 레이저 어닐링 장비가 전공정 시장 진출 대표 사례다.

어닐링은 웨이퍼 열처리를 하는 공정이다. 실리콘에 불순물을 주입하면 실리콘 배열이 틀어지는 문제가 생긴다. 이때 1000도 가까이 되는 레이저로 가열하고 식혀주면 정위치에서 벗어난 원자가 제자리를 찾는다. HBM용 D램 선단 공정이 1a에서 1b로_{삼성전자 기준} 전환될 경우 갭 필링용 어닐링 장비 수요가 증가할 것으로 기대된다.

최근에는 레이저 커팅 장비가 주목받고 있다. HBM 등 어드밴스드 패키지가 확산되면서 웨이퍼 두께는 점점 얇아지는 추세다. 16단 HBM의 경우 D램 낱장 두께가 30um까지 얇아진다. 기존 블레이드 커팅 방식으로는 한계가 있는데, 이오테크닉스의 스텔스 다이싱과 그루빙, 풀 커팅 장비가 적용될 수 있다. 새로 부상하는 글라스 코어 기판 시장도 이오테크닉스 레이저 장비에 기회다. TGV_{Through Glass Via} 장비를 공급할 수 있을 뿐 아니라 레이저 소스 내재 화도 기대되는 부분이다. 현재 기판 가공에 쓰이는 레이저 드릴도 꾸준한 성장세를 기록 중이다.

42 솔브레인

반도체 공정에 쓰이는 케미컬 소재를 주로 공급하는 업체다. 낸드 플래시에 쓰이는 인산계 에천트식각액가 주력 사업이다. 증착 소재로 쓰이는 프리커서전구체, CMP 슬러리 등도 공급하고 있다.

낸드 플래시 업황 회복이 솔브레인 실적에 중요한 요소다. 최근 CMP 슬러리를 공급하면서 HBM 시장 공략에도 속도를 내고 있다. HBM 공정 중 TSV로 구멍을 뚫고 구리를 채우는데, 이때 불필요한 구리층을 깔끔하게 걷어내는데 CMP 슬러리가 쓰인다.

실리카 계열 CMP 슬러리인데, 이 시장은 미국 캐봇, 일본 히타치 등이 장악한 시장이다. 솔브레인은 HBM에 최적화된 CMP 슬러리로 틈새시장을 파고들었다. 디엔에프를 인수해 하이케이High-K 프리커서 사업도 진행 중이다. HBM 등 D램 선단 공정으로 인해 하프늄Hf 하이케이 소재 수요가 늘고 있다. 장기적으로는 삼성 파운드리 3나노 GAA 공정 확대로 수혜가 기대된다. 현재 GAA 트랜지스터 식각에 쓰이는 초산계 에천트를 솔브레인이 독점 공급하고 있다. 향후 3D D램용 소재도 솔브레인이 공급할 가능성이 높다.

디스플레이 사업은 TFT박막트랜지스터 LCD 소재와 유리를 얇게 가공하는 신 글라스 사업을 진행 중이다. 디스플레이 사업은 점차 축소하고 있는 상황이다. 2차전지 전해액 사업을 신성장 동력으로 삼아 키우고 있다.

43 티씨케이

낸드 플래시 식각 공정에 주로 쓰이는 장비 소모품 SiC-SilW-icon Carbide-Ring, 그라파이트Graphite를 주로 생산하는 기업이다. 반도체 장비 파츠는 장비사에 공급하는 비포 마켓과 삼성

전자 등 소자 업체에 납품하는 애프터 마켓이 있다. 통상 비포 마켓의 마진율이 애프터 마켓에 비해 높은 편이다. 비포 마켓 파츠 업체로는 티씨케이, 하나머티리얼즈 등이 있다. 애프터 마켓 업체로는 케이엔제이, 월덱스 등이 손꼽힌다. 원익QnC는 비포 마켓과 애프터 마켓 사업 모두 진행 중이다.

티씨케이 고객사 매출 비중은 램리서치 35%, AMAT 35%, 도쿄일렉트론TEL 15%를 차지한다. 원래 이 시장을 독점했지만, 경쟁사들이 이원화에 성공하면서 한동안 주가가 부진했다. 낸드 플래시 업황까지 악화되면서 부정적인 상황은 가중되었다.

최근 서버용 SSD를 중심으로 낸드 플래시 수요가 개선되면서 티씨케이에 대한 관심이 높아지고 있다. 메모리 업체들의 낸드 플래시 가동률이 점점 올라오면서 티씨케이 실적도 점점 회복될 것으로 기대된다.

신규 사업으로 탄탈륨 카바이드Tantalum Carbide 코팅 서셉터Susceptor, 웨이퍼 지지대와 포커스 링을 양산할 계획이다. 2023년 생산 시설을 갖추었고, 2024년 3배 생산능력을 확대할 계획이다. 전력반도체용 SiC 단결정 웨이퍼, 2차전지 음극재 등을 개발 중이다.

44 미디어텍

미디어텍은 대만의 팹리스 업체로 스마트폰용 AP 시장 1위 기업이다. 퀄컴이 프리미엄 스마트폰에 주로 적용되는 것과 달리 미디어텍은 중국 등 중저가 스마트폰에 주로 탑재된다.

중국 스마트폰 시장 성장을 기회로 미디어텍은 빠른 성장 속도를 보이고 있다. 중국 스마트폰 40%에는 미디어텍의 AP가 들어간다. 삼성전자 갤럭시A 시리즈 일부에도 탑재되고 있다. 미디어텍은 5G, AI, IoT 등 차세대 기술에도 투자를 확대하고 있다.

EUV 선단 공정에서 주목할 기업

45 동진쎄미켐

반도체 노광 공정에 쓰이는 감광액PR을 주로 생산하는 업체다. 1989년 국내 최초, 세계 네 번째로 PR 개발에 성공했다. 현재 국내 유일 EUV PR 공급업체다. 원래 발포제 사업을 시작하다 반도체 디스플레이 전자재료 시장에 진출했다. 반도체 소재 부문이 전체 매출의 절반가량을 차지한다. 반도체 소재 사업은 PR뿐 아니라 신나, CMP 슬러리, 반사방지막, 하드마스크, 프리커서 등 소재를 공급하고 있다. 3D 낸드 플래시용 불화크립톤KrF PR 시장에서 세계 1위 자리를 차지하고 있다. 불화아르곤ArF, 불화아르곤 이머전ArFi, 극자외선EUV PR 등 최선단 공정까지 진출했다. 2023년 하반기 이후 주요 고객사 가동률이 점점 올라오면서 매출 성장세가 지속되고 있다.

미국 칩스법 수혜도 기대된다. 동진쎄미켐은 미국 내 반도체 소재 공장을 짓고 있는데, 바이든 행정부로부터 상당한 지원금을 확보할 것으로 예상된다. 고순도 황산을 생산해 TSMC 애리조나 팹에 공급하고, 신나를 생산해 삼성 파운드리 테일러 팹에 납품할 계획이다. 구리 CMP 슬러리는 매출 비중이 5% 이내에 불과할 정도로 미미하지만, HBM TSV Through Silicon Via 공정 확대로 향후 성장성이 주목된다. 하이브리드 본딩이 적용될 경우 성장폭은 더욱 커질 것으로 기대된다. 2차전지용 CNT탄소나노섬유 도전재를 유럽 노스볼트 Northvolt에 주로 공급하고 있다. 상반기 노스볼트의 수율 악화로 매출 타격이 있었지만, 하반기 성장세가 주목된다. 시장 기대치보다 항상 높은 실적을 내놓고 있지만, 시장과 소통하지 않는 회사 IR 정책 탓에 주가 흐름은 항상 아쉬운 편이다.

46 에스앤에스텍

반도체, 디스플레이 노광 공정에 쓰이는 포토마스크의 원판인 블랭크 마스크를 주로 공급하는 업체다. 블랭크 마스크는 석영 기판에 금속 박막과 레지스트 막을 입혀 만든다. 노광, 에칭, 레지스트 제거 과정을 거쳐 회로를 새긴 포토마스크가 만들어진다. 삼성전자, 삼성디스플레이, SK하이닉스, SMIC, 슈퍼마스크 등과 거래하고 있다. 회사 매출에서 반도체가 40%, 디스플레이가 60% 비중을 차지한다.

현재 캐시 카우 사업은 중국향 블랭크 마스크다. 에스앤에스텍이 향후 성장 동력으로 삼는 분야는 EUV 마스크를 보호하는 펠리클과 EUV 블랭크 마스크다. EUV 마스크는 일본 호야가 80%, 아사히가 20%가량 선점하고 있다. 장당 10억에 이를 정도로 비싼 만큼 오래 쓰기 위해 파티클Particle로부터 보호하는 펠리클Pellicle이 필요하다. 펠리클은 얇게 만들어야 광 투과율이 높고, EUV 광원 손실이 적다. 문제는 너무 얇게 만들 경우 EUV 장비 내에서 폭발할 수 있다. 두께와 내구성의 최적점을 찾아야 하는 게 펠리클 개발 업체들의 숙제다. 에스앤에스텍은 EUV 펠리클 개발을 완료하고 양산을 준비 중이다. 차세대 High NA EUV 시장에 대응하기 위해 CNT 기반으로 600W급 펠리클 개발도 진행 중이다.

47 에프에스티

반도체 디스플레이용 펠리클, 칠러 제조 업체다. 2023년 3분기 누적 기준 펠리클 44.7%, 칠러 장비 52.5% 비중을 기록했다. 2023년 330억원을 투자해 펠리클 생산을 위한 신규 설비 투자를 단행했다. 2024년 초에는 190억원을 투자해 EUV 전용 펠리클 공장 착공에 돌입했다. EUV 펠리클을 연내 고객사에 시제품을 공급하고 2025년 양산에 돌입한다는 목표다. 양산 제품은 투과율 95%, 600W급 High NA EUV에서도 적용 가능하다.

EUV 펠리클 장당 가격은 2000만~3000만원 수준이다. 기존 ArF 펠리클 대비 50배 이상 비싼 가격이다. 하반기 신공장이 완료되면 펠리클 생산능력은 연 30만장에서 45만장으로 늘어난다. 2024년 4분기 본격적인 실적 성장이 기대되는 이유다. 펠리클 사업은 반도체 ArF 61%, 디스플레이 30% 비중을 차지한다. 글로벌 펠리클 생산 업체는 일본 신에츠, 미쯔이, 아사히 등이 있다. 칠러 장비는 반도체, 디스플레이 공정에서 챔버Chamber 내 온도와 웨이퍼 주변 온도를 일정하게 유지해준다. 칠러 장비 경쟁사는 유니셈, GST 등이 있다. 이솔, 오로스테크놀로지 등 6개 사외사를 보유하고 있다.

48 ■ 파크시스템스

파크시스템스는 반도체 공정과 연구소에 쓰이는 원자현미

경을 주로 공급하는 업체다. 원자 현미경은 메모리와 시스템 반도체 등 대부분 웨이퍼 공정 결함을 측정하는 데 쓰인다. 모든 제품을 검사하기보다는 샘플 검사에 특화되어 있다. 원자현미경 시장에서 파크시스템스는 미국 브루커에 이어 2위를 차지하고 있다.

지난 2022년 독일 첨단 계측장비 업체 아큐리온을 인수해 기술력을 강화했다. 주력 제품인 원자 현미경은 산업용과 연구용으로 쓰인다. 파크시스템스 실적에서 산업용 매출이 연구용보다 2배 이상 큰 편이다. 원자 현미경 적용처가 기존 전공정에서 어드밴스드 패키지 등 후공정으로 확장되는 흐름이다. HBM 선단 공정 D램에 쓰이는 원자 현미경 수요도 증가하고 있다. 레거시 공정에서는 중국향 수요 흐름이 좋은 편이다.

2023년 중국 매출 비중은 40%가 넘었다. 매출 기준으로 중국에 이어 유럽, 국내, 미국 순이다. 파크시스템스는 신성장 동력으로 EUV 마스크 리페어 장비 사업을 키우고 있다. 2023년 4분기부터 ASML EUV 신규 수주가 크게 증가했다. 장비 설치가 완료되는 2분기 이후부터 EUV 마스크 리페어 판매가 늘어날 것으로 기대된다.

온디바이스 AI로 후공정 테스트 생태계 수혜 기업

49 리노공업

리노공업은 후공정 테스트용 프로브 및 소켓 공급 업체다. 자체 개발한 리노 핀과 테스트 소켓으로 다품종 소량 생산 체제인 시스템반도체 시장에 대응하고 있다. 리노공업은 높은 기술력과 빠른 납기 대응으로 수익률이 높은 구조를 가지고 있다. 1000개 넘는 고객사 중 신규 칩을 적극 개발하려는 빅테크 비중이 높다. 매년 영업이익률이 40~50% 수준에 이르는 영업이익률이 기술력을 입증한다. 그동안 모바일 로직 칩이 리노공업의 수요 시장이었다. 그러나 지금은 AI, 자율주행/전장, MR 등 새로운 애플리케이션 비중이 점점 확대되고 있다.

지멘스에 의료기기용 부품도 공급하고 있다. 테스트 소켓은 핀 타입과 실리콘 러버 타입으로 분류된다. 핀 타입은 시스템반도체에 주로 쓰이고, 실리콘 러버 타입은 메모리에 주로 쓰이다 최근 AP 등 시스템반도체 영역으로 확장되고 있다. AI 등 새로 부상하는 전방 시장은 리노공업에 기회가 되고 있다. 리노공업은 어드밴스드 패키징이 적용된 칩 시장이 확대에 적극 대응하고 있다. 특히 부가가치가 높은 서버 및 전장, 고대역폭 메모리 시장 진출에 속도를 내고 있다. 리노 핀은 전형적인 포고 핀과 소켓뿐 아니라 웨이퍼 레벨 패키징에 대응할 수 있는 프로브 카드Probe Card와 미세 피치에 대응할 수 있는 핀과 소켓, 대면적 고대역폭 메모리에 대응할 수 있는 제품이 늘고 있다.

50 ISC

반도체 후공정 테스트 부품 기업이다. 테스트 소켓과 반도체 장비에 사용되는 테스트 솔루션 유닛 등을 판매한다. 실리콘 러버 타입 소켓 최강자로 손꼽히는데, ISC가 세계 최초로 상용화했기 때문이다. 한때 메모리 반도체 매출 비중이 70%를 넘었지만, 지금은 시스템반도체 비중이 80% 이상이다. 2023년 매출 기준 테스트 소켓이 85%, 테스트 솔루션 유닛 15%

비중을 차지한다. 테스트 소켓은 반도체 파이널 테스트에 쓰이는 부품으로 전기적 불량을 확인한다. 2024년은 AI 서버와 데이터센터, 차량용 반도체 시장이 성장을 견인할 것으로 기대된다. HBM, DDR5, LPDDR5 등 소켓 공급이 하반기 갈수록 점점 늘어날 전망이다. HBM용 테스트 소켓은 3분기 말 본격 양산할 계획이다. SK하이닉스 HBM 생산능력이 2024년 2배~2.5배 늘어남에 따라 수혜가 기대된다. 2023년 7월 SKC가 ISC 지분 45%를 인수해 종속회사로 편입했다. 관계사 SK 앱솔릭스와 손잡고 패키지 테스트 솔루션을 유리 기판에 적용하는 방안을 추진 중이다. 차세대 AI 반도체에 유리 기판이 탑재되는 만큼 신성장 동력으로 주목받고 있다.

51 티에스이

반도체 후공정 테스트에 쓰이는 프로브 카드, 인터페이스 보드, 테스트 소켓 등을 주로 생산하는 회사다. 프로브 카드는 웨이퍼 테스트EDS 공정에서 칩과 테스터를 연결하는 장치다. 프로브 바늘이 웨이퍼에 접촉해 전기 신호를 보낸다. 돌아오는 신호에 따라 불량 칩을 선별한다. 낸드 플래시에 주로 납품하는데, 최근 감산 영향으로 타격이 컸다. 낸드 플래시 업황 회복과 YMTC 등 신규 고객 확보로 반전을 노리고 있다. D램과 시스템반도체 프로브 카드 시장 진출도 노리고 있다. 인터페이스 보드는 테스터와 핸들러를 연결하는 소모성 부품이다. DDR5 교체 사이클이 본격화되면서 수혜가 기대된다. 테스트 소켓은 신성장 동력으로 손꼽히는 영역이다. 삼성전자, 퀄컴, 샌디스크, SK하이닉스 등에 D램과 AP향 테스트 소켓을 공급하고 있다. 이 회사는 핵심 부품 수직계열화를 통해 고객사 대응을 강화하고 있다. PCB 공급 업체 타이거일렉, 프로브 핀 공급 업체 메가터치, 반도체 테스트 하우스 지엠 테스트 등을 연결 자회사로 두고 있다. 최근 자회사 타이거일렉과 손잡고 일본 후지쯔가 독점해온 시스템반도체 프로브 카드 핵심 부품 STO-MLSpace Transformer Organic-Multi Layer을 국산화했다. 이를 기반으로 시스템반도체용 버티컬 프로브 카드 시장에도 진출할 계획이다.

52　티에프이

티에프이는 반도체 테스트 부품 및 장비 제조 기업이다. 특히 패키지 테스트에 사용되는 부품을 턴키 방식으로 공급할 수 있는 국내 유일 기업이다. 2019년 러버 소켓 원천 기술을 보유한 일본 JMT를 인수해 테스트 소켓 시장에 진출했다. 주요 제품은 인터페이스 보드, 소켓, COK Change Over Kit 등이다. DDR5, HBM 등 신제품 등장으로 수혜가 기대된다. 2024년 들어 DDR5 침투율이 빠르게 상승하고 있고, 서버용 물량 증가로 테스트 공정 수혜가 본격화되고 있다. 시스템반도체 시장 진출 확대도 진행 중이다. 시스템반도체향 테스트 보드 연구개발 과제를 시작으로 소켓, COK까지 진출을 노리고 있다. 2023년 매출 기준 메모리 75%, 시스템반도체 25% 비중을 차지하고 있다. 5G, 서버, 차량용, 모바일, IoT 등 시장 공략을 가속화해 시스템반도체 비중을 현재 25%에서 2025년까지 50%로 확대할 계획이다. HBM, 어드밴스드 패키지, 커스텀 AI 반도체 등을 기회로 공급망 진입도 노리고 있다.

온디바이스 AI 생태계 확장 수혜주

53 심텍

심텍은 인쇄회로기판PCB 전문기업으로 온디바이스 AI 시장 성장 수혜 기업으로 주목된다. 전체 매출에서 메모리향 비중이 90%에 이른다. 주력 제품은 메모리 모듈 PCB뿐 아니라 멀티칩패키지MCP, 플립칩 칩스케 일패키지FC-CSP, 시스템인패키지SiP, 그래픽 D램GDDR6, 보드온칩 BoC 등 패키지 서브스트레이트Package Substrate를 생산하고 있다.

단일 제품 중에는 중저가 스마트폰에 주로 탑재되는 MCP 매출 비중이 제일 높다. 2023년 MCP 매출 비중은 46%에서 2024년 40% 초반 수준으로 낮아질 것으로 보인다. 온디바이스 AI 시장 확대로 AI 가속기가 PC나 스마트폰에 적용되면 기판도 고도화되어야 한다. 인텔, AMD 등 업체들은 AI PC

로 PC 시장에서 새로운 수요를 창출하려고 노력 중이다. 퀄 컴뿐 아니라 미디어텍 등 칩셋 업체들도 온디바이스 AI 기능을 스마트폰에 탑재하려 한다. 이런 흐름에서 심텍의 향후 수혜 가능성은 주목받을 수 있다.

54 큐알티

큐알티는 반도체 신뢰성 테스트 및 종합 분석 서비스를 제공하는 기업이다. 매출 중 신뢰성 평가 부문 70%, 종합 분석 부문 20% 비중을 차지한다. SK하이닉스 내부 품질 관리 부서에서 독립해 설립되었으며, 2014년 큐알티로 사명을 변경했다. 퀄리티 리얼리티 테크놀로지의 약자를 따서 큐알티로 지었다.

신뢰성 평가는 반도체를 장시간 고온, 전압, 습도, 물리적 충격 등 극한 환경에 노출시켜 진행한다. 사용 상황을 모의 실험하고 결함 여부를 평가하는 셈이다. 두산테스나, 엘비세미콘, 네패스 등 OSAT들이 담당하는 테스트와 성격 자체가 다르다. 극한 환경에서 신뢰성 테스트를 한다. 소프트 에러 검사, 5G RF 수명 평가 등 신사업도 진행 중이다.

큐알티는 AI 반도체 시장 확대로 기회를 잡았다. 주문형 AI 반도체가 늘어날수록 큐알티가 담당할 테스트 업무도 늘어나기 때문이다. 이종집적반도체Heterogeneous Integration로 알 수 없는 문제가 자주 발생한다. 큐알티의 역할이 향후 더욱 확대될 가능성이 높다. 삼성 파운드리와 거래 관계가 확대되는 것도 중요한 포인트다. 최근 미국 실리콘밸리와 중국 우시 등에 해외 법인을 설립해 글로벌 영업망을 구축했다.

55 텔레칩스

텔레칩스는 차량용 반도체 팹리스 기업이다. 주력 분야는 지능형 자동차 솔루션이다. 차량용 인포테인먼트 AVN, 디지털 클러스터, 서라운드 뷰용 애플리케이션 프로세서AP를 공급하고 있다. 현대기아차 매출 비중은 60%를 넘는 수준이다. 현대모비스를 통해 현대기아차에 공급하고 있다. 텔레칩스의 최근 해외 진출 상황은 긍정적인 흐름이다.

2023년 말에는 독일 콘티넨탈과 AP 공급계약을 맺었다. 콘티넨탈의 스마트 콕 핏 HPC에 텔레칩스 인포테인먼트 AP인 돌핀3가 탑재된다. 2020년 이후 일본 매출이 꾸준히 증가하고 있고, 2023년에는 중국 및 동남아향 매출이 본격화되고 있다. 2024년에는 유럽향 매출 증가를 기대하고 있다.

HBM 밸류체인에서 주목할 기업

56 한미반도체

삼성전자와 SK하이닉스에 이어 국내 시총 3위 반도체 기업으로 자리매김했다. AI 혁명이 만들어낸 국내 반도체 업계의 슈퍼스타 기업이라고 할 수 있다. 2023년 1조원대 시총에서 24년 4월 기준 14조원대 시총을 기록 중이다. 향후 한미반도체 주가 흐름은 엔비디아와 SK하이닉스와 동조화될 가능성이 높다. 어드밴스드 패키징의 핵심 공정은 칩에 구멍을 뚫고 구리를 채우는 TSVThrough Silicon Via와 칩을 붙이는 TCThermal Compression 본더다.

한미반도체는 HBM 제조에 쓰이는 듀얼 TC 본더에서 독보적인 위치를 확보한 기업이다. HBM 기술을 주도하고 있는 SK하이닉스에 독점적으로 납품하고 있으며, 최근에는 마이크론도 한미반도체 장비를 쓰고 있다. 시장의 관심은 삼성전자가 한미반도체 장비를 쓸지 여부에 쏠리고 있다.

AI 혁명이 시작되기 전에는 MSVPMicro Saw Vision Placement가 주력제품이었다. 반도체 패키지를 자르고 옮기고 세척하고 검사하는 인라인 후공정 장비다. 일본 디스코로부터 마이크로 쏘micro SAW를 수입하다 국산화한 이후 실적이 퀀텀 점프했고, TC 본더 기술 독점으로 새로운 레벨의 기업으로 재탄생했다.

HBM 시장에서 영역을 확장하고 있는데, HBM 검사 장비까지 출시해 새로운 성장 동력을 확보했다는 평가다. HBM 외 어드밴스드 패키징 시장에도 진출할 가능성도 충분하다. 향후 칩을 쌓고 붙이고 정밀하게 옮기고 검사하는 요소 기술이 점점 더 중요해지는 만큼 이 회사 기술력은 더욱 주목받을 가능성이 높다. 카메라 모듈 검사장비, EMI 차폐 장비 등도 새로운 성장 엔진으로 자리매김할 준비를 하고 있다.

57 제우스

제우스는 반도체 습식 세정 장비를 주로 공급하는 업체다. 웨이퍼를 한 장씩 세정하는 싱글 타입과 수십 장 세정하는 배치 타입 모두 대응 가능한 회사다. 글로벌 시장에서 싱글 타입과 배치 타입 모두 대응가능한 장비 업체는 제우스를 제외하면 도쿄일렉트론ᴛᴇʟ 정도에 불과하다. 싱글 타입 장비는 국내 고객사에 주로 공급되고, 배치 타입 장비는 일본 자회사 JET를 통해 중국 레거시 반도체 업체에 납품된다.

최근 삼성전자 등 국내 고객사 HBM 및 어드밴스드 패키지(AVP) 매출 비중이 높아지고 있다. 2024년 반도체 실적에서 HBM 및 AVP 매출 비중은 25% 수준에 이를 전망이다. HBM 본딩 및 언더필 공정에서 TSV 세정 장비를 공급한다. 협동 로봇 사업도 이 회사 주력 사업 중 하나다. 2023년 기준 반도체 장비 매출 비중이 74%를 차지하며, 로봇 매출 비중은 15%에 이른다. 플러그 밸브, 디스플레이 장비 등이 각각 5% 정도 비중을 차지한다.

제우스의 로봇 사업은 SW, 모터, 엔코더 등 핵심 소재부품을 내재화하고 있어 경쟁력이 높은 편이다. 고객 맞춤형 로봇 제작이 가능한 실계 체제도 구축하고 있다. 2009년 일본 산쿄와 손잡고 로봇 사업에 착수했다. 2019년 6축 다관절 로봇 '제로'를 출시했다. 이후 수평 다관절 로봇 '스카라'와 병렬형 로봇 '델타'도 내놨다. 현재 제우스의 로봇은 파이선으로 쉽게 프로그래밍할 수 있는 게 장점이다. 향후 Chat-GPT 등 LLM API 기반으로 AI 로봇이 구현된다면 더욱 높은 밸류를 받을 수 있을 것으로 기대된다.

58 에스티아이

에스티아이는 반도체 공정에 화학약품을 공급하는 인프라 장비 CCSSCenteral Chemical Supply System를 주로 공급하는 업체다. 그러나 이 회사가 주목받는 것은 반도체 패키지 공정에서 솔더볼에 열을 가해 붙이는 리플로우 장비 때문이다. HBM, AVP 시장 성장으로 리플로우 장비 수요는 빠른 속도로 증가하고 있다.

리플로우 장비는 플럭스와 플럭스리스로 구분된다. 플럭스의 역할은 범프 표면의 불순물과 산화물을 제거해 리플로우 공정 중 범프가 균일하게 녹게 한다. 칩 간 접착력도 높여준다. 패드에 플럭스를 도포한 후 범프를 위치시킨다. 리플로우 공정으로 범프를 녹여주고 남아 있는 플럭스를 세척한다. 문제는 남아 있는 플럭스가 채임버 내 오염을 유발한다는 것이다. 세정 공정이 필수적으로 따라붙는다. 플럭스리스 리플로우 장비는 오염 물질 발생하지 않는 장점이 있다. 에스티아이가 2023년 플럭스리스 리플로우 장비 수주에 성공했다.

반도체 리플로우 외 플립칩 볼그리드어레이FC-BGA 현상기, 디스플레이 잉크젯 OCR레진으로 라미네이션 및 디스플레이 포토트랙시스템전공정에서 세정, 코팅, 노광, 현상이 순차적으로 이뤄지도록 연결 등을 신규 사업으로 밀고 있다.

59 테크윙

테크윙은 메모리 테스트 핸들러 시장에서 오랫동안 1위 자리를 지켜오고 있는 장비 업체다. 메모리 핸들러는 마이크론과 SK하이닉스에 주로 공급하고 있다. 메모리 핸들러를 기반으로 시스템반도체향 테스트 핸들러 시장에도 진출했다. 시스템반도체 테스트 핸들러 시장은 메모리보다 3배 이상 큰 규모다. 핸들러 소모품인 COKChange Over Ki)도 주력의 한 축이다.

주력 사업인 메모리 핸들러는 DDR5 수혜가 기대된다. DDR5 침투율 2023년 13% 수준에서 2024년 40%까지 증가할 것으로 예상된다. DDR5 D램 침투율 증가는 COK 매출 증가로 이어진다. 테크윙의 신성장 동력은 HBM 수율 개선에 도움이 되는 '큐브 프로버'다. 기존 HBM은 베이스 다이 중 양품을 로직 웨이퍼 위에 적층한 후 테스트를 진행한다. 웨이퍼를 자르고, 이후 샘플 테스트를 진행한다. 그러나 테크윙의 큐브 프로버를 적용할 경우 D램이 적층된 로직 웨이퍼를 자른 후 전수 검사를 진행할 수 있다.

HBM 수율이 중요한 이슈로 부각된 만큼 테크윙의 수혜가 기대된다. 테크윙의 신규 장비는 메모리 3사향 HBM에 모두 공급 가능한 상황이다.

60 디아이티

SK하이닉스에 HBM 제조용 레이저 장비를 주로 납품하는 회사다. 원래 삼성 디스플레이 매출 의존도가 높았지만, 지금은 SK하이닉스 HBM 사업 성장 수혜가 커졌다. 2005년 설립 당시는 디스플레이 검사, 레이저 커팅, UV 경화 장비 등이 주력이었지만, 레이저 어닐링 장비 개발로 새로운 성장동력을 확보했다. SK하이닉스 HBM 생산능력 확대로 디아이티 레이저 어닐링 매출은 2024년 500억 수준을 시작으로 2026년까지 연평균 70% 성장할 것으로 예상된다.

SK하이닉스는 HBM 및 DDR5용 D램 생산을 위해 미세공정을 1z16나노급에서 1a14나노급/1b12나노급/1c11나노급로 빠르게 전환하고 있다. 디아이티 레이저 어닐링 장비 수요가 증가하고 있는 이유다. 2025년에는 레이저 커팅 장비 신규 매출도 기대된다.

61 피에스케이홀딩스

반도체 후공정에 쓰이는 디스컴, 리플로우 장비를 주력으로 공급하는 업체다. 디스컴Descum은 패키징 리소그래피 공정에서 발생하는 PR 찌꺼기를 제거해주는 장비다. 어드밴스드 패키지로 실리콘관통전극TSV이 확대되면서 디스컴 수요도 늘고 있다. 경쟁사는 일본의 울박이다. 마이크로 범프, 솔더 볼을 기판에 접합하는 리플로우 장비도 주력 제품이다. 친환경 플럭스리스 리플로우 시장에서 경쟁력을 갖춘 기업이다. 리플로우 시장에서 국내 에스티아이와 경쟁하고 있다.

2024년 어드밴스드 패키지AVP, HBM 등 전방 시장 투자 확대로 디스컴, 리플로우 수요가 빠른 속도로 확대되고 있다. 피에스케이홀딩스의 주요 고객사는 ASE, AMKOR, 네패스 등 OSAT뿐 아니라 삼성전자, SK하이닉스, TSMC, 인텔 등이다. 피에스케이홀딩스는 이름 그대로 지주회사로 PR 스트립 장비 업체 피에스케이 지분 32.14%를 보유하고 있다. 지난 2013년 미국 장비 업체 세미기어를 인수했는데, 해외 영업은 세미기어 브랜드를 활용하고 있다. 미국 반도체 굴기 수혜주로 손꼽히는 이유다.

62 케이씨텍

케이씨텍은 국내 유일 반도체 화학기계적연마CMP 장비 공급 업체다. 2017년 케이씨로부터 인적분할되어 설립되었다. 케이씨텍의 주요 사업은 CMP 장비뿐 아니라 CMP 슬러리 소재와 디스플레이 세정 장비 등이 있다. CMP 장비는 미국 어플라이드 머티리얼즈, 일본 에바라와 경쟁하고 있다. CMP 슬러리 소재는 산화막에 쓰이는 세리아 계열과 메탈층에 쓰이는 실리카 계열이 있다. 세리아 슬러리는 100~500나노 크기 희토류인 세리아 입자에 초순수 및 첨가제를 혼합해 만든다. 일본 히타치케미칼이 이 시장의 강자다. 메탈 슬러리는 구리, 알루미늄, 텅스텐 등을 평탄화하는 데 쓰인다. 미국 캐봇이 독보적인 경쟁력을 갖추고 있다.

반도체 세정 장비는 일본 TEL과 주로 경쟁한다. 원래 반도체 메탈 회로는 알루미늄이 쓰였지만, 1990년대부터 구리로 바뀌었다. 알루미늄은 반응성 가스로 부분 식각이 가능하지만, 구리는 어려워 CMP 공정이 도입되었다.

선단 공정이 확대되면서 CMP 공정은 연마 균일성, 높은 생산성, 더 낮은 비용이 요구된다. HBM, AVP 등 2.5D/3D 패키지에 CMP 공정은 반드시 필요하다. 케이씨텍은 최근 고객사 메모리 감산 영향으로 장비 사업이 부진했지만, CMP 슬러리 소재 매출 확대로 상쇄하고 있다. HBM용 슬러리 공급도 본격화되고 있다.

현재 케이씨텍 CMP 슬러리 매출은 세리아 70~80%, 실리카 20~30% 비중을 차지한다.

63 미코

미코는 반도체 어드밴스드 패키지 공정에 쓰이는 소모성 부품을 공급하는 업체다. 지주회사로서 코미코 외 해외 법인 5개를 자회사로 두고 있다. 1996년 설립되어 20년간 세라믹, 코팅 기술 등 노하우를 축적해왔다. 고객사에 최적화된 파우더를 개발하고 납품한다. 반도체 사업이 주력이지만, 바이오 및 친환경 에너지, 에너지 인프라까지 확장했다.

반도체 사업은 코미코에 코팅용 파우더를 공급하고, 본더 장비 업체에 핵심 부품인 펄스 히터를 공급한다. 세라믹 소재 기술을 기반으로 부품 사업까지 확장한 셈이다. HBM 본딩 공정용 부품인 펄스 히터는 5초 안에 순간적으로 500도까지 온도를 올렸다가 내려주는 역할을 한다. 칩 전체에 골고루 열을 분배하는 게 중요하다. 미코는 칩 사이즈마다 최적화할 수 있는 기술력을 갖췄다. 펄스 히터는 일본 업체가 선점하고 있지만, HBM 등 공정 수요 증가로 국산화가 필요해지고 있다. 미코는 삼성전자, SK하이닉스 등 반도체 업체뿐 아니라 베시, ASMPT 등 장비 업체에도 공급하고 있다. 향후 OSAT 고객도 확보할 계획이다.

64 예스티

2000년 설립된 회사로 반도체, 디스플레이 장비를 주로 생산한다. 2023년 기준 매출 중 반도체 장비 62%, 디스플레이 장비 32%, 기타 6% 비중을 차지한다. 습도 제어 장비 네오콘 NEOCON과 HBM향 장비 매출이 2024년 성장을 견인할 것으로 기대된다. EFEM Equipment Front End Module에는 습도 제어 장비인 네오콘이 필요하다. 삼성 시스템LSI로부터 2022년 공정 평가를 완료하고 50대를 공급했다. 2023년에는 85대 공급했으며,

2024년은 100대 이상 수주가 예상된다.

네오콘 마진율은 40% 수준으로 전체 수익성 개선이 기대된다. HBM향 웨이퍼 가압, 칠러, 퍼니스 장비를 보유하고 있다. 이 3종 장비의 2023년 수주액은 400억 수준이다. 웨이퍼 가압 장비는 패키징 공정 중 언더필에 쓰인다. 2023년 10월부터 12월까지 273억 공급 계약을 맺었다. 2024년 하반기 200억원 이상 공급 계약이 기대된다. EDS 공정에 쓰이는 칠러, 퍼니스 장비는 2023년 80억 수주를 달성했다. 2024년 HBM향 장비 수주는 600억 이상 달성 가능할 것으로 기대된다. HPSP가 독점하는 고압 수소 어닐링 장비 이원화에 관심이 쏠리고 있다. 20% 시장 점유율만 가져와도 200억 이상 영업이익을 달성할 수 있을 것으로 보인다.

삼성전자향은 2023년 메모리 양산 퀄 테스트를 완료했다. 현재 파운드리 테스트도 진행 중이다. SK하이닉스향 낸드 산화 공정 장비도 최종 테스트가 완료되었다.

HBM 밸류체인에서 주목할 글로벌 기업

65 KLA

KLA는 세계 반도체 장비 5위 기업으로 검사, 계측 분야에서 60% 이상 점유율을 차지하고 있다. 이 시장에서 35년간 1위를 차지하고 있다. 2015년 램리서치가 KLA 인수를 시도했지만, 독점 이슈로 무산된 바 있다. 웨이퍼 평탄도, 박막 품질, 칩 두께 및 폭 측정 등 반도체 검사가 점점 더 중요해지고 있다. 미세공정 수율 개선에 직접적인 영향을 미치기 때문이다.

최근 이종 집적 반도체와 어드밴스드 패키징AVP 시장 성장도 검사/테스트/계측 시장에 긍정적인 요소다. KLA는 오랜 업력과 인수합병을 통해 업계 표준으로 자리잡고 있다. 반도체 검사, 계측 시장은 KLA 중심으로 생태계가 구축돼 있어 경쟁사들이 진입하기 어렵다. 반도체 검사, 계측 외 특수 반도체 처리, PCB/디스플레이 검사 및 계측, 서비스 등 사업을 한다. 특수반도체 처리 사업은 RF 반도체나 전력반도체 제조에 쓰이는 증착 및 식각 장비를 담당한다. 서비스 사업은 구독 모델로 장비 유지, 보수 등을 제공하고 있다.

66 온투이노베이션

온투이노베이션은 반도체 공정 제어 분야 선두 업체다. 전공정 광학 계측, 2.5D/3D 패키징 검사, 첨단 기판/패널 패키징 리소그래피, SW 등 관련 장비와 서비스, 솔루션을 공급한다. AI 가속기 수요 증가로 패키징 사업 성장 속도가 빨라지고 있다. 선단 공정 수요도 회복 조짐을 보이고 있다.

최근 온투이노베이션은 어드밴스드 패키징 검사 장비 '드래곤플라이' 생산량을 두 배 이상 확대했다. 엔비디아 최신 블랙웰 GPU향 어드밴스드 패키지 수요에 대응하기 위한 조치로 풀이된다.

67 테라다인

테라다인은 반도체 후공정 장비를 주로 공급하는 기업이다.

어드반테스트와 함께 반도체 후공정 패키지, 테스트 장비 시장에서 강력한 입지를 확보하고 있다. 레거시 메모리 및 스마트폰 업황 둔화로 실적이 다소 부진한 편이다. 2024년 하반기 전방 시장 수요 개선으로 실적 반등이 기대되고 있다.

HBM 시장 성장으로 D램 테스터 매출은 2024년 전년 대비 2배 성장할 것으로 기대된다. 로봇 사업도 흐름이 좋은 편이다. 테라다인의 주요 사업은 반도체 테스트, 시스템 테스트, 산업 자동화, 무선 테스트 4개로 분류된다.

전체 매출의 70%를 차지하는 반도체 테스트 부문은 장비 설계부터 생산, 판매까지 담당한다. 반도체에 투입되는 웨이퍼의 불량을 판별하고, 양품이 들어간 디바이스 및 완제품이 정상 작동하는지 테스트한다.

시스템 테스트 부문은 우주/방어시스템 장비, 저장 장치 등 다양한 기기 테스터를 판매한다. 데이터센터, 클라우드향 하드 디스크 드라이버HDD 및 솔리드 스테이트 드라이브SSD 테스트도 한다. 산업 자동화 부문은 공장 자동화를 위한 로봇을 주로 판매한다. 대표 제품은 유니버셜 로봇, 모바일 산업 로봇 등이 있다. 무선 테스터는 라이트 포인트라는 브랜드로 운영된다. 무선 칩셋 제조사부터 완제품 판매 기업까지 폭넓은 고객을 대상으로 각종 테스트 및 서비스를 제공한다.

68 앰코테크놀로지

세계 2위 OSAT 기업이다. 대만 ASE, 중국 JCET와 더불어 빅 3로 손꼽힌다. 연 매출은 70억 달러 내외 수준이다. 패키징 사업 80~90%와 테스트 사업 10% 내외 비중을 차지한다. 최근 AI 가속기발 어드밴스드 패키징 시장 성장으로 수혜를 누리고 있다. 원래 한국 기업 아남반도체였으나, IMF 외환위기 때 미국 기업이 됐다.

아남그룹은 한국 최초로 컬러 TV를 만든 회사로 한 때 재계 21위에 오르기도 했다. 창업자 김향수 회장은 한국 반도체 산업의 아버지로 불리기도 했고, 이병철 삼성그룹 회장에게 D램 사업을 권유한 것은 유명한 일화다. 김향수 회장 아들 김주진 사장이 미국에 있을 때 아남산업 반도체 현지법인 앰코전자를 세웠다. 향후 엠코테크놀로지로 변경된다. 김 사장은 아남산업을 아남반도체로 개명했다. 이때 아남반도체는 세계 반도체 후공정에서 시장에서 30% 점유율을 차지하는 기염을 토한다.

1996년 비메모리 산업에 30억 달러 투자하고, 파운드리 산업을 정조준했다. 그러나 운이 없게도 1997년 외환위기를 맞았다. 아남그룹은 파산해 버리고 만다. 반도체 사업 중 비메모리 분야는 동부그룹으로 넘겼는데, 현재 DB하이텍이 되었다.

패키징 사업은 김주진 사장이 설립한 앰코테크놀로지에 넘겨 살아남을 수 있었다. 김주진 사장은 현재도 앰코 대표로 경영을 하고 있다. 앰코테크놀로지는 국내에서는 서울, 부산, 광주, 부평에 공장을 운영 중이다.

69 AMAT

어플라이드 머티리얼즈는 반도체 장비 분야에서 세계 1위를 차지하고 있는 기업이다. 반도체, 디스플레이 장비뿐 아니라 최적화, 유지 보수 등 서비스도 제공하고 있다. 반도체 8대 공정 중 식각, 박막/증착, 패키징 등 5개 공정 장비를 두루 제작하고 있다. 특히 박막/증착 공정에서 독보적이다.

한국 매출 비중은 17% 수준이다. 잭 킬비가 집적회로IC를 고안했고, 인텔 공동 창업자 로버트 노이스가 실리콘 웨이퍼 위에 여러 부분을 형성하는 현재의 반도체 공정을 개발했다. AMAT 창업자는 반도체 박막 공정에 필요한 화학 물질 공급하는 회사에 근무했는데, 고든 무어와 로버트 노이스 친분을 쌓게 되었다. 이들이 AMAT 회사 설립에 많은 도움을 주었다. 벤처캐피털vc을 연결해주고 고든 무어는 개인적으로 투자까지 했다.

1969년 CVD 장비를 처음 내놓았고, 1972년 상장에도 성공했다. 애플이 PC를 내놓으면서 반도체 수요가 급증했고, AMAT도 빠른 속도로 성장했다. 증착을 시작으로 식각, 이온주입, 계측, 테스트 등 여러 장비 업체를 인수하면서 제품 다각화를 추진했다.

2024년 AMAT의 성장 동력은 HBM 패키징 장비, GAA 트랜지스터, e빔 계측 장비 등이다. AI 수요 증가로 HBM 시장은 빠른 속도로 성장하고 있다. 2024년 AMAT HBM 관련 매출은 전년보다 4배 성장한 5억 달러로 전망된다.

GAA 관련 투자의 절반을 AMAT가 확보한다는 전략이다. 계측 장비 중요성이 증가하면서 e빔 계측 장비 수요도 늘고 있다.

70 듀폰

CMP 패드Chemical Mechanical Polishing Pad 독과점 기업이

다. 반도체 제조 공정에 사용되는 폴리머, 화학 물질, 금속 재료 등 다양한 소모성 재료를 공급한다. HBM 시장 성장 가운데 집적도를 높이기 위해 TSV, 하이브리드 본딩 공정 내 CMP 수요가 증가하고 있다. 패드, 슬러리 등 부품 매출도 고속 성장하고 있다.

CMP 공정 소모품 중 패드는 비용 중 절반 이상을 차지하는 고高마진 제품이다. 듀폰은 80% 이상 점유율을 차지하고 있어 수혜폭이 커질 것으로 기대된다.

71 램리서치

램리서치는 반도체 식각, 증착, 스트립, 클리닝 공정 장비를 주로 공급하는 세계 4위 업체다. 반도체 식각 장비 시장에서 절반 이상 점유율을 차지하고 있으며, 증착 장비 분야에서도 10% 후반대를 기록 중이다. 어플라이드 머티리얼즈, 도쿄일렉트론TEL, KLA 등과 경쟁하고 있다. 3D 낸드 플래시 기술이 진화하면서 수혜를 보고 있다. 3D 낸드는 반복 증착과, 정교한 식각 기술이 요구된다.

램리서치는 원자층 식각, 선택적 식각 분야에서 압도적인 기술력을 자랑한다. FY4Q23 기준으로 파운드리 47%, 메모리 27%, 로직/기타 27% 매출 비중을 차지한다. 제품별로는 낸드 플래시 비중이 18%로 높은 편이다. 2024년 중국향 수요 급감에도 불구하고 HBM과 DDR5 투자 확대로 실적 반등이 기대된다. HBM TSV 장비 분야에서 독점력을 갖추고 있다. GAA, BSPDN, AVP, 건식 EUV 패터닝 등 선행 기술 준비가 잘 돼 있어 어드밴스드 패키징 등 신시장 성장으로 수혜가 기대된다.

D램 테크 마이그레이션 수혜주

72 유진테크

유진테크는 반도체 증착 장비 기업이다. 매출의 절반은 LP-CVD 장비가 담당하며, 30~40% 비중은 ALD 장비가 차지한다. LPCVD는 유진테크와 어플라이드 머티리얼즈가 주로 경쟁할 정도로 진입장벽이 높다. 삼성전자, SK하이닉스, 마이크론 등에 에피택셜 그로스용Epitaxial Growth LPCVD를 공급하고 있다.

2023년 주요 고객사 삼성전자향 수주 상황이 좋지 못했다. 2023년 4분기부터 전통적 최대 고객인 마이크론이 주문을 재개했다. 2024년부터 비중이 증가하는 HBM용 1a/1b/1c D램 선단 공정에는 신규 장비가 필요하다. 평균 판가가 높은 'QXP ALD' 장비 매출이 지속적으로 증가하고 있어 이익률 개선에 도움이 되고 있다. 고쿠사이 일렉트릭과 ALD 관련 특허 소송을 진행 중인데, 배상액 규모가 크지 않아 실적에는 제한적인 영향이 예상된다.

장기적으로 기대하는 것은 3D D램이다. 3D D램에는 에피택셜 그로스 박막 증착용 LPCVD 장비 수요가 늘어난다. 트랜지스터 위에 박막을 균일하게 형성해야 하기 때문이다. 메모리 3사 모두 10나노 초반급 1c 공정부터 에피 공정을 추가했다. 3D D램에는 더 많이 필요해진다.

73 주성엔지니어링

원자층증착장비ALD, 화학기상증착장비CVD 등 반도체 증착 장비를 주로 공급하는 업체다. 2024년 실적 전망 기준으로 반도체 사업이 90% 이상 비중을 차지한다. SK하이닉스에 주로 선단 공정용 ALD 장비를 납품하고 있으며, CXMT 등 중화권 기업에도 상당히 많은 물량을 공급 중이다.

2023년 4분기부터 수주잔고가 가파른 속도로 증가하고 있다. 2023년 말 기준 수주잔고는 2302억에 달한다. 리드 타임은 국내 4~5개월, 해외 8~9개월 수준이다. SK하이닉스는 HBM3E 생산능력 확대를 위해 1a14나노급, 1b12나노급 D램에 이어 하반기 1c11나노급 D램 양산에 돌입한다. HBM3E에는 1b D램이 메인으로 채택된다. D램 선단 공정이 진행될수록 커패시터 막을 싸는 하이케이High-K 레이어 수가 증가한다. 1a 커패시터 공정에는 13회 ALD 공정이 필요하고, 1b에는 15회 적용한다. 1c에는 18회 이상 수준일 것으로 추정된다.

SK하이닉스는 2024년 선단 공정 확대를 위해 기존 6대 보유한 EUV 장비를 9대 추가 주문했다. 이천 M16 팹을 중심으로 1b 공정을 확대하고 있으며, 중국 우시 팹은 1z16나노급에서 1a로 공정 전환 진행 중이다. 인텔과 TSMC에 ALD 장비를 신규 공급하는 계약을 진행 중이다. 2025년부터 매출 반영이 시작될 것으로 기대된다.

디스플레이 부문은 8.6세대 애플향 OLED, 6세대 차량용 OLED용 장비 수주가 본격화될 것으로 예상된다. 신성장 동력으로 추진 중인 유리기판 장비도 기 대감을 모으고 있다.

74 디엔에프

디엔에프는 반도체 증착 공정에 쓰이는 전구체프리커서를 주로 공급하는 기업이다. 얼마 전 솔브레인에 인수되었다. 주요 사업은 하이케이High-K, DIPAS, HCDS 등이다. 반도체 공정에서 하이케이는 유전값 K상수가 4 이상인 물질을 말한다. 산화막SiO2 K값이 3.9여서 이보다 높으면 하이케이, 낮으면 로우케이다. 원자층증착ALD 커패시터 절연막 소재로 쓰인다.

현재 하이케이 물질은 지르코늄Zr을 주로 쓰는데, 선단 공정에서는 하프늄Hf이 점점 중요해지고 있다. 하이케이와 로우케이 모두 절연막에 쓰이는 건 같지만, 유전율에 따라 쓰이는 영역이 다르다. 하이케이는 전하를 저장하는 커패시터 증착에 주로 쓰고, 로우케이는 배선 사이 절연막에 사용된다.

차세대 하이케이 물질 하프늄은 폭발성이 강하다. 무기 개발에도 주로 쓰이는데, 그만큼 다루기 굉장히 힘들다는 방증이다. 이론적으로 하프늄 1g은 다이너마이트TNT 50Kg과 맞먹는 폭발력을 가진다. 중요한 물질인 만큼 특허 이슈도 복잡하다. 일본 트리켐과 아데카가 중요한 특허를 보유하고 있고, 후발 업체에 소송을 진행 중이다. 하프늄 특허 사용권을 가진 솔브레인이 디엔에프를 인수함에 따라 특허 관련 불확실성은 어느 정도 완화된 것으로 보인다. DIPAS는 반도체 노광 공정에서 희생막에 쓰인다. 더블 패터닝DPT에서 2회, 쿼드러플 패터닝QPT에서 4회 쓰인다. 헥사클로로디클린HCDS은

3D 낸드 플래시 적층 시 전구체로 사용된다. 낸드 플래시 고단화로 수요가 점점 늘고 있다.

75 피에스케이

반도체 노광 공정용 감광액PR 제거 스트립 장비를 주로 공급하는 기업이다. 원래 이 시장에서 1위 자리를 유지했지만, 2023년 메모리 고객사 감산 영향으로 맷슨텍에 1위 자리를 내줬다. 삼성전자, SK하이닉스, 마이크론 등 메모리 업체뿐 아니라 인텔 등 시스템반도체 업체에도 장비를 공급하고 있다. 고객사 감산이 2024년 중 마무리될 것으로 기대됨에 따라 실적 개선이 이뤄질 것으로 보인다.

PR 스트립 장비 외 산화막 제거 드라이클리닝 장비, 베벨 에치Bevel Etch 등 식각 분야에서 틈새 시장을 개척하고 있다. 산화막 세정에 주로 쓰이는 드라이 클리너는 삼성전자와 중화권 고객에 주로 공급하는데, D램 생산에 주로 쓰인다. 이 시장은 일본 TEL이 독점한 시장인데, 피에스케이가 국산화에 성공했다.

뉴 하드 마스크 스트립New Hard Mask Strip 장비는 마이크론에 주로 공급하고 있다. 이 장비는 기존 PR 스트립 장비보다 훨씬 성능이 뛰어나고, 부가가치가 높다. 웨이퍼 경사면의 금속 및 비금속을 부분적으로 식각하는 베벨 에처 국산화에 성공했다. 램리서치가 독점하던 장비인데, 최근 치열한 특허 소송을 벌인 후 마침 내 시장 진입에 성공했다. 2024년 하반기 새로운 메탈 에처를 출시할 계획이다. 2분기 데모 장비를 공급하고 양산을 위한 준비를 진행 중이다.

76 원익IPS

ALD, CVD 등 반도체 증착, 장비를 주로 공급하는 업체다. 2016년 원익홀딩스 반도체, 디스플레이, 솔라셀 장비 사업을 인적 분할해 설립되었다. 2019년 테라세미콘을 합병해 열처리 장비 라인업을 추가했다. 2023년 기준 반도체 매출 비중이 80%를 넘고, 디스플레이 장비 비중이 15% 내외 차지한다.

경쟁사는 어플라이드머티리얼즈, 히타치, 고쿠사이일렉트릭, TEL 등이다. 주력 장비인 PE CVD의 경쟁 심화와 주요 고객사인 삼성전자 부진 영향으로 2023년까지 원익IPS도 어려운 시간을 겪었다. 최근 삼성전자가 HBM 생산능력 확대에 나서면서 수혜 기대감이 높아지고 있다. 2023년 말 SK하이닉스에 M16 1b14나노급향 하이-K ALD 장비를 공급했다. SK 하이닉스가 3분기 1c12나노급 D램 양산에 돌입하는데, 해당 라인에 ALD 장비를 납품할 가능성도 기대된다. 2024년 SK하이닉스향 매출은 반도체 장비 사업에서 10% 비중까지 올라갈 가능성이 있다.

삼성전자 낸드 플래시향 236단 ALD, 파운드리 3nm GAA향 ALD도 평가 중 이어서 기대감이 높아지고 있다. ALD 장비 매출 비중이 커지면서 영업이익률 개선도 이뤄지고 있다. HBM 제조에 쓰이는 패시베이션Passivation 장비와 TSV 형성 때 필요한 구리 어닐링 장비 매출도 늘고 있다. 2024년 반도체 장비 사업에서 HBM 매출이 10% 수준을 넘어설 가능성이 높다.

15

기업향 AI 서버 수혜자

77   DELL

엔비디아 GPU 병목이 풀리면서 기관 및 기업향 AI 데이터 센터 매출 비중이 높은 델Dell이 주목받고 있다. 그동안 엔비디아 AI 가속기는 클라우드 업체들의 물이었다.

그러나 엔비디아가 H200과 B200을 공개하면서 기존 H100 병목이 다소 완화되고 있다. 이는 델의 AI 서버 매출 증가로 이어진다. 델은 최근 고성능 AI 서버 수요 증가로 20억 달러 수주 잔고분기 매출 9% 수준를 돌파했다. 고성능 워크스테이션 수요도 증가 중이다.

2022년 기준 워크 스테이션 내 Dell 점유율은 45.5% 수준이었다. 뒤이어 HP 31.2%, 레노버 22.7% 순이다. 워크 스테이션은 데이터 사이언스, 3D 디자인 렌더링, 설계 엔지니어

링, 고화질 영상 처리, 의료 데이터 분석 등에 사용된다. 이 모든 분야에 빠른 속도로 AI가 도입되고

있다. 빅테크뿐 아니라 대부분 기업들은 AI 투자에 진심이다. 전반적으로 비용 통제를 강화하는 가운데 AI 관련 투자는 오히려 확대하고 있다. 델의 실적 성장세는 당분간 이어질 것으로 예상된다.

데이터센터 핵심 미국 기업

16

78 버티브Vertiv **홀딩스**

데이터센터 열관리 1위 업체다. 데이터센터 인프라 유지관리 서비스를 주로 담당한다. 데이터센터 열관리와 전력 관리 시장 내 각각 32%, 16% 점유율을 차지하고 있다. 자동화 솔루션 기업 에머슨에서 2016년 분사해 설립된 회사다. 데이터센터향 매출 비중은 70%로 서버 랙, PDU전력 배분장치, 냉각 솔루션 등을 제공한다. 고객사는 에퀴닉스Equinix, MS 등이다. 냉각 솔루션은 공랭식, DTC, 액침 냉각 등을 모두 제공하고 있다. 수주잔고는 2020년 19억 달러에서 2023년 55억 달러로 엄청난 성장세 기록했다. OPM은 20년 5.5%, 23년 13.1%, 24년 전망치 15%로 점점 개선되는 추세다.

엔비디아 2025년 출시할 B200가 채택되는 DGX 데이터센터부터 액체 냉각 기술을 필수적으로 도입할 계획이다. 버티브는 수년간 액체 냉각 기술 연구를 통해 첨단 기술을 축적해왔다. 엔비디아와 긴밀한 협력을 통해 차세대 냉각 시스템을 개발 중이다. 2023년 5월 미국 에너지부로부터 500만 달러 보조금 받아 컨테이너형 데이터센터 액체 냉각 시스템 개발을 목표로 하고 있다. DGX의 액체 냉각 도입이 진행되면 버티브 수혜폭은 커질 것으로 기대된다. 기존 공랭식에 비해 5% 이상 비용을 절감하고, 에너지 효율을 20% 향상시키는 게 목표다.

버티브는 2023년 미국 에너지부DOE가 추진한 액체 냉각 시스템 개발 프로그램을 통해 500만 달러 지원금을 받았다. 엔비디아는 DTC와 액침 2가지 액체 냉각 방식을 동시에 사용하는 서버를 개발하고 있다. 버티브는 엔비디아에 히트 리젝션 솔루션을 제공하는 것으로 알려졌다.

2023년 12월 DTC 수냉 기술 강소 기업 쿨테라를 인수했다. 기존 공장을 가동한 데 이어 올 1분기와 4분기에 생산 능력을 4배, 45배로 확대할 계획이다. 2024년 동사의 P2PPumped Two-Phase 액체 냉각 솔루션을 적용해 공냉식 및 수냉식을 이중으로 활용하는 인텔의 가우디3 AI 가속기가 출시된다.

P2P 액체 냉각 솔루션은 펌프를 이용해 칩에 부착된 냉각판에서 온도가 높아진 유체를 이동시켜 기화시킨 뒤 냉각기를 이용해 낮은 액체로 액화, 다시 펌프로 냉각판에 주입하는 방식이다.

DTC 액체 냉각과 이중상의 장점을 결합해 효율을 높였다. P2P로 DTC 액체 냉각 솔루션 포트폴리오를 다각화했고, AI 반도체 핵심 공급자들을 고객사로 확보했다.

79 슈퍼마이크로컴

서버 빌딩 블록 제품과 AI 인프라, HPC, 데이터센터 및 클라우드 인프라, 데이터 관리 등 솔루션을 제공하는 기업이다. 매출 비중 90% 이상이 서버, 스토리지 시스템 부문에서 나온다.

자체 전력 솔루션 및 냉각 기술을 보유해 시장 및 고객 요구에 맞는 제품 포트폴리오를 구축하고 있다. 데이터센터 액체 냉각 시장이 성장하는 가운데 랙 단위에 액체 냉각 기술을 상용화하는 데 성공했다. 오사카 대학과 로렌스 리버모어 국립 연구소 등에 공급한 레퍼런스를 보유하고 있다.

80 마벨테크놀로지

AI 데이터센터 인프라 확대 수혜가 기대되는 기업이다. 이 회사는 통신/네트워크용 프로세서 및 데이터 스토리지 등 데이터 인프라에 특화된 팹리스다. 주로 혼합 신호 및 디지털 신호 프로세서 기술을 사용해 집적회로를 설계, 개발, 판매하고 있다. 컴퓨팅 및 통신 시스템에 사용되는 아날로그 신호와 디지털 정보간 인터페이스를 제공한다. 데이터 저장 및 전송도 가능하게 한다. 또 광대역 네트워킹, 스위칭 제품뿐 아니라 셀룰러 베이스밴드 및 애플리케이션 프로세서도 개발한다. 연간 10억개 이상 칩을 출하한다. AI 잠재 인프라 시장에서 약 10% 점유율을 차지하고 있다. 장기적으로 20%의 점유율을 차지하는 게 목표다.

2024년 하이퍼스케일 데이터센터 증설로 수혜를 누릴 것으로 예상된다. 2023년 12월 옥테온OCTEON 10 시리즈에 DPU 2개를 추가해 제품 포트폴리오를 다각화했다. 2024년 2월에는 옥테온10 머신러닝 및 AI 가속 소프트웨어를 공개해 DPU에 대한 고객 충성도 및 의존도를 높이고 있다. AI 앱 출시 확대로 데이터센터 스토리지 수요 성장도 기대된다. 마벨 테크놀로지는 5나노, 3나노 공정을 적용한 데이터센터 인프

라칩도 세계 최초로 출시한 기업이다. AI 혁명이 본격화되면
서 인프라칩 경쟁력은 더욱 배가될 것으로 보인다.

SMR 관련 미국주

81 뉴스케일파워

SMR 대장주는 뉴스케일파워를 꼽을 수 있다. 이 회사는 미국 매출 100%로 정책 수혜폭이 크다. 미국 NRC로부터 설계 인증 받은 SMR 선두주자인 기업이다.

82 센트러스에너지

센트러스에너지는 농축 우라늄 시장 공급망 재편 수혜 기업이다. 미국 정부는 2028년 이후 러시아산 농축 우라늄 수입 금지를 추진 중이다. 러우전쟁 이후 저 농축 우라늄LEU 단가 상승했는데, 이 회사 매출의 84% 비중을 차지한다. 미국 사업 비중이 88%를 넘는 것도 매력적인 포인트다.

83 BWX테크놀로지

BWX테크놀로지는 미국 내 유일 SMR 제조 기업이다. 군사용 고농축 우라늄 다운 블렌딩 기술을 보유하고 있다. 정부 사업 비중이 81%, 미국 매출 비중이 83%를 넘는다.

84 컨스텔레이션에너지

컨스텔레이션에너지는 미국 내 전력 생산 및 공급 업체 중 원전 비중 가장 높다. 원전 발전 비중이 67%를 넘어선다. IRA 법안 중 원자력 발전에 대한 PTC생산세액공제 혜택이 클 것으로 기대된다. 전력 매출 비중이 80%를 넘고, 미국 내 매출 100%인 상태다.

(18)

데이터센터 관련 주목할 기업

85 케이아이엔엑스

케이아이엔엑스는 기업 고객을 대상으로 데이터센터IDC, 인터넷 익스체인지IX, 클라우드 서비스 등 인프라 서비스를 제공하는 기업이다. 데이터센터 매출이 60%를 넘고, 클라우드/CDN과 IX 사업이 10%씩 비중을 차지한다. 2021년 인수한 자회사 에스피소프트48.5% 지분율 연결 실적이 20% 비중을 차지한다. 운용체제os 등 MS 서버용 소프트웨어 라이선스 총판을 담당하고 있다. 최대주주는 상장기업 가비아40.3%다.

데이터센터는 빅데이터를 수집, 저장, 분석할 수 있는 클라우드 컴퓨팅 서비스를 제공한다. Chat-GPT 등장 이후 AI 모델 훈련 수요가 폭증하면서 수혜를 보고 있다. 국내 데이터센터 공급은 부족한 상황이다. 2000년 50여 개에서 2021년

177개로 증가했지만, 대부분 비상업용 엔터프라이즈 데이터 센터다. 상업용 데이터센터는 62개로 35% 수준에 불과하다.

기존 케이아이엔엑스 도곡센터와 수도권 7개 데이터센터는 포화 상태다. 2024년 완공 목표로 1600억원을 투자해 과천 데이터센터 건설 중이다. 당초 2024년 입주율은 30% 목표로 했지만, 이미 100% 수준에 육박한다.

글로벌 클라우드 업체의 허브 역할도 담당하고 있다. 과거 우리나라는 인터넷 도입 초창기 때 IX가 없어 해외 서비스를 이용했다. 쉽게 이야기하면 한국 내 트래픽이 바다를 건너갔다 와야 했다. 품질 수준이 낮고, 비싼 네트워크 비용이 문제였다.

ISP인터넷 서비스 프로바이더 16개 업체가 모여 한국인터넷연동협의회를 설립했고, 1999년 6월 중립적인 IX를 위한 KINX코리아 인터넷 뉴트럴 익스체 인지가 되었다.

86 서진시스템

서진시스템은 금속 가공 기술을 기반으로 에너지저장시스템ESS 시장에서 약진하는 기업이다. AI 데이터센터 수요가 증가하면서 전기 수급이 중요해지고 있다. 신재생에너지 발전소 등에서 생산한 전기를 ESS에 보관해야 하고, 데이터센터 주변에도 ESS가 필요하다.

2023년 내내 ESS향 대규모 수주 행진이 이어졌고, 4분기부터 매출 인식이 이뤄지면서 ESS 사업이 가파른 성장세를 기록 중이다. 글로벌 1위 ESS 업체 플루언스 에너지에 금속부품을 공급을 시작했기 때문이다. 또 다른 글로벌 ESS 업체 포윈에너지도 고객사로 확보했다.

서진시스템의 ESS 사업 매출은 2021년 1305억원에서 2022년 1898억원으로 증가했다. 2023년에는 2745억원을 기록한 것으로 추정된다. ESS 매출 비중은 전체 매출의 절반 수준을 넘어섰다. AI 통신 인프라 업체 아리스타 네트웍스향 금속부품 공급도 기대된다. 삼성SDI, SK온향 전기차 및 배터리부품과 램리서치향 반도체 장비용 부품도 공급하고 있다.

87 　네오셈

네오셈은 SSD, MBT모니터링 번인 테스터 검사 장비 전문 기업이다. SSD 검사 장비는 SSD 디바이스의 양품을 구분하는 데 쓰인다. MBT는 대량의 반도체 소자를 온도, 습도, 전기적으로 가혹한 환경에 두고 양품을 검사한다. 인텔과 삼성전자가 강하게 밀고 있는 CXL 핵심 수혜주로 손꼽힌다.

생성형 AI, 스트리밍 산업 확대로 데이터센터 투자가 증가하고 있다. 그동안 다소 부진했던 서버용 SSD 수요가 빠른 속도로 살아나고 있다. 5세대 SSD 검사PCIe 5.0 장비 수요 확대로 실적이 반등하고 있다. 2023년 연 매출 1000억원을 넘어섰고, 2024년도 꾸준한 성장세가 예상된다.

네오셈은 미국 현지 대응 체제가 잘 되어 있는 기업이다. 지난 2007년 미국 타니 시스테크놀로지, 2015년 미국 플렉스타테크놀로지 등을 인수했다. 미국 내 연구개발 인력과 지원 인력을 두고 있다. 마이크론과 대규모 거래를 트고, 5세대 SSD 시장에서 치고 나갈 수 있었던 이유다. 글로벌 경쟁사는 어드반테스트, 테라다인 등이다. 네오셈은 이들 업체들과 경쟁하면서 6세대 SSD 테스터를 개발 중이다. 향후 글로벌 SSD 테스터 시장은 3개 업체 중심으로 형성될 전망이다.

88 이수페타시스

이수페타시스는 고성능 서버용 고다층기판MLB을 주로 생산하는 기업으로 이 시장에서 세계 3위를 기록 중이다. MLB는 인쇄회로기판PCB의 한 종류로 서버, 네트워크 장비 등에 주로 사용된다. AI 가속기 수요가 늘면서 이수페타시스 MLB 매출도 빠른 속도로 증가하고 있다. 엔비디아뿐 아니라 구글, MS, 아마존 등 데이터센터에 이수페타시스의 제품이 적용되고 있다.

미국, 중국에 생산 거점을 확보하고 있으며, 2개의 자회사와 2개의 손자회사를 두고 있다.

이수페타시스 매출에서 AI 가속기 비중은 22년 9%에서 2023년 29%로 증가했다. 2024년은 36%로 더욱 늘어날 것으로 전망된다. 구글향 서버에 MLB 공급을 시작한 후 점유율을 빠른 속도로 높이고 있다. 엔비디아향 신제품향 샘플 테스트도 진행하고 있어 공급 기대감이 높은 상황이다.

2024년 2분기부터 신규 라인 가동이 본격화되며 실적 개선 흐름이 이어질 전망이다. 증설 후 별도 기준 캐파는 1만 5000 제곱미터에서 2만2000 제곱미터로 50%가량 확대된다. 연결 기준 9500억원 매출 달성이 가능한 규모다.

89　NAVER

네이버는 자체 기술로 하이퍼클로바라는 생성형 AI 개발해 2021년 5월 처음 공개했다. 2023년에는 개선된 버전의 하이퍼클로바X를 출시했다. 현존 LLM 중 앞선 서비스는 오픈AI의 GPT-4, 구글의 제미나이, 앤스로픽의 클로드3 등이 손꼽힌다. 그러나 이들 모델의 학습 데이터는 대부분 영어다. 다른 언어 능력은 제한적이다.

하이퍼클로바X는 한국어에 특화된 언어모델이다. 2040억 개 매개변수의 컴퓨팅 파워를 구현했다. 현재 하이퍼클로바X는 검색과 쇼핑, 콘텐츠 서비스 등에서 효율성을 자랑한다. 검색에서 이용자들의 오타나 비문 등 잘못된 질문을 바로 잡아 준다. 문서 중 가장 답변에 근접한 텍스트를 자동으로 추출해 보여주는 지식스니펫Knowledge Snippet 서비스에도 이용되고 있다.

콘텐츠 제작에서도 하이퍼클로바X의 활용 가능성이 높아지고 있다. 웹툰 AI 페인터는 작가가 그린 스케치에 맥락에 맞는 채색을 자동으로 해주는 기술이다. 웹툰 스토리에 맞는 음원도 골라준다. 사진을 웹툰으로 만들어주는 기능도 출시했다. 소설 창작에도 활용된다. 하이퍼클로바를 이용해 소설을 사람이 다듬는 웹소설도 등장했다.

코딩 없이 응용 프로그램을 개발할 수 있는 AI 플랫폼 '클로바 스튜디오'는 1000여 개 기업이 사용 중이다. 임플로이

랩스의 잡브레인 서비스는 이용자들이 클로바 스튜디오 활용 AI 자소서 생성기를 제공해 구직자들이 완성도 높은 자소서를 쓸 수 있게 도와주고 있다. 빅테크와의 기술 경쟁에서 하이퍼클로바X가 힘을 쓰지 못하고 있는 건 사실이다. 그러나 세계 각국이 자국어 AI 모델을 개발하고 싶어 하고 데이터센터도 구축하려고 움직이고 있다. 네이버가 이런 협력 체제에서 기회를 찾을 수 있다.

19

주목할 만한 수혜기업

90 삼성전기

삼성전기는 삼성 그룹 내 대표 전자부품 계열사다. 이 회사 성장 동력의 키워드는 자율주행차와 AI다. 실적이 역성장하다가 반등하는 데 2년이란 시간이 걸렸다. MLCC 수요가 개선되면서 상승 사이클로 접어들 가능성이 높다. 현재 삼성전기 주력 사업은 능동소자인 반도체를 보조하는 수동소자 적층세라 믹콘덴서MLCC다. 단일 품목으로 가장 큰 매출 비중을 차지하고 있다. 그동안 스마트폰용 MLCC가 주력이었지만, 최근에는 자동차 비중이 빠른 속도로 증가하고 있다.

삼성전자 프리미엄 스마트폰에 주로 쓰이는 카메라 모듈과 반도체 기판 사업도 한다. 카메라 모듈도 스마트폰에서 차량 카메라로 확장 중이다. 테슬라 등 자율 주행차 기업과 대규모 계약을 맺고 센서용 카메라 공급 비중을 점차 늘리고 있다.

최근 삼성전기가 주목받는 것은 유리기판 때문이다. 현재 기판 사업은 플라스틱 기반 플립칩 칩스케일패키지FC-CSP와 플립칩 볼그리드어레이FC-BGA다. 삼성전기가 하는 FC-BGA은 2~3년 전만 해도 PC 의존도가 굉장히 높았다. 그러나 최근에는 서버향 매출 비중이 20% 수준에 이르렀다.

AI 가속기 기술 발전 속도가 빨라지면서 플라스틱이나 실리콘 대신 유리 소재를 채택한 유리기판 수요가 증가하고 있다. SKC 자회사 앱솔릭스의 약진에 대응하기 위해 삼성전기도 유리기판 상용화에 속도를 내고 있다. 2024년 9월 유리기판 파일럿 라인을 깔고 당초 일정보다 앞당겨 양산 체제에 돌입할 것으로 보인다.

삼성전기는 온디바이스 AI의 수혜 영역인 패키지 기판과 MLCC를 전부 다 아우르고 있는 셈이다.

91 필옵틱스

필옵틱스는 광학기술 기반으로 리지드, 플렉서블 OLED 뿐 아니라 전기차용 2차전지 자동화 장비를 공급하는 업체다. 최근 이 회사가 주목받는 것은 차세대 유리기판용 TGV_{Through Glass Via} 레이저 장비 때문이다. 다른 회사에 비해 TGV 공정 속도가 빠르다는 장점이 있다. 유리기판에 레이저로 미세한 비아홀을 형성하는 TGV 장비는 전체 공정에서 제일 중요하다는 평가를 받는다.

필옵틱스는 지난 2019년 TGV 장비 개발에 착수했으며, 연내 상용화에 나선다. 앱솔릭스, 삼성전기 등 주요 고객사와 파일럿 테스트를 진행 중이다. 마스크 없이 회로 패턴을 형성하는 노광기_{DI, Direct Image}, 미세홀을 가공 하는 ABF 드릴, 유리기판을 자르는 싱귤레이션 등 제품을 갖추고 있다.

92 아리스타 네트웍스

스위치, 라우터, ADC 등 통신장비를 공급하는 기업이다. 단순히 장비를 납품하는 게 아니라 네트워크 운영체제_{OS}와 자동화 솔루션까지 공급해 강력한 SW 플랫폼을 보유하고 있다. 최근 고속 스위치 시장에서 점유율을 늘리고 있으며, SDN_{Software Defined Networks} 시장에서 강점을 보유한 기업으로 부각되고 있다.

엔비디아의 핵심 경쟁력 중 하나는 NV Link라는 기술이다. 멜라녹스 인수로 확보한 강력한 데이터센터 네트워킹 솔루션이다. RDMA 인피니밴드 방식인데, 더 넓은 대역폭과 저지연성을 자랑한다. 멜라녹스는 인피니밴드 시장의 절반 이상을 차지한 기업이다. 생성형 AI 기술 확대로 네트워크 속도를 높이는 투자가 활발하다. 일반 기업은 100Gb, 클라우드 기업들은 200Gb에서 400Gb로 업그레이드하는 추세다.

아리스타 네트웍스는 인피니밴드보다 범용성이 높은 이더넷 기술을 보유한 기업이다. 이더넷은 느리지만 더 오랜 시간 범용 프로토콜로 자리잡고 있어 호환성이 높은 장점이 있다. 탈 엔비디아를 진행하는 기업들은 이더넷 기반 네트워크 기술이 필요하다. 아리스타 네트웍스와 시스코, 브로드컴 등이 참여해 울트라 컨소시엄을 결성했다.

20

데이터 관련 주목할 글로벌 기업

93 어도비

어도비는 사진, 동영상, 이미지와 그래픽 디자인 등 미디어 작업을 주목적으로 하는 소프트웨어 기업이다. 아크로벳, 전자서명 솔루션뿐 아니라 기업 마케팅 등 디지털 전환 솔루션도 제공한다. 디지털 경험을 통해 세상을 바꾼다는 비전을 내세우고 있다.

어도비는 2023년 3월 Firefly반딧불이라는 생성형 AI를 공개했다. 자연어로 명령하면 이미지를 생성하고, 수정하는 기능을 제공한다. 포토샵, 일러스트레이터, 프리미어 등 다양한 콘텐츠 편집 툴로 유명한 어도비가 생성형 AI 기술에 적극 대응하고 있는 셈이다.

파이어플라이는 공개 이후 7개월 만에 30억개 넘는 이미지가 생성되며 역사상 가장 성공한 베타 테스트가 되었다. 미드저니, 달리 등 경쟁 AI 모델과 비교해도 빠른 침투율을 보여준다. 어도비는 독자 파이어플라이 모델뿐 아니라 포토샵을 비롯한 기존 편집 툴에 생성형 AI 기능을 적용하고 있다.

94 오라클

오라클은 데이터베이스 솔루션RDBMS 시장에서 독보적인 기업이다. 그러나 클라우드 전환 과정에서 빅3를 따라잡기 위해 DB 서비스를 오라클 클라우드OCI에서만 활용할 수 있게 하는 폐쇄적 정책으로 실패한 경험이 있다. 생성형 AI의 부상으로 클라우드 시대에 기회를 다시 잡았고, 이후 성장세를 그리고 있다. 오라클 클라우드의 경쟁력은 가성비다. 데이터베이스 서비스에는 꽤 높은 비용을 청구하지만, 컴퓨팅 파워 등은 경쟁사보다 낮은 비용으로 제공하고 있다.

모자이크MLMosaicML, 코히어Cohere 등 AI 스타트업과 맺은 클라우드 계약 규모는 40억 달러로 전 분기 대비 2배가량 성장했다. 엔비디아와 일론 머스크의 xAI도 오라클 클라우드와 협력을 맺고 개발을 진행 중이다. ERP, HCM, CRM 등

백 오피스 소프트웨어도 제공하고 있다. 최근 전자의무 기록 기업 서너Cerner 인수로 영역을 확장 중이다.

95 IBM

컴퓨터 하드웨어와 소프트웨어를 판매할 뿐 아니라 컨설팅, 서비스도 제공한다. 과거 PC 시장에서 상당한 영향력을 보유한 기업이었다. 지금은 엔터프라이즈향 B2B 사업이 주요 매출처다. 클라우드 시장 공략에 실패한 후 위상이 하락했지만, AI와 양자컴퓨팅으로 재도약을 꿈꾸고 있다. IBM은 127개 양자 비트로 구성된 이글이라는 양자 컴퓨터로 성능을 입증했다. AI 시장에서 게임 체인저로 부상할 가능성이 높다.

현재 양자컴퓨팅 시장에서 IBM과 구글이 양대 산맥을 이루고 있다. MS도 경쟁에 가세하면서 10년 내 상용화 가능성이 제기되고 있다. 2016년 의료용 인공지능 왓슨으로 주목받았지만, 낮은 정확도 탓에 퇴출 수순을 밟고 있다. 기존 모델보다 개선된 왓슨X를 출시해 재도약을 노리고 있다.

클라우드 시장 점유율은 2017년 7%에서 현재 2.4%로 쪼그라들었다. IBM은 레드햇Red Hat 인수로 하이브리드 클라우드 시장 공략을 노리고 있다. 개방성을 지향하는 솔루션으로 다른 클라우드와 호환되는 게 장점이다.

96 세일즈포스

세일즈포스는 고객관리 솔루션CRM 등 다양한 클라우드 기반 솔루션을 제공하는 기업이다. 이 회사가 제공하는 AI 기술의 집합체 이름은 '아인슈타인'이다. 유족에게 브랜드 사용권을 획득해 AI의 아이덴티티를 구축했고, 아인슈타인을 닮은 캐릭터도 홍보에 활용하고 있다. 2016년부터 아인슈타인은 세일즈포스 CRM 플랫폼에 활용되고 있다. 최근 생성형 AI 접목으로 대화형 AI 비서 코파일럿 기능도 제공하고 있다.

시각화 자료 생성을 비롯해 업무 효율을 높일 수 있는 기능을 제공한다. 고객 데이터를 활용하므로 할루시네이션Hallucination이 적다. 세일즈포스는 AI 활용에서 고객 데이터 소유권과 컨트롤, 컴플라이언스 준수를 가장 중요한 포인트로 잡았다. 타블로Tableau, 뮬소프트MuleSoft 등을 인수해 데이터 클라우드를 강화하고 있으며, PaaSPlatform as a Service 기능으로 인프라 클라우드 성격도 갖고 있다.

스노우플레이크는 클라우드 기반 데이터 솔루션 기업이다. 지능형 인프라와 엔진 스토리지로 다양한 정형 및 비정형 데이터 기반 인사이트를 제공한다. 세일즈포스처럼 고객 데이터의 안전한 활용을 목표로 한다. 엔비디아와 협력해 스노우플레이크의 데이터 클라우드 플랫폼과 엔비디아의 LLM 구축 플랫폼 니모를 결합하고 있다. 고객들은 엔비디아 니모 플랫폼과 GPU를 활용해 그들의 데이터를 별도로 이동하지 않고 AI 앱과 챗봇 등을 개발할 수 있다.

단순 데이터 관리를 넘어 데이터 기반으로 고객에게 유용한 인사이트를 제공하는 게 스노우플레이크의 타깃이다. 스노우플레이크는 오라클, SAP 등이 주도하던 온프레미스 기반 데이터베이스 시장을 클라우드로 변화시킨 혁신 기업이다. 전통 데이터 웨어하우스와 달리 스토리지와 컴퓨팅을 분리시켜 성능 및 비용 구조를 최적화했다.

21

유리기판 밸류체인 기업

98 HB테크놀로지

HB테크놀로지는 앱솔릭스에 유리기판 검사 장비를 공급했다. 삼성디스플레이에 OLED AOI 검사 장비를 독점 공급하고 있는 만큼 삼성전기향 유리기판 장비 공급 가능성도 기대된다.

99 와이엠티

MSAP 초극동박 양산 업체다. 일본 미쓰이가 독점한 초극박 나노 투스을 국산화했다. 이 시장은 4000억~5000억 규모를 형성하고 있다. 초극박은 MSAP 공정 필수 소재로 유리기판에도 반드시 필요하다. 코리아써키트에 월 1.2만 제곱미터를 공급하고 있다.

100 씨앤지하이테크

반도체 공정용 CCSS 업체인데, 신성장 동력으로 유리기판용 표면처리 사업을 진행 중이다. 저유전 FCCL 사업도 진행 중인 만큼 나름 표면처리 기술 수준이 높은 것으로 평가된다.

101 제이앤티씨

TGV 방식 글라스 코어 기판 신사업에 진출한다고 2024년 4월 주주총회에서 깜짝 공개했다. 플라스틱 코어에 비해 깨지기 쉬운 특성 탓에 유리기판의 비아홀 가공 난이도는 상당히 높은 편이다. 제이앤티씨는 2010년 강화유리 사업을 시작한 이후 세계 최초로 3D 커버 유리를 개발했으며, 유리 공정 및 코팅 분야에서 기술력을 인정받고 있다.

102 와이씨켐

반도체 유리기판용 소재 3종인 PR/스트리퍼/디벨로퍼 개발을 완료 하고 양산 테스트에 착수했다. 2014년부터 디스플레이와 태양광 기판용 개발 노하우가 활용되었다.

AI 혁명 관련 기업 분류

[미국 주식]

1	엔비디아	13	램버스
2	인텔	14	앰코테크놀로지
3	AMD	15	퀄컴
4	테슬라	16	테라다인
5	애플	17	아마존
6	마이크로소프트	18	온투이노베이션
7	AMAT	19	캠텍
8	램리서치	20	KLA
9	시놉시스	21	마이크론
10	케이던스	22	Vertiv
11	ARM	23	슈퍼마이크로컴
12	구글(알파벳)	24	델

[일본, 대만 주식 외]

1	TSMC	6	TEL
2	DISCO	7	어드반테스트
3	BESI	8	스크린 홀딩스
4	ASML	9	고쿠사이 일렉트릭
5	미디어텍	10	레이저텍

[국내 주식]

1	한미반도체	11	케이아이엔엑스
2	SK하이닉스	12	NAVER
3	삼성전자	13	코미코
4	이오테크닉스	14	큐알티
5	인텍플러스	15	에스앤에스텍
6	HPSP	16	에프에스티
7	리노공업	17	유진테크
8	ISC	18	주성엔지니어링
9	동진쎄미켐	19	티에스이
10	솔브레인	20	필옵틱스

21	제우스	36	서진시스템
22	삼성전기	37	넥스틴
23	에스티아이	38	하나마이크론
24	프로텍	39	테텔레칩
25	디엔에프	40	칩스앤미디어
26	테크윙	41	가온칩스
27	피에스케이홀딩스	42	오픈엣지테크놀로지
28	GST	43	에이디테크놀로지
29	케이씨텍	44	코아시아
30	파크시스템스	45	켐트로닉스
31	네오셈	46	고영
32	한솔케미칼	47	두산테스나
33	대덕전자	48	삼익THK
34	심텍	49	이수페타시스
35	해성디에스		

AI 혁명 TOP 100

1판 1쇄 인쇄 2024년 5월 2일
1판 1쇄 발행 2024년 5월 30일

지은이 이형수
펴낸이 김미영

본부장 김익겸
편집 김도현
디자인 이채영
제작 올인피앤비

펴낸곳 지베르니
출판등록 2021년 8월 2일
등록번호 제561-2021-000073호
팩스 0508-942-7607
이메일 giverny.1874@gmail.com

© 이형수, 2024

ISBN 979-11-975498-9-2 (04300) (전3권)

- 지베르니는 지베르니 출판그룹의 단행본 브랜드입니다.
- 책값은 뒤표지에 있습니다.
- 이 책 내용의 일부 또는 전부를 재사용하려면 반드시 지베르니 출판그룹의 동의를 얻어야 합니다.
- 잘못 만들어진 책은 구입하신 서점에서 바꿔 드립니다.